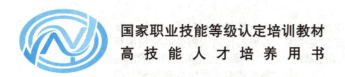

国家职业技能等级认定培训教材

高 技 能 人 才 培 养 用 书

汽车维修工

——汽车维修检验工、汽车机械维修工、汽车电器维修工

（技师、高级技师）

国家职业技能等级认定培训教材编审委员会　组编

主　编　边　辉　戴庆海

副主编　康　静　罗　霄

参　编　李　兵　黄庆田

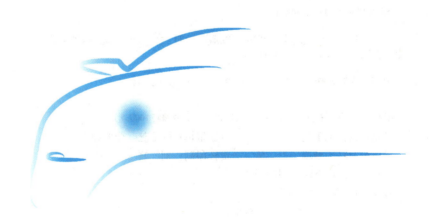

机械工业出版社

本书是依据《国家职业技能标准　汽车维修工》对汽车维修工技师、高级技师的知识要求和技能要求，按照岗位培训需要的原则编写的，主要内容包括：发动机系统故障诊断与排除、底盘系统故障诊断与排除、电气系统故障诊断与排除、电力驱动和电池系统故障诊断与排除、车间技术管理、技术培训、综合评审。本书附有模拟试卷。本书还配套多媒体资源，可通过扫描封底"天工讲堂"微信小程序观看。

　　本书主要用作职业技能等级认定培训、企业培训的教材，也可作为技师学院、高职高专、各种短训班的教学用书，还可供从事相关工作的职工自学使用。

图书在版编目（CIP）数据

汽车维修工：汽车维修检验工、汽车机械维修工、汽车电器维修工（技师、高级技师）/ 国家职业技能等级认定培训教材编审委员会组编；边辉，戴庆海主编 . —北京：机械工业出版社，2023.6

国家职业技能等级认定培训教材　高技能人才培养用书

ISBN 978-7-111-73346-1

Ⅰ.①汽…　Ⅱ.①国…②边…③戴…　Ⅲ.①汽车 – 车辆修理 – 职业技能 – 鉴定 – 教材　Ⅳ.① U472.4

中国国家版本馆 CIP 数据核字（2023）第 105520 号

机械工业出版社（北京市百万庄大街 22 号　邮政编码 100037）
策划编辑：陈玉芝　　　　　　责任编辑：陈玉芝　张雁茹
责任校对：丁梦卓　王　延　　责任印制：刘　嫒
北京中科印刷有限公司印刷
2023 年 9 月第 1 版第 1 次印刷
184mm×260mm · 22.75 印张 · 454 千字
标准书号：ISBN 978-7-111-73346-1
定价：69.80 元

电话服务　　　　　　　　　　　网络服务
客服电话：010-88361066　　　机 工 官 网：www.cmpbook.com
　　　　　010-88379833　　　机 工 官 博：weibo.com/cmp1952
　　　　　010-68326294　　　金 书 网：www.golden-book.com
封底无防伪标均为盗版　　　机工教育服务网：www.cmpedu.com

编审委员会

主　任　李　奇　荣庆华
副主任　姚春生　林　松　苗长建　尹子文
　　　　周培植　贾恒旦　孟祥忍　王　森
　　　　汪　俊　费维东　邵泽东　王琪冰
　　　　李双琦　林　飞　林战国

委　员（按姓氏笔画排序）
　　　　于传功　王　新　王兆晶　王宏鑫
　　　　王荣兰　卜良勇　邓海平　卢志林
　　　　朱在勤　刘　涛　纪　玮　李祥睿
　　　　李援瑛　吴　雷　宋传平　张婷婷
　　　　陈玉芝　陈志炎　陈洪华　季　飞
　　　　周　润　周爱东　胡家富　施红星
　　　　祖国海　费伯平　徐　彬　徐丕兵
　　　　唐建华　阎　伟　董　魁　臧联防
　　　　薛党辰　鞠　刚

新中国成立以来，技术工人队伍建设一直得到了党和政府的高度重视。20 世纪五六十年代，我们借鉴苏联经验建立了技能人才的"八级工"制，培养了一大批身怀绝技的"大师"与"大工匠"。"八级工"不仅待遇高，而且深受社会尊重，成为那个时代的骄傲，吸引与带动了一批批青年技能人才锲而不舍地钻研技术、攀登高峰。

进入新时期，高技能人才发展上升为兴企强国的国家战略。从 2003 年全国第一次人才工作会议，明确提出高技能人才是国家人才队伍的重要组成部分，到 2010 年颁布实施《国家中长期人才发展规划纲要（2010—2020 年）》，加快高技能人才队伍建设与发展成为举国的意志与战略之一。

习近平总书记强调，劳动者素质对一个国家、一个民族发展至关重要。技术工人队伍是支撑中国制造、中国创造的重要基础，对推动经济高质量发展具有重要作用。党的十八大以来，党中央、国务院健全技能人才培养、使用、评价、激励制度，大力发展技工教育，大规模开展职业技能培训，加快培养大批高素质劳动者和技术技能人才，使更多社会需要的技能人才、大国工匠不断涌现，推动形成了广大劳动者学习技能、报效国家的浓厚氛围。

2019 年国务院办公厅印发了《职业技能提升行动方案（2019—2021 年）》，目标任务是 2019 年至 2021 年，持续开展职业技能提升行动，提高培训针对性实效性，全面提升劳动者职业技能水平和就业创业能力。三年共开展各类补贴性职业技能培训 5000 万人次以上，其中 2019 年培训 1500 万人次以上；经过努力，到 2021 年年底技能劳动者占就业人员总量的比例达到 25% 以上，高技能人才占技能劳动者的比例达到 30% 以上。

目前，我国技术工人（技能劳动者）已超过 2 亿人，其中高技能人才超过 5000 万人，在全面建成小康社会、新兴战略产业不断发展的今天，建设高技能人才队伍的任务十分重要。

Preface

　　机械工业出版社一直致力于技能人才培训用书的出版，先后出版了一系列具有行业影响力，深受企业、读者欢迎的教材。欣闻配合新的《国家职业技能标准》又编写了"国家职业技能等级认定培训教材"。这套教材由全国各地技能培训和考评专家编写，具有权威性和代表性；将理论与技能有机结合，并紧紧围绕《国家职业技能标准》的知识要求和技能要求编写，实用性、针对性强，既有必备的理论知识和技能知识，又有考核鉴定的理论和技能题库及答案；而且这套教材根据需要为部分教材配备了二维码，扫描书中的二维码便可观看相应资源；这套教材还配合天工讲堂开设了在线课程、在线题库，配套齐全，编排科学，便于培训和检测。

　　这套教材的出版非常及时，为培养技能型人才做了一件大好事，我相信这套教材一定会为我国培养更多更好的高素质技术技能型人才做出贡献！

中华全国总工会副主席

高凤林

前言

Foreword

　　目前，取得职业资格证书已经成为劳动者就业上岗的必备条件，也是对劳动者职业能力的客观评价。取得职业资格证书不仅是广大从业人员、待岗人员的迫切需要，而且已经成为各级各类普通教育院校、职业学院毕业生追求的目标。

　　2019年1月，新的《国家职业技能标准　汽车维修工》实施，对汽车维修工提出了新的要求。为此，我们组织专家、学者、高级考评员，根据最新的国家职业技能标准，编写了汽车维修工培养教材，本书是技师、高级技师培训教材。本书有以下主要特点：

　　1）以现行国家职业技能标准为依据，以职业技能等级认定要求为尺度，以满足本职业对从业人员的要求为目标，对国家职业技能标准中要求的技能和有关知识进行了详细的介绍。

　　2）以岗位技能需求为出发点，按照"项目式"教材编写思路确定教材的核心技能模块，以此为基础，构建每一个技能训练项目所需掌握的相关知识、技能训练模拟考试等结构体系。

　　本书由边辉、戴庆海任主编，康静、罗霄任副主编，李兵、黄庆田参与了编写。

　　本书在编写过程中得到了国家职业技能等级认定培训教材编审委员会、中国汽车维修行业协会、元致捷信息咨询（北京）有限公司等组织和单位的大力支持与协助，在此一并表示衷心的感谢！

　　由于编写时间有限，书中难免存在一些缺点和不足之处，恳请读者批评指正。

编　者

目 录

Contents

序

前言

项目1 发动机系统故障诊断与排除

1.1 发动机性能 ·· 1

  1.1.1 发动机性能指标 ·· 1

  1.1.2 发动机性能的影响因素 ·· 2

1.2 进排气系统故障诊断 ·· 13

  1.2.1 可变进气故障诊断 ·· 13

  1.2.2 可变气门正时故障诊断 ·· 16

  1.2.3 涡轮增压故障诊断 ·· 22

1.3 燃油性能故障诊断 ·· 28

  1.3.1 燃油喷射控制 ··· 28

  1.3.2 空燃比闭环控制 ·· 31

  1.3.3 空燃比故障诊断方法 ·· 35

1.4 发动机点火控制系统故障诊断 ·· 38

  1.4.1 点火正时对发动机性能的影响 ·· 38

  1.4.2 点火提前角闭环控制 ·· 41

  1.4.3 点火控制系统故障诊断 ·· 42

1.5 排放控制系统故障诊断 ··· 47

  1.5.1 排放物产生机理及影响因素 ··· 47

  1.5.2 曲轴箱强制通风（PCV）系统 ·· 49

  1.5.3 三元催化器（TWC）系统 ·· 52

  1.5.4 排气再循环（EGR）系统 ·· 55

Contents

1.5.5 燃油蒸发控制（EVAP）系统 ……………………………………… 56

1.5.6 颗粒捕捉器（GPF）系统 …………………………………………… 59

1.6 车载诊断（OBD）系统诊断应用 ………………………………………… 61

1.6.1 OBD 系统功能特点 ………………………………………………… 61

1.6.2 氧传感器监测的工作原理 …………………………………………… 63

1.6.3 三元催化器监测的工作原理 ………………………………………… 65

1.6.4 颗粒捕捉器监测的工作原理 ………………………………………… 66

1.6.5 燃油系统监测的工作原理 …………………………………………… 67

1.6.6 失火监测的工作原理 ………………………………………………… 69

1.6.7 EGR 监测的工作原理 ……………………………………………… 71

1.6.8 综合部件监测的工作原理 …………………………………………… 72

1.7 技能训练 …………………………………………………………………… 73

技能训练 1 可变气门正时系统故障诊断 ………………………………… 73

技能训练 2 涡轮增压系统故障诊断 ……………………………………… 75

技能训练 3 燃油性能故障诊断 …………………………………………… 75

技能训练 4 发动机点火控制系统故障诊断 ……………………………… 77

技能训练 5 排放控制系统故障诊断 ……………………………………… 78

项目 2 底盘系统故障诊断与排除

2.1 自动变速器系统故障诊断 ………………………………………………… 81

2.1.1 液力变矩器故障诊断 ………………………………………………… 81

2.1.2 行星齿轮传动故障诊断 ……………………………………………… 84

2.1.3 液压控制系统故障诊断 ……………………………………………… 88

2.1.4 自动变速器控制系统故障诊断 ……………………………………… 92

Contents

2.1.5　自动变速器综合故障诊断 ··· 98

2.2　全轮驱动系统故障诊断 ··· 107

　　2.2.1　全轮驱动机械诊断 ·· 107

　　2.2.2　全轮驱动电控诊断 ·· 109

2.3　制动系统故障诊断 ·· 111

　　2.3.1　电子驻车制动（EPB）系统和车身电子稳定（ESP）

　　　　　系统故障诊断 ·· 111

　　2.3.2　智能制动控制（iBooster）系统故障诊断 ························· 115

2.4　转向系统、悬架系统和胎压监测系统故障诊断 ····················· 117

　　2.4.1　转向系统故障诊断 ·· 117

　　2.4.2　悬架系统故障诊断 ·· 120

　　2.4.3　胎压监测系统故障诊断 ·· 125

2.5　底盘系统复合故障诊断 ··· 129

　　2.5.1　行驶跑偏故障诊断 ·· 129

　　2.5.2　噪声、振动与不平顺性（NVH）故障诊断 ······················· 131

2.6　技能训练 ··· 145

　　技能训练1　自动变速器系统故障诊断 ······································ 145

　　技能训练2　全轮驱动系统故障诊断 ··· 146

　　技能训练3　悬架系统故障诊断 ·· 147

项目 3　电气系统故障诊断与排除

3.1　汽车电源管理系统故障诊断 ·· 149

　　3.1.1　智能电源管理系统故障诊断 ·· 149

　　3.1.2　车载供电系统 ··· 152

目　录

Contents

3.2　车载网络系统故障诊断 ·· 153

  3.2.1　网络传输特点与车辆的网络应用 ························· 153

  3.2.2　LIN 网络的基本原理与诊断 ··························· 158

  3.2.3　CAN 网络的基本原理与诊断 ·························· 164

  3.2.4　其他网络通信的原理与故障诊断 ······················ 174

3.3　防盗系统故障诊断 ··· 189

  3.3.1　防盗止动系统故障诊断 ······························· 190

  3.3.2　无钥匙进入系统故障诊断 ····························· 193

3.4　驾驶辅助系统故障诊断 ··· 198

  3.4.1　常见驾驶辅助系统的功能及工作原理 ··················· 198

  3.4.2　驾驶辅助系统的标定与故障诊断 ······················ 208

3.5　技能训练 ·· 215

  技能训练 1　车载网络系统故障诊断 ························· 215

  技能训练 2　无钥匙进入系统故障诊断 ······················ 217

  技能训练 3　驾驶辅助系统故障诊断（ACC 系统） ··········· 219

项目 4　电力驱动和电池系统故障诊断与排除

4.1　高压互锁及绝缘测试故障诊断 ··································· 220

  4.1.1　高压互锁故障诊断 ·································· 220

  4.1.2　绝缘性能故障诊断 ·································· 222

  4.1.3　整车上下电故障诊断 ································ 224

4.2　驱动电机故障诊断 ··· 226

  4.2.1　驱动电机的结构与性能指标 ·························· 226

目 录

Contents

4.2.2 驱动电机的检测 ································ 227

4.2.3 动力电子控制器的测量 ····················· 228

4.2.4 驱动电机故障诊断流程 ····················· 230

4.3 动力蓄电池故障诊断 ···························· 231

4.3.1 动力蓄电池的结构与性能指标 ············· 232

4.3.2 动力蓄电池的检测 ·························· 233

4.3.3 动力蓄电池故障诊断流程 ·················· 234

4.4 充电系统故障诊断 ······························ 235

4.4.1 直流充电系统 ······························ 236

4.4.2 交流充电系统 ······························ 238

4.4.3 充电系统故障诊断流程 ····················· 240

4.5 DC/DC 系统故障诊断 ··························· 242

4.5.1 DC/DC 工作原理 ···························· 242

4.5.2 DC/DC 故障诊断 ···························· 243

4.6 热管理系统故障诊断 ···························· 245

4.6.1 制冷系统 ·································· 245

4.6.2 采暖系统 ·································· 246

4.6.3 热管理系统 ································ 248

4.6.4 热管理系统故障诊断流程 ·················· 250

4.7 技能训练 ····································· 252

技能训练 1 驱动电机故障诊断 ··················· 252

技能训练 2 充电系统故障诊断 ··················· 254

技能训练 3 热管理系统故障诊断 ················· 256

目 录

Contents

项目 5　车间技术管理

5.1　质量管理 ·· 258

5.1.1　汽车维修质量管理和考核标准 ··258

5.1.2　一次修复率改善与提升 ··261

5.1.3　路试检验与台式检测 ··263

5.2　技术管理 ·· 271

5.2.1　汽车产品质量报告 ··271

5.2.2　技术资料管理 ··272

5.2.3　汽车三包相关法律法规 ··274

5.3　技能训练 ·· 284

技能训练 1　产品质量报告撰写 ··284

技能训练 2　汽车三包案例分析 ··285

项目 6　技术培训

6.1　技术课程开发与技术培训实施 ·· 286

6.1.1　技术课程开发 ··286

6.1.2　技术培训实施 ··289

6.2　技术培训管理 ·· 297

6.2.1　授课质量管理与改善 ··297

6.2.2　技术培训方案制订相关知识 ··301

6.3　技能训练 ·· 303

项目 7　综合评审

7.1　技师专业论文 ·· 305

目 录

Contents

7.1.1　技师专业论文概述 ……………………………………………… 305

7.1.2　技师专业论文的撰写 …………………………………………… 306

7.2　技师专业论文的指导与答辩 ……………………………………… 315

7.2.1　技师专业论文的指导 …………………………………………… 315

7.2.2　技师专业论文的答辩 …………………………………………… 316

模拟试卷

汽车维修工（技师）理论知识模拟试卷 …………………………………… 319

汽车维修工（技师）理论知识模拟试卷答案 ……………………………… 326

汽车维修工（技师）操作技能考核试卷 …………………………………… 328

汽车维修工（技师）操作技能考核评分记录表 …………………………… 329

汽车维修工（高级技师）理论知识模拟试卷 ……………………………… 331

汽车维修工（高级技师）理论知识模拟试卷答案 ………………………… 339

汽车维修工（高级技师）操作技能考核试卷 ……………………………… 341

汽车维修工（高级技师）操作技能考核评分记录表 ……………………… 342

附录

附录 A　技师专业论文封面格式 …………………………………………… 345

附录 B　汽车维修工（技师、高级技师）论文评分标准 ………………… 346

附录 C　书面答辩试卷样例 ………………………………………………… 347

附录 D　综合评审评分表 …………………………………………………… 348

参考文献 ……………………………………………………………………… 349

1.1 发动机性能

1.1.1 发动机性能指标

1.1.1.1 燃油经济性

目前，汽车燃油经济性一般用耗油量或油行程来表示。耗油量是指汽车满载时，单位行驶里程所需燃油体积，我国和欧洲都用行驶百公里消耗的燃油数（L）来表示，单位为 L/100km；油行程是指汽车满载时，单位体积燃油所能行驶的里程，美国就是用每加仑燃油能行驶的里程数来表示，即英里 / 加仑$^{\ominus}$。耗油量数值越小，燃油经济性越好；而油行程数值越大，燃油经济性越好。

汽油的燃油经济性指标与发动机的特性、汽车的自重、车速、各种运动阻力（如空气阻力、滚动阻力和爬坡阻力等）的大小、传动系的效率、减速比等都有关系，因而在数值上往往与实际情况有差别。

汽车的燃油经济性有两种测定法：一种是行驶试验法；另一种是在平坦道路上和一定条件下进行的等速油耗试验。

1.1.1.2 动力性

汽车的动力性主要由最高车速、加速能力和爬坡能力来表示，是汽车使用性能中最基本的和最重要的性能。在我国，这些指标是汽车制造厂根据国家规定的试验标准，通过样车测试得出来的。

1）最高车速是指在无风条件下，在水平、良好的沥青或水泥路面上，汽车所能达到的最大行驶速度。按我国的规定，以 1.6km 长的试验路段的最后 500m 作为最高车速的测试区，共往返四次，取平均值。

2）加速能力是指汽车在行驶中迅速增加行驶速度的能力，通常用加速时间和加

$\ominus$　1 英里 ≈1.609km，1 美制加仑 ≈3.785L，1 英制加仑 ≈4.546L。

速距离来表示。加速能力包括两个方面，即原地起步加速性和超车加速性，现多指原地起步加速性。因为原地起步加速性与超车加速性是同步的，原地起步加速性良好的汽车，超车加速性也一样良好。

原地起步加速性是指汽车由静止状态起步后，以最大加速强度连续换档至最高档，加速到一定距离或车速所需要的时间。它是真实反映汽车动力性能最重要的参数，通常采用车速从 0 加速到 100km/h 所需要的秒数，所需时间越短越好。

超车加速性是指汽车以最高档或次高档的最低稳定车速或预定车速全力加速到一定高速度所需要的时间。

这里特别要指出的是，加速能力的测试与驾驶人的换档技术和环境有密切的联系。驾驶人技术水平的不同，行驶路面的不同，甚至气候条件的不同，所反映出来的加速时间也会不同。车厂给出的参数往往是样车所能达到的最佳值，因此作为用户来说，这个参数仅能作为参考。

3）爬坡能力是指汽车在良好的路面上，以 1 档行驶所能爬行的最大坡度。爬坡能力用坡度的角度值（以度数表示）或以坡度起止点的高度差与其水平距离的比值（正切值）的百分数来表示。对越野汽车来说，爬坡能力是一个相当重要的指标，一般要求能够爬坡度不小于 60% 或 30° 的坡路；对载货汽车要求有 30% 左右的爬坡能力；轿车的车速较高，且经常在状况较好的道路上行驶，所以不强调轿车的爬坡能力，一般爬坡能力在 20% 左右。

1.1.1.3 排放性能

发动机的排放性能是指车辆排出发动机尾气、发动机曲轴箱和燃油箱蒸气等有害气体的综合性能。排放物为碳氢化合物（HC）、一氧化碳（CO）、氮氧化物（NO_x）、二氧化碳（CO_2）、氧气（O_2）、氮气（N_2）和颗粒物等其他物质，其中 HC、CO、NO_x、颗粒物为有害气体，必须加以控制。发动机的排放性能是发动机性能中一个重要的性能。发动机的排放性能可以通过尾气分析仪，结合国家机动车污染物排放标准进行判断。

1.1.2 发动机性能的影响因素

影响发动机性能的因素有很多，下面我们主要从发动机不同工作模式下的工作要求、发动机机械性能、发动机非机械性能、车辆、驾驶与行驶条件等方面进行详细阐述。

1.1.2.1 不同工作模式下的工作要求

汽油发动机的良好运行有三个基本要求：一是适合的空气 / 燃油混合气；二是合适的压缩压力，以便空气 / 燃油混合气燃烧膨胀产生可用功；三是足够的点火能量和适当的点火正时。这三个要求随发动机工作模式和工况的变化会有所不同。

了解发动机在不同工作模式下的工作要求能更好地把握故障现象与工况之间的关系。如果发动机运行所需的工作条件都得到满足，就不会引发发动机的各种性能故障。

1. 起动模式

起动是指发动机从静止状态到运转状态的过程。当起动机带动曲轴旋转时，我们称发动机转动、发动或起动。开始的少数几个燃烧行程只提供一点或不提供动力，这是因为还没满足良好燃烧所需的条件。因此，起动机将继续驱动发动机，直到良好燃烧重复出现为止。起动机以很慢的速度带动发动机旋转，一般四缸发动机为 170 ~ 220r/min（其他发动机可能不同）。发动时不踩加速踏板。下面我们分析一下发动机起动时的工作情况。

（1）进气行程　如图 1-1 所示，进气歧管真空度很低，车用四缸发动机一般为 3 ~ 10kPa（不同的发动机可能会不同）。即使怠速时节气门几乎全闭，但由于活塞运动速度较慢，仍有足够的时间让空气流入，因此气缸内充满了空气/燃油混合气。这个行程由于发动机转速很低，进气量很低，进气速率低。

（2）压缩行程　如图 1-2 所示，这一行程的压缩压力相对较低。即使进气行程期间气缸内充满了空气/燃油混合气，但在压缩行程中一些混合气会因活塞环漏气而损失。发动机转速很慢的情况下，有足够的时间让混合气泄漏掉，泄漏也就更严重。

由于压缩压力低，压缩温度也低。如果发动机机体较冷，压缩过程中产生的热量有一部分还会被机体吸走。

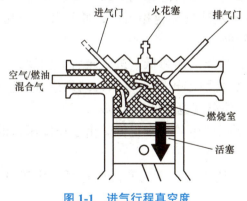

图 1-1　进气行程真空度

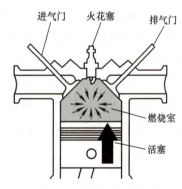

图 1-2　压缩行程真空度

（3）燃烧（做功）行程　如图 1-3 所示，在起动工况下，发动机转速较低，且节气门处于关闭状态，进入气缸的气体量较少，因而气缸内压缩压力较低。如果压缩压力低，则燃烧压力也低。同时燃烧压力和压缩压力低，使得燃烧温度也低。

（4）排气行程　如图 1-4 所示，在这种工况下，由于燃烧压力低，造成排气压力也低；由于燃烧温度低，使得排气温度也低。由于发动机转速、进气量和燃烧压力都低，所以排气背压很低。

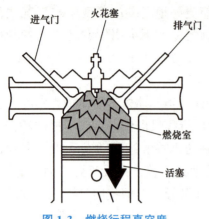

图1-3　燃烧行程真空度

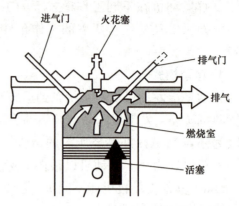

图1-4　排气行程真空度

2. 怠速模式（发动机暖机）

发动机怠速运转时，只需要产生很少的带动附件的动力。附件的负载包括转向泵、空调压缩机、发电机和自动变速器。怠速时节气门几乎全闭。如果怠速转速过低，发动机没有足够的动力带动负载，便会发生熄火。有额外负载时，如自动变速器挂入前进位、打开空调或使用动力转向，发动机容易熄火。发动机怠速时的工作情况如下：

（1）进气行程　歧管真空度很高，四缸发动机一般为50～75kPa（不同的发动机可能会不同）。怠速时节气门几乎全闭。发动机转速足够高时，抽出的空气比节气门进来的空气多，因此产生了真空，高真空度意味着将混合气推入气缸的压力很小。因此，当真空度高时，气缸将充气不足。由于发动机转速相当低，并且节气门几乎全闭，进气量也较低。同时也使得进气速率较低。

（2）压缩行程　由于进气歧管真空度高，故压缩压力低。进气歧管真空度高时，进气歧管中只有很少的气体，因此高真空度总是引起压缩压力低，结果进气行程只有很少的气体进入气缸。由于压缩压力低，压缩温度也较低。

（3）燃烧（做功）行程　燃烧压力低，所以产生的功率也低。由于压缩压力低，所以燃烧温度也低。

（4）排气行程　由于燃烧压力和温度低，所以排气压力和温度也低。由于进气量和排气压力都低，所以排气背压也低。

3. 加速模式（高发动机负荷）

在加速、高速行驶、拖挂、逆风及爬坡时发动机负荷较大。加速比保持稳定车速需要的功率更大。加速模式的工作条件是大负荷。例如节气门全开且转速高达3000～5000r/min，这种情况正是发动机输出大功率的模式。

（1）进气行程　加速期间节气门全开（WOT），因此进气歧管真空度较低，一般为 0 ～ 17kPa。节气门开得越大，进入发动机的空气越多。发动机转速一定的情况下，节气门开得越大，进气量越大，真空度就越小。节气门全开时真空度很低。这个行程的工况是进气量大，发动机转速高且节气门全开；由于发动机转速很高，进气速率高，此时增加燃油供应可增加功率，所以空气 / 燃油混合气较浓。

（2）压缩行程　由于歧管真空度很低，所以压缩压力和温度很高。

（3）燃烧（做功）行程　燃烧压力很高，这有两个原因：一是压缩压力很高；二是燃烧的空气 / 燃油混合气较浓。这些因素使混合气燃烧时的膨胀更大，因此产生更大的功率。由于使用浓空气 / 燃油混合气，燃烧温度高，混合气中燃油过多对燃烧不利，会降低燃烧温度。

（4）排气行程　活塞运动速度很快，使排气压力升高，燃烧压力也相应升高；通常缸内燃烧温度高，排气温度就会高；进气量大，排气背压也高。转速高时，每分钟的排气行程数就会增多，排气压力也偏高。

4. 巡航模式

巡航就是以稳定的车速行驶，此时节气门部分开启。除非爬坡或遇强风，达到巡航车速处于巡航模式不需要很大的功率。有一些附加载荷也需要功率，如空调压缩机和变速器换档。变矩器、离合器锁定也会改变变速器速比。由于节气门开启在指定开度，功率不会增加，所以增加负荷将导致发动机转速降低，减小负荷将使发动机转速升高。

巡航车速一般稳定地保持在 32 ～ 120km/h，大多数汽车发动机的转速为 1500 ～ 3000r/min。当然，车速越高，摩擦越大，要求的功率就越大。摩擦包括风阻（空气动力阻力）、轮胎旋转时的滚动阻力以及驱动部件的机械摩擦。因此，车速越高，要求节气门的开度越大。负载的变化或车速控制的不正常都可能被驾驶人认作是发动机功率输出的波动。巡航时，加速踏板部分开启，四缸发动机转速约为 2500r/min（其他发动机可能不同）。

（1）进气行程　进气歧管真空度适中，四缸发动机一般为 40 ～ 55kPa（其他发动机可能略有不同）。这是因为节气门部分开启，进气量适中，发动机转速稳定且适中。由于发动机转速适中，进气速率也适中。为了省油，使用稀混合气。

（2）压缩行程　由于歧管真空度适中，压缩压力和温度适中。

（3）燃烧（做功）行程　燃烧压力适中。由于压缩压力适中，输出的功率适中。由于使用稀混合气，混合气中过量的氧气使燃烧温度升高。

（4）排气行程　由于燃烧压力适中，排气压力适中。由于燃烧温度很高，排气温度很高。排气背压适中，正常排气系统的容量远大于所产生的排气量。

5. 减速模式

当驾驶人松开加速踏板时，汽车靠惯性滑行，此时发动机的工作状况是节气门几乎全闭，发动机转速下降。

（1）进气行程　进气歧管真空度很高，一般为 70～93kPa。这是因为发动机转速较高，同时节气门几乎全闭，进气量很低。发动机转速高，进气速率就高，因此要求使用理想混合气以提供足够的功率维持发动机运转，然而有些发动机在有功率需求之前会停止供油。

（2）压缩行程　由于歧管真空度很高，压缩压力很低，在高转速时压缩压力甚至可能为真空。因为压缩压力很低，所以压缩温度很低。

（3）燃烧（做功）行程　燃烧压力和燃烧温度很低。

（4）排气行程　由于燃烧压力和燃烧温度很低，排气压力和排气温度很低，排气背压也很低。

发动机不同工作模式下的性能见表 1-1。

表 1-1　发动机不同工作模式下的性能

行程		模式				
		起动	怠速	加速	巡航	减速
	转速	很低	低	增加	适中	降低
	负荷	很低	低	高	适中	很低
	真空度	很低	高	低/很低	适中	很高
进气行程	进气量	很低	低	高	适中	低
	进气速率	很低	低	高	适中	高
	空燃比[①]	很浓	平衡	浓	稀	平衡或无
压缩行程	压缩压力	较低	低	高	适中	很低
	压缩温度	很低	低	高	适中	很低
燃烧行程	燃烧压力	很低	低	很高	适中	很低
	燃烧温度	很低	低	高	很高	很低
排气行程	排气压力	很低	低	高	适中	很低
	排气温度	很低	低	高	很高	很低
	排气背压	很低	低	高	适中	很低

① 空燃比可能因发动机的标定和具体情况而异。

1.1.2.2　发动机机械性能方面

发动机的压缩压力、转速、进气歧管真空度、进气量与进气速率、气缸渗漏与燃烧压力及排气等都会不同程度地影响到发动机性能。

1. 压缩压力的影响

压缩压力是燃烧室内混合气在压缩行程处于上止点时的压力，更多的混合气参与压缩可以实现更高的压缩压力。压缩压力由进气歧管真空度决定，低真空度可以提供高燃烧压力，因为有更多的压力迫使更多的混合气进入气缸。缸内的压缩压力取决于压缩比与进气量，压缩比反映了混合气在气缸中被压缩的程度。实际工作过程中要求实际压缩比尽可能接近设计的空燃比，否则容易造成发动机工作过程中的爆燃与高温等现象。缸内压力由节气门位置控制。随着节气门开启，更多的空气进入气缸。由于要压缩的空气量增加，气缸压力随之增高。缸内压力大小是影响发动机产生的功率的重要指标之一，与节气门位置直接相关，同时也与温度因素直接相关。高压产生高温，高压可以产生更多的功率；燃烧中生成的能量形成压力，作用到活塞上使活塞下行；燃烧结果与功率输出之间有直接的关系。

发动机压缩压力低是指各气缸的压缩压力一致，但低于规范值，这是不正常的现象。发动机压缩压力低会导致驾驶性能故障，如动力不足、燃油经济性差、发动机熄火、起动困难、排放超标、冒黑烟、不能起动等。发动机压缩压力高是指各气缸的压缩压力一致，但高于规范值，这也是不正常的现象。发动机压缩压力高会导致驾驶性能故障，如发生爆燃或起动困难等。

相对压缩压力不均是指一个或多个气缸与其他气缸的压缩压力值存在差异，这样会造成动力输出不平衡，从而导致驾驶性能故障，如发动机运转粗暴、发动机缺火。另外，这种不正常的压缩压力还会造成与发动机压缩压力低或高相关的驾驶性能故障。

2. 发动机转速的影响

发动机转速的单位是 r/min（每分钟转数），表示曲轴每分钟转动的圈数。发动机在不同的转速时进气效率是不一样的，直接关系到发动机的功率与转矩的输出。每分钟燃烧事件的数目是由发动机转速来决定的。活塞在气缸中往复运动的速度与发动机转速直接相关。发动机转速会直接影响我们诊断中常用的一个参数——发动机负荷（LOAD），这个参数在发动机运转中是各系统控制的主控参数，其会影响点火提前角、VVT 系统等。

3. 进气歧管真空度的影响

实际诊断中没有直接测量燃烧压力的方法，不过进气歧管真空度与燃烧效率之间有很强的相关性。进气歧管真空度也称进气歧管绝对压力（MAP），是进气歧管中空气压力的度量。活塞要吸入空气，而节气门要限制进气的流量，活塞能够吸入的空气量与发动机转速直接相关。如果活塞吸入空气的速度快于空气通过节流板的速度，进气歧管中就会形成真空（负压）。如果活塞可吸入的空气量与通过节气门的空气量有较大差异，就会有较大的真空度。低而不稳的真空度读数说明存在与燃烧过程有关的性能问题和潜在的驾驶性能问题。

4. 进气量与进气速率的影响

进气量由发动机转速与节气门开度决定，进气速率由活塞速度决定。活塞运行得快时，进气速率高，进气效率也会变大。

5. 气缸渗漏与燃烧压力的影响

当发动机处于冷态时，活塞环会泄漏，因为活塞环需要升温后才能达到其标准尺寸。如果起动过慢，泄漏量就会比较大，有可能造成发动机因燃烧火焰传播速度慢而难以起动。另外，如果发动机零件，如气门、活塞、气缸壁与活塞环磨损或损坏，泄漏也会增大，造成发动机工作过程中缸内的压缩压力不足，缸内混合气的密度下降，影响到压缩混合气温度与燃烧过程中混合气的燃烧速度，导致发动机做功能力下降而影响发动机性能。

燃烧压力的大小与混合气的数量有关。压缩压力低，膨胀的混合气较少，因而产生的燃烧压力也较低。燃烧压力低，产生的功率就小。

6. 排气的影响

排气的影响主要考虑排气压力、排气温度以及排气背压。排气压力是燃烧行程接近终点排气门开启时气缸内的压力，它是气缸内活塞上行产生的。燃烧压力低排气压力就低，因为燃烧压力低时，在燃烧行程终点处缸内的压力也较小。排气温度是排气离开气缸进入排气歧管时的温度，当燃烧温度低时排气温度也低。排气背压是排气歧管中的压力。排气系统在设计上规定了容许通过的排气量。排气背压和通过发动机的空气流量直接相关。

排气系统泄漏、阻塞或布置不当都可能造成发动机性能问题。排气系统阻塞会造成排气背压过大，致使部分排气滞留在燃烧室内而导致动力不足。同时还可能带来发动机运转噪声与振动故障。

以上是诊断发动机机械性能故障的主要考虑因素，常用的诊断技术与诊断手段也是围绕上述因素展开的。

1.1.2.3 发动机非机械性能方面

发动机非机械性能方面的影响因素主要体现在工作温度、机油消耗量、曲轴运转平衡、发动机各部件配合间隙等方面。

1. 工作温度

发动机温度低意味着冷却液温度处于设计的最低工作温度以下，或者上升到正常温度所需的时间太长。发动机工作温度低会导致发动机性能故障，如燃油经济性差、发动机运转粗暴、发动机失速喘气、加速停顿、怠速转速低或不稳、排放过量等。这些故障的根本原因在于冷机比热机需要更浓的混合气。

发动机温度高意味着冷却液温度超过了设计的最大工作温度。发动机工作温度高同样会导致发动机性能故障，如发动机爆燃或发动机损坏。此外需要注意，有时拆除节温器反而会让发动机工作温度升高的现象出现。

2. 机油消耗量

机油进入进气道的途径通常有曲轴箱通风系统循环路径、进排气系统管路、发动机机械部件及其密封部位等。进入燃烧室或气道的机油过量，会产生冒蓝烟、排放超标等发动机性能故障。如图 1-5 所示为机油渗漏部位。

3. 曲轴运转平衡

发动机运动件运转不平衡会造成振动问题，出现发动机运转粗暴、失火等发动机性能故障。导致曲轴运转平衡问题的可能部位如图 1-6 所示。

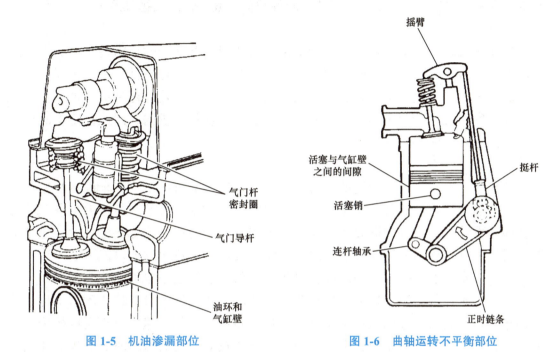

图 1-5　机油渗漏部位　　　　　图 1-6　曲轴运转不平衡部位

4. 发动机各部件配合间隙

发动机机械运动件之间的间隙过大会造成噪声，产生发动机振动噪声等发动机性能故障。机械运动间隙部位如图 1-7 所示。

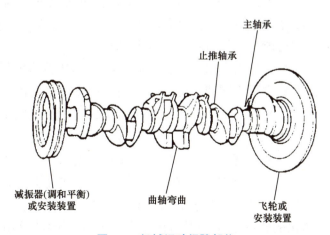

图 1-7　机械运动间隙部位

1.1.2.4 车辆方面

引起发动机性能故障的原因不仅仅是发动机方面的，汽车上的各系统及部件也会对发动机的性能造成一定的影响。影响发动机性能的车辆方面因素有负荷、燃料能量、变速器档位、速比、传动系统、附件载荷、底盘性能及排气系统等。

1. 负荷

负荷是发动机的工作量，与车身重量、风速与空气动力学、附件负荷要求、路面坡度、轮胎滚动阻力、路面摩擦阻力等因素有关。加速是一种大负荷工况。改变物体的速度需要能量，不管是从静止到运动、从运动到静止，还是从一种速度变到另一种速度。发动机功率输出需要能量，能量是由燃料提供的，因此，使用的功率越多，消耗的燃料就越多。

2. 速比

速比是在汽车设计中确定的，通常汽车造好后不能再更改。汽车设计时追求的是动力与燃油经济性的最佳平衡。对于一定的汽车重量、有效载荷能力与空气动力学性能，设计人员要考虑需要多少功率和倍增转矩的速比。速比定了之后一般是不能变的。不过有些与速比相关的情况会影响驾驶性能。速比过大可能造成燃油经济性差，因为发动机行驶相同距离要转更多的圈数。速比过小也可能造成燃油经济性差，因为对于任何车速，发动机的负荷都比较高。速比过大可能造成动力不足，较高的车速可能会要求发动机在高于其最大功率转速下工作。速比过小也可能造成动力不足，因为对于任何车速，发动机的负荷都比较高。我们诊断时需要考虑什么可能改变速比，造成驾驶性能问题。

（1）驱动桥速比　驱动桥速比不会轻易改变，一般不是造成驾驶性能问题的原因。不过也有三种情况可能使驱动桥速比成为驾驶性能问题的祸首。第一种情况是车主为了某种特殊的用途改变了驱动桥速比。第二种情况是在以前的修理中换装了不同速比的零件。第三种情况是速比与汽车用途不相容，轿车很少有这个问题，但载货汽车的驱动桥速比可能与使用条件有不匹配的时候。

（2）变速器速比　为了使发动机所提供的转矩与汽车在不同负荷条件下行驶所需的动力相匹配，变速器提供了不同速比的选择。最大速比用来使汽车起步，随着发动机转速增加，车速增加。当发动机转速高到使所产生的转矩通过较小的倍增即可使汽车加速时，变速器便可换入下一个小速比档位（下一高档）。随着发动机转速再次增加，下一速比又产生了一个更高的车速，然后变速器又换入下一个小速比档位（更高档）。加速与换档如此反复，直至达到所要的车速。如果变速器与发动机换档过程中软件出现问题，也有可能造成燃油消耗与换档冲击等问题。

（3）总速比　速比的选择取决于要带的负荷、车速范围和可用功率的大小。传动系除变速器外还包括其他速比，变速器与部分分动器是可根据不同工况选择不同速比的部件，其他速比都是设计时设定好的。汽车的总速比由驱动桥速比和轮胎周长决定，这些速比在行驶中不能改变。不过，车主对汽车进行改装有可能改变原车速比。如图 1-8 所示。

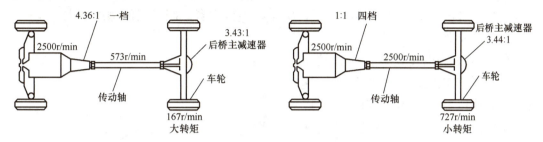

图 1-8　速比、转速与转矩

另外，轮胎周长及制动器异常也会导致发动机性能故障。轮胎周长决定了轮轴每千米转动的圈数。如果换装的轮胎与原来的轮胎直径差异较大，就会改变总速比。因此对于任何给定车速，由于速比变化会导致发动机的转速变化，所以发动机输出功率与负荷会有很大的不同。例如，195/60R16 型号的轮胎周长为 2.01m，1km 要转497 圈（圈数 = 行驶距离 / 轮胎周长），其中轮胎周长 = $2 \times 3.14 \times [(195 \times 0.6/10 + 2.54 \times 16/2)/100] = 2.01$m。车辆行驶过程中制动性能的变化也可能导致误判为发动机性能问题。

3. 附件载荷

发动机附件也可能造成发动机性能问题，如燃油经济性差、动力损失、发动机喘振或运转不稳等。

（1）空调与冷却风扇　空调压缩机要消耗很多功率。不管是大功率发动机还是小功率发动机，驱动空调压缩机所需要的功率都是一样的。如果是小功率发动机，空调消耗的功率就会很明显，因为要消耗发动机很大一部分功率。另外，在天气炎热或制冷剂过量的情况下，空调压缩机也要消耗更多的功率。空调系统故障可能导致的发动机性能故障包括动力不足、发动机喘振、燃油经济性差等。

发动机驱动冷却风扇运转也需要消耗功率。风扇越大，所需的功率越多。此外，风扇传动机构中轴承过度磨损致使风扇不平衡也可能造成发动机运转不平衡。

（2）附件传动带传动　附件由发动机通过传动带和带轮驱动。附件包括动力转向泵、二次空气泵、发电机、冷却液泵和空调等。发动机运转不稳、带轮或带传动附件中的任何不平衡问题都可能造成振动。不平衡的原因包括：

1）带轮弯曲、传动带擦伤和轴承故障。

2）当曲轴前端的扭转减振器中的橡胶垫断裂时也会造成不平衡以及异响。

3）有的发动机使用平衡轴来吸收固有振动。

（3）车身外部附件　车身外部附件将增加风阻。市场上供应的很多外部附件在汽车行驶时都会破坏气流。如风窗玻璃遮阳板、汽车踏脚板、翼子板延伸板、大后视镜与车顶行李架等附件都会大大增加风阻。外部附件可能导致的故障现象包括燃油经济性差和动力损失。高速时气动阻力会消耗大量功率。随着车速增加，风阻所耗的功率会大量增加。消耗的功率多，所需的燃料就多，同时气流噪声增大。

4. 应用案例

在进行发动机转速设计时，轮胎尺寸必须与车辆匹配。例如轮胎转速527r/min 乘以驱动桥速比 3.08 再乘以变速器速比 0.8，结果即为发动机转速1300r/min。假定车速为 100km/h，在水平路面无迎面风阻时所需的驱动转矩为 81N·m。参考图 1-9 所示的转矩曲线，在此转速下，发动机可以产生最大约 60N·m 的转矩，假设克服驱动阻力需要约 32N·m 的转矩，则还有 28N·m 的转矩储备可用于加速、上坡或克服风阻。

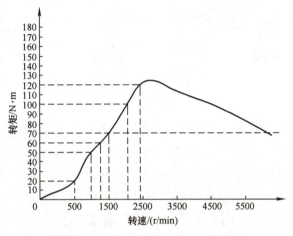

图 1-9　某四缸发动机转矩曲线示例

（1）加大型轮胎　如果车主换装了加大型轮胎将会出现什么情况？为了方便对比，假如某车主更换了 225/60R19 轮胎，轮胎周长为 2.36m，轮胎每千米转 423 圈。轮胎每千米圈数 423 乘以驱动桥速比 2.55 再乘以变速器高档速比 1.25，结果为 1348r/min。查阅图 1-9 所示转矩曲线，在此转速下，发动机只能产生 58N·m 的转矩。让汽车以 100km/h 的速度行驶需有 95N·m 转矩，目前动力不足。由于在高速档车速达不到 144km/h，车主可能会反映汽车驾驶性能有问题，动力不足。

（2）节气门开度　减小节气门开度会降低油耗，提高燃油经济性。假如上述车主仍使用原装轮胎，车速为 100km/h，发动机转速为 2000r/min。假定在水平路面上让汽车以此速度行驶需 79N·m 转矩，而在节气门全开时，发动机在此转速下可产生 112N·m 转矩。因此，减小节气门开度在驾驶性能方面具有有利的因素。可以减小节气门开度，将动力降为目前所需的 95N·m 的转矩，从而减少燃料消耗。同时有 17N·m 的转矩储备可供需要时使用。这一储备转矩可用来给汽车加速、上坡或克服风阻。

1.1.2.5　驾驶与行驶条件方面

驾驶人的驾驶习惯和行驶条件在很大程度上决定了发动机的运行状态和性能。下面我们从燃油经济性差和动力不足两方面谈一下具体原因。

1. 燃油经济性差

（1）与驾驶人有关的原因　驾驶人的驾驶习惯和车辆使用与燃油消耗有很大关系。造成燃油经济性差的主要原因有较短的行程、急速与暖机时间长、急加速、频繁加速、行驶中踩制动踏板、手动变速器操作不当、选档过高或过低、车速过高、行驶中踩踏离合器等。

（2）行驶条件　车辆的使用环境与燃油经济性同样有较大的关联，如路况、环境温度、风速、海拔等。

2. 动力不足

（1）与驾驶人有关的原因　包括行驶中踩制动踏板、手动变速器档位选用过高或过低、行驶中离合器分离不彻底等。

（2）行驶条件　车辆的使用环境与动力输出同样有较大的关联，如路况、环境温度、风速、海拔等。

1.2　进排气系统故障诊断

1.2.1　可变进气故障诊断

进气系统对发动机的功率会产生很大的影响，因为进气系统可以影响到发动机的充气效率和燃烧效率。现代汽车的进气控制主要有两种形式，即可变进气道控制和可变进气涡流控制。

1.2.1.1　可变进气道控制

1. 可变进气道结构

可变进气道通常由进气翻转阀及真空执行器等组成，而真空执行器是通过一个电磁阀进行控制的，如图 1-10 所示。为了在系统出现故障时还能保证中高速的功率，这种结构设计成在系统不工作时保持阀板打开的状态。

有些车辆采用一个直流电动机来直接驱动进气翻板，如图 1-11 所示。这种结构相对简单，部件少，故障率较低。直流电动机采用一个固定时间的驱动脉冲，模块不进行电动机位置检测，如果出现卡滞，系统将无法检测。

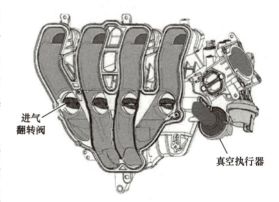

图 1-10　可变进气道结构

2. 可变进气道控制原理

在发动机低转速时，气门每次打开与关闭的周期较长，所以采用长进气道。长进气路径如图 1-12 所示。此时进气波荡周期长，可充分利用谐振效应，提高在低转速时发动机的转矩。

在发动机高转速时，进气时间短，为了充分利用进气谐振，采用短进气道。短进气路径如图 1-13 所示。其改善了在高转速大负荷时的进气效率，提高了高转速时发动机的转矩。

气流在经过进气歧管进入气缸时，分为三个阶段，分别是进气门关闭阶段、气流返回阶段和进气门再次打开阶段，如图 1-14 所示。

图 1-11　电动机控制结构

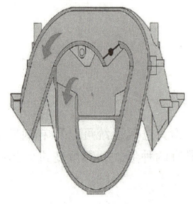

图 1-12　长进气路径

图 1-13　短进气路径

1）进气门关闭阶段：当进气行程接近末端时，气门逐渐关闭，进气的气流与关闭的气门相撞，产生回流。

2）气流返回阶段：当返回的气流到达稳压腔时，由于稳压腔内的压力高于运动的气流，气流会再次返回。

a) 进气门关闭阶段　　b) 气流返回阶段　　c) 进气门再次打开阶段

图 1-14　进气谐振

3）进气门再次打开阶段：如果返回的气流到达气门附近时，气门正好打开，此时就会提高充气效率。

3. 可变进气道控制故障诊断

（1）数据流诊断　利用诊断仪的数据流功能，读取相关参数，在满足系统工作条件的前提下，观察数据对应的部件是否有相应的动作。当发动机转速较低时，使用长进气道。在中等转速区间内时，还取决于负荷，如果负荷大于阈值，气流通过短进气道；如果负荷小于阈值，气流通过长进气道。当发动机转速高于设定值时，使用短进气道。诊断数据如图 1-15 所示。IMRC 为进气道长短控制阀，IMTV 为进气涡流控制阀。当满足转速与负荷的控制条件时，IMRC 与 IMTV 控制阀应该有打开与关闭的状态变化。

（2）部件检测　可以利用真空枪检测真空执行器是否开闭顺畅，有无卡滞现象。用感官测试的方式，检测当电磁阀工作时，真空管路是否导通，保证真空到达真空执行器，如图 1-16 所示。

图 1-15　可变进气道诊断数据

图 1-16　部件检测

1.2.1.2　可变进气涡流控制

1. 可变进气涡流结构

可变进气涡流控制系统是由发动机控制模块、电磁阀、真空执行器组成的。如图 1-17 所示，涡流控制阀板安装在进气道靠近气门处，当其关闭时，可以挡住部分的进气道进气界面，使进气道变窄，气流变强。当涡流控制阀板卡滞在关闭位置时，高速时可能导致进气效率下降，功能下降。

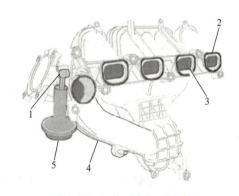

图 1-17　可变进气涡流结构

1—执行器拉杆　2—进气道安装接口　3—涡流控制阀板
4—进气道　5—真空执行器

2. 可变进气涡流控制原理

可变进气涡流控制系统通过加强进气涡流来改善混合气的燃烧效果，在发动机冷起动时可降低排放量。无涡流控制效果和涡流控制效果如图 1-18 和图 1-19 所示。发动机在冷起动时，汽油雾化条件差，不容易燃烧。可变进气涡流控制系统在发动机冷起动时，通过关闭切断阀使进气通道变窄而增大进气流速。因此，可改善喷油器喷出的可燃混合气的质量。另外，燃烧室中产生的强大的空气涡流可促进可燃混合气的雾化。因此，废气排放效率得到了提高。

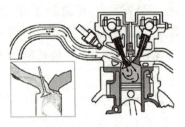

图 1-18　无涡流控制效果

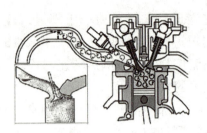

图 1-19　涡流控制效果

3. 可变进气涡流控制故障诊断

可变进气涡流控制的诊断方法和可变进气道基本相同，包括数据流的诊断和部件检测。符合下列条件时，阀板关闭，产生涡流：发动机转速低于 3250r/min；节气门开启角度小于或等于规定值 [因发动机转速和 ECT（发动机冷却液温度）等条件的改变而改变]；充气效率小于或等于规定值。诊断数据如图 1-20 所示。

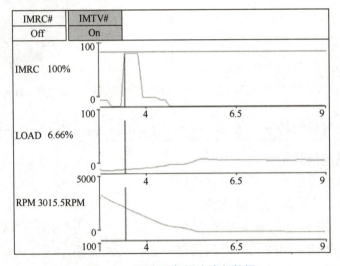

图 1-20　可变进气涡流诊断数据

1.2.2　可变气门正时故障诊断

可变气门正时（VCT）系统使发动机气门相对曲轴转角的正时能够在发动机运转中改变，从而减小了具有固定的凸轮轴曲轴关系的发动机对性能的影响。采用 VCT 后，可以改善发动机的功率与排放性能。

1.2.2.1　VCT 系统结构及工作原理

1. VCT 系统结构

VCT 系统结构如图 1-21 所示。凸轮轴位置传感器通过与曲轴位置传感器的相对位置关系监测 VCT 执行器的运行结果。VCT 电磁阀控制进入 VCT 执行器内部的油的流向，控制凸轮轴提前与滞后的动作。VCT 执行器内部有两个工作腔，一个为提前腔，一个为滞后腔，通过机油油压驱动提前与滞后。

（1）VCT 电磁阀　VCT 电磁阀的结构如图 1-22 所示。VCT 电磁阀上有五个油道、三个位置。各位置的状态如下：

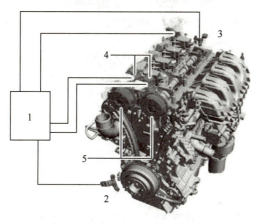

图 1-21　VCT 系统结构

1—发动机控制模块　2—曲轴位置传感器　3—凸轮轴
位置传感器　4—VCT 电磁阀　5—VCT 执行器

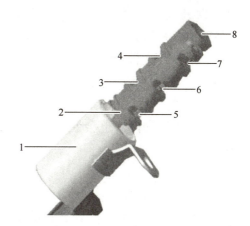

图 1-22　VCT 电磁阀的结构

1—阀体　2—滑阀　3—VCT 迟角油槽
4—VCT 进角油槽　5—VCT 迟角回油槽
6—VCT 供油槽　7—VCT 进角回油槽　8—回位弹簧

1）滞后位置。在电磁阀不通电的状态下，为滞后位置。此时，VCT 供油槽与 VCT 迟角油槽相通，而 VCT 进角油槽与 VCT 进角回油槽相通。VCT 进角回油槽是一个泄油通道。此时的位置是由回位弹簧的弹簧力保持的。

2）提前位置。在电磁阀占空比大的状态下，为提前位置。此时，VCT 供油槽与 VCT 进角油槽相通，而 VCT 迟角油槽与 VCT 迟角回油槽相通。VCT 迟角回油槽也是一个泄油通道。此时的位置是由电磁阀的磁场力保持的。

3）保持位置。电磁阀减少占空比，让滑阀保持在中间位置，此时 VCT 进角油槽、VCT 迟角油槽均保持关闭状态。

（2）VCT 执行器　VCT 执行器的结构如图 1-23 所示，由转子、提前油腔、延迟油腔和密封条组成。

1）转子：转子与凸轮轴通过螺栓紧固在一起。

图 1-23　VCT 执行器的结构

1—转子　2—提前油腔　3—延迟油腔　4—密封条

2）提前油腔、延迟油腔：提前油腔、延迟油腔分别布置在转子的两侧。当一个腔进油，另一个腔出油时，转子与链轮产生相对旋转运动。当两个腔都处于密封状态时，处于转角保持状态。

3）密封条：密封条用于密封提前油腔和延迟油腔，防止油液中间串通。

VCT 执行器的锁定如图 1-24 所示。VCT 执行器在起动时或油压不足时，为了避免进气正时产生变化，需要对 VCT 执行器进行锁定。锁定通过一个带有弹簧的锁销来完成。以进气 VCT 执行器为例，当进角油腔油压达到 20～40kPa 时，锁销解锁。

排气 VCT 执行器与进气 VCT 执行器不同的是，排气 VCT 执行器在油压不足时，不能够通过惯性力自动回位到锁止位置，所以在排气 VCT 执行器上会装有一个回位弹簧用于回位。

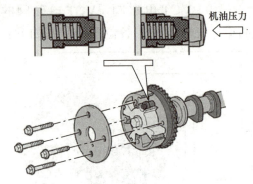

图 1-24　VCT 执行器的锁定

2. VCT 系统工作原理

（1）VCT 设计要求

1）提高充气效率，改善转矩的平顺性。对于固定进气相位的发动机，只有一个转速能实现最大设计充气效率，无法做到各种转速下的充气效率的兼顾。而由于 VCT 相位是可变的，可满足这个要求，保证了在各个转速下都能满足较高的实际充气效率。

2）取消 EGR 阀，降低 NO_x 排放。将残余废气滞留在气缸内，是降低 NO_x 排放的常用手段。对于固定进气相位的发动机来说，需要满足中等发动机负荷与转速工况下的排放要求。在发动机低速时，由于废气残余比例过多，导致稳定性下降。而带有 VCT 的发动机可以在中低负荷时使残余废气多些，而在功率需求大的高速与稳定性要求严的低速，通过进气相位调整使废气残余相对较少，以满足环保要求。

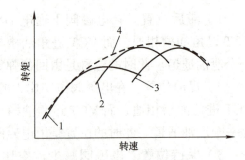

图 1-25　VCT 转矩控制曲线

1—以低转速为最大进气效率的发动机　2—以中转速为最大进气效率的发动机　3—以高转速为最大进气效率的发动机　4—带有 VCT 的发动机

3）改善低速的稳定性。通过怠速时较小的重叠角，满足稳定性要求。

4）发动机在不同转速工况下，为保障实际的最大进气效率，可以通过 VCT 系统进行控制，以平顺地实现发动机的转矩输出，如图 1-25 所示。

（2）VCT 控制要求　如图 1-26 所示，发动机进气正时的控制要求可分为以下几个阶段。

1）怠速与小负荷（高转速、小负荷）。控制要求：排气提前，进气滞后。此时要求最小气门重叠角，目的是改善燃烧稳定性，降低怠速转速。而高转速、小负荷时也能充分利用气门迟闭角的功能，实现惯性充气效果。

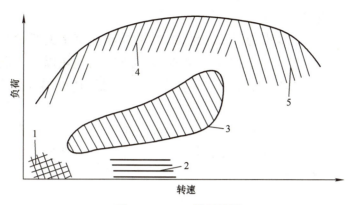

图 1-26　VCT 控制过程

1—怠速　2—小负荷　3—中等负荷　4—低转速、高负荷　5—高转速、高负荷

2）中等负荷。控制要求：气门正时是提前的。随着气门一定时间内的重叠，一定量的废气也返回到气缸，这将增加缸内压力。这个压力的升高减少了发动机的泵气损失。由于是惰性气体，废气的存在也降低了燃烧的最高温度，从而减少了燃烧时产生的 NO_x。

3）低转速、高负荷。控制要求：排气滞后，进气提前。由于节气门几乎全部打开，缸内的最高压力在上止点附近能够充分建立。为了降低压缩行程的泵气损失，需提前关闭进气门。

4）高转速、高负荷。控制要求：排气提前，减少泵气损失，进气滞后。利用进气气流惯性、排气气流扫气等特点，实现充气效率的提高。

（3）VCT 控制原理　VCT 控制的基本原理如图 1-27 所示。

1）目标进气正时的确认。发动机控制模块通过 CKP 传感器、MAF 传感器、TP 传感器、APP 传感器确认目标进气正时。

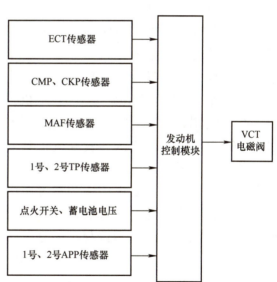

图 1-27　VCT 控制的基本原理

2）实际进气正时的确认与反馈。发动机控制模块通过 CMP 传感器、CKP 传感器确认实际进气正时。

3）目标进气正时的修正。发动机控制模块通过 ECT 传感器与点火开关、蓄电池电压等对控制目标、控制占空比进行修正。

（4）VCT 控制模式　VCT 的控制模式分为四种：清洁模式、最大滞后模式、反馈保持模式与反馈模式。

1）清洁模式。这种模式的目的是清除 VCT 控制油道中的机油杂质。它是在点火开关关闭瞬间进行工作，控制方式主要是发动机控制模块以变化电流交替地控制 VCT 电磁阀。VCT 交替地执行提前与滞后操作，使机油往不同方向流动，完成机油杂质的清洁。

2）最大滞后模式。发动机在起动阶段与怠速工况下，执行最大滞后模式。当 ECT、CKP、CMP、TP、MAF、VCT 电磁阀等传感器有故障时，发动机控制模块以非常低的电流控制 VCT 电磁阀。

3）反馈保持模式。反馈保持模式如图 1-28 所示。目的是当实际进气正时与目标进气正时相同时，反馈保持模式把 VCT 电磁阀保持在中间位置，使进角油腔与迟角油腔都保持关闭状态。

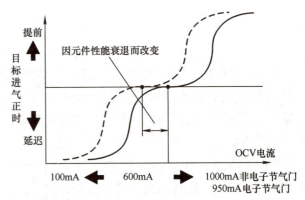

图 1-28　反馈保持模式

控制方式是发动机控制模块以默认值中间电流控制 VCT 电磁阀，并会持续反馈控制结果。如果由于元件老化等导致保持位置时的电流值与目标电流值有偏差，发动机控制模块会持续地学习更新控制电流值。

4）反馈模式。反馈模式指的是当发动机控制模块开始执行进气相位变化时采取的工作电流。控制方式为发动机控制模块在每次发动机起动后，都会学习最大滞后位置，并通过最大滞后位置，确认目标进气相位的准确性。发动机控制模块以保持位置的某一固定电流值为参考，根据发动机的工况确定目标驱动电流。电流变化大，通道变宽，越快接近于目标进气相位；反之，越慢。发动机控制模块通过持续监控目标进气相位与实际进气相位之间的差异，确保平稳地实现进气相位的变化。

1.2.2.2　VCT 系统故障诊断

VCT 的诊断主要通过两种方式来进行：一种是故障码，另一种是数据流。若有故障码，则按故障码提示诊断维修。而数据流诊断可以提高诊断效率，特别是对于没有故障码的情况。下面我们详细介绍一下数据流的诊断方法。在诊断仪中，关于 VCT 的数据流主要有以下几种：

VCT_EXH_ACT1：实际排气凸轮轴位置，以角度表示。

VCT_EXH_DC1：排气凸轮轴的占空比控制，以百分比表示。

VCT_EXH_DIF1：实际排气凸轮轴位置与目标排气凸轮轴位置的差异，以角度表示。

VCT_EXH_DSD：目标排气凸轮轴位置，以角度表示。

VCT_ INT_ACT1：实际进气凸轮轴位置，以角度表示。

VCT_ INT_DC1：进气凸轮轴的占空比控制，以百分比表示。

VCT_ INT_DIF1：实际进气凸轮轴位置与目标进气凸轮轴位置的差异，以角度表示。

VCT_ INT_DSD：目标进气凸轮轴位置，以角度表示。

1. 进气 VCT 数据流诊断

如图 1-29 所示为在怠速时急加油时的进气 VCT 诊断数据。其中 INTK 为进气凸轮轴参数，DSD 为目标需求数据，ACT 为实际动作结果参数，DC 为电磁阀控制百分比，DIF 为目标值与实际值的差值。

进气 VCT 在低转速、高负荷时进行提前操作。如图 1-29 所示，发动机负荷为 87.05% 时，转速只有 1246r/min，从目标进气角度可以看出需要提前 −47.75°。当发动机转速提高后，属于高转速、中高负荷时，需要充分利用发动机的进气惯性，进气门滞后打开。

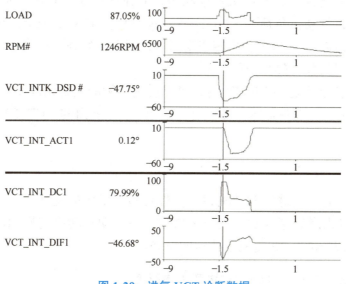

图 1-29　进气 VCT 诊断数据

当 VCT 的占空比达到 79.99% 时，可以看到实际的变化角度要滞后于目标角度。实际角度只有 0.12°，而目标角度已经要求 −47.75°。下面的 VCT_INT_DIF1 数据达到 −46.68°。

2. 排气 VCT 数据流诊断

如图 1-30 所示为在怠速时急加油时的排气 VCT 诊断数据。其中 EXH 为排气凸轮轴参数。

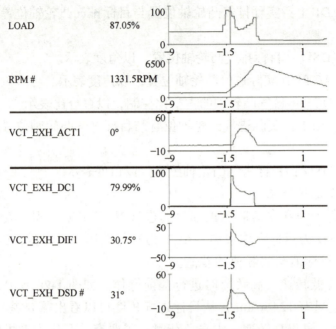

图 1-30　排气 VCT 诊断数据

排气 VCT 在急速时，是最大提前状态，而在低转速、高负荷时进行滞后操作。如图 1-30 所示，发动机负荷为 87.05% 时，转速只有 1331.5r/min，从目标排气角度可以看出需要提前 31°。当发动机转速提高后，属于高转速、中高负荷时，需要充分利用扫气效应，排气门提前打开。

当 VCT 的占空比达到 79.99% 时，可以看到实际的变化角度要滞后于目标角度。实际角度仍然为 0°，而目标排气角度已经要求 31°。下面的 VCT_EXH_DIF1 数据达到 30.75°。

1.2.3　涡轮增压故障诊断

与同样排量的自然进气发动机相比，带有涡轮增压的发动机，由于其中气体的压力增加，使进入燃烧室内的空气质量增加。在发动机功率与燃油经济性兼顾的市场需求下，涡轮增压发动机得到了快速的发展。

1.2.3.1　涡轮增压系统的性能、结构及工作原理

1. 涡轮增压系统的性能

该系统提高了发动机的最大转矩与功率，这主要是因为涡轮增压系统增加了最大的进气质量，可产生更大的动力。在不改变排量的前提下，使很多顾客有了更多的选择。

涡轮增压系统可保障发动机在较低转速下发出更大的转矩。如图 1-31 所示，可以看到最大的转矩开始时转速仅为 1500r/min 左右，而这个转速是驾驶人在城区经常

使用的一个转速区间，极大地改善了低转速时的加速性。

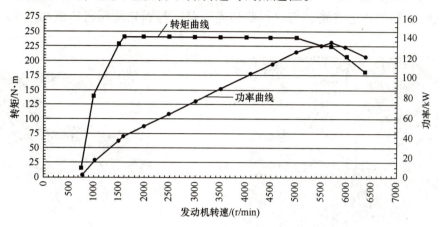

图 1-31　转矩曲线和功率曲线

　　通过增加涡轮增压系统可以使发动机的尺寸更小一些。小尺寸发动机是节油的一种常见方式，但存在机械效率低、动力不足的缺点。通过对小型发动机进行增压，可以获得与大型非增压发动机相同的性能水平。目前有些三缸汽油涡轮增压发动机采用了涡轮增压、缸内直喷和双可变正时气门技术。采用 1L 的排量，最大功率可达52kW。

2. 涡轮增压系统的结构

　　如图 1-32 所示，涡轮增压系统由发动机控制模块、增压控制电磁阀、回风控制电磁阀、涡轮增压器、中冷器、进气道和空气滤清器等元件组成。

　　涡轮增压器利用废气的残余动能驱动进气涡轮，达到增大进气量的目的。中冷器用于冷却增压后的空气。增压控制电磁阀用于控制进气道中的压力，防止压力过高，产生爆燃。回风控制电磁阀用于控制收油后涡轮增压器产生的压力，防止再加速时涡轮增压器产生滞后响应的问题。

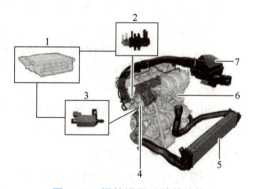

图 1-32　涡轮增压系统的结构

1—发动机控制模块　2—增压控制电磁阀
3—回风控制电磁阀　4—涡轮增压器
5—中冷器　6—进气道　7—空气滤清器

　　（1）涡轮增压器　涡轮增压器如图 1-33 所示，其工作状态如下：

　　1）废气旁通阀：废气旁通阀用于控制废气流过废气泵轮的废气量。当增压压力过大时，打开废气旁通阀，减少增压量。

　　2）气动执行器：气动执行器用于控制废气旁通阀的打开与关闭。气动执行器与真空执行器不同的是，气动执行器是通过增压后的气压工作的，而不是真空。

　　3）增压控制电磁阀：增压控制电磁阀用于控制进入到气动执行器内部的增压压力。

（2）增压控制电磁阀 如图 1-34 所示，增压控制电磁阀有三条相连管路，分别为与空气滤清器侧相连管路、与执行器相连管路、与涡轮增压出口侧相连管路。

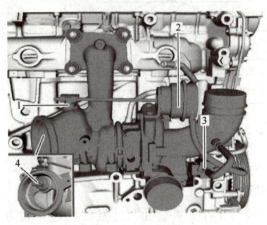

图 1-33　涡轮增压器

1—废气旁通阀轴　2—气动执行器
3—增压控制电磁阀　4—废气旁通阀

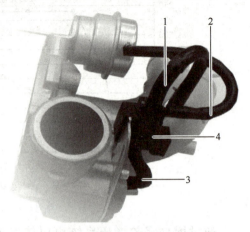

图 1-34　增压控制电磁阀相连管路

1—与空气滤清器侧相连管路　2—与执行器相连管路
3—与涡轮增压出口侧相连管路　4—增压控制电磁阀

注意

此种控制方式的发动机，在发动机静止的状态下，废气旁通阀是关闭的。

如图 1-35 所示，增压控制电磁阀通电工作，通往执行器的通路与空气滤清器侧的低压管路相通，此时执行器不工作，废气旁通阀处于关闭位置。

如图 1-36 所示，当增压控制电磁阀断电时，执行器管路与涡轮增压出口侧相连。当出口增压压力足够大时，执行器产生拉力，废气旁通阀打开；当出口增压压力不够大时，执行器在弹簧力的作用下，使废气旁通阀仍然关闭。

（3）回风控制电磁阀 回风控制电磁阀与废气旁通阀不同，废气旁通阀是控制废气进口与出口的旁

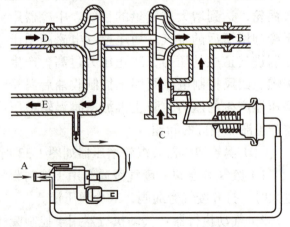

图 1-35　增压控制电磁阀通电时系统工作状态

A—进气低压侧　B—涡轮排气侧　C—发动机排气
D—泵轮进气侧　E—压缩进气侧

通量，而回风控制电磁阀是控制涡轮增压器进口与出口的旁通量。

节气门突然关闭会导致节气门和涡轮增压器叶轮之间的空间内产生背压，涡轮增压器的叶轮会被强烈地制动，被制动的涡轮增压器将导致大量的增压压力损失，而且在下一次需要产生增压效果的时候损失了动力。回风控制电磁阀可在节气门突然关闭的时候旁通空气出口与进口的通道，避免产生背压。回风控制电磁阀的工作原理如图 1-37 所示。

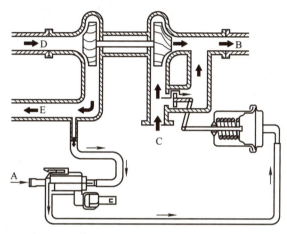

图 1-36　增压控制电磁阀断电时系统工作状态

　　1）回风控制电磁阀打开状态：回风控制电磁阀打开时，空气出口的空气流回到空气入口，不会对涡轮叶片产生任何影响。

　　2）回风控制电磁阀关闭状态：回风控制电磁阀关闭时，经过增压的空气直接进入进气歧管中，空气出口的压力会对涡轮叶片产生一定的影响。压力越高，产生的影响越大。

3. 涡轮增压系统的工作原理

涡轮增压系统的控制策略包括涡轮废气旁通阀的控制与回风控制电磁阀的控制。废气旁通阀的控制如图 1-38 所示。大尺寸涡轮增压器的中高速增压效果好，但低速增压效果差；小尺寸涡轮增压器的低速增压效果好，但中高速增压效果差，且中高速排气背压高，会降低功率。现在的乘用车，更多时候发动机运行在低速阶段，所以现在车型多采用小型涡轮增压器。小型涡轮增压器改善了低速时的增压效果，在中高速时会打开废气旁通阀，改善高速时的动力性。

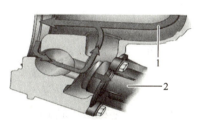

a）回风控制电磁阀打开状态

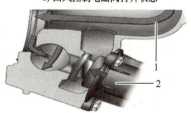

b）回风控制电磁阀关闭状态

图 1-37　回风控制电磁阀工作原理

1—来自于空气滤清器的空气
2—回风控制电磁阀真空执行器

目标增压压力控制如图 1-39 所示。基本目标增压压力与节气门开度、发动机转速有关。节气门开度越大，基本目标增压压力越高；当转速增加到一定程度后，由于排气背压增加过多，会导致功率降低，目标增压压力也会下降。目标增压压力还要考虑大气压力与进气温度的影响。目标增压压力 = 基本目标压力 × 大气压力补偿 × 进气温度补偿。大气压力补偿的目的是防止增压器出现喘振。出现喘振会导致噪声、增压不稳定、抖动等问题。进气温度补偿是为了防止发动机出现爆燃。如果压力大于系统设定的目标值，则控制电磁阀打开废气旁通阀。发动机控制模块通过进气道压力温度传感器的信号监测增压压力，如果此信号失效，则电磁阀始终处于非工作状态。

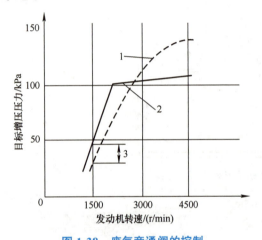

图 1-38　废气旁通阀的控制　　　　　　图 1-39　目标增压压力控制
1—未带废气旁通阀涡轮增压器　2—废气旁通阀打开
3—增加的增压压力

增压压力与发动机转速、节气门开度的关系如图 1-40 所示。低转速时突然完全踩下加速踏板，发动机转速缓慢上升，涡轮增压压力升高。到达"截流转速"后，涡轮增压压力突然升高到目标压力，此时启动增压压力反馈控制。

对比图 1-40 中的节气门开度与发动机转速图表，可以看到从加速踏板开始踩下到开始增压中间有一段滞后时间，称为涡轮增压滞后。这是叶轮的惯性作用对节气门开度变化的滞后反应造成的。

当第一次超增压后，进行压力反馈控制。第一次压力反馈控制一般为超出目标压力 15kPa 左右。

增压压力与涡轮工作负载、废气旁通阀开度的关系（见图 1-41）有以下特点：

1）从图 1-41 第一张图中可以看出，发动机转速升高后，开始增压压力是恒定的；但当发动机转速继续升高时，增压压力开始下降。

2）从图 1-41 第二张图中可以看出，发动机转速低时，涡轮增压器全负荷工作；在电磁阀的控制下，发动机转速越高，涡轮增压器负荷越低。

3）从图 1-41 第三张图中可以看出，发动机转速低时，废气旁通阀处于关闭状态；随着发动机转速的上升，开度越来越小。

回风控制电磁阀的主要作用是防止在收油时涡轮增压器产生制动作用，以及在收油时产生进气喘振噪声。发动机控制模块根据节气门的信号判断节气门的变化速率，同时根据进气歧管压力（MAP）传感器与涡轮增压器出口压力传感器监测节气门前方的压力变化，如图 1-42 所示。当压力差超过 24kPa 时，打开旁通通道。

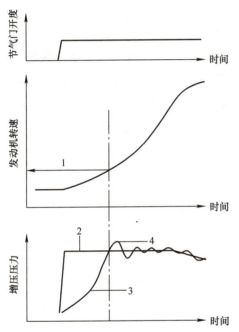

**图 1-40 增压压力与发动机转速、节气门开度
的关系**

1—截流转速 2—目标增压压力

3—实际增压压力 4—泵轮进气侧

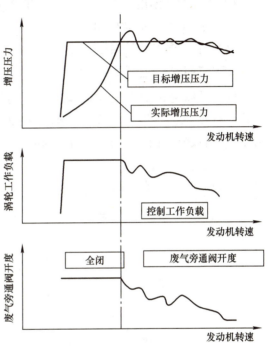

**图 1-41 增压压力与涡轮工作负载、
废气旁通阀开度的关系**

图 1-42 回风控制电磁阀控制

1.2.3.2　涡轮增压系统故障诊断

涡轮增压系统的诊断也是通过故障码与数据流诊断这两种方式进行的。下面我们主要介绍一下数据流的诊断方法。在诊断仪中，关于涡轮增压系统的数据流主要有以下几种：

AAT：环境空气温度　　　　　RPM：发动机转速

ACT：进气温度　　　　　　　TIP_PRS-Boost：中冷器出口压力传感器测得

CLV：计算的发动机负荷　　　　　　　　　　的压力

MAP：进气歧管绝对压力　　　　TP：节气门位置

AFRMAFS：进气流量　　　　　　TURBO-WGATE：涡轮增压旁通电磁阀信号

我们可以通过加大发动机输出功率与转速，用诊断仪读取数据流进行故障分析。如图 1-43 所示，可以看出发动机转速在 2315r/min 时，中冷器出口压力为 158.56kPa，MAP 为 147kPa，而大气压力只有 100kPa，说明涡轮增压系统在起作用。

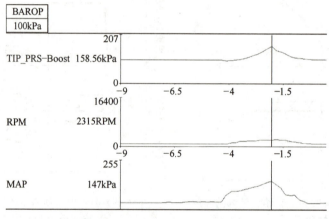

图 1-43　涡轮增压系统诊断数据

我们还可以在行驶过程中进行全负荷操作，验证发动机的最大增压压力是否能达到要求，以及增压器的最大增压能力及废气旁通阀的工作是否正常。通过观察 MAP 与 TIP_PRS-Boost 验证回风控制电磁阀的工作情况。

1.3　燃油性能故障诊断

1.3.1　燃油喷射控制

1.3.1.1　喷油量的计算

发动机的转速信号与进气量参数决定着基本喷油量。发动机控制模块通过转速与进气量来计算发动机每循环的进气量。一般根据 Map 矩阵图去决定基本的喷油量。

基本喷油量再乘以温度、电压等修正参数，就是实际的喷油脉宽。

进气测量的方法可以是速度密度法（进气管压力和发动机转速）或质量流量法（直接测量空气质量）。数据值可以是电压、压力或者空气流量（g/s）。读者可以掌握一些具体车型的经验数据，这样可以大大加快诊断速度，找出故障原因。通常四缸发动机在怠速时的进气量为 2g/s 左右。

机械故障有时也会影响燃油控制，并会引起串行数据读数和电子控制系统工作出现异常。进气泄漏便是这种机械故障的最常见例子。过多的空气经过泄漏处进入进气系统会带来一些问题。过少的气体流经排气管也将引发排气系统的故障。排气不畅是一种机械故障，它会影响歧管压力，进而影响喷油量的计算。如果燃油喷射系统是速度密度型，即利用进气歧管压力来计算进气密度，那么进气歧管泄漏将不会产生影响。漏入进气歧管的额外空气由 MAP 传感器测量出来，并在计算喷油量时加以考虑。如果燃油喷射系统采用空气质量流量（MAF）传感器，并且进气泄漏处位于 MAF 传感器的下游，这部分额外的空气流就不会被测量，从而造成喷油量计算值比实际值偏少。

发动机控制模块基于进气量计算出喷油量后，下一步就是确定怎么样把该喷油量喷入气缸。在每个发动机工作循环内，通过控制喷油器的喷油脉宽打开喷油器，把相应的燃油喷入进气道或缸内。在给定的转速下，喷油脉宽通常与发动机负荷相关。

发动机的负荷越小，所需的喷油量越少。相同工况下，若使相关的用电设备工作（如前照灯、空调风机等），就需要发电机提高发电量。这将导致发动机的负荷增加，所需的进气量与喷油量也增加，喷油脉宽也随之增大。如图 1-44 所示，B 的喷油脉宽较 A 中明显变大。

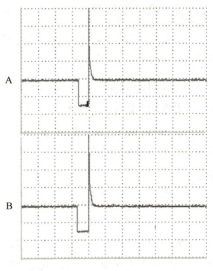

图 1-44　怠速的喷油脉宽

1.3.1.2　喷油正时

喷油正时是指喷油器在工作时与发动机曲轴转角对应的关系。对于进气道喷射的发动机，为了保证在进气门打开时燃油能够充分进入燃烧室，进气道燃油喷射时刻一般在排气上止点前。如图 1-45 所示，图中有两组信号，其中正弦信号为曲轴转角信号，脉宽信号为喷油控制信号。曲轴转角信号缺齿处为上止点前90°，而喷油时刻在早于上止点前90°。对于缸内直喷发动机来说，喷油是在每缸进气行程中进行喷油。由于喷油的时间窗口相对于歧管喷射的时间窗口较短，通常在进气行程中缸内有气流紊流，所以在进气行程初始阶段控制喷油器进行喷油。

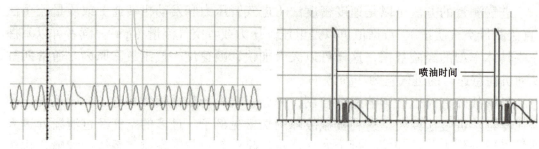

图 1-45　喷油正时

根据各缸燃油喷射的关系，可分为同时喷射与顺序喷射。在控制模块无法准确判缸时，发动机控制模块采用同时喷射，如发动机起动工况；当根据凸轮轴位置传感器与曲轴位置传感器确认各缸的工作顺序后，各缸开始执行顺序喷射。由于喷油正时得到了精确的控制，燃油经济性与排放性能都得到了有效提高。

1.3.1.3　喷油量控制

缸内直喷燃油喷射与进气管喷射相比，缸内直喷燃油喷射压力更高，喷射和形成混合气的可用时间更短。在进气管喷射的情况下，将燃油喷入进气管可以在曲轴转动的两圈内完成；而在汽油缸内直喷的情况下，即使在进气行程喷射（满负荷工作），也只有曲轴半圈转时时间窗口的可能。一台接近怠速运转的发动机最多只有 1～3ms 的时间可用于喷射燃油和形成混合气，这将对喷射系统和喷油策略提出极高的要求。通常喷油器都采用高电压进行控制，控制模块内部集成有升压模块驱动喷油器。

喷油器控制信号的特点如图 1-46 所示。为了获得精确喷射，喷油器必须用一个复杂的电路来控制。控制时由于针阀需要克服缸内的压力及油轨中的压力，需要一个预磁化电流，这个电流相对较小，最大不超过 1.5A。预磁化后，使用最大达 16.5A 的电流来使喷油器针阀快速上升，此时控制电压最大达到 65V 以上。

在针阀开启后，一个小的控制电流便可保持针阀的开启位置。如图 1-46 所示，保持电流只有 2.8A。

针阀完成打开的时间要滞后于最大电流的时间。针阀打开的时间长短决定了喷油量的多少。最后阶段的波形是由于针阀关闭而产生的自感波形。

工况不同，喷油时间也不相同。如图 1-47 所示为在怠速工况与加速工况两种工况下喷油器控制波形的对比。通过对比可以发现，如果需要增加喷油量，只增加针阀保持时的电流时间就可以达到需求。

而对于喷油量的控制，缸内直喷燃油喷射系统不仅可以通过增加喷油时间来实现，还可以通过改变喷油压力来实现。压力的增加还能改善雾化程度。

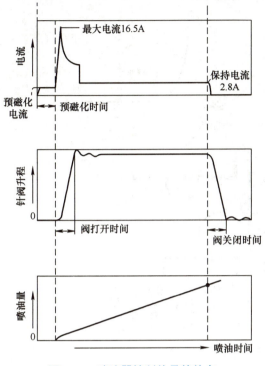

图 1-46　喷油器控制信号的特点

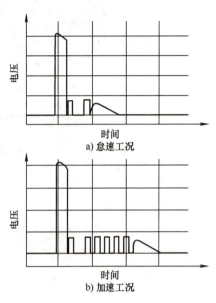

图 1-47　喷油时间控制

1.3.2　空燃比闭环控制

1.3.2.1　开闭环控制

发动机的开闭环控制是指发动机控制模块是否根据氧传感器（O_2S）的信号对发动机的空燃比进行修正。开环控制表示氧传感器不参与燃油控制，在开环控制时不考虑氧传感器的信号。闭环控制表示在燃油控制中使用氧传感器的信号，氧传感器的电压（电流）信号用作反馈信号。

1. 开环控制

发动机控制模块在闭环控制时，控制模块接收相关输入信号，进行燃油喷射控制，然后通过氧传感器进行信号反馈。有些工况为了满足发动机快速暖机、动力系统故障保护等模式，采用开环进行控制。如图 1-48 所示，在发动机冷起动、发动机大负荷、减速或限速以及三元催化器保护模式等工况下，均采用了开环控制模式。在开环控制下，氧传感器信号即便发送给发动机控制模块，模块也不使用该信号进行喷油量的修正。

2. 闭环控制

燃油系统进入闭环模式的必要条件是发动机的温度高于设定温度，以及氧传感器达到工作温度。

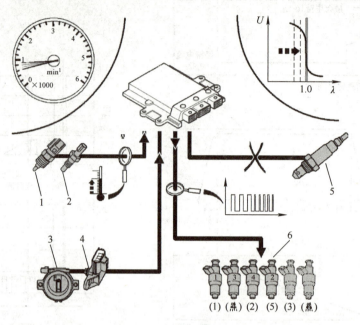

图 1-48　开环控制

1—ECT　2—IAT　3—MAF　4—MAP　5—O2S　6—喷油器

　　在闭环控制下，开关型氧传感器的信号波形如图 1-49 所示，信号电压在 0.45V
上下跳动。当发动机控制模块接收到电
压低于 0.45V 的氧传感器信号时，增大
喷油量；当发动机控制模块接收到电压
高于 0.45V 的氧传感器信号时，减小喷
油量。从图中也可以看到，电压高于
0.45V 后，直到达到 0.7V 信号波形才往
下降，这是喷油器喷油后，经燃烧再到
排气管中的时间差造成的。

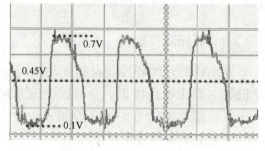

图 1-49　闭环控制

　　对于使用宽频氧传感器的控制系统，是基于氧传感器信号电流的正负方向的变
化来判断是否进入闭环控制状态。

3. 闭环控制喷油量的计算

　　为了使排放维持在一个最佳的工作状况，燃油监测系统利用氧传感器的浓度变
化来进行喷油量的调节。闭环控制工况下，控制模块首先基于进气质量计算所需的
基本喷油量，再结合一些工况修正的参数（如冷却液温度、蓄电池电压、进气温度
等）计算出工况所需要的修正喷油量，最后基于闭环修正的长期燃油修正与短期燃
油修正，进行最终喷油量的控制。

1.3.2.2 短期燃油修正系数

短期燃油修正指的是发动机控制模块根据氧传感器的信号即时做出的燃油修正。短期燃油修正参与的工作方式与氧传感器的类型有关，下面分别介绍开关型氧传感器与宽带氧传感器的修正方式。

1. 开关型氧传感器的短期燃油修正

在闭环状态下，发动机控制模块利用氧传感器的信号计算短期燃油修正值以便维持一个理论空燃比。只要短期燃油修正能够使氧传感器进行浓稀转换，就能维持理论空燃比。

在闭环控制下，开关型氧传感器的信号与短期燃油修正值的波形如图 1-50 所示。观察左侧第一条竖线，当氧传感器信号一旦低于 0.45V 时，短期修正值瞬间向上提升。控制策略是先提高目前期望变化幅度的一半，再逐渐增加修正值。所以我们会看到短期燃油修正每次变化时都有一个急折线。这种方法可以最快实现接近于目前的空燃比。

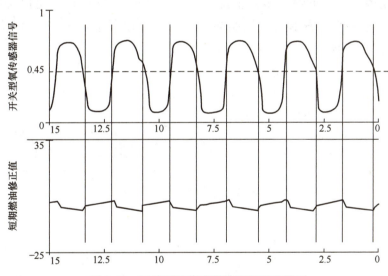

图 1-50　开关型氧传感器的短期燃油修正

当短期燃油修正值持续增加时，如果一旦检测到氧传感器信号高于 0.45V，也就是第二条竖线时，将修正值再下调至其值的一半，所以会出现第二个折线。周而复始，持续进行喷油量的调节。

2. 宽带氧传感器的短期燃油修正

宽带氧传感器（O_2S_{11}）由于能够精确测量任何时候的空燃比，所以它的调整就不再以理论空燃比时的电压为基础了，任何时候都能对喷油量与目标空燃比的差别做出预期。所以喷油量变化的幅值能够变得很小，提高了燃油经济性与排放性能。

如果短期燃油修正数据过大，说明当前混合气较稀。如图 1-51 所示，短期燃油修正（SHRTFT1）达到 21.87%，系统运行一段时间后就有可能报出故障码。宽带氧传感器不仅能实现理论空燃比的闭环控制，还能实现非理论空燃比的闭环控制（即稀薄空气燃烧技术）。

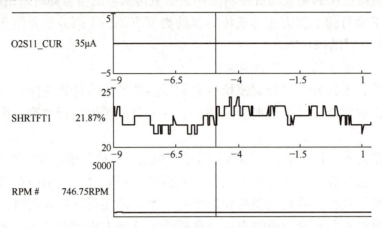

图 1-51　宽带氧传感器的短期燃油修正

混合气变稀后，短期燃油修正值的变化过程如图 1-52 所示，可以看出氧传感器电流始终显示为正值，表示混合气始终为稀，但会逐渐接近于 0（即理论空燃比）。短期燃油修正调节的幅度更小，控制更精确。

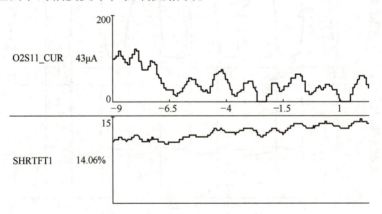

图 1-52　短期燃油修正值的变化过程

1.3.2.3　长期燃油修正系数

长期燃油修正系数是发动机控制模块内修正喷油脉宽的程序，这种控制策略又称为"自适应燃油策略"。这种控制策略能够"学习"闭环控制状态下的燃油控制的结果，调整基本喷油量，并将结果记录在发动机控制模块内，即使发动机停机后也不会丢失。

长期燃油修正是发动机控制模块燃油控制的长期调整，以补偿喷射或发动机系统元件的磨损与短期燃油修正的超时。如果短期燃油修正系数长时间保持为正数或负数，发动机控制模块便知道喷油量出现了偏差，这时发动机控制模块调整基本喷油量，使得短期燃油修正回到 0%，此时调整喷油量的幅度就是长期燃油修正系数。

在闭环时，长期燃油修正尽量保持短期燃油修正低于它的极限值，并尽可能地保持在 0 附近。这种控制策略在起动、暖机和加速等工况下使用，以获得更好的发动机性能。

开环时，在有些条件下，控制策略将忽略短期燃油修正，并使用"自适应燃油策略"逻辑以获得更好的发动机性能，所以长期燃油修正无论在开环还是闭环状态都适用。

长期燃油修正的目的就是使短期燃油修正始终在 0 左右变化，实现快速的燃油调节。图 1-53 所示为长期燃油修正系数为 0 的状态。短期燃油修正系数也在 0 附近变化。

当由于部件性能下降导致喷油量减少时，混合气变稀，短期燃油修正系数变大，长期燃油修正系数也会随着变大，这样短期燃油修正系数恢复到 0 附近，如图 1-54 所示。

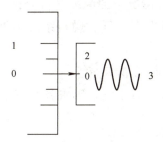

图 1-53　长期燃油修正系数为 0 的状态

1—长期燃油修正　2—短期燃油修正　3—变化范围

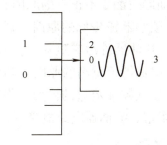

图 1-54　长期燃油修正系数有偏差的状态

1—长期燃油修正　2—短期燃油修正　3—变化范围

当元件持续老化导致长期燃油修正系数达到一个修正极限时，就不能再进行燃油修正补偿了。这样系统就会设置一个混合气浓或稀的故障码。

1.3.3　空燃比故障诊断方法

1.3.3.1　影响燃烧室空燃比的因素

影响燃烧室空燃比的因素有燃烧室内混合气的雾化、燃油蒸发、空气涡流、冷凝及吸收等，如图 1-55 所示。

1）雾化：喷油器从设计上保证了能以圆锥雾状提供燃料。喷油器的形状和燃料压力使燃油可以很容易雾化。

2）燃油蒸发：蒸发是通过加热使雾化颗粒转变为气态的过程。燃料从喷油器喷出后，冲击热的进气歧管和进气门，造成燃料蒸发。

3）空气涡流：进入气缸的空气形成涡旋以增进混合。空气涡旋由气缸盖、进气门和燃烧室形状决定。

| 雾化 | 燃油蒸发 | 空气涡流 | 冷凝 | 吸收 |

图 1-55　影响燃烧室空燃比的因素

4）冷凝：燃油蒸气冷却并与空气分离后即发生了冷凝现象。有些燃料颗粒可能聚集在一起或附在金属上。冷凝也叫结露，在冷态发动机低转速时最易发生。

5）吸收：当发动机处于冷态时，进气门或活塞顶上的积炭可能会吸收一些燃料颗粒。这样混合气中的部分燃料将不能用于燃烧，致使混合气变稀。

1.3.3.2　喷油量不正常的原因

喷油器喷油量不正常的原因有很多，下面就各种情况下的原因进行分析。

1）喷油器流量低的原因：燃料系统或测试设备中有空气、燃料系统污染造成油路阻塞、喷油器脏污或阻塞、喷油器故障等。

2）喷油器流量高的原因：喷油器泄漏、喷油器脏污或卡滞等。

3）喷油器无流量的原因：燃料系统或测试设备中有空气、喷油器故障、喷油器脏污或阻塞、喷油器电路故障等。

注意

　　如果所有喷油器都没有流量，原因很可能是燃料系统中有空气，也可能是燃油泵在测试中连续运行或所有喷油器的电源断电。若要判断具体故障原因，可以通过诊断仪或喷油器流量测试设备进行分析。

1.3.3.3　空燃比与火焰速度

火焰速度随空燃比和燃料辛烷值的大小而改变。浓空燃比时的火焰速度比稀空燃比时快。造成这种差异的原因是燃烧室中燃料分子之间的距离。

火焰传播是指混合气点火后的火焰在气缸内的燃烧过程。由于燃烧的分子点燃其他分子，火焰在燃烧室内扩展。这种燃烧分子的过程一直继续下去，直到所有的分子都被点燃。

1）空燃比略小于理论空燃比，在 13.5～14 时，火焰燃烧温度最高，发动机升温快。

2）空燃比在 12 ～ 13 时，火焰的传播速度最快，发动机输出功率最大，此时的空燃比又称功率空燃比。由于混合气浓度的增加，混合气中的燃料无法完全燃烧，发动机的耗油率明显升高。

3）空燃比在 16 左右时，汽油燃烧最完全，发动机的耗油率最低，而火焰温度和发动机功率均已下降，此时的空燃比称为经济空燃比。

如果继续减稀混合气，超过空燃比的稀燃极限，就会出现失火，耗油率反而升高。

根据以上分析可以看出，提高发动机功率和降低燃油消耗是两个矛盾的指标，要提高功率，就会降低经济性。同样，要提高经济性指标，就必须降低动力性。

1.3.3.4　空燃比故障诊断

空燃比故障一般包括混合气浓、混合气稀的故障，同时有可能伴随冒黑烟、加速无力等症状。

混合气浓的原因包括空气滤清器滤芯堵塞、汽油管路压力太高、空气计量不准、喷油器滴漏、配气正时不对等。混合气稀的原因包括进气道泄漏、排气管泄漏、汽油管路压力太低、空气计量不准、喷油器堵塞等。

空燃比出现故障一般会有故障码生成，可以通过数据流分析判断当前空燃比的状态。

急速工况下，故障状态尾气超标时的数据流如图 1-56 所示，可以看到在急速时负荷率（LOAD）偏高，达到 35.8%，说明发动机的动力受到影响。前氧传感器（O_2S_{11}）与后氧传感器（O_2S_{12}）的电压都高于 0.45V，表示混合气过浓。短期燃油修正值（SHRTFT1）达到 −20%。

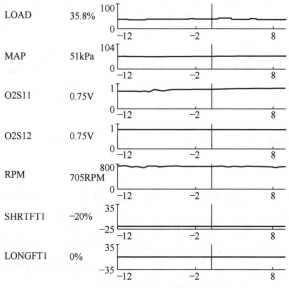

图 1-56　故障状态尾气超标时的数据流

解决这个故障应从负荷率上着手，检查影响燃烧的因素以及每个气缸做功的效率。

1.4 发动机点火控制系统故障诊断

1.4.1 点火正时对发动机性能的影响

1.4.1.1 基本点火提前角

基本正时是在发动机测功机上确定的。在不同的转速与负荷点，对点火正时进行调整以获得最大的转矩，这一正时称为最佳转矩的最小点火提前角（MBT）。这些正时值保存在发动机控制模块中的转速负荷表里。因为各燃烧过程完成的时间基本相同，当发动机转速增加时，点火通常也须相应提前。例如，在压缩行程中点火时刻早于基本正时，则称正时"提前"。

试验表明，在燃烧过程中，当最高燃烧压力出现在上止点（TDC）后10°左右时，发动机输出的功率最大，如图1-57所示。

为了保证最大的输出功率，点火应该提前一定的角度。对于不同工况下的精确计算的点火时刻A与B，燃烧的最高压力可能都出现在上止点后10°左右。

点火提前角过小，点火燃烧出现在活塞快速下行阶段，将导致燃烧过程与缸壁接触面积过大，发动机容易过热，功率造成一定的损失。

点火过早，可能导致活塞在上行时产生一定的阻力，降低功率，同时还可能引起爆燃。

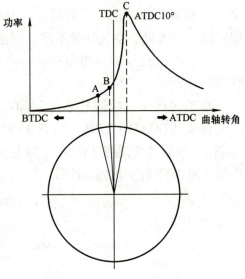

图1-57 基本点火提前角

1.4.1.2 点火提前角修正

1. 空燃比反馈修正
发动机控制模块根据氧传感器反馈的信号进行点火提前角的修正。

由于燃油修正值的变化，发动机的转速在一定范围内波动。为了提高发动机转速的稳定性，在反馈燃油减少时，也就是混合气浓时，点火提前角减小；在反馈燃油增加时，也就是混合气稀时，点火提前角增大，如图1-58所示。

2. 暖机修正

在发动机暖机怠速工况下，随着冷却液温度的升高，逐渐减小点火提前角。

当冷却液温度很低时，点火提前角将固定在一个数值，当温度上升后再逐渐下降，如图 1-59 所示。

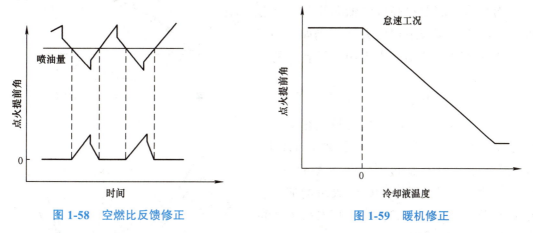

图 1-58　空燃比反馈修正　　　　　图 1-59　暖机修正

3. 怠速稳定性修正

发动机在怠速工况运行时，由于负荷的变化，发动机的转速会发生变化，发动机控制模块通过调整点火提前角稳定怠速。

当发动机怠速低于目标怠速时，增大点火提前角；当发动机怠速高于目标怠速时，减小点火提前角，如图 1-60 所示。

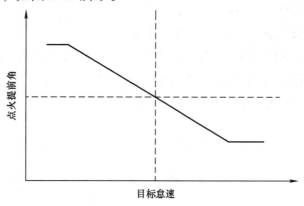

图 1-60　怠速稳定性修正

1.4.1.3　点火正时对转矩和排放的影响

点火正时的早晚会影响到发动机的燃烧状况，发动机的转矩与排放也会随之变化。

1. 点火正时对转矩的影响

在每一个固定的工况下，都有一个最大转矩的点火提前角。但在发动机运行时，当接近于最大转矩点时，可能导致爆燃的产生。所以选择最接近于最大转矩点的点火提前角，就是点火提前角的控制目标。

如图 1-61 所示，点火提前角的变化会导致发动机转矩的变化。当点火提前角小于 −5° 时，会产生负转矩。点火越提前，产生的转矩相对越大一些。

当发动机需要提高或降低转矩时，调整点火提前角是响应最快的方法。例如，当急速转速降低时，先提前点火角，等转速稳定后，再调整进气量。

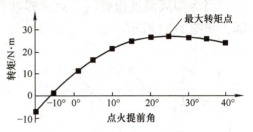

图 1-61　点火正时对转矩的影响

2. 点火正时对排放的影响

点火正时对 HC 的排放有较大影响，如图 1-62 所示。在过量空气系数为 1.1 时，HC 排放量最低；在过量空气系数低于 1.2 时，加大点火提前角，HC 排放量增加；在过量空气系数大于 1.25 时，加大点火提前角，HC 排放量减少。

点火正时对 CO 的影响如图 1-63 所示。在过量空气系数为 1.0 以上时，CO 排放量与点火提前角无关；在过量空气系数低于 1.0 时，加大点火提前角，CO 排放量增加。

点火正时对 NO_x 的影响如图 1-64 所示。在过量空气系数为 1.05 时，因氧气浓度和燃

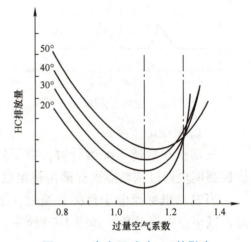

图 1-62　点火正时对 HC 的影响

烧峰值温度升高，NO_x 排放量增多；而在过量空气系数跃过 1.05 后，混合气变稀，温度随之急剧下降，NO_x 生成呈下降趋势。NO_x 的排放对于点火正时的变化十分敏感，这种钟形曲线随点火提前角的加大而变得更尖。

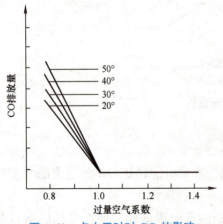

图 1-63　点火正时对 CO 的影响

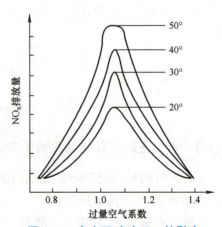

图 1-64　点火正时对 NO_x 的影响

应用三元催化器进行排放控制需要混合气的过量空气系数为 1，因此调整点火提前角是实现低排放的唯一选择。

1.4.2 点火提前角闭环控制

1.4.2.1 发动机各工况对点火的要求

1. 起动点火提前角的计算

起动时，发动机转速变化大，空气流量不稳定，对点火提前角难以精确控制，因此采用一个固定的点火提前角，如图 1-65 所示。

2. 怠速点火提前角的计算

怠速时根据发动机额外负荷、发动机转速计算点火提前角。

转速低时，点火提前角小；转速高时，点火提前角大。

怠速时若增加负荷，如开空调、打开灯光等，需增大点火提前角，以保证怠速的稳定，如图 1-66 所示。

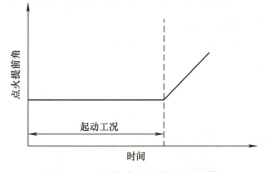

图 1-65　起动点火提前角的计算

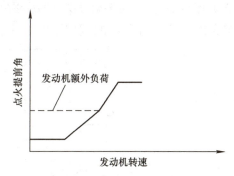

图 1-66　怠速点火提前角的计算

3. 非怠速点火提前角的计算

非怠速时的点火提前角需要根据实验数据构成的三维图来计算。

发动机转速越高，点火提前角越大；进气量越大，点火提前角越小，如图 1-67 所示。

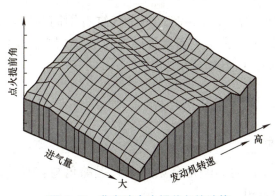

图 1-67　非怠速点火提前角的计算

1.4.2.2 闭环控制策略

点火正时的电子控制可以非常精确地根据发动机转速、温度和载荷调整点火提前角。同时必须保证离爆燃极限有一个安全余量。但由于某些危险因素（如发动机间隙增大、外界条件和燃油品质的变化）会导致爆燃的可能性增大，控制时应该保证发动机不会爆燃。在系统中可以使用爆燃传感器来达到这个目的。

发动机控制模块通过对反映发动机负荷的传感器进行分析，判断是否进入爆燃闭环控制，如图1-68所示。如果进入闭环控制，将调整点火线圈的点火提前角。

当发动机的负荷低于一定值时，一般不会发生爆燃。此时发动机控制模块对点火提前角执行开环控制。在这种情况下，发动机控制模块不对爆燃传感器的信号做判别分析。

爆燃传感器　　发动机　　点火线圈
　　　　　　　控制模块

图1-68　爆燃开环控制与闭环控制

发动机控制模块应用一个专用的算法，来确定气缸中任何燃烧循环中爆燃刚开始发生的状况。当系统识别到这种状况时，点火提前角随着程序的调控不断减小，如图1-69所示。

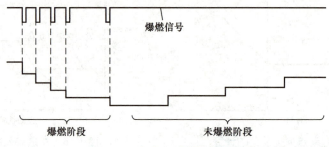

爆燃信号

爆燃阶段　　　　　　未爆燃阶段

图1-69　点火正时的爆燃控制

当爆燃危险消除后，该气缸的点火提前角便又慢慢地恢复到默认的设置点。

爆燃的识别和爆燃控制运算可阻止导致发动机损害以及可听到爆燃声的爆燃发生。

当前发动机可实现逐缸爆燃控制。每个气缸有不同的爆燃极限。为了修正每缸不同的爆燃，各缸不同的点火延迟角增量储存在RAM储存器中，以保证在没有可闻爆燃声的危险下，发动机以最佳效率工作。

1.4.3　点火控制系统故障诊断

1.4.3.1　点火正时诊断

在观察发动机数据流时，经常会见到点火提前角与正常值不一样的数据，下面一起来分析一下它的影响因素。

发动机从起动到运转过程中的点火提前角（SPARKADV#）等数据的变化如图 1-70 所示。通常通过数据对比的方法，验证点火提前角的数据是否正常。例如，急速时要求点火提前角在 10° 左右，而发动机转速为 2500r/min 时，要求点火提前角在 25° ~ 33° 之间。在未着车时，固定的点火提前角为 10°，起动时维持在 10.25°。当转速达到正常急速时，点火提前角继续提前。

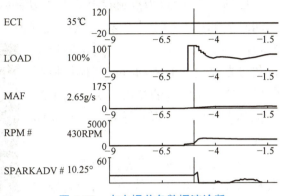

图 1-70　点火提前角数据流诊断

如果点火提前角不正确，可以观察是否有其他负荷输入，如空调、助力等负荷信号输入，以及观察节气门、流量计信号是否符合要求。

如图 1-71 所示，发动机运转后，急速通常维持在 1200r/min 左右，为暖车高急速。此时进行急速高转速修正，点火提前角变为负值，最高达到 −14°。

数据流只是发动机控制单元输出的指令，要想知道实际的点火时间，还需要进一步通过示波器查看发动机模块的点火控制信号和曲轴转角之间

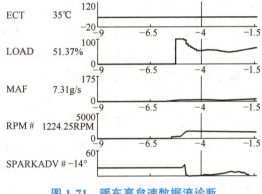

图 1-71　暖车高急速数据流诊断

的相位关系，来确认实际点火正时是否正确。如图 1-72 所示为点火提前角不正确的诊断。

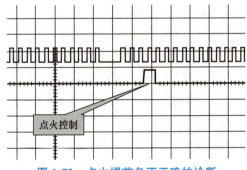

图 1-72　点火提前角不正确的诊断

1.4.3.2　点火波形分析

点火波形有初级波形和次级波形两种波形。次级波形可以更方便地观察闭合角等信息。次级波形分析是发动机性能诊断的一项重要手段。

1. 初级波形

如图 1-73 所示为点火控制系统的初级波形，纵坐标的刻度是电压。如果这是一个四缸发动机，图上本应有四条曲线，但为了图示清楚，现在只需要观察一个气缸旋转的一个 90° 就可以了。这个图形来自初级点火线圈的发动机控制模块控制负极一侧。在所选的初级图形里向上的变化都表示正向电压。另外，要从左向右观察。

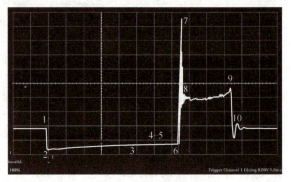

观察 1 号位置，在垂直轴上，这一点相当于系统电压，约为 14V。2 号位置为 0V，扫描线在这里是垂直的，表明电压的转换极为迅速。注意现在正在

图 1-73　初级波形

观察的是初级点火线圈接地一侧，这一侧的电压刚从 14V 降到 0V。这一时刻电压突然下降是因为点火模块接通了驱动电路将初级线圈接地，使闭合时间开始。

从 2 号位置开始，点火线圈一直保持通电状态，直到点火控制模块开始给初级线圈电路增加电阻限制线圈电流。因此，可以看到电压从 2 号位置上升到 3 号位置，到达 4 号位置后初级线圈电流达到饱和，初级电流再次稳定，电压也将保持稳定直到 5 号位置，模块晶体管仍保持接通，此时闭合时间就要结束了。

6 号位置是闭合时间结束，模块晶体管被关闭，初级点火线圈的接地通路也已断开。现在，在示波器最左侧又重新显示 6 号位置的直线上升。曲线从这里开始仅仅是因为示波器是由初级电压的陡然升高而触发的。电压的升高非常迅速，以致示波曲线看上去像一条笔直的垂线。如果把示波器转换为 5ms 时基，曲线就会稍微显示出一个角度。要注意由于点火控制模块内部线路的差异，初级线圈控制波形的形式可能会不同，主要是体现在线圈电流限制上。

通过这个非常快速的扫描，现在能够看清图中电压从 6 号位置上升到 7 号位置，然后又降到 8 号位置。6 号位置到 7 号位置是磁力线向点火线圈内软铁心收缩而引起的电压上升。7 号位置所达到的高度是磁场感应出的最高电压，实际电压值可达几十伏甚至上百伏。线圈的电能迅速降到几十伏，即 8 号位置到 9 号位置。从 6 号位置到 9 号位置的时间一般维持几个毫秒。时间如果少于 0.8ms，可能有以下原因：供送的初级电压偏低；模块内部限流器电路故障（模块）；初级线圈绕组之间漏电或短路。

从 6 号位置到 9 号位置叫作点火部分。在初级点火部分的末尾，即 9 号位置处有一个明显的升起。9 号位置的升起是火花塞中央电极处火花熄灭造成的次级线圈电压的上升。在 9 号位置和 10 号位置之间，电压上下波动。这些波动反映了火花熄灭后，即停止点火后线圈内剩余能量的消散。

注意线圈消能时的极性，线圈中是交流电，线圈（电感器）的性质就是阻碍电

流出现突然的变化。电流的这种变化是磁力线穿过线圈向软铁心运动的结果。这种现象叫感抗。在以前的触点点火系统中用电容器来延迟初级线圈的磁力线收缩时间。但在无触点点火系统中不能采用这种办法，否则线圈里会有剩余能量（电流），一直会留到下一个闭合时间的开始。而在下一个闭合时间开始时，剩余电流会阻碍初级线圈电流的增加（反电动势）。

初级线圈在 10 号位置处结束消能，电压电平现在又回到了 14.2V（系统电压），并一直持续到下一个闭合时间在 1 号位置再次开始。从 10 号位置到 1 号位置的时间随着转速的增加而缩短。这样就使得闭合时间为点火提前而能早一点儿开始，并在 6 号位置处早一点儿结束，避免了由于转速增加导致初级电路闭合时间不足，初级电流不能达到饱和值，以至于点火能量不足。

2. 次级波形

点火次级波形可以划分为三个部分：点火部分、中间部分、闭合部分，如图 1-74 所示。

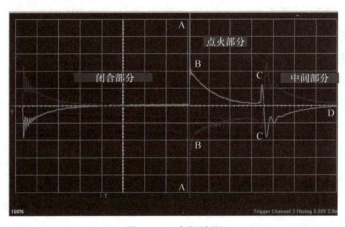

图 1-74　次级波形

点火部分显示了电路中电压的升高，以及在火花塞向侧电极即接地放电时的电流流动。当初级线圈绕组的磁力线收缩时，磁力线就在次级线圈绕组里感应出一个高电压。这个负极高电压试图接通一条使电流流过次级电路的通路。

在示波器上，次级总电压近似一根垂线。垂线的高度就是测定克服次级电路电阻所需电压的尺度，即 A 点是为克服气隙跳火所需的最高电压（击穿电压）。

火花塞间隙是次级电路中最大的电阻，只要一开始的电弧跨过这个间隙，电压需要量就会降低 70%。因此，维持火花所需的电压迅速下降。从 A 点到 B 点的突然下降是火花塞两极之间最初放电的结果。因为气隙电离之后要克服的电阻小了，电压需要量也就少了。维持火花所需的电压叫作燃烧曲线。

燃烧曲线持续的时间根据次级电路总电阻和线圈有效电压而定。一个好的点火线圈可以将火花持续时间保持在 0.8 ~ 3ms。燃烧曲线是查找次级点火电路问题需要观察的最重要的部分。从 B 点到 C 点的部分就是燃烧曲线。碳氢化合物（HC）分子与氧（O_2）分子就是在 0.8 ~ 3ms 这么短的时间内进行燃烧的。这一燃烧叫作燃油扩散，与燃烧有关的问题会在燃烧曲线部分暴露出来。线圈已收缩到维护火花的最低电压需要量以下，因此火花熄灭了（发生在 C 点）。

从 C 点到 D 点还有剩余电压，但已低于穿越火花塞气隙所需的最小值并逐渐减少，回到 0V，0V 在 D 点。C 点电压的迅速升高是因为线圈没有传导通路造成的。电流是通过火花塞气隙流向接地端的，但当电流停止时，线圈发生自感，结果是出现电压升高。

因为只有在燃烧曲线表示的时间内，才有电流在次级电路中流动，所以了解哪些因素可以改变点火曲线的波形线是很重要的。在发生电弧的时间里出现的电阻变化会导致燃烧曲线的波形线变化。当线圈所剩电压不足以穿过火花塞间隙时，火花就结束了。

由于线圈要努力克服次级线路中的电阻，就损失了用于收缩的时间。因此，用于保持放电的时间就所剩不多了。次级电路里的任何电阻的加大都会减少火花持续时间。点燃曲线越高，燃烧曲线越短。如果燃烧曲线太短，燃油就不能充分燃烧，就会造成功率损失，燃油消耗不良，以及排气中 CO 含量高。

压缩压力和空燃比影响对次级电压和火花持续期的要求。燃气混合气压缩后，火花塞间隙放电要克服的空气阻力加大，因而所需的放电电压也相应地提高。

注意

典型的燃气混合气中，空气分子比燃油分子多得多，压缩后空气分子阻力增大，需要有更高的次级电压才能克服。

造成燃烧曲线过短的原因包括次级电阻太高和空燃比太稀。

如图 1-75 所示，燃烧曲线被放大了，以显示混合气在火花塞电极处点燃时空燃比的特性曲线。注意，在 HC 分子密集的地方，电压需要量就降低。HC 在高电压下是导电的；O_2 是不导电的，有很高的电阻。

在混合气从 A 到 B 通过火花塞电极时，观察由 A 到 B 对应生成的图形。大量的 O_2 分子造成电压需要量上升（电阻增加），大量的 HC 分子（导电）造成电压需要量下降。为了达到完全燃烧，只要燃烧室内有可燃混合气，就应使火花持续产生。由于现在的汽车使用较稀的混合气，火焰前锋在某些条件下不能自动传播，需要有足够长的火花持续时间以保证充分燃烧。概括地讲，燃烧曲线应是水平的，并有 0.8 ~ 3ms 的燃烧时间。光滑的燃烧曲线表明没有电弧产生，通常是由于对地短路（没有气隙）造成的。当燃烧曲线在终点升起时，气缸内点火也就结束了，这就是点火部分的终点和中间部分的起点。

中间部分开始于火花塞停止点火、次级线圈剩余电压消散之时。中间部分的示波曲线要上下振荡约三四次，每一次的高度都会降低一些，表明次级线圈的剩余电压正在降低。线圈剩余振荡是由于初级线圈绕组的互感，磁力线仍在切割次级导电绕组而造成的。当线圈没有足够的电压来维持穿过火花塞气隙（高电阻）的电弧时，线圈的极性会因线圈的自感而颠倒过来。而磁通量要阻碍这个自感电压，于是极性又反转过来，形成完整的一周。

普通点火系统（断电器触点）通常

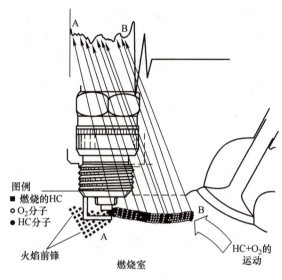

图例
■ 燃烧的HC
○ O_2分子
● HC分子

火焰前锋　　　　　　　　燃烧室　　　　HC+O_2的运动

图 1-75　燃烧曲线

有三个或更多的振荡波形，因为电容器往回向初级线圈放电会增加线圈收缩持续的时间。这样做是为了使气缸内有足够长的火花持续时间。另外，普通点火线圈的初级电阻也更高。

闭合部分是模块向初级线圈提供接地的起点和终点。中间部分的终点也就是闭合部分的起点。一条急转直下的垂线（正极）表明初级线圈里有电流开始流过绕组了。由于模块迅速接通，提供了一个对系统接地的通路，所以可以明显地看到一条清晰规则的示波曲线。

1.5　排放控制系统故障诊断

1.5.1　排放物产生机理及影响因素

1.5.1.1　排放物产生机理

1）CO：混合气的燃烧过程非常复杂，通常化学反应分为若干步骤完成，CO便是这些化学反应的中间过程产物。如果混合气中的O_2含量不足，CO无法完成正常的燃烧过程，将随着废气被排出发动机。混合气中的O_2含量越高（稀混合气），燃烧生成的废气中CO的含量就越低。

2）HC：很多因素都会影响燃烧过程的正常进行，例如过浓/过稀的混合气、点火不良、混合气压缩不够等，这些因素都会使废气中HC的含量升高。

即使是在正常的燃烧过程中，因为各种各样的原因，总会有少部分燃油没有燃烧而直接排出发动机。在正常使用条件下，燃油系统也会挥发出一定量的燃油蒸气（HC）。

3）N_2：N_2 在常温下很稳定，当温度升高到约 2500 ℉（1371℃）时，N_2 和 O_2 开始发生化学反应，生成 NO_x。影响 NO_x 含量的主要因素是燃烧温度，温度越高，NO_x 含量越高。

4）颗粒物：颗粒物的形成机理可以大致分为一次和二次组分。一次颗粒物是指直接由机动车、燃煤等排放源直接排放的颗粒物。二次颗粒物则是指由 CO_2、NO_x 和挥发性有机物（VOCs）等其他一次污染物在大气中经过复杂的化学反应而形成的颗粒物。颗粒物中，元素碳、矿物尘和重金属元素等为一次污染物，硫酸盐和硝酸盐为二次污染物，分别来自大气中二氧化硫（SO_2）和 NO_x 的转化。有机组分可能为一次污染物，也可以由挥发性有机污染物经过各种反应二次形成。需要注意的是，颗粒物中的二次组分比例很高。例如，硫酸盐、硝酸盐和铵盐一般可占颗粒物总量的 50% 左右。有机组分占颗粒物的 20% 以上，其中至少有一半的有机组分是二次形成的。因此，控制颗粒物除了减少一次颗粒物的排放，还必须通过其他方法减少二次颗粒物的形成。

影响汽车有害排放物生成的因素很多也很复杂。但这些有害排放物毕竟是燃烧化学反应的产物，因而这些影响因素归结起来，主要是混合气浓度和温度。各种参数和降低排放的技术最终大都是通过这两种基本因素来影响燃烧和有害物生成过程的。

1.5.1.2　混合气浓度的影响

汽油机中的有害排放物 CO、HC 和 NO_x 的含量随空燃比的变化如图 1-76 所示。CO 和 HC 的含量随空燃比的增大急剧下降，超过理论空燃比后，逐渐达到最低值；但空燃比过稀（过大）时，因燃烧不稳定甚至失火次数增多，导致 HC 又有所回升。从降低 CO 和 HC 的角度来说，应避免在过量空气系数（λ）小于 1 的区域运转，但汽油机的最大功率出现在过量空气系数为 0.8~0.9 时，息速和冷起动时会加浓到 0.8 或更低，因而又是难以避免的。

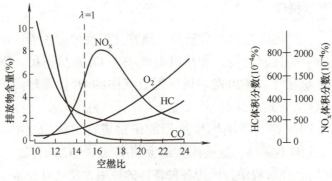

图 1-76　混合气浓度的影响

NO_x 的变化规律与 HC 和 CO 不同。在过量空气系数 1.1 附近，NO_x 生成量最高，过浓或过稀都会使 NO_x 生成量降低。过量空气系数小于 1 时，燃烧是在还原性（O_2 含量少）气氛中进行的，NO_x 难以生成；过量空气系数过大（过稀）时，会由于燃烧温度下降使 NO_x 的生成速度减慢；只有在过量空气系数为 1.1 附近时，才能兼有高温和富氧两个必要条件，最有利于 NO_x 的生成。

1.5.1.3 点火提前角的影响

图 1-77 所示为点火提前角对汽油机 HC 和 NO_x 生成量的影响。随着点火提前角的减小，NO_x 和 HC 同时降低，油耗率却明显恶化了。NO_x 排放降低的原因主要是随着点火提前角小于 MBT（MBT 是指由动力性确定的最佳点火提前角），燃烧等容度降低，最终使燃烧温度降低。同时点火提前角减小会导致后燃加重和排气温度上升，使得在排

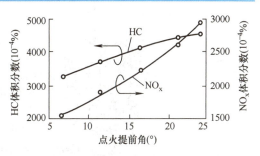

图 1-77　点火提前角的影响

气行程以及排气管中 HC 氧化反应加速，使最终排出的 HC 减少。

但推迟点火提前角降低排放的效果是有限的，在不使动力性和油耗率明显恶化的前提下，NO_x 可降低 10% ~ 30%。实际中应综合考虑排放特性、动力性及经济性来确定最佳点火提前角。

1.5.2　曲轴箱强制通风（PCV）系统

1.5.2.1 气缸窜气

发动机运转期间，空气、燃油和废气窜过活塞环聚集在曲轴箱内。如果不进行清除，曲轴箱内聚集的蒸气会形成很大的压力，足以损坏发动机密封件和缸垫。这些蒸气也能污染机油，导致机油变质。PCV 系统将这些蒸气和新鲜空气混合后送入进气歧管，如图 1-78 所示。

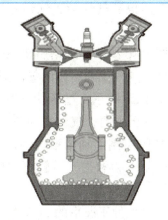

图 1-78　气缸窜气

1.5.2.2 PCV 系统诊断

由于增压型发动机进气道中的压力有时会高于曲轴箱内的压力，所以增压型发

动机曲轴箱通风系统与非增压型发动机在结构上有些不同。

1. 非增压型发动机曲轴箱通风系统

如图 1-79 所示，通风管用于保持曲轴箱内的压力平衡，一般压力保持接近于节气门前方的压力。当曲轴箱压力过高时，曲轴箱内的蒸气也会从这里进入进气系统，这也是曲轴箱窜气量大时，在空气滤清器滤芯附近能看到机油的原因。

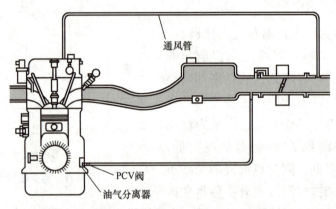

通风管

PCV阀
油气分离器

图 1-79 非增压型发动机曲轴箱通风系统

PCV 阀用于控制从曲轴箱到进气系统的通风量。当真空度过大或进气道中压力接近于大气时，PCV 阀关闭；当中等负荷时，PCV 阀开度最大，达到清洁曲轴箱的目的。

油气分离器用于分离机油与汽油，避免造成过量的机油消耗。

2. 增压型发动机曲轴箱通风系统

增压型发动机与非增压型发动机的曲轴箱通风系统有所不同。增压型发动机气门室处有两根通气管与进气道相连，一根连在进气歧管，一根连在空气滤清器滤芯的后面。

如图 1-80 所示，未增压状态时，曲轴箱中的蒸气可以通过单向阀进入进气道中。同时来自于空气滤芯后方的气流对曲轴箱气体进行更新。

如图 1-81 所示，增压状态时，单向阀截止，当曲轴箱内的压力高于空气滤清器滤芯后方的压力时，气体流入空气滤清器滤芯后方，保证了曲轴箱内的压力平衡。

PCV 阀控制曲轴箱窜气和进气混合的速率，在 PCV 阀内部有双头柱塞和弹簧。随着曲轴箱压力和进气歧管真空度相对改变，柱塞前后移动以阻塞或释放曲轴箱窜气，如图 1-82 所示。

发动机几种工况下的 PCV 阀动作如下：

1）怠速时：如图 1-83 所示，发动机怠速运转时进气歧管的真空度很高，较高的真空度把 PCV 阀中的活塞（A）吸到图示的顶端较窄的地方，使得通往进气歧管的通道（B）很窄，限制 PCV 阀的流量。

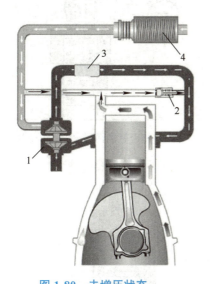

图 1-80　未增压状态

1—涡轮增压器　2—单向阀　3—节气门
4—空气滤清器滤芯

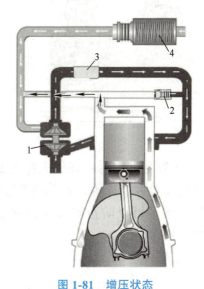

图 1-81　增压状态

1—涡轮增压器　2—单向阀　3—节气门
4—空气滤清器滤芯

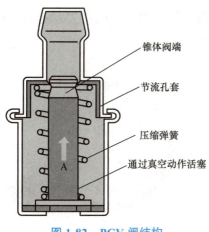

锥体阀端
节流孔套
压缩弹簧
通过真空动作活塞

图 1-82　PCV 阀结构

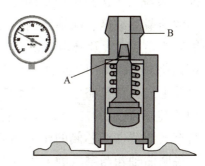

B
A

图 1-83　急速时 PCV 阀控制

2）中等负荷时：当发动机中等负荷稳定运转时（巡航），进气歧管的真空度降低，弹簧驱动柱塞下移，使得更多的气体流过 PCV 阀，如图 1-84 所示。

3）重负荷时：在重负荷工况（急加速或高速）时，进气歧管真空度较低，使弹簧克服高的进气歧管压力推动柱塞移出阀的窄端，如图 1-85 所示。此时优先保证发动机的动力性，PCV 阀废气流量减少，保证进入进气歧管的空气都是新鲜空气。

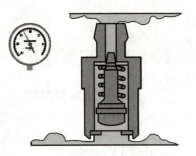

图 1-84　中等负荷时 PCV 阀控制

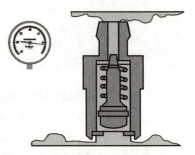

图 1-85　重负荷时 PCV 阀控制

4）发生回火时：在回火状况发生时，进气道压力大增，压力推动柱塞移向阀的另外一端，可以防止回火窜到曲轴箱侧，如图 1-86 所示。

图 1-86　发生回火时 PCV 阀控制

1.5.2.3　曲轴箱压力测试

由于 PCV 系统是由发动机的真空度与曲轴箱内的压力之间的压力差进行控制的，在诊断时可通过发动机曲轴箱内的真空度来进行故障分析。

PCV 系统常见的故障包括曲轴箱内压力过高导致的漏油故障、曲轴箱内压力过低导致的机油消耗量过大及噪声问题。

可以把如图 1-87 所示的真空表安装在机油尺孔上或其他管路中。正常情况下，在急速时真空表显示的压力只是略低于大气压，与空气滤清器滤芯侧的压力相等。如果过高，说明曲轴箱与空气滤清器滤芯侧的管路堵塞；如果过低，说明 PCV 阀损坏。

图 1-87　真空表

1.5.3　三元催化器（TWC）系统

1.5.3.1　TWC 转换效率

为了保证 TWC 的转换效率达到标准，TWC 对空燃比有严格的要求。为了实现高效率，必须将空燃比精确控制在理论空燃比附近的狭窄窗口内，也就是说空燃比必须在 14.7 左右很小的范围内变化。

当空燃比大于 14.7，也就是混合气较稀时，废气中 O_2 含量较高而 CO、HC 含量较低，TWC 转换 CO、HC 的同时将多余的 O_2 存储起来。

当空燃比小于 14.7，也就是混合气较浓时，废气中 O_2 含量较低但 CO、HC 含量较高，TWC 释放出所存储的 O_2 来减少 HC 排放水平。

空燃比变化偏出理论空燃比附近的范围会大大降低转换效率。如图 1-88 所示，浓的混合气将会减小 HC 与 CO 的转换效率；稀的混合气将会减小 NO_x 的转换效率。如果活性表面受到污染，TWC 转换效率会下降。如果贵金属部位受到覆盖，会阻止催化转化的进程。TWC 内部蓄氧量减少，也会降低催化还原效率。

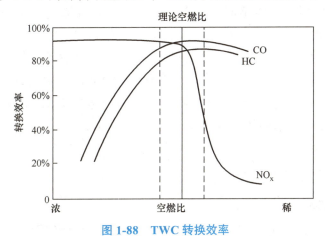

图 1-88　TWC 转换效率

TWC 同时能够控制 HC 与 CO 的氧化功能和控制 NO_x 的还原功能。还原功能是通过增加像二氧化铈（CeO_2）这样的材料实现的。二氧化铈有贮存与释放 O_2 的能力，因而不必再送入空气。

1.5.3.2　TWC 温度测试

TWC 在正常工作时的温度可达 350℃ 左右（注意，图 1-89 测量的是 TWC 外壳温度，达不到 350℃）。

在达到工作温度之后，对 TWC 的进排气口进行检测，出口的温度会比进口的温度偏高，一般会高出几十度左右。如果出口温度低，可能是 TWC 损坏（需要注意，现在的 TWC 非常靠近排气歧管，由于气体刚从气缸排出，温度非常高，可能会出现 TWC 出口温度比进口温度低的现象）。

图 1-89　TWC 温度测试

过热可以使 TWC 损坏甚至熔化。TWC 温度过热可能由以下原因引起：大量未燃燃料和空气通过 TWC 并在 TWC 中点燃；长期接触排气高温；高转速 / 大负荷、（因燃油不足或喷油器阻塞造成的）稀燃是造成 TWC 热损伤的主要原因；拖挂上坡加上燃油泵无力或燃油滤清器阻塞等。

1.5.3.3　TWC 性能检测数据分析

在 TWC 发生故障有可能失效的情况下，要有一种方法来通知驾驶人。发动机控制模块通过将 TWC 之前和之后的两个加热型氧传感器（HO$_2$S）的信号进行对比的方法来监视 TWC 的活性。如果传感器输出相同，表明 TWC 不能正常工作，仪表板上的故障指示灯（MIL）将点亮。

汽车最少采用两个氧传感器。其中一个（O$_2$S$_{11}$）用来为发动机控制模块提供反馈信号，以便实现燃油控制；而另一个（O$_2$S$_{12}$）装在 TWC 之后，提供 TWC 转换效率的指示信号，这个后氧传感器有时也叫作 TWC 监视传感器。如果 TWC 工作正常，来自 TWC 之前的氧传感器的信号将振荡变化，而 TWC 之后的氧传感器的信号将相对平稳，如图 1-90 所示。一旦来自后氧传感器的信号接近前氧传感器的信号，MIL 就会点亮，并设立一个故障码（DTC）。

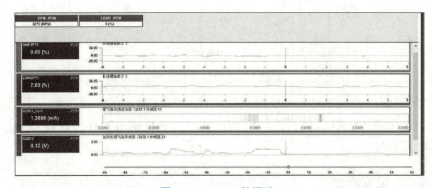

图 1-90　TWC 数据流

有些汽车下游的 HO$_2$S 具有一个额外的保护作用，能防止冷凝物在陶瓷载体上聚集。直到发动机冷却液温度（ECT）传感器信号表明发动机已经达到暖机状态，氧传感器内部的加热器才会通电。这个作用会防止陶瓷载体开裂。HO$_2$S 中采用了镀金针脚和连接片，通常下游氧传感器（即后氧传感器）和上游氧传感器（即前氧传感器）会采用不同的线束插接器。

1.5.3.4　DTC 诊断与分析

TWC 发生故障后一般都会生成故障码 P0420，表示 TWC 系统效率低于阈值。针对这个故障码，我们可以先通过数据流查看前后氧传感器数据状态，来判断是 TWC 损坏还是后氧传感器信号卡滞造成的。

1.5.4　排气再循环（EGR）系统

1.5.4.1　EGR 工作策略

1. EGR 目标位置确定

1）发动机控制模块根据发动机的运转情况确定增大或减小 EGR 阀门开启的角度。

2）发动机控制模块通过发动机转速和发动机负荷确定基本 EGR 阀位置。有时也要考虑工况的要求，如发动机处于暖机工况时严禁 EGR 流量，发动机处于大负荷时也要求关闭 EGR 流量。

EGR 目标位置确定组成部件如图 1-91 所示。

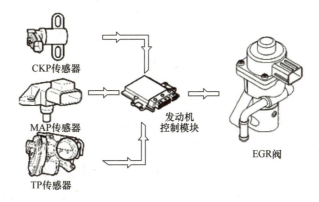

图 1-91　EGR 目标位置确定组成部件

2. EGR 位置修正

EGR 位置修正组成部件如图 1-92 所示。对 EGR 阀的位置进行修正的信号通常有：

1）发动机冷却液温度：低冷却液温度低开启步数。

2）进气温度：低进气温度增大步数。

3）加速或减速：急加速或急减速减小步数。

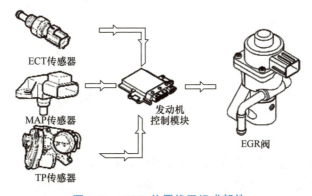

图 1-92　EGR 位置修正组成部件

1.5.4.2　DTC 诊断与分析

步进电机 EGR 监测器包括检查步进电机与 EGR 系统流量的电气与功能测试。发动机控制模块通过 0～52 个增量或步阶（EGRMDSD#）的指令进行控制，使 EGR 阀从全闭进入到全开的状态。步进电机电气测试对四个步进电机线圈和接至发动机控制模块的电路进行连续检查。与此测试相关联的故障码是 P0403（开路、对电源短路或对地短路），如发现故障，将禁用 EGR 系统，同时设置故障码 P0403，对行驶循环的剩余部分或在下一次发动机起动前暂停进一步的监测。故障码 P0400 显示流量过高或过低故障。如图 1-93 所示，利用一个进气歧管绝对压力（MAP）传感器监测流量，增加 EGR 流量会增加歧管压力。

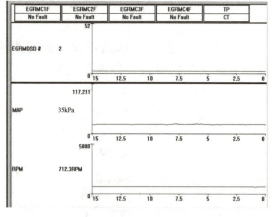

图 1-93　EGR 系统诊断数据

故障码 P1408 与 P0400 类似，表明 EGR 流量故障（超出上下限），但只在发动机运转自检时设置。P0400 和 P0403 为 MIL 故障码，P1408 为非 MIL 故障码。

如果故障码是由间歇性问题产生的，测量时让助手摇晃线束 / 插接器可以获得以下定点测试的最大效果：检查所有有关线路电压是否正常，有无开路与短路；确认步进电机线束插接器是否插好；检查步进电机的所有四个绕组有无开路与短路，阻值应在 20～24Ω 之间。

检测时应使发动机在正常工作温度下以 1000～1200r/min 运转，防止发动机熄火。诊断仪选择输出状态控制功能。增加少量 EGR 阀控制开度，同时监测 MAP，引入 EGR 时 MAP 值应增加。测试中发动机转速须保持固定。另外，由于这一程序可能会产生故障码，测试后要清除所生成的故障码。

1.5.5　燃油蒸发控制（EVAP）系统

1.5.5.1　EVAP 工作策略

由于增压型发动机在增压时无法实现蒸气自动进入进气道，所以在结构上与非增压型发动机有些不同。

1. 非增压型发动机燃油蒸发管理系统

非增压型发动机燃油蒸发管理系统如图 1-94 所示。当油箱内压力高于安全阀的阈值后，蒸气流过炭罐，经炭罐过滤后释放到大气中。如果炭罐电磁阀工作，大气从炭罐进入，冲刷吸附蒸气的活性炭，带有汽油蒸气的气体进入进气道参与燃烧。

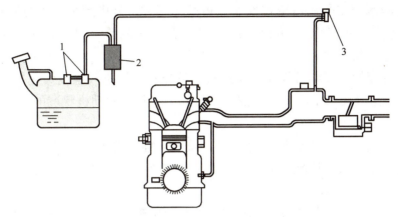

图 1-94　非增压型发动机燃油蒸发管理系统

1—安全阀　2—炭罐　3—炭罐电磁阀

当油箱中的压力下降，外界压力与油箱中压力之差大于阈值时，大气通过炭罐进入油箱中。

2. 增压型发动机燃油蒸发管理系统

增压型发动机燃油蒸发管理系统与非增压型发动机燃油蒸发管理系统的区别是增压型发动机燃油蒸发管理系统增加了两个单向阀，如图 1-95 所示。

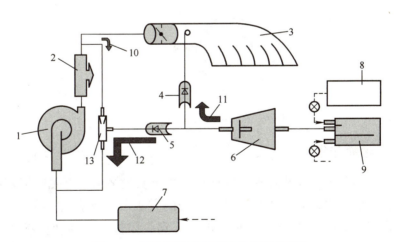

图 1-95　增压型发动机燃油蒸发管理系统

1—涡轮增压器　2—中冷器　3—进气道　4、5—单向阀　6—炭罐电磁阀　7—空气滤清器　8—油箱
9—炭罐　10—增压回流空气　11—真空时净化蒸气　12—增压时净化蒸气　13—化油器喉管

在非增压情况下，在真空的作用下，溢流蒸气通过单向阀 4 进入进气歧管。单向阀 4 的作用是防止在增压情况下，空气倒流入炭罐。

在增压情况下，空气通过喷射孔产生一个真空，在真空的作用下，燃油蒸气进入涡轮增压器的前部。单向阀 5 的作用也是防止空气倒流入炭罐。

3. 炭罐电磁阀控制信号波形

炭罐电磁阀通常采用占空比控制，占空比越大，开度越大，流量越高。由于发动机控制模块控制的是电磁阀的负极，所以波形电压范围为 0V 到蓄电池电压之间。

4. 炭罐电磁阀清洗率计算

基本清洗流量是发动机控制模块通过清洗质量乘以进气温度修正值计算出来的。清洗质量通过进气质量乘以基本清洗率来计算，它随着发动机状况的变化而变化。

5. 炭罐电磁阀清洗率修正

当氧传感器得到的空燃比不稳定时，减少炭罐清洗率。为了防止开始清洗时对空燃比产生突然影响，开始工作时，采用逐渐增加占空比的方式进行控制。

6. 炭罐电磁阀工作条件

炭罐电磁阀的工作条件包括：氧传感器进入闭环反馈状态；冷却液温度达到阈值，冷却液温度低时不参与工作；没有与该系统工作相关联的故障码。炭罐电磁阀系统控制组成部件如图 1-96 所示。

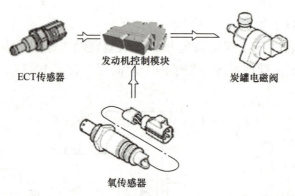

图 1-96　炭罐电磁阀系统控制组成部件

1.5.5.2　DTC 诊断与分析

EVAP 系统在实际中常见的故障包括炭罐由于灰尘堵塞、电磁阀堵塞或损坏、单向阀卡滞等。我们可以通过数据流和常规检查的方法来诊断系统故障。

使用诊断仪驱动通风电磁阀（EVAPCV）到关闭位置，驱动炭罐清洗电磁阀打开，观察 EVAP_VP 数值，如果显示数值为 0kPa，说明当前系统可能存在两个方面的问题，即清洗电磁阀卡滞在关闭位置，没有流量，或者 EVAP 系统存在严重泄漏，不能形成真空。通常诊断时所选择的诊断数据如图 1-97 所示。

如图 1-98 所示，当怀疑系统有故障时，拔下炭罐通向电磁阀的管路 1，在 EVAP 系统工作的条件下，用真空表测试电磁阀侧的管子是否有真空。如果没有真空，说明电磁阀没有工作或堵塞。

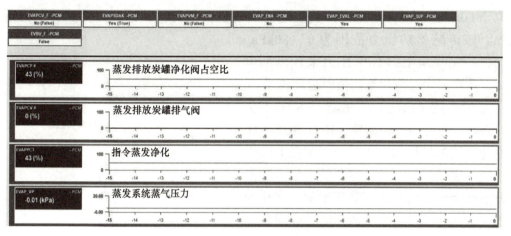

图 1-97　EVAP 系统诊断数据

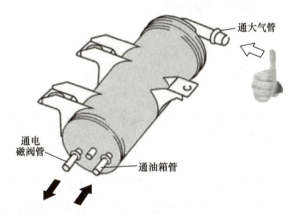

图 1-98　燃油蒸气管理系统的诊断

如果怀疑炭罐有故障，仅拔下炭罐大气管，在电磁阀工作的条件下，用手感知是否有真空吸力。如果没有真空吸力，可能是炭罐堵塞。

1.5.6　颗粒捕捉器（GPF）系统

1.5.6.1　GPF 工作策略

GPF 是一种用于从汽油发动机的废气中去除汽油颗粒物质的装置。GPF 可收集从发动机排出的颗粒物（PM），通过"再生"过程定期或持续清洁该装置。排放控制系统自动执行该过程。在正常燃烧过程中产生的烟灰和微粒存储在 GPF 中。GPF 以两种不同的方式清洁，即被动再生和主动再生。这两种方式都是自动发生的，不需要驱动程序操作。

单软管 GPF 压力传感器作为发动机控制模块的输入，用于测量 GPF 前的压力。此传感器是差分型传感器。单软管 GPF 压力传感器以大气压力为参考，其排气参考点位于 GPF 的上游。在点火开关接通而发动机关闭时，GPF 压力传感器压力值为 0kPa。该传感器的压力范围为 0 ~ 80kPa。发动机控制模块根据 GPF 压力来计算烟尘负荷，并在烟尘负荷达到阈值时启动再生。

废气温度（EGT）传感器是 NTC（负温度系数）热敏电阻传感器。EGT 传感器作为发动机控制模块的输入，用于测量流经排气系统的废气温度。此传感器的电阻值随温度升高而降低，随温度下降而增加。变化的电阻会改变传感器端子上的压降，并向发动机控制模块提供与温度相对应的电信号。发动机控制模块使用 EGT 传感器的输入来监测 GPF 温度。EGT 传感器位于 GPF 下游的排气系统中，如图 1-99 所示。

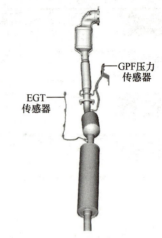

图 1-99　EGT 传感器和 GPF 压力传感器

1.5.6.2　GPF 再生

客户的驾驶习惯可能会阻止在发动机正常运行期间完整 GPF 的再生，如发动机长时间怠速运转、车辆长时间低速运行、多次短途旅行、在再生期间停止发动机运转。

当仪表出现"驾驶以净化尾气"或"GPF 颗粒过滤器已满"提示时，可使用诊断仪的手动再生功能执行 GPF 再生。通过手动再生清除捕获的碳颗粒时，要求具备特定的正常工作条件才能启动。在 GPF 手动再生期间，发动机转速可能会出现超速现象。有关详细信息，请参阅诊断仪提示或维修手册说明。

1.5.6.3　DTC 诊断与分析

当 PCM（Powertrain Control Module，动力系统控制模块）监控到 GPF 的碳颗粒过多，严重受阻时将会生成故障码——颗粒过滤器受阻。

诊断时可先目视检查压力传感器是否存在异常。通过在怠速和急加速状态观察废气压力传感器的压力变化判断传感器数据流是否存在信号卡滞或迟缓现象；通过查看 PF_SOOT_PCT_CL（最大烟尘加载的颗粒过滤器系统百分比 - 推测的闭环）、PF_SOOT_PCT_OL（最大烟尘加载的颗粒过滤器系统百分比 - 推测的开环）以及颗粒过滤器压力传感器的数据识别当前系统估算的堵塞程度，如图 1-100 所示。

使用手动再生进行清洗后，如果堵塞情况未改善，则 GPF 内可能存在大量灰质。

图 1-100　GPF 系统诊断数据

1.6　车载诊断（OBD）系统诊断应用

1.6.1　OBD 系统功能特点

OBD 主要用于监测车辆的排放状况以及进行发动机的标准化诊断。正是因为有了 OBD，车主才能及时监测自己车辆的状况，保证车辆运行的安全性与环保性。

1.6.1.1　OBD 系统发展历程

OBD 技术最早起源于 20 世纪 80 年代的美国，现在已经发展到第三阶段。

1. OBD Ⅰ

OBD Ⅰ是加州空气资源委员会（CARB）在 1988 年提出的诊断标准。当车辆元件出现故障时，要求控制模块能够检测到故障，但是在出现故障之前，尾气可能已经超标很长时间了。这一阶段，警告灯以红色为主，提醒系统出现故障。故障码（DTC）的诊断没有统一协议，诊断接口仅能通过闪码的形式读取 DTC。OBD Ⅰ没有统一要求接口的位置与形状，导致各个车型的接口不一致，给维修诊断带来一定的困难。

2. OBD Ⅱ

OBD Ⅱ是加州空气资源委员会（CARB）从 1996 年起实施的另一项要求。这一阶段，系统要求不仅监测部件的好坏，也对元件工作的合理性进行判断。这一阶段还要求对三元催化器、氧传感器、燃油系统、失火、EGR 等的工作情况进行监测。统一诊断座接口形状为 16PIN OBD Ⅱ标准接口。要求汽车厂的 DTC 标准化，便于诊断设备通信。

3. OBD Ⅲ

虽然 OBD Ⅱ对监测汽车排放十分有效，但驾驶人接受不接受警告全凭"自觉"，为此 OBD Ⅲ产生了。OBD Ⅲ的主要目的是使汽车的检测、维护和管理合为一体，以满足环境保护的要求。OBD Ⅲ系统会分别进入发动机、变速器、ABS 等系统 ECU（电子控制单元）中去读取 DTC 和其他相关数据，并利用小型车载通信系统，例如 GPS 导航系统或无线通信方式将车辆的身份代码、DTC 及所在位置等信息自动通告管理部门，管理部门根据该车辆排放问题的等级对其发出指令，包括去哪里维修的建议、解决排放问题的时限等，还可对超出时限的违规者的车辆发出禁行指令。因此，OBD Ⅲ 系统不仅能对车辆排放问题向驾驶人发出警告，而且能对违规者进行惩罚。

1.6.1.2　OBD 系统功能

1. 驾驶循环

OBD 系统对每一个元件的监测都需要一定的条件，各个元件的监测条件是不同的。只有在满足特定条件下的测试结果，才能确认 DTC 是否产生，决定是否点亮 MIL。

驾驶循环（DC）是能够致使特定的监测器运行的一种特定的汽车行驶方式，以发动机的起动（在发动机冷机或热机的状态下）为开始，以发动机的关闭为结束。因此，该循环既可能很短，也可能很长。

从第一个满足的驾驶条件到第二个满足的驾驶条件之间称为一个驾驶循环。图 1-101 所示为两个完整的驾驶循环。

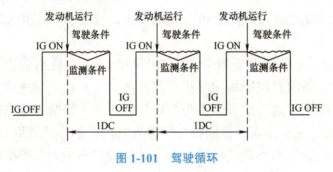

图 1-101　驾驶循环

2. 冻结帧

冻结帧是指在生成 DTC 时，把当时的一些重要数据储存下来的一个数据帧，如图 1-102 所示。

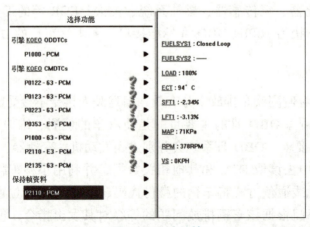

图 1-102　冻结帧

冻结帧数据的信息与下列内容相关：短期/长期燃油修正、发动机转速、发动机冷却液温度、车速传感器、负载和燃油控制条件（有反馈或无反馈）。在 MIL 点亮和存储 DTC 时，这些信息被记录。

这些数据显示的是 DTC 第一次发生时系统的条件，是诊断故障发生原因的关键。通过冻结帧数据，维修技师也可以在相同的驾驶条件下验证故障能否再现。

1.6.1.3　OBD 系统工作原理

发动机控制模块连续监测输入信号与输出执行器，检查电路是否导通、信号范围与功能响应是否正常。如果满足了适当的条件，发动机控制模块便对各种排放系统功能是否正常进行评价。

一般而言，必须在排放超出标准的 1.5 倍之前查出故障。

发动机控制模块如果在给定的行驶循环中发现了故障，便在其保活存储器（KAM）中存储一个待解决 DTC。在发现故障的时刻，存储定格数据。定格数据描述发动机的状态，如发动机冷却液温度、长期燃料修正、发动机计算载荷、发动机每分钟转数、短期燃料修正、车速以及燃料系统的开/闭环。缺火或燃料系统 DTC 将重写以前所存的定格数据。如果在下一行驶循环中再次发现某故障，MIL 便点亮。作为本规则的例外，在第一次出现会使催化剂损害的（A 型）缺火时，缺火监测器就可能设置一个 DTC 并使 MIL 闪烁，其目的是防止催化剂受到损害。

1.6.2　氧传感器监测的工作原理

1.6.2.1　前后氧传感器监测原理

1. 开关式前氧传感器监测

开关式前氧传感器监测指的是在三元催化器上安装有传统开关式氧传感器的监测方式，当系统满足一定的条件时，氧传感器进行功能测试，如图 1-103 所示。功能测试时，进入一种特殊的 1.5Hz 方波燃油控制程序。燃料控制程序一般持续几秒左右。

前氧传感器功能测试可以产生可预测的氧传感器信号的频率与幅值。反应迟钝的氧传感器会显示出切换幅度下降。

如果由于燃油蒸气的影响没有得到目标频率，系统会重新进行测试，直到获得目标频率。

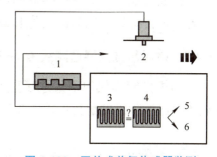

图 1-103　开关式前氧传感器监测

1—1.5Hz 燃油脉冲　2—燃油控制程序
3—实际氧传感器信号　4—目标氧传感器信号
5—有故障判定　6—无故障判定

2. 极限电流式氧传感器、宽频带前氧传感器监测

极限电流式氧传感器、宽频带前氧传感器的监测与上述开关式前氧传感器的监测方式略有不同。它们采用 0.5Hz 的方波燃油控制程序，测试氧传感器的反应速度。要求正常延迟时间在 0.2s 内，如果超过 0.6s，将产生氧传感器的故障码。时间反应窗口如图 1-104 所示。

3. 后氧传感器监测

后氧传感器在汽车正常工作期间连续监测最大浓稀电压。如果在后氧传感器监测周期中未超过浓稀阈值，可强制使空燃比变浓或变稀来切换后氧传感器，如图 1-105 所示。如在强制变浓或变稀情况下后氧传感器仍不能超过最大浓稀阈值，则表明有故障存在。

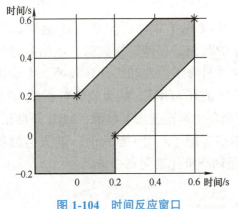

图 1-104　时间反应窗口

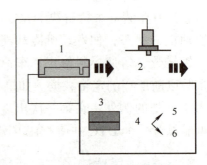

图 1-105　后氧传感器监测

1—强制加浓或减稀操作　2—燃油控制程序
3—实际氧传感器信号　4—目标氧传感器信号
5—有故障判定　6—无故障判定

仅在成功地完成前氧传感器的监测后，才实施后氧传感器的监测。

若后氧传感器电压的最大值和最小值正常，则该传感器将被视为正常。

1.6.2.2　前后氧传感器监测故障码分析

发动机控制模块内部集成了监测电路来监测前后氧传感器信号的状况。常见前后氧传感器故障码的解析见表 1-2 和表 1-3。

表 1-2　前氧传感器故障码解析

故障码	含义	解析
P0130	前氧传感器信号不合理	前氧传感器信号长时间维持在较低的电压范围（0.1~0.4V）；前氧传感器信号长时间维持在较高的电压范围（0.6~1.5V）但后氧传感器信号始终在 0.1V 以下
P0131	前氧传感器信号电压过低	当发动机起动后，ECU 对前氧传感器电路电压进行测量，当信号电压长时间低于 0.06V 时，判断为前氧传感器信号电路对地短路故障
P0132	前氧传感器信号电压过高	当发动机起动后，ECU 对前氧传感器电路电压进行测量，当信号电压长时间高于 1.5V 时，判断为前氧传感器信号电路对电源短路故障

（续）

故障码	含义	解析
P0133	前氧传感器老化故障（周期）	正常情况下可燃混合气的空燃比是在浓稀之间来回切换的。相应地，氧传感器信号会表现为信号幅值的不断跳动。当氧传感器老化之后，对混合气的感知灵敏度将下降，这会表现为信号波动的周期变得。ECU 会根据相应的算法计算信号的平均周期，如果发现其比预先设定的临界值慢，则判断为传感器已老化
P0134	前氧传感器检测不到活动（信号故障）	当发动机起动后，ECU 对前氧传感器电路电压进行测量，当信号电压始终在 0.4～0.6V 之间某个值停留不变时，系统判断为前氧传感器信号电路开路故障

表 1-3　后氧传感器故障码解析

故障码	含义	解析
P0136	后氧传感器信号不合理	当发动机起动后，ECU 对后氧传感器电路电压进行测量，当信号电压长时间低于 0.4V 时，判断为后氧传感器信号不合理
P0137	后氧传感器信号电压过低	当发动机起动后，ECU 对后氧传感器电路电压进行测量，当信号电压长时间低于 0.06V 时，判断为后氧传感器信号电路对地短路故障
P0138	后氧传感器信号电压过高	当发动机起动后，ECU 对后氧传感器电路电压进行测量，当信号电压长时间高于 1.5V 时，判断为后氧传感器信号电路对电源短路故障
P0140	后氧传感器检测不到活动（信号故障）	当发动机起动后，ECU 对后氧传感器电路电压进行测量，当信号电压始终在 0.4～0.6V 之间某个值停留不变时，系统判断为后氧传感器信号电路开路故障
P0170	下线检测空燃比闭环控制自学习不合理	下线检测使用诊断仪触发供油自学习值进行快速诊断时，若经过大约 50s，混合气自学习值一直无法稳定，则报此故障
P0171	下线检测空燃比闭环控制自学习过稀	下线检测使用诊断仪触发供油自学习值进行快速诊断时，若空燃比闭环控制自学习过稀，自学习值超过一定阀值，则报此故障
P0172	下线检测空燃比闭环控制自学习过浓	下线检测使用诊断仪触发供油自学习值进行快速诊断时，若空燃比闭环控制自学习过浓，自学习值超过一定阀值，则报此故障

1.6.3　三元催化器监测的工作原理

1.6.3.1　三元催化器监测的条件与原理

　　三元催化器要想完成监测，必须满足以下条件：氧传感器达到正常工作温度，燃油系统进入闭环控制。在车辆行驶过程中，并且监测系统也启动的情况下，将计算反应操作的数量。在各种不同的行驶状态下，在计算上游加热型氧传感器的反应操作数量的同时，计算下游加热型氧传感器的反应操作数量。通过计算下游加热型氧传感器的反应操作数量与上游加热型氧传感器的反应操作数量之间的比率，来分析三元催化器的效能。

　　若三元催化器工作正常，切换的比率会低（接近于 0）。若三元催化器工作不是很有效，切换的比率会高（接近于 1）。这意味着若三元催化器工作性能差，那么上游加热型氧传感器的信号与下游加热型氧传感器的信号几乎相同。

　　在三元催化器能正常储备氧时，下游加热型氧传感器就提供低频率电压信号。

如果三元催化器不能正常储备氧，下游加热型氧传感器电压信号的频率就会增加，直至下游加热型氧传感器的信号频率接近上游加热型氧传感器的信号频率为止。当下游加热型氧传感器的电压信号达到一定频率时，在发动机控制模块存储器内将建立一个故障码。如果在三个驾驶循环上都出现这个故障，MIL 就点亮。

三元催化器效能监测是对三元催化器效能进行的检测。为此目的，该系统可以确认三元催化器的氧储存量。对三元催化器效能的检查是通过上游和下游加热型氧传感器来实现的。目前，最多的三元催化器效能监测方式为计算切换比。为此，将下游加热型氧传感器切换数除以上游加热型氧传感器切换数，即可计算出三元催化器的效能。

若三元催化器工作正常，下游加热型氧传感器的信号各个振幅的峰值均低，并且反应频率也慢，这意味着电压超过 0.45V 但低于 1V；若三元催化器工作不正常，下游加热型氧传感器的信号各个振幅的峰值均变高，并且反应频率也加快，如图 1-106 所示。

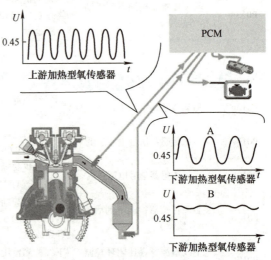

图 1-106 三元催化器的效能

1.6.3.2 三元催化器监测故障码分析

三元催化器监测器的意图是监测三元催化器的 HC 转换效率。在汽车稳态工作期间，三元催化器监测器记录上游与下游加热型氧传感器的切换次数并进行相互比较。P0420 故障码解析见表 1-4。

表 1-4 P0420 故障码解析

故障码	含义	解析
P0420	催化剂系统效率低于阈值	发动机控制模块将上游加热型氧传感器信号转换次数和下游加热型氧传感器信号转换次数进行比较，得出预先确定的时间。满足车辆进入闭环控制的情况下，发动机控制模块监控下游加热型氧传感器所进行的转换次数，同时上游加热型氧传感器进行指定次数的转换。发动机控制模块检测转换比。如果转换比低于阈值，则发动机控制模块可确定催化剂系统性能已下降

1.6.4 颗粒捕捉器监测的工作原理

颗粒捕捉器监测由三项测试组成：第一项测试是阻碍监测，它将颗粒捕捉器的阻碍与作为排气流量函数的预期阻碍值作比较；第二项测试是严重阻碍的监测，其使用与阻碍监测相同的监视方法，但是使用较高的限制阈值；第三项测试是基材缺失监测，它确保了颗粒捕捉器未被拆下。

在满足某些基本发动机条件时，颗粒捕捉器监测将启用并持续运行。此监测的一般监测持续时间为 10s。为启用此监测，系统需要传感器输入信号做判断，必须提供曲轴位置（CKP）传感器、发动机冷却液温度（ECT）传感器、废气温度（EGT）传感器、空气质量流量（MAF）传感器（如果配备）和颗粒捕捉器压力传感器的输入，如图 1-107 所示。监测进入条件包括：排气流量介于 $300 \sim 850m^3/h$；无喷油器问题。

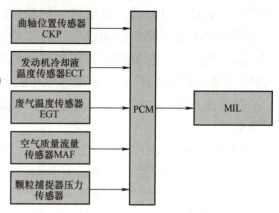

图 1-107　颗粒捕捉器监测

对于阻碍监测测试，发动机控制模块先根据颗粒捕捉器中在一定排气流量下应存在的压力数量而确定一个压力阈值，然后将测得的压力值与建模的压力阈值进行比较。此阻碍监测开始运行时，将启动一个故障过滤指标。测得的压力值大于压力阈值时，该指标数值递增；测得的压力值小于压力阈值时，该指标数值递减。如果阻碍监测结束时的指标数值超过标定的限值，则出现 DTC 且 MIL 点亮。

严重阻碍监测的测试使用与阻碍监测测试相同的监视方法，但是使用较高的限制阈值。

对于基材缺失监测测试，发动机控制模块针对经校准的排气流量确定应由颗粒捕捉器压力传感器测量的压力阈值，然后将测得的压力值与建模的压力阈值进行比较。若超过标定的限值，则出现 DTC 且 MIL 点亮。

1.6.5　燃油系统监测的工作原理

燃油系统用于调节混合气混合比，使其保持在 14.7∶1 的理论空燃比范围内，这样能够减少 HC、CO、NO_x 的排放量。如果空燃比出现了偏差，超出极限值，燃油系统就会生成 DTC，点亮 MIL，提醒驾驶人及时维修。

1.6.5.1　燃油系统监测原理

燃油系统监测器是一种随车诊断策略，设计目的在于监测燃油修正系统。燃油系统利用发动机控制模块中的存储器所存储的燃油修正表，补偿燃油系统部件因正常损耗及老化所造成的变异。燃油修正表基于发动机转速和载荷。在闭环燃油控制中，燃油修正策略将学习修正过浓或过稀燃油系统所需的修正值，修正值存储在燃油修正表中。燃油修正具有两种调整方式，一种为长期燃油修正，另一种为短期燃油修正。长期燃油修正需依赖燃油修正表，而短期燃油修正则依据理想空燃比参数 LAMBSE。LAMBSE 是由发动机控制模块根据氧传感器的输入信号加以计算所得，在闭环运作中，用以帮助维持 14.7：1 的空燃比。短期燃油修正和长期燃油修正共同工作。如果氧传感器指示发动机中燃油过浓，发动机控制模块将通过将短期燃油修正值移到负区域（降低燃油以修正过浓燃烧）来修正发动机燃油偏浓的状态。如果在一定时间之后，短期燃油修正仍在继续补偿此过浓状态，发动机控制模块了解后会将长期燃油修正值移到负区域进行补偿，并使短期燃油修正值回到接近 0。

当燃油系统正常时，氧传感器信号与长短期燃油修正如图 1-108 前部所示，正常上下变动。

当部件老化或有故障发生时，长期燃油修正值会抵达一个标定的上限或下限。如果此时短期燃油修正值也达到一个设定的限值，发动机控制模块就会指示一个混合气过浓或过稀的 DTC 码。

如图 1-108 所示，当氧传感器信号变成低电压信号（图中 3）时，短期燃油修正（图中 1）会持续加浓操作。如果加浓操作后氧传感器还没有变化，长期燃油修正（图中 2）也会随之进行加浓操作。如果信号电压还没有变化，可能就会报混合气过稀的 DTC。

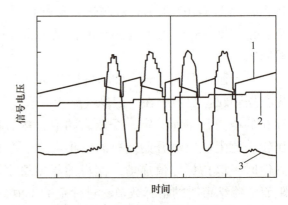

图 1-108　长短期燃油修正值监测

1—短期燃油修正　2—长期燃油修正　3—氧传感器信号

1.6.5.2　燃油系统监测条件

燃油修正系统需要来自发动机冷却液温度（ECT）或缸盖温度（CHT）、进气温度（IAT）以及进气歧管绝对压力（MAP）等传感器中的输入信号才能启用，继而起动燃油系统监测器。燃油系统监测器起动后，将查看燃油修正表是否达到自适应限值。当检测到故障时，燃油系统监测器将存储相应的 DTC。具体监测逻辑如下：

加热型氧传感器监测排气管中的氧气含量，并向发动机控制模块提供指示空燃比的反馈信号；根据对燃油系统各种情况进行补偿所需的长期与短期燃油修正，在喷油器脉宽和空气质量流量的计算中加入一组修正系数；当空燃比参数的偏差增加时，空气/燃油控制变差且排放增加。若空燃比超过规定限值及燃油修正表已达到限幅，燃油系统监测器将设置下列 DTC：当监测器监测到燃油系统的运作向稀转变时，相应的 DTC 是 P0171；当监测器监测到燃油系统的运作向浓转变时，相应的 DTC 是 P0172。在连续两个驾驶循环中均监测到同一故障时，将点亮 MIL。

典型燃油系统监测器的起动条件包括：燃油控制处于闭环工况；发动机转速大于怠速转速；空气质量大于 5.67g/s；油轨压力传感器、进气温度传感器、缸盖温度传感器、冷却液温度传感器、空气质量流量传感器、节气门位置传感器无 DTC；发动机负荷在 12% 以上；炭罐清洗占空比为 0。

典型燃油系统监测器的故障阈值如下：

燃油过稀故障：LONGFT 大于 25%，SHRTFT 大于 5%。

燃油过浓故障：LONGFT 小于 25%，SHRTFT 小于 10%。

1.6.6 失火监测的工作原理

发动机失火是缸内没有燃烧做功。发生失火时，没有燃烧的汽油可能进入三元催化器内，造成三元催化器的早期损坏及排放超标。失火监测器就是用于监测发动机的失火情况，提醒驾驶人及时维修。

1.6.6.1 失火的分类与监测的条件

失火有两种不同的判据：A 型与 B 型。A 型判据要在连续的 200 圈中统计失火数目。A 型失火阈值是三元催化器致损性失火的百分比。B 型判据要统计 1000 圈的失火数目。B 型失火阈值是超过排放限值的百分比。

失火监测器是一个连续的两行程监测器，监测器使用两个不同的测试 / 计数器：

- 200 转计数器——这种计数器是由严重失火触发，如果触发 200 转计数器，将会造成三元催化器立刻损坏。
- 1000 转计数器——监视导致尾气排放超标 1.5 倍的失火。

1. A 型失火

一旦监测条件满足，失火监测器将启动，发动机控制模块将统计曲轴每旋转 200 转发生的失火次数，如图 1-109 所示。如果在五次 200 转计数过程中，失火百分比超过了校准值，将会设定成熟 DTC，并记录故障冻结帧数据（在 1000 转计数中的最后 200 转计数过程中记录故障冻结帧数据）。

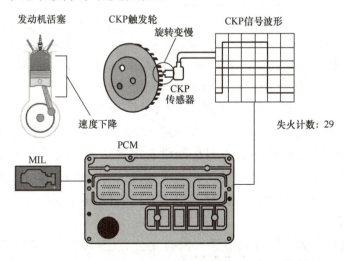

图 1-109　A 型失火监测

导致设定故障的失火百分比会根据转速和负载的不同而有所变化。当发动机转速增加或者负载减小时，曲轴惯性会减小失火的影响。同样，失火百分比也会根据发动机组件的不同而不同。

如果在首次行驶过程中仍继续发生失火，MIL 将不亮。但是在任何一个 200 转计数内，当失火百分比超过故障百分比，都将会导致三元催化器永久性损坏，MIL 将闪烁并保存 DTC 和故障冻结帧数据。发动机默认在开环下工作，防止向气缸内加大燃油喷射量。如果失火百分比低于校准百分比，MIL 将停止闪烁但是一直保持点亮的状态。

如果发动机的转速低于 3000r/min，使用一组三次 200 转过程中的故障设定一次行驶故障。如果发动机的转速高于 3000r/min，使用一次 200 转过程中的故障设定一次行驶故障。利用第二次连续行驶中的失火故障来设定 DTC。由于根据转速设定 DTC，所以可能出现没有设定 DTC 而 MIL 闪烁的现象。

2. B 型失火

B 型失火按 1000 圈计数，然后失火监测器将实际失火率与 OBD 阈值进行比较。这类失火主要影响排放性能。如果排放超标，在第二个循环中将点亮 MIL。如果第三个循环没有监测到更多的失火发生，MIL 熄灭。

失火故障检测中的 1000 转计数器是一个两次行驶监视器。第一个故障发生后就保存故障冻结帧数据。每 1000 转计数过程中包括五个 200 转计数过程。发动机控制模块统计每一个 200 转计数过程中的失火次数，并将数值送到 1000 转计数器中。在每一个 200 转时间内，如果出现失火百分比超过规定的阈值的情况，则 1000 转计数器计数加一，如图 1-110 所示。

失火事件次数

	200转	400转	600转	800转	1000转	
	5	0	10	10	5	200转 计数器
	5	5	15	25	30	1000转 计数器

图 1-110　B 型失火事件和计数器

如果失火出现在起动阶段，将会在一组 1000 转计数之后设定一个一次行驶故障。如果发动机运行至少 1000 转并且中间没有出现失火，此后出现失火，则需要四组 1000 转计数来设定一次行驶故障。在两次连续的行驶过程中，检测到失火之后就设定 DTC。在第二次行驶中，只需要一组 1000 转计数来设定失火 DTC，不管失火是否发生在起动阶段。

当火花塞没有点火，气缸内混合气没有充分燃烧气缸做功能力变差，曲轴加速度变小，曲轴运转相同角度所需时间较正常工况变长，则发动机控制模块判定为该缸性能下降，可能存在失火现象。如果发动机控制模块检测到失火次数超过阈值，一个 DTC 会被设定，并点亮 MIL。如果发动机控制模块不能识别哪一个缸失火，一个一般 DTC 会被设定，并点亮 MIL。

1.6.6.2 失火监测原理

失火监测主要利用曲轴位置（CKP）传感器的信号变化来监测。在一定时间内，如果失火率大于阈值，OBD 系统就会点亮或闪烁 MIL。

通过测量曲轴转过规定转角所用的时间来确定曲轴转速。当气缸点火时，曲轴加速。将各加速度与周围气缸曲轴加速度的平均数比较，失火监视器便可以确定是否有气缸未产生应有的加速度。曲轴加速度低即被定为失火。

图 1-111 所示为四缸发动机每个缸的做功时间示意图。每 90° 监测一次做功时间，其中三个缸的做功时间都为 5ms，一个缸的做功时间为 7.2ms，意味着此缸失火。五缸或六缸等多缸发动机与此不同的是，监测的做功角度不同，如六缸发动机的监测角度为 60°。

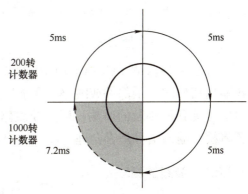

图 1-111 四缸发动机每个缸的做功时间

1.6.7 EGR 监测的工作原理

1.6.7.1 EGR 监测条件

当环境温度过低、过高或者海拔高度过高时，EGR 的流量监测结果就会不准确。在这种条件下，EGR 流量测试就会暂停，当条件满足时再进行监测。

当满足 EGR 监测条件时，发动机控制模块控制 EGR 阀工作，对 EGR 系统进行监控。通常满足的条件包括：发动机不在起动工况；非怠速工况、发动机没有达到大负荷状态；车速大于 3.8km/h。

1.6.7.2 EGR 监测原理

当废气进入进气歧管时，进气道的真空度会下降，进气歧管的绝对压力会上升。利用进气压力传感器测得的实际压力值与控制模块计算的压力值就能估算出废气的流量。发动机控制模块计算 EGR 阀打开与关闭时的压力差。当累积计算 EGR 阀的打开与关闭次数达到标定值时，计算平均的压力差值。如果压力差值小于一个阈值，EGR 阀流量 DTC 就会产生。EGR 流量监测，如图 1-112 所示。

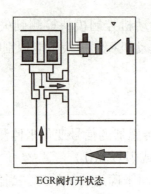 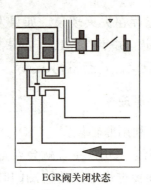

EGR阀打开状态　　　　　　　　EGR阀关闭状态

图 1-112　EGR 流量监测

1.6.8　综合部件监测的工作原理

综合部件监测（CCM）用于监测任何向发动机控制模块提供可影响排放的输入或输出信号的电子部件或线路有无故障，而不受其他 OBD 监测器的监测。输入与输出信号受到最小量的监测，以判断线路的连续性，或数值范围是否正常。如果可能，还将检查输入信号是否合理，以及输出信号功能性是否正常。

1.6.8.1　线路监测

线路监测指的是控制器根据控制器端电压信号、电流信号的变化，对线路的连接情况做出判断，产生相关的 DTC。

1. 参考电压式信号监测

控制器提供参考电压的传感器，监测系统利用信号电压与参考电压的关系判断传感器线路的正确性。图 1-113 所示为冷却液温度传感器的信号电压范围示意图，发动机控制模块提供 5V 的参考电压，当信号电压低于 0.2V 或高于 4.8V 时，认为线路有问题。

位置型传感器、温度型传感器大多采用这种监测方式。

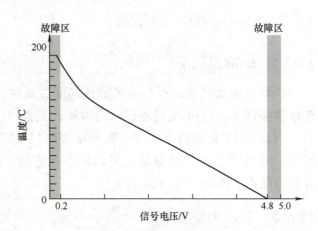

图 1-113　冷却液温度传感器的信号电压范围

2. 无源传感器线路监测

对于无源传感器，即自产生信号的传感器（如磁感式曲轴位置传感器），发动机控制模块没有提供参考电压。在确认应该有信号产生，但未接收到信号的情况下，监测系统就认定传感器损坏或线路短路、断路。有时模块也可以在打开点火开关时，给传感器输出一个电压，通过传感器另外一根线路监测是否接收到电压来判断是否存在线路断路。

1.6.8.2　合理性监测

合理性监测指的是根据数据的变化情况，判断信号是否合理。合理性监测分为单一部件合理性监测与关联部件合理性监测。

1.单一部件合理性监测

单一部件有时也需要进行合理性监测。例如转向盘转角传感器，在每次打开点火开关时进行检测，如果接收到转向盘的转角速度超过 2000°/s，说明此信号不合理，生成相应的 DTC。

2.关联部件合理性监测

关联部件合理性监测是指利用几个部件的相互数据，判断各个部件的合理性。例如进气压力传感器、空气流量传感器、节气门位置传感器三个传感器相互确认在当前运行条件下数据的合理性。监测系统可以利用空气流量传感器计算一个负荷量，也可以利用进气压力传感器计算一个负荷量，如果产生一个超过阈值的偏差，说明某一传感器信号不合理。

1.6.8.3　功能性监测

功能性监测主要是针对执行器以及执行器控制的部件进行的监测。如果没有执行到目标位置或目标参数，监测系统就会给出相应的 DTC。例如变矩器离合器工作监测，当电磁阀执行后，发动机控制模块监测泵轮与涡轮的转速差，如果差值过大，说明变矩器离合器没有执行完成，一个关于变矩器离合器打滑的 DTC 就会产生——P0741。

1.7　技能训练

技能训练 1　可变气门正时系统故障诊断

1.可变气门正时系统常见故障分析

可变气门正时（VCT）系统常见的故障现象有噪声、异响、发动机动力不足、无法起动或怠速不稳等。通常该系统出现故障会出现相应的 DTC。

VCT 系统的噪声、异响问题可以使用听诊器进行判断，异响的原因主要是 VCT 执行器机械故障，例如回位锁止装置失效。在机油压力较低时，也可能在某些工况下出现异响或机械噪声。

VCT 系统的另一种故障是配气正时错误导致的发动机性能异常。如果怀疑配气正时错误，除拆卸检查配气正时外，技师可先使用示波器检查进排气 CMP 传感器和 CKP 传感器的波形是否存在异常。利用示波器检查波形的方式既可以真切地看到故障现象，同时还能降低不必要的拆装作业。

如果 VCT 执行器不能维持在正确的气门正时，则主要原因可能是机油压力低、机油流动性差或 VCT 电磁阀存在故障。技师可通过检查数据流 VCT_EXH（排气 VCT 实际角度）、VCT_EXH_DSD（排气 VCT 目标角度）、VCT_INT（进气 VCT 实际角度）、VCT_INT_DSD（进气 VCT 目标角度）确认故障现象。

检查时可优先确认机油的压力和流动性是否异常。在检查 VCT 电磁阀时，如电磁阀的控制电路和机油滤网未见异常，建议调换 VCT 电磁阀进行测试。

2. VCT 系统故障诊断步骤

在排除 VCT 系统故障时，可以参阅图 1-114 所示步骤进行诊断。

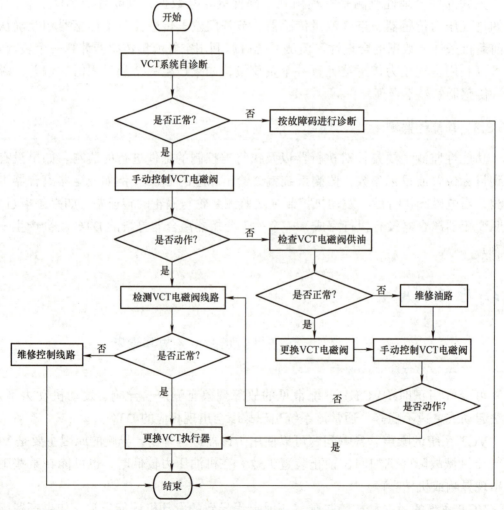

图 1-114　VCT 系统故障诊断步骤

技能训练 2　涡轮增压系统故障诊断

1. 涡轮增压系统常见故障分析

涡轮增压系统最为常见的故障现象是增压不足或过压。此类故障的原因也较为固定，主要是增压器旁通阀卡滞或连接管道破损。发现存在此类故障码时技师可优先检查发动机控制模块中的数据流 TCBP DSD（目标增压压力）和 TCBP（实际增压压力），观察在急加速过程中这组数据流的差值是否超过 27.6kPa 且持续 5s 以上。注意试车时应有两名技师完成，确保驾驶安全。如存在这种情况则说明故障为当前故障，应对该系统进行检查。检查时可优先检查增压器旁通阀的动作情况，如动作良好可对回风控制电磁阀和进气管道的安装情况进行检查；如未动作，可检查增压器旁通阀和连接管线。

在进行管道检查时，除要考虑各部件间的安装问题外，还要注意进气管道有无挤压变形、中冷器是否有堵塞的情况发生。由于中冷器的内部堵塞十分隐蔽，使用压缩空气吹气不能发现堵塞的情况，推荐使用内窥镜进行检查。需要注意的是，导致中冷器堵塞的原因不一定是长时间使用的结果，有可能是空气滤清器安装不到位或空气滤清器后的管道脱落导致的。

涡轮增压系统的核心部件增压器的故障主要有三种情况：增压器漏油、增压器异响、增压器涡轮轴抱死。增压器漏油将会导致中冷器中堆积大量机油，技师可通过检查中冷器中的机油残留量检查增压器是否漏油。

增压器常见的异响有三种：第一种是增压器旁通阀或旁通阀阀杆间隙过大，在排气气流的作用下产生振动，这种异响通常仅在怠速时出现；第二种是增压器旁通阀阀杆与真空膜盒外壳存在干涉，在增压器动作时产生异响；第三种是增压器叶轮形变或轴承磨损，高速运转时产生持续的噪声，随发动机转速的变化而变化。

虽然增压器的冷却方式有两种，但主要依赖机油进行冷却。当流过机油的流量过低时，将会导致增压器超温，使涡轮轴抱死。因此在检修增压器涡轮轴抱死时，应对发动机的润滑系统进行测试，包括增压器润滑油管的滤芯。

2. 涡轮增压系统故障诊断步骤

在排除涡轮增压系统故障时，可以参阅图 1-115 所示步骤进行诊断。

技能训练 3　燃油性能故障诊断

1. 燃油性能常见故障分析

空燃比故障一般包括混合气浓、混合气稀的故障码，以及有可能伴随冒黑烟、加速无力等症状。

混合气浓的原因包括空气滤清器滤芯堵塞、汽油管路压力太高、空气计量不准、喷油器滴漏、配气正时不对等。

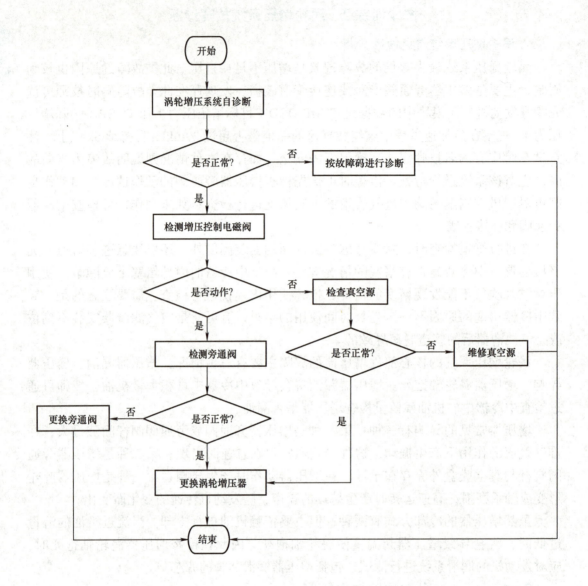

图 1-115　涡轮增压系统故障诊断步骤

混合气稀的原因包括进气道泄漏、排气管泄漏、汽油管路压力太低、空气计量不准、喷油器堵塞等。

2. 燃油性能故障诊断步骤

当发动机燃油性能故障时，往往会出现故障码。混合气浓的故障码为 P0172/P0175，混合气稀的故障码为 P0171/P0174。可以从进气量、喷油量、氧传感器三个方面诊断燃油性能故障。

1）检测进气量是否正常。首先通过数据流确认发动机控制模块监测的进气量数据是否在正常范围内，还需要测量实际的进气量和数据显示是否一致，也可以通过测量动态缸压的方法间接测量实际进入缸内的空气量。

2）为了确认喷油量，首先需要测量喷油压力。每个车型都有标准的供油压力，压力大小直接决定喷油量。同时，还需要通过示波器或数据流观察喷油时间和喷油脉宽，如果没有经验值，可以和同型号车辆进行对比。

3）氧传感器卡滞在高电位或低电位不变化同样也会造成空燃比错误。可以用数据流观察前氧传感器的变化波形是否正常，如果一直显示高电位或低电位，还不能判断氧传感器故障，还需要人为制造浓稀混合气状态，再看氧传感器波形有无变化。例如，可以采用急加油和收油的方式，也可以采用喷入额外燃料的方式制造混合气过浓，观察氧传感器是否变化。

技能训练 4　发动机点火控制系统故障诊断

1. 发动机点火控制系统常见故障分析

在汽油机各系统中点火控制系统对发动机的性能影响最大，因此需要认识点火控制系统对发动机性能的影响有哪些。

发动机点火控制系统工作出现异常，首先通过发动机的动力性能表现出来。如果点火控制系统点火正时过晚，发动机动力性能会下降；如果个别气缸点火不良，动力性能也会下降；如果点火正时不能随发动机转速增加而提前，可能导致动力输出不足。

点火控制系统故障将直接导致燃烧效果不良，从而影响排放性能。点火控制系统的点火能量不足、火花塞脏污等将导致混合气燃烧不完全，排气中的 CO 就会增加；如果完全不点火，意味着 HC 未燃烧而直接排到尾气中；如果点火提前角过早，会导致 HC 和 NO_x 增加，过晚又会导致 CO 增多。所以点火控制系统对发动机排放性能影响很大，在维修发动机排放性能的故障中，应当考虑点火控制系统性能状态。

点火控制系统故障不仅会对动力性能、排放性能产生不良影响，也会对其他系统产生不良影响：

1）噪声：点火正时时间过早，会带来爆燃等异常噪声。

2）运行不平稳：个别气缸点火不良会导致发动机运行不平稳，特别是在怠速阶段，反应更敏感。

3）燃油经济性下降：点火控制系统工作不良，动力性能下降，作为驾驶者势必会踏下加速踏板，以此补偿动力不足，这样自然会导致发动机的燃油经济性下降。

2. 发动机点火控制系统故障诊断步骤

在排除发动机点火控制系统故障时，可以参阅图 1-116 所示步骤进行诊断。

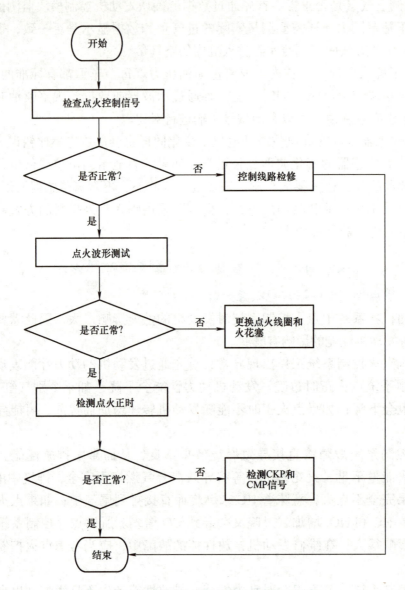

图 1-116　发动机点火控制系统故障诊断步骤

技能训练 5　排放控制系统故障诊断

1. 排放控制系统常见故障分析

通过尾气分析，可以诊断发动机故障以及排放超标故障。

CO 超标说明混合气过浓，燃油供给过多，空气偏少。可能的原因包括油压过高、进气受阻、喷油器滴漏、氧传感器工作不良、冷却液温度传感器损坏导致的修正过大、流量计计量不准等。

HC 超标说明有未燃烧的汽油存在尾气中。可能的原因包括气缸压缩压力不足、点火控制系统工作不良、配气正时不正确或混合气过稀与过浓导致的无法充分燃烧故障。

NO_x 是由于燃烧室温度过高，导致过多 O_2 与 N_2 产生化学反应生成的。可能的原因包括燃烧室内温度过高、燃烧室内有积炭、混合气过稀、EGR 或 VCT 工作不良等。

2. 排放控制系统故障诊断方法

通常所说的尾气排放污染物主要指 CO、HC、NO_x 三种有害气体。下面针对 CO、HC、NO_x、CO_2、O_2 等尾气排放物产生的原因介绍具体排除过程。

通过尾气分析，可以检测到以下几个主要方面的故障：混合气过浓或过稀、二次空气喷射系统失灵、喷油器故障、进气歧管真空泄漏、空气泵故障、气缸盖衬垫损坏、EGR 阀故障、排气系统泄漏、点火控制系统故障等。

CO 的读数是 0 或接近 0，则说明混合气充分燃烧。CO 的含量过高，则表明燃油供给过多、空气供给过少，燃油供给系统和空气供给系统有故障，如喷油器漏油、燃油压力过高、空气滤清器不洁净、活塞环胶结阻塞、曲轴箱强制通风系统受阻、点火提前角过大或冷却液温度传感器有故障等。CO 的含量过低，则表明混合气过稀，故障原因包括燃油油压过低、喷油器堵塞、真空泄漏、EGR 阀泄漏等。

HC 的读数高，说明燃油没有充分燃烧。气缸压缩压力不足、发动机温度过低、油箱中油气蒸发、混合气由燃烧室向曲轴箱泄漏、混合气过浓或过稀、点火正时不准确、点火间歇性不跳火、温度传感器不良、喷油器漏油或堵塞、油压过高或过低等因素都将导致 HC 读数过高。

NO_x 的排放量取决于燃烧温度、时间和空燃比等因素。NO_x 的生成原因主要是高温富氧环境，如燃烧室积炭等因素。从燃烧过程看，排放的 NO_x 中有 95% 以上可能是 NO，其余的是 NO_2。NO_x 异常的故障原因包括空气滤清器过脏导致空气量少、喷油压力过小或喷油器间隙过大导致雾化不好、喷油量调整不当导致 ECU 错误地认为氧传感器故障、火花塞间隙过大或过小导致积炭过多、活塞环与气缸间隙过大及气缸垫老化损坏导致泄露等。

CO_2 是可燃混合气燃烧的产物，其含量的高低反映出混合气燃烧的好坏，即燃烧效率。可燃混合气燃烧越完全，CO_2 的读数就越高，混合气充分燃烧时尾气中 CO_2 的含量达到峰值 13% ~ 16%。当发动机混合气出现过浓或过稀时，CO_2 的含量都将降低。当排气管尾部的 CO_2 低于 12% 时，要根据其他排放物的浓度来确定发动机混合气的浓或稀。燃油滤芯太脏、燃油油压低、喷油器堵塞、真空泄漏、EGR 阀泄漏等将造成混合气过稀；而空气滤清器阻塞、燃油压力过高等都可能导致混合气过浓。

O_2 的含量是反映混合气空燃比的最好指标，是最有用的诊断数据之一。可燃混合气燃烧越不完全，O_2 的读数就越高；与此相反，燃烧正常时，只有极少量未燃烧

的 O_2 排出，从三元催化器前端通过气缸，尾气中 O_2 的含量应为 $1\% \sim 2\%$。O_2 的读数小于 1%，说明混合气过浓；O_2 的读数大于 2%，说明混合气过稀。

　　通常情况下，汽车尾气排气不达标的故障诊断与排除方法可分为六步：第一步，用五气分析仪对汽油机尾气排放的物质含量进行检测，对尾气排气不达标的故障原因进行初步的判断，例如确定是不是混合气浓度过高、过稀以及气缸缺火等；第二步，进行汽油机故障码的读取，检查汽油机运行过程中是否存在与尾气排气超标有关的故障码，如果发现了故障码，则需要按照故障码的提示进行下一步操作；第三步，利用专用的诊断仪对动态的数据流进行读取，进而对汽油机的故障原因进行分析；第四步，对氧传感器进行观察，评定好坏，结合信号的波形分析对比尾气排放含量结果，对故障原因进行分析；第五步，对各个执行器的性能进行动作试验，保证执行器能够高质量地完成相应工作；最后，分析汽油机的机械部分，例如分析气缸密封性等。

2.1 自动变速器系统故障诊断

2.1.1 液力变矩器故障诊断

2.1.1.1 液力变矩器工作原理

液力变矩器工作时，自动变速器油从泵轮到涡轮再回到泵轮往复循环，造成变矩器的输出转矩增加。转矩增加的倍数取决于自动变速器油相对于涡轮的流速，流速越大，转矩放大倍数也就越大。

在汽车刚起步或车辆挂上前进位停车时，泵轮转速与发动机的转速相同，由于车辆没有移动，涡轮转速为 0，我们通常把这种工况称作变矩器失速工况。变矩器的涡轮和泵轮之间的转速差较大，变矩器的转矩放大倍数也就较大。

车辆起步后，随着涡轮转速的逐渐升高，涡轮与泵轮的转速差逐渐缩小，自动变速器油相对于涡轮的流速逐渐降低，导致变矩器的转矩放大倍数也逐渐降低。当涡轮与泵轮的转速差降低到某一数值时，变矩器输出转矩比降低到约 1:1。若涡轮转速继续增加，自动变速器油会从反面冲击导轮，控制导轮的单向离合器允许导轮按照泵轮的旋转方向旋转。通常我们把导轮开始旋转时的变矩器工况称作变矩器的耦合工作点，达到耦合工作点以后，控制模块可以控制变矩器离合器（TCC）的结合。

2.1.1.2 液力变矩器故障诊断方法

液力变矩器通常可以通过数据流来分析 TCC 的工作状态，通过失速测试来判别变矩器的增扭效果。

1. TCC 未结合

TCC 未结合时的状态数据如图 2-1 所示，可以看出 TCC 电磁阀控制为 0，变速器控制模块（TCM）控制 TCC 不结合。通过数据 TC_SLIPACT 40.75RPM 可以看出泵轮和涡轮之间有约 41r/min 的转速差。

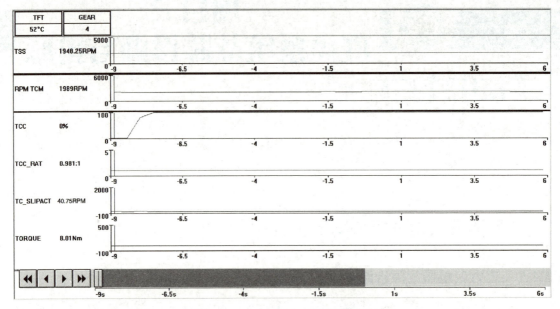

图 2-1 TCC 未结合时的状态数据

PID（参数识别）各参数的含义见表 2-1。

表 2-1 PID 各参数的含义

参 数	含 义
TSS	涡轮轴转速
RPM TCM	发动机转速
TCC	变矩器离合器控制电磁阀
TCC_RAT	变速器滑动比，此数值为 TSS 与 RPM TCM 的比值
TC_SLIPACT	实际扭力变换机滑移，此数值为 RPM TCM 与 TSS 的差值

2. TCC 结合

TCC 结合时的状态数据如图 2-2 所示。

TCM 发出结合指令后 TCC 开始结合。当 TCC 完全结合时，通过图 2-2 可以看出 TCC_RAT 为 1∶1，也就是说 TSS 与 RPM TCM 的比值为 1；TC_SLIPACT 为 0，也就是说 RPM TCM 与 TSS 的差值为 0。通过这两个数据可知涡轮转速等于泵轮转速，说明 TCC 结合。

3. 故障分析举例

（1）故障现象

1）如图 2-3 所示为某车在 M4 档时从 60km/h 开始重踩加速踏板加速行驶，出现抖动现象的数据流。

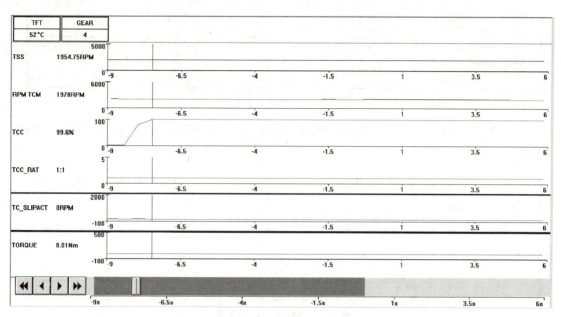

图 2-2　TCC 结合时的状态数据

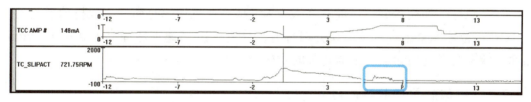

图 2-3　M4 档故障数据流

2）如图 2-4 所示，蓝圈处出现 TCC 结合后，发动机转速与 TSS 转速之差有突然升高的现象，可能是离合器片打滑导致。M4 档时从 60km/h 开始重踩加速踏板加速行驶，没有出现故障的数据流。

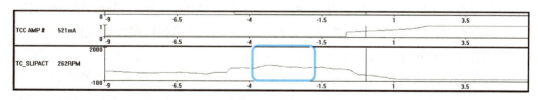

图 2-4　M4 档正常数据流

分析：正常情况下，TCC 结合时及结合后，发动机转速与 TSS 转速之差是逐渐减小的，没有突然升高的现象。

3）如图 2-5 所示为 M5 档时从 60km/h 开始重踩加速踏板加速行驶，出现抖动现象的数据流。

分析：TCC 结合后，转速差出现突然升高的现象。

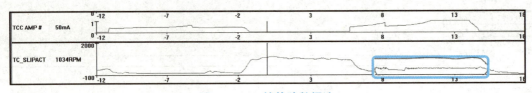

图 2-5　M5 档故障数据流

4）如图 2-6 所示为 M5 档时从 60km/h 开始重踩加速踏板加速行驶，没有出现故障的数据流。

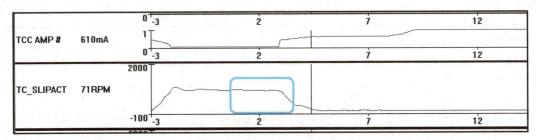

图 2-6　M5 档正常数据流

分析：TCC 结合时及结合后，转速差是逐渐下降的，没有突然升高的现象。

（2）总结　经初步分析，此车在 M4、M5 档高速急加速时容易出现抖动现象是因为 TCC 离合器完全结合后又出现突然打滑，导致 TSS 转速突然降低 100 ～ 300r/min，加速时转矩突然受到影响使车辆行驶时发生抖动。

2.1.2　行星齿轮传动故障诊断

2.1.2.1　动力传递原理

自动变速器由液力元件、变速机构、控制系统等几部分组成。行星齿轮机构是变速机构中最常用的一种，它一般由 2 个或 2 个以上行星齿轮组按不同的组合方式构成，其作用是通过对不同部件的驱动或制动，产生不同速比的前进位、倒档和空档。按行星齿轮组合的方式又可分为辛普森式行星齿轮机构与拉维纳式行星齿轮机构。

1. 辛普森式行星齿轮机构动力传递

辛普森式行星齿轮机构由两排简单行星齿轮组组合构成。自动变速器中目前应用比较广泛的行星齿轮机构为辛普森改型行星齿轮机构，其结构特点不再是前后太阳轮做成一体结构，而是通过前行星架与后齿圈或前齿圈与后行星架机械地连接为一体。辛普森改型行星齿轮机构可以实现一个倒档和四个前进位（包括一个超速档）。

（1）辛普森式行星齿轮机构结构特点　辛普森式行星齿轮组的设计特点是低速 / 中间排的齿圈与倒档 / 超速排的行星架通过花键相连接，倒档 / 超速排的齿圈与低档 / 中间排的行星架通过花键相连接。辛普森改型行星齿轮机构一般使用低速 / 中间排的齿圈作为输出元件，如图 2-7 所示。

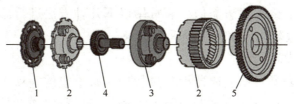

图2-7　辛普森改型行星齿轮机构

1—后太阳轮　2—前齿圈与后行星架　3—前行星架与后齿圈　4—前太阳轮　5—行星齿轮机构输出齿轮

（2）四速辛普森改型行星齿轮机构动力传递　图2-8所示为四速辛普森改型行星齿轮机构。前排的行星架与后排的内齿圈刚性连接，后排的行星架与前排的内齿圈刚性连接，通过后排的内齿圈输出动力。

2. 拉维纳式行星齿轮机构动力传递

拉维纳齿轮组也是复合式行星齿轮机构，但其齿轮组所有组件都装于一个齿圈内。拉维纳齿轮组的特点是有一个前进位太阳轮、一个倒档太阳轮、一个行星轮架、长短行星轮和共用齿圈。

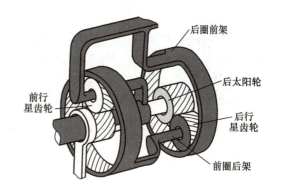

图2-8　四速辛普森改型行星齿轮机构

拉维纳齿轮组运行的要点如下：

1）尽管前进位和倒档太阳轮看起来是连在一起的，但实际上它们运行起来是独立的。

2）前进位太阳轮只能与短的行星轮啮合。

3）倒档太阳轮只能与长的行星轮啮合。

4）长短行星轮啮合。

5）长的行星轮同时与短的行星轮及齿圈啮合，它是驱动输出的唯一元件。

6）齿圈被当作输出元件。

2.1.2.2　动力传递故障诊断

自动变速器的控制是以机械传递的动力流程为基础的，液压执行元件控制行星齿轮机构的工作，而液压执行元件又受控于电磁阀，电磁阀的工作则受控于变速器控制模块。

动力传递系统的诊断从故障现象来划分可以分为执行元件功能缺失与执行元件间的运动干涉。执行元件功能缺失的含义是执行元件在档位需要它结合时由于某种原因并没有结合。执行元件间的运动干涉的含义是某个执行元件在分离时没有按照正常的速度分离或没有分离。

两种故障现象的诊断方法类似，通常用以下几种方法进行诊断：执行元件工作表；数据流分析；故障码（DTC）分析。

1. 执行元件工作表

　　执行元件工作表是自动变速器诊断过程中非常重要的一项工具。通过该表可以了解到变速器在各个档位下离合器与制动器的状态以及电磁阀的状态等信息。通过对这些信息加以分析，可以判断相关元件的好坏。具体分析方法可参考以下流程：

　　（1）了解执行元件工作状态　结合执行元件工作表（表2-2）可以了解到在各个档位下都有哪些离合器与制动器工作。

表2-2　执行元件工作表

档位	执行元件							
	发动机制动	前进位离合器	直接档离合器	倒档离合器	制动带		低倒档制动器	单向离合器
					结合侧	释放侧		
R	√			√			√	
D1		√						√
M1	√	√					√	
D2	√	√			√			
D3	√	√			√	√		
D4	√		√		√			

　　（2）了解电磁阀工作状态　通过电磁阀工作状态表（表2-3）可以了解到在各个档位下电磁阀的工作状态。

表2-3　电磁阀工作状态表

档位	电磁阀					
	EPC	SSA	SSB	SSC	SSD	SSE
P	√	ON	OFF	OFF	OFF	OFF
N	√	ON	OFF	OFF	OFF	OFF
R	√	OFF	OFF	OFF	OFF	OFF
D1	√	OFF	OFF	OFF	ON	ON
M1	√	ON	ON	OFF	OFF	ON
D2	√	OFF	OFF	OFF	OFF	ON
D3	√	OFF	OFF	OFF	OFF	OFF
D4	√	ON	OFF	ON	OFF	OFF

　　（3）利用共性关系分析问题　利用在各个档位执行元件与电磁阀工作的共性关系来分析故障。

　　表2-4中，在D1档与M1档时前进位离合器都工作，那么如果故障车辆D1档正常M1档失效，就可以排除前进位离合器，则应重点检查低倒档制动器以及其控制部分。

表 2-4　利用共性关系分析问题

档位	发动机制动	执行元件						
		前进位离合器	直接档离合器	倒档离合器	制动带		低倒档制动器	单向离合器
					结合侧	释放侧		
D1		√						√
M1	√	√					√	

档位	电磁阀					
	EPC	SSA	SSB	SSC	SSD	SSE
D1	√	OFF	OFF	OFF	ON	ON
M1	√	ON	ON	OFF	OFF	ON

　　电磁阀也可以利用此方法分析故障。例如，若电磁阀 SSC 在 3 档与 4 档处于 ON 的位置，如果其中的一个档位能够正常实现，就说明电磁阀 SSC 以及其控制线路处于正常状态。

2. 数据流分析

　　通过数据流分析自动变速器的故障是日常自动变速器诊断过程中常用的一种手段。通常通过数据流可以判断变速器是否存在档位缺失以及变速器换档的品质等。

　　按照数据流的功用，可以将其分为输入信号数据流、输出信号数据流和档位计算数据流。

　　（1）输入信号数据流　如图 2-9 所示，一般自动变速器的输入信号包括输入轴转速、输出转速、油温、档位信号、手动换档模式信号等。

　　（2）输出信号数据流　如图 2-10 所示，输出信号可以判断模块对相关电子执行元件的控制意图。通常有各个换档电磁阀的控制状态、管路压力电磁阀的控制状态、TCC 等。

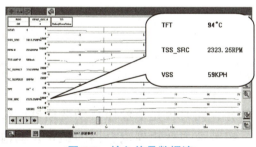

图 2-9　输入信号数据流

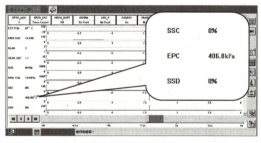

图 2-10　输出信号数据流

　　（3）档位计算数据流　自动变速器的档位计算通常是通过输入轴与输出轴的转速信号计算出来的。以变速器 4F27E 为例，在数据流中显示当前的档位 GEAR 与当前档位的速比 GEAR-RAT，如图 2-11 所示。

　　（4）数据分析　如图 2-12 所示，通过数据流可以分析档位是否缺失以及换档品质的问题，以为后面分析故障是执行元件故障还是液压控制故障、电子控制故障做好基础。例如某一离合器或制动器打滑，可以通过档位输入信号来判断驾驶人对档位的需求，通过输入轴与输出轴的转速变化来判断是否缺失档位，通过变速器对电磁阀的控制状态来判断变速器的控制意图。

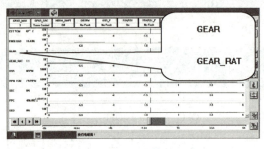

图 2-11　档位计算数据流　　　　　　　图 2-12　数据分析

3. DTC 分析

一般当执行元件出现故障后，会导致相关的档位出现打滑或缺失的故障现象，有可能会产生以下 DTC，见表 2-5。

表 2-5　DTC 含义

DTC	含义
P0731	1 档齿轮速比不正确
P0732	2 档齿轮速比不正确
P0733	3 档齿轮速比不正确
P0734	4 档齿轮速比不正确

但需要注意的是，档位的缺失或换档品质的下降是一个故障从最初的故障原因发展到最后的终端效应的表现形态。DTC 只是反映这个终端效应的一种现象。执行元件是实现换档控制的一个部分，其他原因也有可能会导致这类的 DTC。所以，对故障的分析是一个综合数据分析的过程。

2.1.3　液压控制系统故障诊断

2.1.3.1　液压控制系统工作原理

液压控制系统是自动变速器的重要组成部分，同时也是全液压自动变速器的核心。它担负着为液力传动装置提供传动介质、控制液力变矩器离合器的锁止及润滑和冷却传动元件的任务。所以，液压控制系统具有动力传递、操纵控制和润滑冷却等功能。

1. 液压控制阀

在液压控制系统中能够控制系统压力、流量和流动方向的装置称为液压控制阀。根据液压控制阀在系统中的用途可分为压力控制阀和方向控制阀。这些控制阀一般安装在阀体内。阀体是液压控制的载体和枢纽，是电控元件控制液压的执行者。

（1）压力控制阀　压力控制阀简称压力阀，用来控制液压压力，在液压控制系统中可以起到安全保护、保持系统压力稳定和调节系统压力等作用。在自动变速器中的压力控制阀用于对油压进行调节和控制，以适应变速器的不同工况需求。压力控制阀的工作原理是依靠弹簧力和液压压力的平衡来实现压力控制。

1）主油压控制阀。如图 2-13 所示，在自动变速器内部用到了很多泄压阀。油泵给主压力调节阀提供油压，当油泵的压力大于油泵泄压阀内部弹簧的弹力时，油液就从泄压阀泄掉。反之，如果压力小于弹簧的弹力，泄压阀则保持关闭状态。

2）压力控制电磁阀。泄压阀的状态取决于油泵产生的压力与泄压阀弹簧的弹力。如果通过电磁阀控制弹簧侧的压力就相当于控制了油泵的压力。

如图 2-14 所示，当压力控制电磁阀断电时，会关闭滑阀泄油口以增加释放到活塞上的压力 P_4。这个力原理上可以通过 P_4 乘以活塞截面积再加上 F_2 计算得出。当 F_2 增加时，主油压也增加。

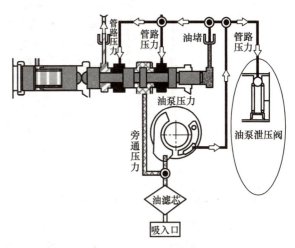

图 2-13　主油压控制阀

如图 2-15 所示，当压力控制电磁阀供电时，在 P_4 下降后，它打开泄油口以减少 P_3，从而导致 F_2 减少。当 F_2 减少后，在 F_1 作用下活塞向左移动，滑阀泄油口打开，主油压降低。

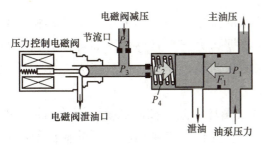

图 2-14　压力控制电磁阀（压力高）

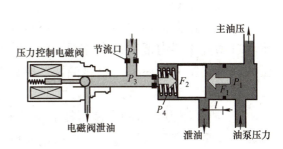

图 2-15　压力控制电磁阀（压力低）

（2）方向控制阀　方向控制阀的主要作用是改变变速器内部液压油的流向。方向控制阀主要可以分为手动控制和电磁阀控制两种。

1）手动换向阀。如图 2-16 所示为手动换向阀局部示意图。当驾驶人将档位置于不同位置时，将改变阀体中液压油的走向。很多变速器在出现故障后，也可以通过手动换向阀来实现某些档位。

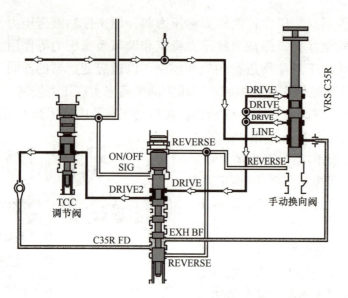

图 2-16　手动换向阀

2）电控换向阀。电控换向阀相当于将手动的改变液压流向的方式改为了由电磁阀进行控制。一般利用油压和弹簧力的相互作用来控制滑阀换向阀的位置，从而控制油路转换，如图 2-17 所示。阀的左侧没有油压作用时，打开的是左侧油路通道；有油压作用时，打开右侧油路通道。自动变速器的换档阀大都属于此类。

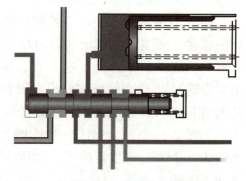

图 2-17　电控换向阀

2. 压力控制

自动变速器的压力是自动变速器液压控制的基础，压力的大小决定着换档的品质。自动变速器内部有很多种不同的压力。根据压力产生条件的不同可以分为油泵压力、管路压力、润滑与散热油压、电磁阀输入与输出压力、泄放压力、反馈压力与补偿压力等。

1）油泵压力。自动变速器靠油泵推动液压循环。液压控制系统所用的油泵一般是容积式泵，容积式泵通过一个密闭空间的容积变化完成泵油。油泵的输出量与封闭容积的变化量及变化率成正比。

2）管路压力。管路压力由管路压力电磁阀控制。管路压力的大小影响着换档品质。发动机运转时，变速器油泵向主压力调节阀提供压力，其中主压力调节阀由管路压力电磁阀控制。

3）润滑与散热油压。润滑与散热油压是指给变速器油进行散热与润滑变速器内部其他零件所需要的油压。

4）电磁阀输入压力。电磁阀输入压力是指提供给各个电磁阀的压力。

5）电磁阀输出压力。电磁阀输出压力是指通过电磁阀调整后的压力。通常这种压力是通过各个电磁阀进行调整的，是可变的。

6）泄放压力。泄放压力是指各个离合器在需要分离时，离合器泄油的压力。为了使离合器能够快速地分离，通常这个压力较小。

7）反馈压力。反馈压力通常是用来控制离合器结合的速度，从而控制换档感觉。

8）补偿压力。补偿压力的主要作用是针对一些高速旋转的离合器产生的离心力，在离合器活塞的背面施加一个压力，使其释放时能够迅速地分离。

2.1.3.2　液压控制系统故障诊断方法

实现良好的换档感觉和档位要求与行星齿轮、液压执行元件、控制阀与电磁阀每一个元件都息息相关，它们彼此也都相互影响。液压控制系统的诊断主要需要从油路走向、液压元件状态和故障影响等方面入手。

1. 分析油路走向

油路图是分析液压控制系统故障的基础，所以在分析每个自动变速器液压控制系统故障前需要先看懂油路图，弄清楚油路的走向。

可以通过两种方法来分析油路的走向：

1）以档位为出发点，结合该档位工作时所需的离合器与制动器，分析变速器油是如何到达该执行元件的。

2）以油压的建立为出发点。所有的油压都是由油泵建立的，各个电磁阀、控制阀只是起到改变油压的大小或方向的作用。可以分析从油泵开始直到档位实现的过程。

2. 分析液压元件状态

液压元件状态是指执行元件、控制阀与电磁阀的状态。清楚油路的走向后，需要弄清楚每个电磁阀控制哪些控制阀；每个控制阀控制哪个离合器；每个离合器控制哪个行星齿轮。如有必要，可以列表利用它们共性的关系来进行分析。

3. 分析故障影响

分析故障影响是指分析出每个液压元件如果出现故障会产生什么样的影响，以及通过什么样的手段能够判断。故障影响分析是建立在清楚油路的走向及每个元件的作用基础之上的。

在通过油路图分析阀体中某个滑阀工作故障时，通常是根据在换档时因某个电磁阀状态产生变化，引起对应阀体中的某个滑阀的动作。例如，在变速器 2 档升 3 档过程中，2-3 换档滑阀在电磁阀的控制下通常会移动位置，如果该变速器在满足升档条件下无法升档，就要考虑 2-3 档变化是使哪个电磁阀产生了状态变化。可以对该电磁阀做性能测试，同时测试该电磁阀控制的机械滑阀动作是否顺畅。

在分析控制阀的故障的影响时，就需要考虑如果控制阀卡滞在工作位置或卡滞在初始位置会有什么样的故障现象，会产生什么样的影响，以及通过哪些手段可以判断具体的故障原因。

2.1.4 自动变速器控制系统故障诊断

2.1.4.1 电子元件的作用及原理

自动变速器档位的实现是变速器控制单元通过各自电子元件采集变速器、发动机以及车辆的实际状态，然后通过相关的执行元件控制液压元件，再由不同的液压元件控制相关的行星齿轮的状态来实现不同的档位以及良好的换档感觉。所以了解电子元件的工作原理、分析电子元件故障将会对变速器产生的影响是一件特别重要的事情。

可以按照电子元件的类型，将其分为输入信号元件、控制模块与输出信号元件。

1. 输入信号元件

自动变速器的输入信号元件主要用来反映驾驶人的操作需求与变速器当前的实际状态等。

（1）变速器档位（TR）开关　TR 开关主要用来反映驾驶人对档位的需求。基本的功能包括 P、R、N、D 位置信息。新型的自动变速器也需要反馈手动换档控制需求的信息。

变速器选档开关感知变速杆的位置，并给动力系统控制模块（PCM）和仪表提供信号。

TR 开关为可变电阻类型开关。PCM 根据 TR 传感器的信号确定所需档位和 EPC（电子功率控制系统）控制策略。TR 传感器还包含空档/起动、空档感测和倒车灯等线路。

（2）变速器油温（TFT）传感器　TFT 传感器安装在变速器电磁阀体内，用来监测变速器的油温。油温的变化导致电阻值的变化。变速器控制单元通过监控 TFT 传感器的电压确定变速器油的温度。很多自动变速器 TFT 传感器采用的都是负温度系数的热敏电阻。

变速器控制单元使用油温初始信号判断是否有必要执行冷起动换档规律。冷起动换档规律允许当变速器油温度低时延迟换档，以帮助给变速器油加热。变速器控制单元还可以抑制变速器油低温时的 TCC 操作，并调整温度对应的线路压力，如图 2-18 所示。

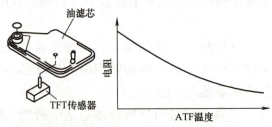

图 2-18　TFT 传感器特性曲线

（3）涡轮轴转速（TSS）传感器　如图 2-19 所示，TSS 传感器一般安装在变速器的外壳上，用来监测涡轮的转速。TSS 传感器信息与发动机每分钟转速进行对比，以确定 TCC 性能。TSS 传感器还与输出轴转速（OSS）传感器对比，以确定换档质量和离合器性能。

TSS 传感器通常有以下几种类型：

1）电磁式传感器。如图 2-20 所示，电磁式传感器通常为两根线，输出的波形为正弦交流信号。可以使用示波器判断此类传感器的好坏。

项目
2

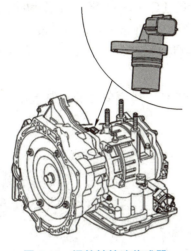

图 2-19　涡轮轴转速传感器

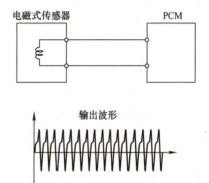

图 2-20　电磁式传感器

2）霍尔式传感器。如图 2-21 所示，霍尔式传感器通常为三根线，分别为电源线、信号线与搭铁线，不同的变速器电源与搭铁的提供者有所不同，输出的波形为方波信号。可以使用示波器判断此类传感器的好坏。

（4）输出轴转速（OSS）传感器　如图 2-22 所示，OSS 传感器一般位于传动轴的驱动齿轮上，可以向变速器控制单元发送信号，指示变速器输出转速。OSS 传感器用于控制换档规律。同时在故障诊断时，还可通过 OSS 传感器与 TSS 传感器对比，确定换档质量和离合器性能。

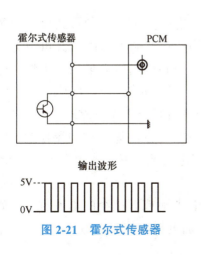

图 2-21　霍尔式传感器

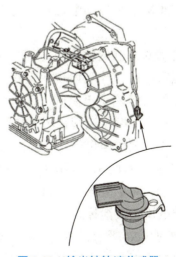

图 2-22　输出轴转速传感器

OSS 传感器通常有以下几种类型：电磁式传感器（产生正弦交流信号）；霍尔式传感器（产生方波信号）；VSS（即车速传感器，其波形与 OSS 传感器波形类似）。

2. 控制模块

目前自动变速器控制模块主要有两种类型：一种称为动力系统控制模块（Powertrain Control Module，PCM），部分车型的 PCM 内部集成了发动机控制模块与变速器控制模块；另一种称为变速器控制模块（Transmission Control Module，TCM），只控制自动变速器的工作。无论哪种控制模块都围绕自动变速器的换档点与换档品质进行精确的控制。

（1）TCM 如图 2-23 所示为自动变速器的 TCM，其为单独的控制模块。

TCM 在变速器上方，TR 传感器集成在模块内部。TCM 通过硬线获取变速器相关的信息，通过 CAN 网络获取发动机的信息，根据内部的控制程序对变速器进行控制。

（2）PCM 变速器的发动机控制模块中集成了变速器的控制程序。尽管变速器控制策略与 PCM 中的发动机控制策略分享某些输入信号，但是二者是独立的。在决定变速器操作的最佳操作策略时，PCM 使用发动机、驾驶人相关传感器和开关的输

图 2-23 TCM

入信息。此外，PCM 从变速器相关的传感器和开关接收输入信号，并在决定变速器操作测量时使用这些信号。PCM 使用所有这些输入信号可以决定何时及何种条件下进行换档以及何时应用或释放 TCC，同样可以决定优化档位啮合感应的最理想的线路压力。为此，PCM 使用输出电磁阀控制变速器操作。

3. 输出信号元件

自动变速器的输出信号元件主要为电磁阀。电磁阀按照控制形式可以分为开关型电磁阀与占空比型电磁阀。按照电磁阀的结构特点开关型电磁阀又可以分为常开型电磁阀与常闭型电磁阀。常开型电磁阀在不工作时输出压力最高，工作时输出压力减小；常闭型电磁阀在不工作时输出压力最低，工作时输出压力增加。

（1）开关型电磁阀 下面以常开型电磁阀为例讲解开关型电磁阀。

如图 2-24 所示，当电磁阀激活后有电流流过时，输出端与供油端导通，输出端压力等于阀减小的压力。如图 2-25 所示，当没有电流流过时，输出端与泄压端导通，输出端的压力被泄掉。

如图 2-26 所示，不工作状态时，电磁阀没有电流或有很小的电流时，电磁阀下方的出口侧不会产生压力，给电磁阀的供油压力通过泄放位置放掉。

图 2-24　开关型电磁阀激活

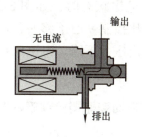

图 2-25　开关型电磁阀不激活

（2）占空比型电磁阀　还有一些自动变速器采用了两种类型的占空比型电磁阀：一种是正占空比电磁阀，出口侧的压力随着控制电流的增大而增大；另一种是负占空比电磁阀，出口侧的压力随着控制电流的增大而减小。

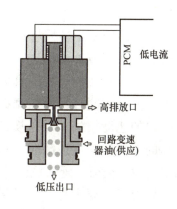

图 2-26　不工作状态

1）正占空比电磁阀。正占空比电磁阀开度的大小与供电电流成比例。

不工作状态时，电磁阀没有电流或有很小的电流时，电磁阀下方的出口侧不会产生压力，给电磁阀的供油压力通过泄放位置放掉。

工作状态时，如图 2-27 所示，当控制模块提高占空比信号，控制电磁阀的电流增大时，电磁阀内部的铁心下移，此时供油油路的油压通过电磁阀下方出口排出。排出的压力大小取决于电磁阀控制的占空比大小。

2）负占空比电磁阀。负占空比电磁阀是指电磁阀的出口侧压力与控制模块控制占空比的大小成反比。

低占空比状态时，如图 2-28 所示，当控制模块没有控制电磁阀工作或以低占空比控制电磁阀时，电磁阀的进口压力通过下方的出口排出，出口压力较高。

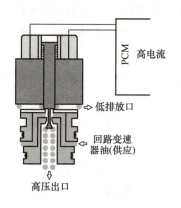

图 2-27　工作状态

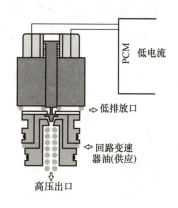

图 2-28　低占空比状态

高占空比状态时，如图 2-29 所示，当控制模块提高占空比控制铁心下移时，电磁阀下方的出口开度减小，输出压力下降。电磁阀供给的压力通过排放侧泄放。

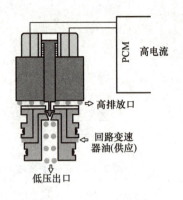

图 2-29　高占空比状态

2.1.4.2　自动变速器控制策略及诊断

自动变速器的控制策略是整个变速器控制的核心，在整个控制过程中围绕着获得好的换档品质来进行控制。

换档品质是指换档过程的平顺性，即换档过程能平稳而无颠簸或冲击地进行。换档品质控制是自动换档液压控制系统中的基本组成部分之一。对换档过程的具体要求有两个：一是换档过程应尽量迅速地完成，以减少由于换档时间过长而使摩擦元件的磨损增加和减少因换档期间输入功率低或中断而引起的速度损失；二是换档过程应尽量缓慢平稳过渡，以使车速过渡圆滑，没有过高的瞬时加速度或瞬时减速度，避免颠簸和冲击，以提高乘坐舒适性，减小传动系统的冲击载荷，延长机件寿命。

以上两个要求是互相矛盾的。换档过程快，就不可避免会产生较大的冲击和动载荷，换档过程的平稳性就不好。而如果为了提高换档过程的平稳性而延长过渡时间，则摩擦元件的滑转时间延长，累计滑摩功增加，导致摩擦元件温度升高、磨损增加。所以在一般情况下，根据经验，最小滑摩时间在 0.4 ~ 1s 较为合适，在此前提下再设法提高换档过程的平稳性。换档品质控制的实质就是限制发生过于剧烈的转矩。

自动变速器在围绕着获得好的换档品质的控制过程中，主要包括以下几种控制策略：预置策略；故障管理模式；应急模式。

1. 预置策略

变速器控制模块不仅含有控制自动变速器正常工作的程序，而且还含有在不同失效模式下控制这些部件的程序。某些情况下控制模块通过程序中预置的"策略"进行控制。

如图 2-30 所示，以大部分变速器的控制系统为例，如果处理器接收到的油温信号表明油温过高可能损坏变速器，就会提前结合 TCC，汽车仍可继续行驶，但驾驶人会意识到出了故障需要检修。反过来，在极冷的气温下工作时，控制模块会使 TCC 保持分离，以减少发动机熄火的可能性。

对于换档规律，在正常情况下变速器运行遵循一个设定的换档规律。但在某些情况下可能应用不同的换档规律。例如在低温下开始运转时，控制模块会转为"冷起动"换档规律，改善变速器的运行状况。

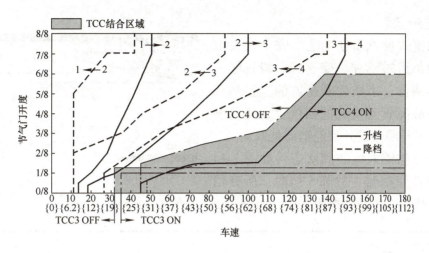

图 2-30　预置策略

2. 故障管理模式

故障模式影响管理（FMEM）用于发动机和变速器控制系统。FMEM 为失效部件提供了备用或"替代"信号，其中包括温度信息、速度信息和压力电子控制。

（1）温度信息　如图 2-31 所示，用于变速器控制的主要温度信号来自变速器油温（TFT）传感器。如果控制模块因某种原因不能读出 TFT 信号，可能会转而利用发动机冷却液温度（ECT）传感器信号。

（2）速度信息　如图 2-32 所示，电子控制系统都用到变速器涡轮轴转速（TSS）传感器以及变速器输出轴转速（OSS）传感器或车速传感器（VSS）信号作为变速器换档、TCC 控制功能的信号输入。如果控制模块不能读出 TSS 信号，就可能会使用 OSS 信号作为替代信号。如果 OSS 或者 VSS 信号不可靠，则变速器控制系统可能会采用其他系统，如使用 ABS 的车速信号替代。

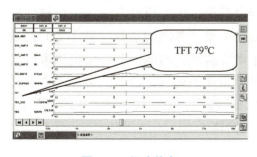

图 2-31　温度信息

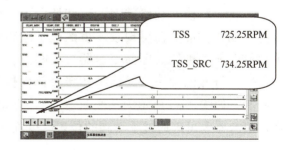

图 2-32　速度信息

（3）压力电子控制　如图 2-33 所示，如果 EPC 电磁阀电路中没有信号（如出现断路），或者控制模块无法控制此信号，EPC 电磁阀将预置为油路最大压力。所有换档过程可能产生冲击，并可能会设置故障码（DTC），但变速器仍能正常发挥作用。

3. 应急模式

应急模式使汽车在变速器完全失去电子控制时仍可被驾驶。变速器一般只能工作在一个档位，多数为变速器的直接档或是锁死在故障管理模式的档位上，使驾驶人仍能将车开回家或开到经销商处修理。

（1）应急模式电磁阀状态　如图2-34所示为自动变速器在故障5档时，所有档位电磁阀都不工作的数据流。

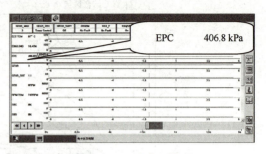

图 2-33　压力电子控制

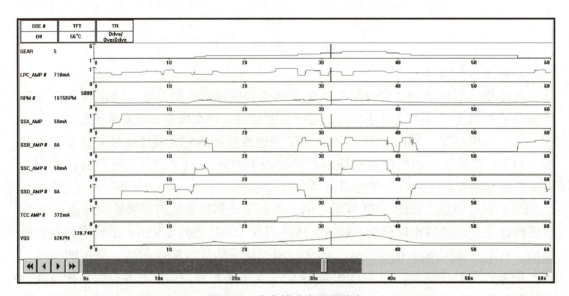

图 2-34　应急模式电磁阀状态

（2）应急模式油路状态　某些情况下，变速器阀体内部设计有液压或机械的失效防护功能，使其在出现较严重的电子故障时仍能维持有限的运行，最常见的就是手动阀和相关油路。即使变速器接头断开，手动变速范围内的一些档位仍然可以工作，因为打开的油路为换档阀和接合部件提供了附加的通道，这些通道不受电磁阀的控制。如图2-35所示为某变速器的倒档油路图。在所有电磁阀都不工作的情况下，倒档离合器也可以通过手动阀的位置改变而实现倒档。

2.1.5　自动变速器综合故障诊断

2.1.5.1　自动变速器故障诊断流程

自动变速器综合故障诊断是建立在对故障变速器的动力传递、液压控制原理与电气控制部分都清楚的基础之上的。在诊断的同时也为后面的变速器大修明确方向。

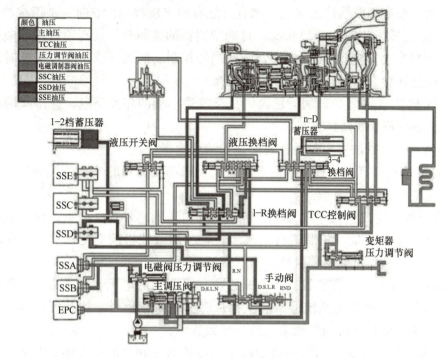

颜色	油压
	主油压
	TCC油压
	压力调节阀油压
	电磁调制器阀油压
	SSC油压
	SSD油压
	SSE油压

1-2档蓄压器

液压开关阀

液压换档阀

n-D
蓄压器

3-4
换档阀

SSE

SSC

SSD

I-R换档阀

TCC控制阀

变矩器
压力调节阀

SSA

电磁阀压力调节阀

R.N

手动阀

SSB

主调压阀

D.S.L.N

D.S.L.R   RND

EPC

图 2-35　变速器 4F27E 的倒档油路图

在修理自动变速器之前，一定要进行彻底的诊断。在有充分理由相信自己找到问题所在之前，切不可将变速器从车上拆下来。另外在诊断时也不能图方便跳过某个步骤。诊断时可能会找到某个问题，但它并不一定是导致所反映故障的真正原因。图方便找捷径多半会造成重复修理的后果。诊断就是用最少的时间和最小的精力，一步一步地找到某个装置出现的问题。

在对自动变速器进行故障诊断时推荐按照如下流程进行诊断：信息收集；信息分析；故障定位；故障原因分析；故障修复；检查交车。

1. 信息收集

作为故障诊断流程的第一步，故障信息收集非常重要，可以用来判断客户所描述故障的真实性质，弄清楚故障发生时的确切条件，排除简单的故障。

信息收集主要包括客户信息收集、车辆信息收集与路试。

（1）客户信息收集　客户信息收集是指与客户沟通变速器在出现故障时的一些条件。在进行客户信息收集时需要收集以下信息：

1）要求客户描述故障发生时的情况。在与客户沟通时，需要弄清楚故障发生时的情况。通常需要询问什么时间、什么地点、谁开的车、怎么开出现的故障、是换档感觉不好还是没有档位等信息，为后面的诊断做好基础。

2）弄清故障发生的频率。还需要弄清楚故障发生的频率，这会为以后的诊断分析提供重要的帮助。例如，如果是离合器活塞损坏，则故障有可能将一直存在；如果是电磁阀、控制阀或线路的问题，则有可能有时出现故障，有时又是正常的状态。

3）弄清故障发生时的环境状况。自动变速器的控制与环境有着直接的关系。例如，温度的情况会影响到 TCC 的结合与换档的控制。所以在收集客户信息时需要询问客户故障是在什么样的环境状况下发生的。

（2）车辆信息收集　车辆信息收集是指收集车辆的相关信息，并排除简单的故障，为后面的故障诊断做好准备。

车辆信息收集方法主要包括直观检查和油液检查。

1）直观检查。直观检查是指对车辆、发动机与变速器的外在条件进行一些基本的检查，主要包括：

① 汽车改装情况。汽车改装检查包括有无对车辆的外观、底盘、动力系统等进行改装。例如有些车辆对轮胎进行了改装，轮胎的改装将改变变速器控制模块对车辆速度的计算，从而可能导致换档品质下降等故障。

② 附加电子装置。需要检查车辆是否添加了附加的电子装置。很多车辆改装了倒车雷达系统。后改装的系统通常要从档位开关处采集信号，这有可能导致变速器控制模块无法正确地判断档位请求信息，导致故障。

③ 泄漏。检查变速器与散热器油箱中的冷却器之间的油管和接头有无松动、磨损或损坏。如通过拧紧油管螺母仍止不住泄漏，可更换损坏件。如发现冷却器管接头与壳体之间有漏油，可检查 O 形圈是否损坏或遗失，然后按规范的最大值拧紧管接头。不要试图超过规范值拧紧来止住漏油，这样可能损坏壳体上的螺纹。如仍继续漏油可更换冷却器管接头，然后按规范拧紧。散热器冷却器和冷却器管接头之间的泄漏应按同样的程序加以处理。

④ 变速杆拉索的调整是否适当。将变速杆挂过各档，感觉变速器上棘爪的反应。要明确它们与变速杆的标字所示档位是否同步。将变速杆移到前进位并落座，如果变速杆位置不正确，就必须对换档机构进行检查或调整。

2）油液检查。油液检查主要是检查变速器油的液位与品质。

① 液位检查。令汽车处在水平地面，起动发动机并扳动变速杆通过各个档位，各档要留充分的挂档时间。然后将变速器安全地锁在驻车位置，拉好驻车制动，并让发动机继续运转。取下油标盖，抽出油标尺并将标记端擦干净，然后将油标尺插回到加油口管，确认插到位后再抽出查看液位。在正常温度下检查液位时，液位应在油标尺的十字交叉区（或"HOT"区）。当汽车尚未开动过，外部温度高于 10℃，而发动机转动时，液位应高于油标尺上的底部孔（不能开车标记）。具体方法请参考各个车型的维修手册。

② 油质检查。观察变速器油液的颜色和气味。油液应该是暗红色且颜色清亮，而不应是褐色或黑色。如果变速器油液呈现粉红色，表明其中可能掺有水分，应检查散热器的状况。变速器油液出现烟味表明过热故障或离合器片或制动带故障。使

用白色的吸湿面巾纸将油标尺擦干净，检查有无斑痕污迹或固体颗粒。如果发现较多的黑色或者银白色颗粒，表明内部元件可能有损伤。

（3）路试　如果已经掌握并能够熟练运用变速器的知识，那么正确进行的路试就是最有用的诊断工具。它将清楚地显示动力传动系中的制动部件是否打滑，以及阀体和变矩器的运行情况。

路试最重要的一个特点就是可重复性。所有的路试都应当在同一条件下进行。如果时间条件允许，和正常工作的车辆对比可以更熟悉换档点和路况，这样能非常容易地找出问题来。

路试过程中通常需要注意以下几点：

1）故障重现。通过前面的客户信息收集，已经知道了客户是在什么样的操作下出现的故障。在试车时，应该在保证安全的情况下尽可能地将故障通过试车呈现出来，这将有利于故障的确认与分析。例如，故障只有在车速超过 70km/h 以后加速时出现，那就应该尽可能地模拟出故障发生时车辆的状态。

2）变速器驱动循环测试。为了在路试过程中让变速器所有相关监测器都执行，以便让 OBD 系统发现问题设置故障码，需要对变速器进行驱动循环测试。具体的驱动循环测试请参考各个变速器的维修手册。

3）换档与换档点路试。可以参考维修手册中的换档时序图来试车，判断车辆的变速器换档是否正常。如果变速器不能升档或降档，请参照维修手册中相应部分的"故障现象诊断表"查找可能的原因。

4）升档时转速检查。在进行自动变速器路试检查时，应该多注意发动机的转速变化情况。发动机转速也是判断自动变速器是否正常工作的主要依据。如果在整个升档过程中，发动机的升档转速始终低于规定转速，说明升档过早或发动机动力不足；如果在整个升档过程中，发动机的升档转速始终高于规定转速，而且换档冲击明显，说明升档过迟或自动变速器的执行元件严重打滑。

5）换档品质检查。换档品质的检查内容主要是检查有无换档冲击。正常情况下，电控自动变速器的换档冲击很轻微。如果换档冲击过大，则说明电子控制系统或液压控制系统出现故障。

自动变速器的换档品质由诸多因素所决定，如汽车类型、发动机尺寸、变速器型式和差速器传动比等。例如，同一款自动变速器配 1.8L 的发动机与配 2.0L 的发动机的换档品质就有所不同。还有许多可变因素会决定一个变速器的换档方式，例如发动机状态、发动机负荷、温度等都会对汽车的换档感觉和换档品质产生极大的影响。

2. 信息分析

在收集到足够的信息后，需要对收集到的信息进行分析。通常通过故障现象分析、数据流分析、DTC 分析等手段对自动变速器的故障进行分析。当然，所有的故障分析都是交互的，而不是独立的，需要综合地分析。

（1）故障现象分析　故障现象的分析是指对收集到的自动变速器的故障现象进行分析，主要包括以下内容：

1）通过故障现象判断是档位缺失故障还是换档品质故障。通过观察发动机转速的变化与数档，可以判断自动变速器的档位是否完整。如果在换档的过程中有明显的顿挫感，则有可能是换挡品质的问题。

2）通过正常的档位功能判断哪些元件是正常的。变速器要实现一个正常的档位功能的前提是与这个档位相关的行星齿轮、液压执行元件、控制阀、电磁阀、控制线路等元件是正常的。而每个元件往往不仅仅只控制一个档位的实现。所以可以通过正常的档位功能来判断哪些元件是正常的。

3）通过故障现象来分析可能的故障原因。

（2）数据流分析　通过数据流分析自动变速器可能的故障原因是常见的故障诊断手段之一。

（3）DTC 分析　通过 DTC 分析自动变速器的故障也是常用的诊断手段之一。DTC 可以按照监控产生的条件分为线路性 DTC 与功能性 DTC。无论哪种 DTC，在分析的过程中都需要考虑 DTC 的置码条件、故障影响与应对的策略。

3. 故障定位

故障定位是指通过哪些方法可以确定有可能的故障元件。故障定位的方法主要包括变速器循环测试与定点测试。

（1）变速器循环测试　为了在路试过程中让变速器所有相关监测器都执行，以便让车辆 OBD 系统发现问题设置故障码，需要对变速器进行驱动循环测试。

1）测试步骤。

① 记录后清除快速测试代码。

② 将发动机加热至正常操作温度。

③ 确认变速器油面高度是否正确。

④ 将变速器置于 O/D 位置，适度地从停止加速至 80km/h，这将可使变速器换至 4 档。保持稳定的速度与节气门开度至少 15s。

⑤ 在变速器于 4 档时，保持稳定的速度与节气门开度，轻踩并释放制动踏板，使制动灯作用。然后保持稳定的速度与节气门开度至少 5s。制动至停止并保持静止至少 20s。

⑥ 重复步骤④~⑤至少 5 次。

⑦ 执行快速测试并记录连续 DTC。

2）注意事项。

① 驾驶车辆时务必依据驾驶状况，以安全的方式行驶并遵守所有的交通法规。

② 必须切实地遵守变速器循环测试规范。变速器故障必须连续发生 4 次，换档故障 DTC 才会被设定，且须连续发生 5 次，扭力转换器离合器代码才会被设定。

③ 在执行变速器循环测试时，请参阅电磁阀作用表，正确地操作电磁阀。

④ 在执行快速测试后，利用变速器循环测试检查连续代码。

（2）定点测试　不同的变速器各自的定点测试内容略有不同。定点测试主要用来排除相关电气元件的故障，而且每个电气元件都有单独的测试。下面以部分定点测试为例，分析每步测试的目的。

1）电磁阀类的测试。

① 电磁阀类的定点测试主要用来排除所有的关于某个电磁阀的 DTC。通过定点测试可以排除换档电磁阀的相关 DTC。具体的操作步骤可以按照维修手册中的定点测试步骤进行。

② 通常需要通过 IDS 收集关于电磁阀的所有 DTC 并将 DTC 进行分类。

③ 根据不同的 DTC 选择合适的测试程序，排除与此故障相关的所有可能。DTC 可以分为开路性的、断路性的与元件类的。

④ 根据不同的 DTC 类型，通过测量与更换元件排除所有的故障可能。

例如对于线路断路的 DTC，通常需要先检查控制模块侧与元件侧两端的线束插头外观情况，然后对线路的电阻值进行测量，从而判断线路是否正常。元件的检查则通常通过电阻的测量来判断。如电阻异常则更换新的元件，正常则更换变速器内部的线束。

2）外围元件类的测试。外围元件类的定点测试的根本点大同小异，都是通过对 DTC 的分析排除所有的可能原因。但由于元件的特性不同，测试的方法也略有不同。下面以输出轴转速传感器为例介绍测试方法。

① 通常也是需要将 DTC 先进行一个大致的分类，为后面的诊断流程做好准备。

② 针对不同类型的 DTC，设计相关的诊断流程以排除所有的可能。

例如，断路类的 DTC 通过什么样的测试可以排除线路的问题，元件类的 DTC 通过什么样的测试可以排除元件的问题。

4. 故障原因分析

以一个自动变速器的故障为例，从没有故障到产生最终的终端效应一定是经历了一个故障发展的过程。在这个故障中，不能只解决了故障，却没有找到真正的故障原因。通常导致变速器故障的原因可以分为车辆使用原因、车辆维护保养原因、超过预期设计标准等。

（1）车辆使用原因　例如，车主经常驾驶车辆在山路上行驶或经常做一下极限的驾驶活动，这有可能会导致车辆的变矩器或离合器出现故障。而当解决了变速器的故障后，如果车主依旧按照之前的使用习惯进行驾驶，不久以后可能还会出现同样的故障。所以，做好信息的收集并在故障修复后弄清楚故障的原因十分重要。

（2）车辆维护保养原因　变速器的维护与保养决定了变速器的工作品质。有些车主可能根本就不知道自动变速器需要维护或有些车辆在非生产厂家授权的维修店进行维护，这些都有可能导致变速器出现故障。

（3）超过预期设计标准　超过预期设计标准涵盖很多内容。例如，车辆的使用条件超过了最初设计的标准，元件的使用寿命超过了预期设计的标准。所以在修复故障后，需要找到故障的原因。

5. 故障修复

故障修复是指对发现的故障进行维修。通常的维修方式有清洗、调整、更换等。

（1）清洗　通常自动变速器在维修时可清洗的部分有外观、散热器、阀体等。清洗过程中主要需要注意以下几点：

1）外观清洗时要注意油口的保护，防止进水。

2）散热油路的清洗请使用专用的工具与设备。每次大修后，都需要对散热器进行清洗，防止散热器的内部存有杂质。如变速器有明显的机械磨损或严重的摩擦片磨损，建议更换散热器总成。

3）阀体的清洗要注意不要划伤控制阀表面，要牢记各个控制阀、弹簧等元件的位置。

（2）调整　外围的元件通常可以调整变速杆拉索；内部在进行大修时，可以对离合器的间隙进行调整。

（3）更换　自动变速器诊断修理的过程中，通常更换的元件有电磁阀、变速器阀体或变速器总成。更换的过程中需要考虑电磁阀是否需要匹配，如变速器控制单元是否需要重新编程等。

6. 检查交车

当故障和故障原因被排除后，自动变速器的故障通常需要进行路试来检验。最有效的方式就是通过重新模拟故障发生时的条件进行测试，并与之前路试时的结果进行对比。

在路试验证维修结果时需要注意以下几点：

1）有 DTC 的故障要满足 DTC 的监测条件。

2）有故障现象无 DTC 的故障要重现之前路试时车辆与环境的状态，验证故障是否再现。

3）最后对维修过的所有地方进行车间 5S 与终检，将车辆交给顾客。

2.1.5.2　系统故障码分析

通过 DTC 分析变速器的故障是常用的诊断手段之一。DTC 可以按照监控产生的条件分为线路性 DTC 与功能性 DTC。

1. 线路性 DTC

（1）显示方式　线路性 DTC 通常显示为 ××× 传感器 / 电磁阀电路故障、输入高、输入低、断路、短路等。模块通常通过监控信号线的电压来判断线路是否出现故障。线路性 DTC 显示方式见表 2-6。

表 2-6　线路性 DTC 显示方式

故障码	组件	状况
P0705	TR 传感器	TR 回路故障
P0712	TFT 传感器	指示 157℃（315 ℉）TFT 传感器回路搭铁
P0713	TFT 传感器	指示 −40℃（−40 ℉）TFT 传感器断路

（2）置码条件　线路性 DTC 置码条件是指控制单元是在什么情况下判断为故障并设置 DTC 的。对于表 2-7 中的 P0770，PCM 监测电磁阀控制电路的两端电压，如果电压超过预设值或低于预设值，则认定电磁阀相关的线路或电磁阀存在故障。

表 2-7　线路性 DTC 置码条件

故障码	组件	说明	状况
P0766	SSD	SSD 功能性故障	换档电磁阀机械或液压故障
P0770	SSE	SSE 电磁阀回路故障	SSE 回路无法在电磁阀两端产生电压降断路或短路，或 PCM 驱动器故障

（3）故障影响　当产生线路性 DTC 后，通常会导致相关的元件无法工作。控制模块则会进入特殊的控制模式。弄清楚这些模式，对故障的分析有重要的意义。表 2-8 列举了当监测到 EPC DTC 时的故障影响。

表 2-8　线路性 DTC 故障影响

故障码	组件	说明	状况	症状
P1746	EPC	EPC 电磁阀断路	通过 EPC 电磁阀的电压受到检查如果超过容差就会发生故障	断路造成最低 EPC 压力、啮合不顺与换档不顺
P1747	EPC	EPC 电磁阀回路故障、短路	通过 EPC 电磁阀的电压受到检查如果超过容差就会发生故障	短路造成最高 EPC 压力、啮合不顺与换档不顺

（4）PID 显示　如图 2-36 所示，当模块监测到相关的元件出现故障后，也可以通过 PID 进行读取。

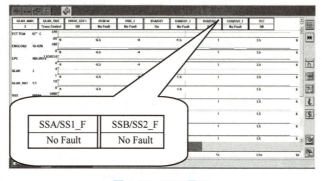

图 2-36　PID 显示

2. 功能性 DTC

功能性 DTC 通常为控制模块通过监测信号的合理性或监测相关执行元件在工作

项目 2

时应该实现的控制状态来判断相关元件的故障。

（1）显示方式　P0741等关于打滑类的DTC与×××元件性能故障见表2-9。这类故障都属于功能性DTC。

表2-9　功能性DTC显示方式

故障码	组件	说明	状况	症状
P0741	TCC	监测到TCC打滑	PCM在正常车辆操作中，监测到过大的TCC打滑量	TCC打滑/不顺或扭力转换器离合器不操作

（2）置码条件　功能性DTC通常为控制模块通过监测相关元件所控制的状态是否与预期相符来判断是否出现故障。表2-10中为档位缺失的DTC。通常变速器控制模块通过输入转速与输出转速判断变速器的真实速比，如与预期不符，则有可能报相关档位缺失的DTC。

表2-10　功能性DTC置码条件

故障码	组件	说明	状况	症状
P0731	SSA、SSB、SSC或内部零件	1档故障	无1档	依故障或模式与变速杆位置，选择不正确的档位 换档错误也可能因为其他的变速器内部问题（阀门卡住、摩擦材料损坏）而发生 发动机转速可能会比预期的高或低
P0732	SSA、SSB、SSC或内部零件	2档故障	无2档	依故障或模式与变速杆位置，选择不正确的档位 换档错误也可能因为其他的变速器内部问题（阀门卡住、摩擦材料损坏）而发生 发动机转速可能会比预期的高或低

（3）故障分析　导致功能性DTC的原因很多，如电磁阀故障、电磁阀控制的控制阀故障、液压执行元件故障、行星齿轮故障等。所以在分析此类DTC时，还需要结合PID与相关的测试与分析才能找到最终的故障原因。功能性DTC故障分析见表2-11。

表2-11　功能性DTC故障分析

故障码	组件	说明	状况	症状
P0734	SSA、SSB、SSC或内部零件	4档故障	无4档	依故障或模式与变速杆位置，选择不正确的档位 换档错误也可能因为其他的变速器内部问题（阀门卡住、摩擦材料损坏）而发生 发动机转速可能会比预期的高或低

2.1.5.3　诊断数据分析

通过数据流分析自动变速器可能的故障是常见的故障诊断手段之一。可以参考以下步骤进行分析：

1）记牢常见自动变速器数据流简写的含义。

如图 2-37 所示，通常以 DSD 为结尾的表示控制的是目标值，如 LINEDSD、TC_SLIPDSD 等；以 AMP 为结尾的表示控制的是电流等。

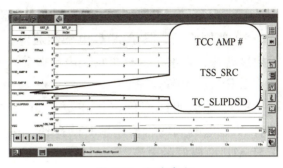

图 2-37　记牢含义

2）根据故障现象的不同，尝试着将数据流进行分类分析。

例如对于档位缺失的故障，分析哪些数据流可以判断出驾驶人对档位的需求，哪些数据流可以判断出控制模块对档位控制的目标，哪些数据流可以判断出当前的实际档位状态。

如图 2-38 所示为一组故障数据，可以通过电磁阀的状态判断控制模块的输出情况，可以通过输入的 TR 信息判断驾驶人的档位需求。

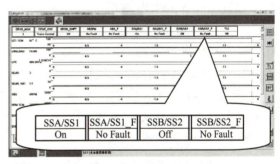

图 2-38　分类分析

2.2　全轮驱动系统故障诊断

2.2.1　全轮驱动机械诊断

四轮驱动系统机械部分的组成如下：

1）PTU（动力传递单元）动力装置：用于前后轴动力分配。

2）传动轴：实现动力从 PTU 到后驱动轴的传递。

2.2.1.1　机械部件诊断

四轮驱动系统在维修前与维修后需要进行故障确认与验证，主要操作包括功能验证、RDU（后驱动单元）标识码匹配、AWD（全时四驱系统）驾驶循环测试等操作。

1. 功能验证

功能验证主要是用于验证四轮驱动系统功能是否正常。验证方法如下：

1）在干燥、坚硬的路面上加速转弯，观察是否有轮胎与地面的拖动噪声或车轮跳动的感应。

2）行驶过程中通过 IDS 确认 4 个车轮的转速信号是否正常。

3）0～48km/h 直线加速测试：在低加速踏板位置、中加速踏板位置、满加速踏板位置做 3 次直线加速，观察车辆前轮是否有打滑现象，如有则说明四轮驱动系统没有工作。

4）以 8km/h 的速度等角度转弯，观察是否有车轮噪声与振动。

5）使用诊断工具给 ATC 电磁阀通电，达到 90% 以上占空比，以 8km/h 的速度等角度转弯，观察是否有车轮噪声与振动。如果没有，则说明 RDU 内部故障。

2. RDU 标识码匹配

RDU 标识码匹配仅仅指在更换 PCM 或带有 ATC 电磁阀的后传动轴时的操作，用于学习 ATC 电磁阀的电流。

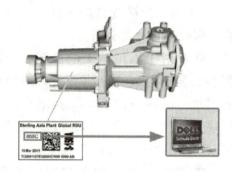

图 2-39　RDU 标识码匹配

1）作用：匹配可以降低传递给 ATC 电磁阀的转矩对应的电流偏差。

2）未匹配的故障现象：可能会损坏传动系统或引发操纵性问题。

3）操作方法：在诊断仪操作界面输入在后传动轴上的 4 位标识码，如图 2-39 所示。输入后再完成 AWD 的驾驶循环。

3. AWD 驾驶循环测试

AWD 驾驶循环测试指在做完匹配后验证 ATC 电流控制是否正常。测试方法如下：

1）在干燥、坚硬的路面上执行 3 次 0 ~ 48km/h 直线加速测试：在低加速踏板位置、中加速踏板位置、满加速踏板位置做 3 次直线加速，观察车辆前轮是否有打滑现象，如有则说明四轮驱动系统没有工作。

2）以 8km/h 的速度等角度转弯，观察是否有车轮噪声与振动。如果有噪声则说明离合器无法分离。

2.2.1.2　机械部件维修

1. PTU

PTU 是动力传递单元（Power Transfer Unit）。PTU 通常直接连接在变速器上，将变速器输出的动力转换方向后传递到传动轴上。PTU 本身并没有减速装置，也没有差速装置，它只能实现动力传递的功能。

PTU 通常直接连接在变速器的输出轴上，PTU 的输入轴（驱动齿轮）连接在变速器内部的差速器壳体上，PTU 的输出轴（被动小齿轮）连接在传动轴上，从变速器输出的动力只是经过了方向的改变。

PTU 只是将变速器的动力分配给了后驱动轴，与前驱动轴没有关系。车辆在正常的驾驶条件下主要是由前轮进行驱动的，后驱动轴在此时是被动地转动，后轮没有有效的动力输出。当需要后轮进行驱动时（如前轮失去牵引力的情况下），电控耦合器结合，后驱动轴的动力传递到后驱动桥上，实现四轮驱动的功能。

2. PTU 过热工况

这种情况可能发生在起步阶段或泥泞路面等路面比较滑的情况下。在越野行驶中或在重载拖车作业中，AWD 系统可能执行热保护模式，以防止 PTU 受损。随着温度接近限值，AWD 系统会将指令转矩降低到 50%。达到温度极限时，只能使用两轮驱动。

3. RDU 后桥驱动装置

RDU 后桥驱动装置包括以下部件：

1）耦合离合器：当离合器接合时，实现四轮驱动。

2）电磁线圈：通电时产生磁力，驱动电磁离合器。

3）差速器：实现两后轴差速运转。

4. RDU 过热工况

在越野行驶中，AWD 系统可能执行热保护模式，以防止 AWD 离合器受损。在这种情况下，消息中心会显示四轮驱动临时禁用消息。要恢复正常运行，在安全的位置停车，并将发动机关闭 10min。消息中心显示四轮驱动恢复后，将恢复正常全轮驱动状态。

2.2.2 全轮驱动电控诊断

2.2.2.1 全轮驱动系统工作原理

1. 正常行驶时动力分配状态

在正常直行时，前后轴之间没有转速差，硅油腔活塞不会产生作用力；ATC 电磁阀也不工作。此时，由于中间传动轴只是空转，没有动力传输到后轮。

2. 特殊行驶工况控制

除了直行状态，还有前轴打滑的情况、急加速阶段以及在四驱状态下的转变操作。

（1）前轴打滑工况　这种情况可能发生在起步阶段或泥泞路面等路面比较滑的情况下。在前轴打滑的情况下，为了保证驱动力，需要把动力传输至后轴；PCM 驱动 ATC 电磁阀，使耦合离合器工作。

（2）急加速工况　这种情况指的是驾驶人突然实施的急加速。前轴虽然没有打滑，但系统判断可能会导致前轴打滑；为了保证后轮能够实施驱动力，此时 PCM 工作，驱动 ATC 电磁阀，让后轴也传输驱动力。此时驱动力转矩为 50∶50。

3. 故障模式控制

故障模式指的是 RDU 过热工况、PTU 过热工况、电磁阀故障工况、备胎模式工况等。

对于备胎模式工况，AWD 系统会根据四轮的轮速关系，检测确认是否为备胎行驶。如果确认，消息中心会显示四轮驱动关闭（4WD OFF）消息，四轮驱动会禁用，进入前轮驱动；使用备胎，显示中心可能会显示（Check 4WD）信息，这个消息也代表系统有故障；前后轴轮胎尺寸明显不符可能会导致四轮驱动系统关闭。

2.2.2.2　全轮驱动系统诊断与分析

1. DTC 诊断与分析

四轮驱动系统的故障主要包括 4 部分内容：AWD 控制模块故障码、离合器控制故障码、轮速信号故障码、RDU 标识故障码。

（1）AWD 控制模块故障码　AWD 控制模块故障码主要指的是 PCM 对 AWD 控制模块控制线路及反馈线路的监控。AWD 控制模块故障码有两个，分别为 P188C（AWD 继电器模块通信电路）和 P188D（AWD 继电器模块反馈电路）。

1）P188C。触发条件：当 PCM 探测到指令电路出现开路、对地短路或对电压短路时，出现这一故障码。检查方法：检查模块电源接地及使用万用表测量指令线是否断路及与电源或地短路。

2）P188D。触发条件：当 PCM 探测到反馈电路出现开路、对地短路或对电压短路时，出现这一故障码。检查方法：检查模块电源接地及使用万用表测量反馈线是否断路及与电源或地短路。

（2）离合器控制故障码　离合器控制故障码主要是针对 ATC 离合器电磁阀的线路的监测。离合器控制故障码有两个，分别为 P181F（离合器控制系统性能）和 P188B（AWD 离合器控制电路）。

1）P181F。处理方法：此故障针对 AWD 模块输出控制电路，如果出现此故障，更换 AWD 模块。

2）P188B。触发条件：当 PCM 探测到 ATC 电磁阀电压供电电路或回路出现开路、与地或电源短路时，出现这一故障码。检查方法：测量电磁阀电阻是否为 $1 \sim 3\Omega$，如果不是则说明电磁阀损坏；测量两条线是否断路、短路，如果都正常则更换 AWD 模块。

（3）轮速信号故障码　轮速信号故障码主要是针对 4 个车轮转速信号的监测。轮速信号故障码只有一个，即 P187B（轮胎尺寸不在可接受的范围）。

P187B 的触发条件：当 PCM 探测到安装尺寸不当的车轮（通过前后轴的尺寸差异超过 7% 或前后轴上的任意一个车轮尺寸差异超过 14%）时，出现这一故障码。P187B 的检查方法：验证 4 个车轮的尺寸是否相等，胎压是否一致，通过数据流验证各个转速信号是否有差异。

（4）RDU 标识故障码　RDU 标识故障码主要针对标识与车型是否进行过匹配，如果没有匹配，出现此故障码。RDU 标识故障码为 P164D（AWD 标识崩溃，未编程）。

P164D 的处理方法：输入 RDU 上的标识，并编入 PCM 程序中。

2. 数据流诊断与分析

通过 IDS 可以观察四轮轮速信号、加速踏板信号、制动信号。数据流分析可以提高诊断效率。

（1）四轮转速信号确认　当出现车轮转速信号相关故障码时，需要进行下列操作。

以 48km/h 的速度直线行驶，监控下述车轮速度传感器的 PID：

1）左侧前车轮速度传感器（LF_WSPD）。

2）左侧后车轮速度传感器（LR_WSPD）。

3）右侧前车轮速度传感器（RF_WSPD）。

4）右侧后车轮速度传感器（RR_WSPD）。

确认 4 个车轮速度相互之间的差距是否不超过 2km/h。如果超过 2km/h，说明单个车轮尺寸可能有问题。

（2）加速踏板信号确认　加速踏板信号可以在 PCM 中观察。在 IDS 中观察加速踏板信号静态与动态变化是否正确。

（3）制动信号确认　制动信号可以在 ABS 或 PCM 中确认。踩制动踏板，观察制动信号是否发生变化。如不变化，检查制动开关及信号。

2.3　制动系统故障诊断

2.3.1　电子驻车制动（EPB）系统和车身电子稳定（ESP）系统故障诊断

2.3.1.1　EPB 系统故障诊断

作为汽车维修技师，对出现故障的车辆进行诊断的逻辑与维修方法也要随着技术的发展而发展。本节将从故障类型、故障码和部件检测几方面对 EPB 系统的故障诊断进行介绍。

1. 故障类型

（1）通信故障　通信故障是指模块与诊断仪不能响应。故障的原因可能是熔丝问题；线路、端子或插接件问题；ABS 模块问题。

（2）指示灯故障　EPB 系统指示灯出现故障时有两种表现形式：红色制动警告指示灯常亮、红色制动警告指示灯不亮。

指示灯常亮可能的故障原因是制动液液位低；线路、端子或插接件故障；制动液液位传感器故障；驻车制动器故障；制动助力器真空传感器故障；仪表故障；ABS 模块故障。

指示灯不亮可能的故障原因是驻车制动器故障；驻车制动开关故障；ABS 模块故障。

（3）部件工作不良故障　EPB 系统部件工作不良故障有以下几种表现形式：驻车功能失效、自动释放功能失效。

驻车功能失效是指使用驻车制动开关，驻车制动不能约束汽车，不能拉合，不能释放。可能的故障原因是制动钳电动机及线路故障。

自动释放功能失效可能的故障原因是网络通信问题；存在于 ABS 模块的故障码；存在于 PCM 的故障码；存在于车身控制模块（BCM）的故障码；所有的模块信息通过网关模块（GWM）传递到 ABS；制动钳电动机及线路故障。

2. 故障码

如果 EPB 控制模块探测到故障，就会储存故障码。对 EPB 系统的故障进行诊断时，读取系统的故障码会起到事半功倍的效果。

EPB 系统的故障码主要包括以下几类：系统内部出现的故障码和部件故障产生的故障码。

（1）系统内部出现的故障码　其主要表述以下两方面：

1）数据参数有问题。例如，B1111:54 的含义为启用电子驻车制动：校正丢失。

2）描述系统工作不良。例如，B1111:53 的含义为启用电子驻车制动：无效。

对于系统故障，需要利用诊断仪对系统进行扫描，按照维修手册的操作流程进行操作。

（2）部件故障产生的故障码　由于部件的故障产生的故障码会详细描述出故障的位置。例如，C2005:1B 的含义为右驱动器：电路阻抗高于阈值；C2005:71 的含义为右驱动器：驱动器阻塞；C2005:74 的含义为右驱动器：驱动器滑转。

3. 部件检测

对于部件故障，需要对部件进行检测。EPB 系统部件的检测主要包括 EPB 开关的检测和制动钳电动机的检测。

（1）EPB 开关的检测　驻车制动开关有 3 个位置：拉合（拉起来）、释放（拉下去）和空档。ABS 模块发送电压信号到驻车制动开关而且电压信号沿着三个线路之一返回。驻车制动开关电路开路，过高阻抗或断路会引起 ABS 模块设置故障码。下面介绍检测过程。

1）开关部件的检测。EPB 开关电路图如图 2-40 所示。进行 EPB 开关部件检测前应做好如下准备：点火开关关闭；断开 EPB 端子。

① 拉合位置测量：把 EPB 开关拉起，拉合时 3 个开关对应端子见表 2-12，对应端子的阻值都应该小于 5Ω，否则应该更换。

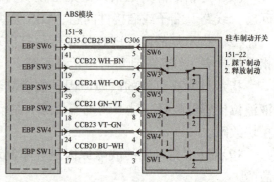

图 2-40　EPB 开关电路图

表 2-12 拉合时 3 个开关对应端子

正极引线	测量 / 作用	负极引线
C306-5（组件侧面）	Ω	C306-7（组件侧面）
C306-6（组件侧面）	Ω	C306-8（组件侧面）
C306-4（组件侧面）	Ω	C306-3（组件侧面）

② 释放位置测量：把 EPB 开关压下，释放时 3 个开关对应端子见表 2-13，对应端子的阻值都应该小于 5Ω，否则应该更换。

表 2-13 释放时 3 个开关对应端子

正极引线	测量 / 作用	负极引线
C306-4（组件侧面）	Ω	C306-7（组件侧面）
C306-6（组件侧面）	Ω	C306-3（组件侧面）
C306-5（组件侧面）	Ω	C306-8（组件侧面）

2）开关线路的检测。进行 EPB 开关线路检测前应做好如下准备：点火开关关闭；断开 ABS 模块 C135 端子；断开 EPB C306 端子。

① 对地短路检测：测量 EPB 开关插头端子各个连接线与负极搭铁线的电阻，电阻应该为 10000Ω 以上，否则说明线路有故障。

② 断路检测：测量 EPB 开关插头端子 C306 各个连接线与 ABS 端子 C135 各对应连接线的电阻，电阻应该为 5Ω 以下，否则说明线路有故障。

③ 开关电路检测短路：测量 EPB 开关插头端子 C306-3 与 C306 端子其他各线之间的关系，电阻应该为 10000Ω 以上，否则说明线路有故障；测量完 C306-3 之后，再测量 C306-4 与其他各线的短路情况，依此类推。

（2）制动钳电动机的检测　当 ABS 模块接收到驻车制动拉合请求时，ABS 模块发送一个电压信号到驻车制动驱动器电动机。ABS 模块监视驱动器电动机电流消耗，来确定何时制动衬块接触制动盘，何时对制动盘作用适当的夹紧力。如果驱动器电动机无法提供足够的夹紧力持续预定时间段，ABS 模块设置故障码。最有可能的原因是驱动器电动机轴损坏，制动衬块丢失或严重磨损，制动盘损坏或严重磨损。

1）电动机的工作性能检查。如图 2-41 所示，确保驻车制动释放，移开驻车制动驱动器电动机，不能与电器插接件拆开。使用驻车制动开关，拉合和释放驻车制动，观察驱动器电动机能否正常运行。

检查驱动器电动机和制动钳是否存在制动液泄漏迹象，如果有需要，更换电动机。同时检查制动片的厚度，如果制动片过薄，会有电动机打滑的故障码。

2）电动机力矩检查。确保驻车制动释放。如图 2-42 所示，利用扭力扳手，向左或向右旋转滚珠螺杆传动大约 30°。注意旋转滚珠螺杆传动所需的转矩，如果转矩大于 5N·m，需要更换新的驱动器电动机。

图 2-41　电动机的拆卸

图 2-42　电动机力矩的检查

3）电动机线路检测。如图 2-43 所示，电动机有两个，输入信号有两个端子。

起动驻车制动时：端子 1 电压都应为从蓄电池电压降为 0V；端子 2 电压都应为从 0V 升至蓄电池电压。

关闭驻车制动时：端子 1 电压都应为从 0V 升至蓄电池电压；端子 2 电压都应为从蓄电池电压降为 0V。

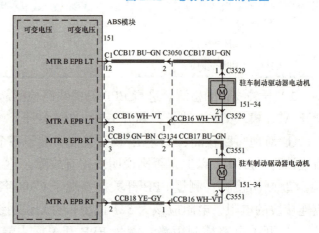

图 2-43　驻车电动机线路检测

2.3.1.2　ESP 系统故障诊断

1. 故障类型

在进行 ESP 系统故障检测前，我们先分析系统的故障类型。

（1）通信故障　故障的原因可能是熔丝问题；线路、端子或插接件问题；ABS 模块问题；网络问题。

（2）部件故障　系统内的部件出现故障会造成系统工作失效。可能发生故障的部件有轮速传感器、稳定性传感器和液压单元。

（3）机械故障　当常规制动部件出现故障时，也会造成系统故障。可能发生故障的部件有真空泵和助力器。

2. 故障码

在对与稳定性系统相关的故障进行诊断时，读取该系统的故障码可以起到事半功倍的效果。ESP 系统的故障码主要有 3 种类型：通信的故障码；系统部件的故障码；驻车系统的故障码。

（1）通信的故障码　这类故障码以 U 开头显示，如 U2023 表示 ABS 模块未识别。这类故障的主要原因有 ABS 模块电源线路故障；充电系统故障；网络连接模块通信故障。

（2）系统部件的故障码　这类故障码以 C 开头显示，如 C1277 表示转角传感器故障。这类故障的主要原因有轮速传感器故障；HCU（ABS 执行机构）故障；传感器供电与接地故障；驻车系统的部件故障。

（3）驻车系统的故障码　该系统的故障码通常也是以 C 开头显示。这类故障的主要原因有 EPB 开关故障；电子控制执行器故障；机械部件故障；线路故障。

3. 部件检测

对于 ESP 各部件的检测主要包括：网络通信检测；气囊控制模块（RCM）检测；稳定性传感器性能检测；轮速传感器检测；真空检测。

（1）网络通信检测　ESP 系统工作时，转角传感器、稳定性传感器以及 PCM 等模块都需要通过网络传递信息，如果某个信息缺失也会造成系统不能工作。连接诊断仪，进入网络检测，观察通信状况。如果某个模块不能通信，需要对其线路进行检测。

（2）RCM 检测　当故障码提示 RCM 出现故障时，不仅要进行网络通信检测，还需要利用诊断仪进行 RCM 的零件号检测，确认零件号是否和车型匹配。

（3）稳定性传感器性能检测　进行稳定性传感器性能检测时，车辆应该在水平路面上并保持静止状态。连接诊断仪，进入 ABS，读取 YAW 和 LAT 的数值。YAW 的正常值为 $-0.05 \sim 0.05$，LAT 的正常值为 $-0.4 \sim 0.4$。如果参数不在范围内，需要检查 RCM 的安装是否牢固，以及安装表面是否干净。

（4）轮速传感器检测　连接诊断仪，读取数据流。使车速高于 20km/h，观察四轮的轮速传感器的数值。如果轮速差超过 5km/h，说明变化大的传感器有问题，原因可能是线束故障或者破损、车轮轴承故障。

（5）真空检测　当制动系统的真空管出现泄漏时，也会造成 ABS 的故障码。进行真空泄漏检测的步骤如下：

1）关闭点火开关时，断开真空助力器的真空管，连接真空表。

2）起动发动机，检查真空表的读数，读数应该大于 60kPa，否则需要更换真空泵。

2.3.2　智能制动控制（iBooster）系统故障诊断

2.3.2.1　iBooster 组成与工作原理

iBooster 主要包括助力电动机、助力传动机构、推杆机构、行程传感器、主缸等系统部件。为了更好地实现轻量化，除主动驱动小齿轮采用钢制齿轮外，其他传动齿轮均为非金属材料，但对非金属材料的耐久性能要求也是很大的挑战。减小齿轮间工作磨损，配合尺寸至关重要，实现起来难度也非常大，至少当前国内的类似产品均采用的是金属齿轮传动。

iBooster 制动技术原理是利用机构内部传感器对驾驶人进行的制动动作做出响应，并将驾驶人的制动动作转化为信号"知会"到制动泵中的电动机控制单元，控制单元计算出电动机应产生的转矩要求后，由二级齿轮单元装置将该转矩转化为助力器阀体的伺服制动力，最后将会驱动放大机构推动制动泵开始工作，实现制动。

下面以一台前驱电动车为例，说明 iBooster 的工作流程：

1）驾驶人踩下制动踏板，整车控制器根据制动踏板行程与加速度信号分配前后轴制动力，同时根据车辆状态、电动机状态和电池状态，计算电动机可提供的最大再生制动力。

2）计算 iBooster 需要提供的电动机助力及电动机位移，并将助力作用于制动主缸。

3）液压单元控制器分配前后轴液压制动力，并作用于轮缸。

4）电动机控制器控制电动机，满足再生制动力需求。

5）电动机再生制动力随车速、电动机转速、电池容量等实时变化，液压制动力全链路随电动机制动力变化而调整。

这其中最关键的一点是，从踩下制动踏板到制动主缸提供制动力的过程中，驾驶人制动意图的传递完全由电子控制。

2.3.2.2　iBooster 故障诊断方法

1. 采用双安全失效模式

（1）第一道安全失效模式　将以下两种故障情况考虑在内：

1）如果车载电源不能满负载运行，那么 iBooster 将以节能模式工作，以避免给车辆电气系统增加不必要负荷，同时防止车载电源发生故障。

2）如果 iBooster 发生故障，ESP 会接管并提供制动助力（主动增压）。ESP 的主动增压会伴随着比较强烈的振动和噪声。

在上述两种情况下，制动系统均可在 200N 踏板力作用下，提供 0.4g 的减速度。

（2）第二道安全失效模式　如果车载电源失效，即断电模式下，驾驶人可以通过无制动助力的纯液压模式对所有 4 个车轮施加车轮制动，使车辆安全停止（这和传统的真空助力器失效安全模式一致）。

2. 系统自检策略

iBooster 系统为避免在非工作状态下的失效，在驾驶人请求制动前有效判断助力系统是否正常，系统会每 20s 执行一次自检动作来评估系统的有效性，为驾驶人的每一次制动提供有效的保障。同时这个自检动作会伴随着轻微的工作噪声，在行车时很难察觉，在原地停车不踩制动踏板时会被细心的驾驶人察觉到。

2.4 转向系统、悬架系统和胎压监测系统故障诊断

2.4.1 转向系统故障诊断

2.4.1.1 线控主动转向系统的功能及组成

线性转向系统（Direct Adaptive Steering，DAS）为线控主动转向系统，也叫直接自适应主动转向。DAS 系统的最大特点就是取消了转向盘和车轮之间的机械连接，车轮转向的速度和角度均由控制模块根据接收的电信号驱动电动机带动转向机来实现。

与常规机械转向系统不同，DAS 系统将转向盘操作转换为电信号，再通过一系列的计算控制，使转向盘操作被无延时地传输至轮胎。即使在难走路面，转向角度执行器也可控制轮胎方向，以防止因难走路面（如道路湿滑）产生的不舒适振动传输至转向盘。

如图 2-44 所示为 DAS 系统组成结构示意图。

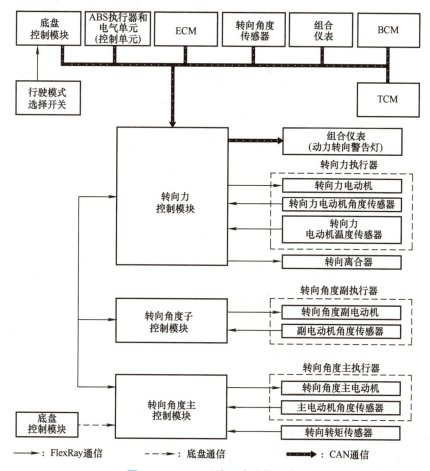

图 2-44 DAS 系统组成结构示意图

DAS 系统信号表见表 2-14。早期车辆转向力控制模块集成了转向角度、转向力大小控制、转向回正控制功能，也有些车型把转向角度与转向力的控制功能单独出来，以便更好地执行不同的功能控制。

表 2-14　DAS 系统信号表

控制单元	信号状态
底盘控制模块	通过 CAN 通信主要传输以下信号至转向力控制模块： • 行驶模式信号 • 转向角度传感器信号 通过底盘通信主要传输以下信号至转向角度主控制模块： • 主动车道控制信号
ABS 执行器和电气单元（控制单元）	通过 CAN 通信主要传输以下信号至转向力控制模块： • 左前轮传感器信号 • 右前轮传感器信号 • 车速信号 • 侧偏 G 信号 • 偏航角速度信号
ECM	通过 CAN 通信主要传输以下信号至转向力控制模块： • 发动机状态信号 • 发动机转速信号 • 停车 / 起动状态信号 通过 CAN 通信主要接收来自转向力控制模块的以下信号： • 转向转矩信号
TCM	通过 CAN 通信主要传输以下信号至转向力控制模块： • 档位信号
组合仪表	通过 CAN 通信主要传输以下信号至转向力控制模块： • 里程表信号 通过 CAN 通信主要接收来自转向力控制模块的以下信号： • 动力转向警告灯信号
转向角度传感器	通过 CAN 通信主要传输以下信号至转向力控制模块： • 转向角度传感器信号 • 转向角度传感器故障信号
BCM	通过 CAN 通信主要传输以下信号至转向力控制模块： • 休眠唤醒信号
转向力控制模块 转向角度主控制模块 转向角度子控制模块	通过 FlexRay 通信交互式地主要传输和接收以下信号： • 直接自适应转向控制信号

2.4.1.2　线控主动转向系统的标定及故障诊断

1. DAS 系统编程与标定

当对转向系统部件进行更换或拆卸时，就需要对系统进行编程与标定。下面将对系统编程与调整方法进行说明。

（1）转向控制模块编程　对系统以下部件进行更换后需要进行编程操作：转向力控制模块；转向角度主控制模块；转向角度子控制模块。

转向力控制模块、转向角度主控制模块及转向角度子控制模块的编程操作方法，请参照诊断仪的提示步骤与维修手册。

（2）DAS 系统标定　对以下元件进行更换或拆卸时需要进行系统标定：转向力控制模块；转向角度主控制模块；转向角度子控制模块；转向盘；转向角度传感器；转向离合器总成；转向柱总成；转向机总成；悬架部件；转向上轴／转向下轴。具体操作步骤可以参照诊断仪的提示。

2. DAS 系统故障诊断

DAS 系统主要由转向力控制模块、转向角度主控制模块、转向角度子控制模块、转向力执行器、转向角度执行器和转向离合器等元件组成，各模块之间通过通信线进行信息交换和传输并进行逻辑计算，然后控制执行元件进行工作，以达到全电控主动转向功能。下面将对 DAS 系统元件诊断方法进行说明。

（1）转向控制模块诊断　如图 2-45 所示，DAS 系统的控制是通过转向力控制模块（DAST3）、转向角度主控制模块（DAST1）及转向角度子控制模块（DAST2）共享各数据计算结果并互相监视完成的。转向控制模块的诊断方法如下：

1）观察仪表，看故障指示灯在自检时是否亮起，自检结束后是否熄灭。

2）如果故障指示灯在自检时不亮，或自检后常亮，故障可能在 CAN 网络线路、动力转向模块或仪表。

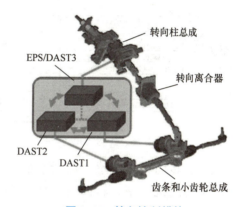

图 2-45　转向控制模块

3）通过诊断仪对系统进行诊断，如无法通信，请检查 CAN 网络线路或模块的所有电源、接地线路。

4）检查 3 个模块间的 FlexRay 通信线路是否正常。如果正常，请更换动力转向模块或仪表。

（2）转向力执行器诊断　如图 2-46 所示，转向力执行器（转向柱）是 DAS 系统的执行元件，由转向力电动机、转向力电动机角度传感器及转向力电动机温度传感器组成。转向力执行器的诊断方法如下：

1）使用诊断仪的主动测试来驱动转向力电动机工作，看转向盘是否有动作。

2）测量电动机与模块之间的线路是否断路、对地或对电源短路。

3）测量电动机 1、2、3 号针脚与 5 号针脚的电阻。

4）转向力电动机角度传感器诊断。

5）使用诊断仪的主动测试来驱动转向力电动机工作，观察转向力电动机角度变化。

6）测量转向力电动机角度传感器与模块之间的线路是否断路、对地或对电源短路。

（3）转向离合器诊断　如图 2-47 所示，DAS 正常工作时，转向离合器处于分离状态，当系统进入失效—保护模式时离合器将会结合。转向离合器是 DAS 系统的执行元件。转向离合器的诊断方法如下：

1）钥匙开到 ON 位不着车，使用诊断仪的主动测试来驱动转向离合器结合，转动转向盘，看轮胎是否转动。

2）测量转向离合器与转向力控制模块之间的线路是否断路、对地或对电源短路。

3）测量转向离合器的电阻值。

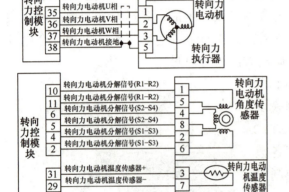

图 2-46　转向力执行器

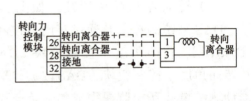

图 2-47　转向离合器电路图

（4）转向转矩传感器诊断　如图 2-48 所示，转向转矩传感器安装在转向角度执行器（转向机）中，转向转矩传感器检测到小齿轮转动转矩，并以电压信号的形式将转矩信号进行传输，出现故障后 DAS 将会进入失效—保护模式。转向转矩传感器的诊断方法如下：

1）着车打正转向盘，且无转向力时，通过诊断仪观察转向转矩传感器的电压是否为 2.5V。

2）着车打方向盘，通过诊断仪观察转向转矩传感器的电压变化是否在 1.4～3.6V 之间。

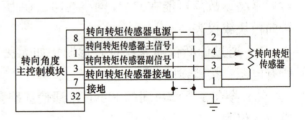

图 2-48　转向转矩传感器电路图

3）使用万用表测量信号线电压及变化情况。

2.4.2　悬架系统故障诊断

2.4.2.1　电子控制悬架系统的功能及组成

汽车电子控制悬架系统（Electronic Controlled Suspension System，ECSS）又称为电子调节悬架（Electronic Modulated Suspension，EMS）系统。

为了追求舒适性和提高操纵稳定性，以微型计算机为核心的电子控制技术被有效地应用在现代汽车悬架上，它能根据不同的车速、不同的路况和不同的行驶状态，及时自动调整悬架装置的刚度和阻尼系数，也可以根据载重量的变化改变汽车高度。由计算机控制的主动式、智能化的电子控制悬架系统相继在一些高等级轿车上得到了配置，不仅舒适性可达到人们的要求，其操纵稳定性也达到最佳状态。

电子控制悬架系统的一般工作原理是利用传感器（包括开关）对汽车行驶时路面的状况和车身的状态进行检测，将检测信号输入计算机进行处理，计算机通过驱动电子控制悬架系统的执行器动作，完成悬架特性参数的调整。

电子控制悬架系统的基本功用是通过自动调节悬架的刚度和阻尼系数，使汽车的悬架特性与道路状况和行驶状态相适应，从而使汽车的乘坐舒适性和操纵稳定性都得到提高。电子控制悬架系统具有以下3个基本作用。

（1）刚度和阻尼系数随车速与路面变化的控制　当汽车处于高速行驶时，可以自动提高悬架的弹簧刚度和减振器的阻尼系数，以提高汽车高速行驶时的操纵稳定性。当前轮遇到障碍物时，可减小后轮悬架弹簧刚度和减振器阻尼系数，以衰减车身的振动和冲击。当汽车行驶在恶劣的路面上时，可以降低弹簧刚度和减振器阻尼系数，以抑制车身的振动。

（2）车身姿态的控制　对弹簧刚度、减振器阻尼系数的控制主要有以下几个方面：

1）防侧倾控制。侧倾发生于汽车在横向坡道高速行驶和汽车高速转弯时。电子控制悬架系统能根据汽车的行驶速度和转向角度信息，使减振力和弹簧刚度转换为"坚硬"状态，抑制转弯期间的侧倾（减少汽车转向时的姿势变化量），改善汽车的操纵性。这种控制持续时间大约为2s，然后恢复到最初的减振力和弹簧刚度。

2）防车头点头控制。电子控制悬架系统能根据汽车的行驶速度、制动开关信号和汽车高度的变化，将减振力和弹簧刚度转换为"坚硬"状态，使汽车制动时的姿势变化尽量小，抑制制动期间的车头点头。

3）防车尾下坐控制。电子控制悬架系统能根据汽车的行驶速度、节气门开启角度和速度的变化，将减振力和弹簧刚度转换为"坚硬"状态，以抑制汽车起步和急加速时的车尾下坐。在2s后或当汽车速度达到一定水平时，恢复最初的状态。

4）高速控制。当汽车行驶速度超过一定设置水平时，电子控制悬架系统使弹簧刚度变成"坚硬"状态，减振力变成"中等"状态，以提高汽车高速行驶时直线行驶的稳定性和操纵性。

5）不平道路控制。根据道路的不平整性，电子控制悬架系统使弹簧刚度和减振力转换为"中等"或"坚硬"状态，以抑制汽车车身在悬架上上下振动，从而改善汽车在不平道路上行驶时的乘坐舒适性（抑制汽车在不平道路上行驶时的颠簸或上下跳动）。实施不平道路控制时，能分别精确地对前轮、后轮发出执行指令，当汽车行驶速度低于10 km/h时，不能进行控制调整。

（3）车高调节功能　不管车辆负载在规定范围内如何变化，都可以使车身高度一定，车身保持水平，从而大大减少汽车在转向时产生的侧倾。当车辆在凹凸不平的道路上行驶时可提高车身高度，当车辆高速行驶时又可使车身高度降低，以减少风阻并提高车辆的操纵稳定性。具体表现在以下几个方面：

1）自动高度控制。不管乘客和行李重量如何变化，操作高度控制开关能使汽车的目标高度变为"正常"或"高"的状态，使汽车始终保持一个恒定的高度。

2）高速控制。当汽车在良好的路面上高速行驶时（车速超过90km/h），若汽车高度控制开关选择在"HIGH"位置，汽车高度将自动转换为"NORM"，以降低车身高度，减少空气阻力，提高汽车行驶的稳定性。当汽车连续在道路条件较差的路面上行驶时（车速为40～90km/h），则提高车身高度，以提高汽车的通过性。

3）点火开关"OFF"控制。驻车时，点火开关断开后，乘客和行李重量的变化使汽车高度高于目标高度时，能使汽车高度降低到目标高度。这既改善了汽车驻车时的姿势（降低汽车高度），又降低了车辆重心高度，且更加安全。

2.4.2.2　电子控制悬架系统的故障诊断

部分车型的悬架系统使用了连续减振控制系统，此系统可以根据不同的路况或车辆状态对四轮减振器的阻尼效果进行改变，使车辆的乘坐舒适性和驾驶性能得到更大的提高。下面将对连续减振控制系统的故障诊断方法进行说明。

1. 失效—保护模式

当连续减振控制系统检测到输入/输出信号故障时，系统将会进入失效—保护模式，如图2-49所示。

当连续减振控制系统进入失效安全状态时，减振力同时保持在介于最大值和最小值之间约中间的水平。

即使在失效安全状态中操作开关，模式灯在SPORT（运动）模式或AUTO（自动）模式中也会点亮。

2. E-SUS DTC 诊断

当连续减振控制系统进入失效—保护模式后，系统会有DTC

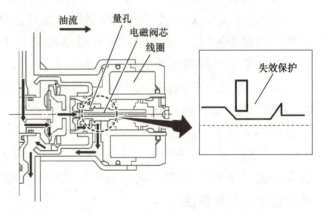

图2-49　连续减振失效—保护模式

存储，可通过DTC显示内容进行诊断，如图2-50所示。诊断步骤如下：

1）有E-SUS的DTC记录DTC；清除DTC，检查以确认DTC所说明的根本原因与客户所描述的故障信息是否相符。

2）若有其他系统 DTC，记录或打印 DTC 冻结数据组（FFD）。进行重现故障信息检查。

3）当多个 DTC 存在时优先检查通信类 DTC。

3. E-SUS 控制单元诊断

E-SUS 是连续减振控制系统的控制中心，可通过诊断仪进行数据流读取，判断信息传输和模块工作状况。E-SUS 数据流读取见表 2-15。

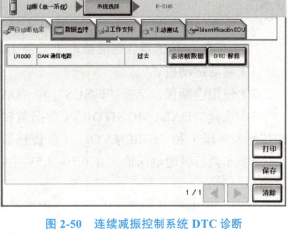

图 2-50　连续减振控制系统 DTC 诊断

1）起动发动机，使用诊断仪选择"E-SUS"的"DATA MONITOR"（数据监控）。

2）检查"DATA MONITOR"（数据监控）界面上的"IGN"（点火）的值，该值应为蓄电池电压。

3）通过数据流读取检查各数据传递状况。

表 2-15　E-SUS 数据流读取

监控项目	条件	数值 / 状态
车速	车辆停止	0km/h（mile/h）
	驾驶一段时间时	与速度表显示差不多相符
转向角信号	空档	约 0°
	转向	0°～780°
点火	始终	蓄电池电压
所需转矩	预热后急速转速下 P 或 N 位	约 26N·m
制动灯开关	踩下制动踏板	ON（接通）
	不踩下制动踏板	OFF
控制模式	运动模式	运动
	自动模式	自动

4. 车身 G 传感器诊断

前车身垂直 G 传感器、后车身垂直 G 传感器及前轮垂直 G 传感器将检测到的车辆垂直 G 值，以模拟电压的形式输出至 E-SUS，可通过诊断仪进行数据流读取。

（1）车身 G 传感器外观及线路检测（见图 2-51）检测步骤如下：

1）检查外观是否损坏。

2）检查传感器与模块之间的连线

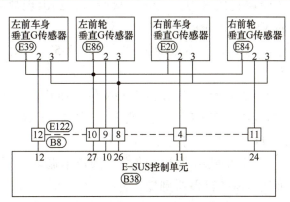

图 2-51　车身 G 传感器线路检测

123

导通性。

3）检查传感器的电源电压，其应在 4.75～5.25V 之间。

（2）车身 G 传感器数据流读取（见表 2-16） 检测步骤如下：

1）起动发动机。

2）使用诊断仪，选择"E-SUS"的"DATA MONITOR"（数据监控）。

3）选择"DATA MONITOR"（数据监控）的"FL WHL G-SEN VOL"（左前轮 G 传感器电压）和"G-SEN VOL"（G 传感器电压）。

4）车辆行驶时电压值应在 0.5～4.5V 之间；车辆停止时电压值应在 2.35～2.65V 之间。

注意，如电压不正常，应检查 G 传感器本身及线路连接。

表 2-16　车身 G 传感器数据流读取

监控项目	条件	数值 / 状态
右前车身 G 传感器电压	车辆停止时	约 2.35～2.65V
	在行驶过程中	约 0.5～4.5V
左前车身 G 传感器电压	车辆停止时	约 2.35～2.65V
	在行驶过程中	约 0.5～4.5V
后车身 G 传感器电压	车辆停止时	约 2.35～2.65V
	在行驶过程中	约 0.5～4.5V
右前轮 G 传感器电压	车辆停止时	约 2.35～2.65V
	在行驶过程中	约 0.5～4.5V
左前轮 G 传感器电压	车辆停止时	约 2.35～2.65V
	在行驶过程中	约 0.5～4.5V
控制模式	运动模式	运动
	自动模式	自动

5. 执行器测试

减振执行器集成在车轮的每个减振器中，它按照 E-SUS 控制单元发出的控制电流，使电磁阀芯上下垂直移动，以开启和闭合量孔，从而调整减振力。当怀疑减振执行器出现故障时，可通过主动测试和数据流进行检查。

（1）执行器主动测试（见图 2-52） 测试步骤如下：

1）将点火开关转至 ON 位，使用诊断仪，选择"ACTIVE TEST"（主动测试）中的"FRONT RIGHT ACTUATOR"（右前执行器）。

2）在显示屏上，改变"操作半循环"，然后检查确认可从执行器听到操作音。

注意，如不正常，则检查执行器本身及线路连接。

图 2-52　执行器主动测试

（2）执行器数据流读取（见表2-17） 测试步骤如下：

1）起动发动机。

2）使用诊断仪，选择"E-SUS"的"DATA MONITOR"（数据监控）。

3）选择"DATA MONITOR"（数据监控）的"FR ACTUATOR CRNT"（右前执行器电流）。

4）驾驶车辆并检查电流值是否在 0.65～2.0A 之间。

注意，如不正常，则检查执行器本身及线路连接。

表 2-17　执行器数据流读取

监控项目	条件	数值/状态
右前执行器电流	车辆停止时	约 0.65A
	在行驶过程中	约 0.65～2.0A
左前执行器电流	车辆停止时	约 0.65A
	在行驶过程中	约 0.65～2.0A
右后执行器电流	车辆停止时	约 0.65A
	在行驶过程中	约 0.65～2.0A
左后执行器电流	车辆停止时	约 0.65A
	在行驶过程中	约 0.65～2.0A
制动灯开关	踩下制动踏板	ON（接通）
	不踩下制动踏板	OFF
控制模式	运动模式	运动
	自动模式	自动

2.4.3　胎压监测系统故障诊断

2.4.3.1　胎压监测系统的功能及工作原理

胎压监测系统（Tire Pressure Monitoring System, TPMS）的工作过程分为信号的传递、轮胎定位、输出信息几部分。

1. 信号的传递

胎压信号的传递主要分为胎压传感器的信息传递和射频接收器的信号传递两个阶段。

（1）胎压传感器的信息传递　胎压传感器是 TPMS 的核心，是整个系统能否正常工作的关键所在。

胎压传感器定期测量轮胎内的空气压力和温度以及施加在胎压传感器上的向心加速度。胎压传感器以 315MHz 或者 433MHz 的频率发送射频信号给射频接收器。为了保存胎压传感器电池电量，车辆静止或移动时胎压传感器模块将使用不同的发送速率。

（2）射频接收器的信号传递　射频接收器是胎压传感器和 TPMS 控制模块的信息桥梁。

射频接收器通过内部天线接收来自各个胎压传感器的信息，并将胎压传感器的信息传送给车身控制模块（BCM）。

2. 轮胎定位

由于要求前后轮胎的压力目标和设定的限度不同，所以 BCM 需要识别出车辆上轮胎的位置，并向车辆上的具体位置分配一个所收到的胎压传感器标识代码，例如 FL（左前）、FR（右前）、RL（左后）或 RR（右后）。

（1）轮胎天线系统　对于有轮胎天线的 TPMS，BCM 是通过轮胎天线来实现轮胎定位的。此工作由 BCM 使用自动定位功能自动执行，不需要驾驶者进行任何手动干预。

BCM 使用低频驱动器依次为各个轮胎天线供电。相应的胎压传感器检测到低频信号，并做出响应发送一个包含该数据的射频信号。射频接收器收到该数据后，通过 LIN 总线传给 BCM。该信号含有编码数据，分别对应传感器标识代码、空气压力、空气温度和加速度。然后，BCM 可以确定是哪个传感器发出的信号以及其在车辆上的位置。

（2）驻车模式工作情况　当车辆静止不动或以低于 20km/h 的速度持续行驶 15min 后，轮胎识别和定位过程即可开始。这也即是驻车模式。

学习 / 定位过程要求车辆以超过 20km/h 的速度行驶 15min。如果车辆速度降至 20km/h 以下，则学习过程时钟会暂停，直到车速增加到 20km/h，这时时钟才会继续计时。如果车速保持在 20km/h 以下超过 15min，则时钟被设置为 0，且该过程再次起动。

（3）检测项目　BCM 可以在各种运行条件下自动检测下列项目：一个或多个胎压传感器已被更换；一个或多个胎压传感器标识代码丢失；收到一个或多个"外来"标识代码，也就是说 BCM 可拒绝不属于车辆上的胎压传感器的标识代码。

（4）驻车时信息定位　处于驻车模式时，胎压传感器会每隔 13h 向 BCM 发送一次编码信号。但是当轮胎内的压力不断下降时，胎压传感器将会更频繁地发送信号。

由于每个车轮都对来自 BCM 的低频信号做出响应，因此该系统会指定车辆上的某一位置，并在驾驶循环的剩余时间内监测此位置。

（5）行车时信息定位　当车辆驻车超过 15min 后，以高于 20km/h 的速度行驶时，轮胎天线以下列顺序依次发射信号 18s：左前轮，6s 暂停（供系统检测来自胎压传感器的响应）；右前轮，6s 暂停；右后轮，6s 暂停。TPMS 将依据内置程序自动分别对左后轮与右后轮定位。

（6）传感器的信息传递　各个胎压传感器对轮胎天线的信号依次做出响应，使得 BCM 能够在驾驶循环开始时确定传感器的位置。这一过程最多重复 3 次，但如果已经知道传感器的位置在 BCM 中，重复次数则会减少。这个过程称为"自动定位"，最长需要 8min 才能完成。在此期间，胎压传感器定期发送信号，每隔 15s 发送一次。

对于驾驶循环的其余时间，胎压传感器每隔 60s 发送一次，或者在感知到轮胎压力有变化时发送一次，直到车辆停止且系统返回到驻车模式为止。

一旦确定车轮位置，轮胎天线将停止发射信号，并且不会再发射信号，直到车辆已经驻车 15min 以上。车辆行驶时，来自各个车轮传感器的信号将以 1min 的间隔持续发送。此传输用于监控轮胎压力。

（7）无轮胎天线系统　对于无轮胎天线的 TPMS，轮胎定位是需要通过专用工具把胎压传感器的信息传递给 BCM 的。BCM 接收到传感器的 ID 信息之后，会对胎压传感器信息进行排序，按照左前→右前→右后→左后的顺序排列。

BCM 与传感器的信息传递和无 ID 系统的类似，这里不做过多描述。

3. 输出信息

如果 BCM 发现某个传感器发生故障，就会点亮组合仪表中的琥珀色警告指示灯。除了点亮琥珀色警告指示灯之外，还在信息中心显示信息"×× 轮胎故障"。

如果超过一个传感器发生故障，或者 BCM 发生了故障，将点亮琥珀色警告指示灯。除了点亮琥珀色警告指示灯外，还在信息中心显示信息"轮胎监测系统故障"。如果车轮附近的射频干扰影响了系统接收信号，亦可能会造成这种故障。当干扰消失后，故障会自动取消，且 TPMS 恢复正常工作。

2.4.3.2　胎压监测系统的诊断与维修

1. TPMS 诊断

当 TPMS 出现故障时，需要确认 TPMS 存在以下哪一种报警类型：胎压报警；系统故障报警。

（1）胎压报警　轮胎低压报警将持续点亮轮胎低压报警指示灯。该类报警不会产生故障码。要消除该报警，务必在点火开关处于 ON（打开）的状态下，将全部车辆轮胎（包括备胎）设置为车辆手册中规定或乘客 / 驾驶人 B 柱中的张贴标签上指示的正确压力，如图 2-53 所示。

图 2-53　轮胎补气

（2）系统故障报警　当检测到系统故障，在持续点亮轮胎低压报警指示灯之前，此灯将闪烁大约 75s。需要进行如下检测：

1）目测。目测 TPMS 是否有明显的损坏标记和系统是否完整。检查全部四个轮胎上是否都存在胎压传感器（注意，胎压传感器具有金属阀杆而不是橡胶阀杆）。

2）DTC 检测。在 BCM 中可以查询到 TPMS 的 DTC。由于胎压传感器是 TPMS 的核心部件，所以 DTC 都是围绕胎压传感器设置的。TPMS 维修的主要工作是更换胎压传感器和对传感器进行设定。

2. TPMS 维修

TPMS 的维修工作主要包括胎压传感器的更换和胎压传感器的学习。

（1）胎压传感器的更换　通过对 TPMS 的故障诊断，如果出现元件损坏，就要对胎压传感器进行更换。在更换中要注意传感器的拆装规范。

1）传感器的拆卸。传感器拆卸时要注意拆卸工具的工作区域和对传感器的保护。拆下轮圈上的轮胎、螺母和传感器。

注意

> 请勿在标记的区域内使用工具；务必从标记的区域外面开始，从气门的方向继续；对着气门，从轮圈对角释放胎边；丢弃气门密封圈和钢制垫圈，以避免密封圈出现故障；安装垫圈和密封圈时，确保气门在气门座上保持完全按压。

2）传感器的安装。安装传感器要注意以下内容：安装胎压传感器到位；按压传感器背轮，使传感器与轮毂壳体贴紧；拧紧气门螺母；用手适当地按住传感器，然后通过扭力扳手锁紧螺栓；查看空气孔上面是否有遮盖物。

3）轮胎的安装。传感器安装好之后需要安装轮胎，需注意以下内容：对轮胎安装边缘进行润滑；将轮胎安放在钢圈上，确保拆卸轮胎与钢圈的工具的接触点距气门嘴的距离大约为 200mm，然后旋转轮胎（旋转方向为远离胎压传感器的方向）；安装轮胎之后需要做动平衡；查看扒胎机的安装探头上的尼龙护板是否损坏，防止划伤钢圈。

（2）胎压传感器的学习　在调换轮胎位置、更换轮胎和胎压传感器等维修操作后，需要对胎压传感器进行激活校准。胎压传感器学习的顺序是左前→右前→右后→左后。具体操作步骤如下：

1）按住绿色电源按钮，起动胎压传感器。

2）选择"车辆选项"，按〈Enter〉键后，会出现许多车辆品牌，用上下键进行选择，选择"FORD"，按〈Enter〉键。

3）把胎压传感器校准工具置于相应的胎侧，切记不要紧挨气门芯，然后按按钮，指示灯闪烁，胎压传感器校准工具接收到正确的信息会发出蜂鸣声，提示校准完成。

4）如果胎压传感器校准工具没有接收到正确的信息，"FAIL" LED 指示灯点亮，需要重新进行激活校准。

5）校准完毕后，查看显示在屏幕上的胎压传感器信息（包括传感器的 ID 号、当前轮胎的压力和温度、传感器电池的信息）。按〈Enter〉键执行下一步，可以对其他胎压传感器进行校准激活。若电池电量低，按钮将点亮，请打开电池后盖更换 9V 电池。

2.5 底盘系统复合故障诊断

2.5.1 行驶跑偏故障诊断

2.5.1.1 影响因素分析

行驶中车辆跑偏的 8 大原因如下：

1）四轮定位失准。大多数情况下通过做四轮定位可以解决，但如果做四轮定位仍不能解决，一定是其他原因导致的。

2）两侧的轮胎花纹不一样或花纹一深一浅不一样高。最好是全车都使用同一种型号的轮胎，最起码前轴及后轴的两个轮胎必须是一样的，而且花纹深度必须一样，超过磨损极限必须更换。

3）两侧轮胎气压不等。轮胎气压不等会使轮胎变得大小不一样，滚动起来必然会跑偏。

4）前减振器弹簧变形，两侧缓冲不一致。可通过按压或拆卸后比较来判断减振器弹簧的好坏。

5）前减振器失效。前减振器失效后在车辆行驶中两悬架一高一低，受力不均匀，会导致跑偏。可以通过专用减振测试仪来检测减振器的吸收度，判断减振器的好坏；如不具备条件，可将减振器拆卸后用拉抻的方法来判断。

6）车辆底盘部件磨损过大，存在不正常间隙。转向拉杆球头、支撑臂胶套、稳定杆胶套等是常见的间隙易过大的部位，应举升车辆仔细检查。

7）某个车轮的制动器回位不良，分离不完全。这相当于一侧车轮始终施加部分制动，行驶起来车辆必然会跑偏。检查时可感觉一下轮毂的温度，如某一车轮轮毂的温度超过其他车轮很多，说明该车轮的制动器回位不良。

8）车架总体变形。两侧轴距相差过大，超出最大允许范围，可以通过卷尺来测量；如超出范围，必须用校正台进行校正。

2.5.1.2 行驶跑偏诊断与维修

1. 底盘故障

若在检查中发现以下问题，需维修或更换相关产品件：左右车轮轴承磨损程度不同；转向拉杆、摇臂、胶套变形或破损；制动系统沉重。若检查无问题或更换后依然跑偏，则进入下一步诊断。

2. 检查轮胎

1）车辆装配的所有轮胎的型号、厂家、胎花需一致。

2）轮胎气压一致且在要求范围内，检查轮胎气压时需将轮胎离地。

3）两侧轮胎气压不一致时，车辆会向轮胎气压低的一侧跑偏。

4）将两侧轮胎气压均调整至标准范围内后进行路试。若车辆不跑偏，则问题解决；若车辆依然跑偏，则继续下一步。

5）检查轮胎是否有异常磨损或胎面不平。将左右轮胎对调来判断是否改变跑偏的方向，如果改变则是轮胎的问题，更换新轮胎后进行路试。若车辆不跑偏，则问题解决；若车辆依然跑偏，则继续下一步。

3. 检查悬架高度（板簧弧高）

1）地面平整，两侧胎压一致时，可直接测量地面到车架底部的距离。

2）无法保证地面平整及胎压一致时，测量前桥板簧接触面到车架底部距离及减振器伸出长度。

3）测量出两侧板簧弧高相同时，排除其对跑偏造成的影响，直接进入下一步诊断。

4）测量出两侧板簧弧高相差较大（15mm 以上）时，更换板簧相关部件后再做定位。

4. 测量左右侧轴距

1）将前轮摆正至直行位置，测量左右侧轴距。

2）若左右侧轴距不同，车轮会向轴距小的方向跑偏。

3）检查车架是否变形，如无变形，进入下一步诊断。

5. 四轮定位检测

需测量的四轮定位尺寸包括后轮前束（可通过左右后轮前束计算推进角，用以判断左右轴距偏差的原因）；直行定位（转向器摇臂对中时前轮是否摆正）；前轮前束；前轮主销后倾角；前轮主销内倾角、前轮外倾角（无法通过装配调整，可作为参考）。

（1）后轮前束

1）由后桥前束可计算车辆的推进线（两侧后轮连线的中垂线）。

2）若推进线与车架中心线的夹角偏向轴距大的一侧，可将车架后端抬起至后桥离开地面，松开后桥骑马螺栓，将后桥向推进线与车架中心线重合的方向推动。

（2）直行定位

1）若直行定位不合格则重新调整直行。

2）拆除转向横拉杆与转向器摇臂连接处。

3）将前桥升起至轮胎离开地面。

4）找准正中位置（输入轴刻线对齐，转向垂臂竖直向下略向后偏）。

5）摆正前桥并调整横拉杆长度至球头销正好能与转向垂臂连接的状态，连接横拉杆并打紧。

6）路试验证是否跑偏，若不能解决问题，进入下一步诊断。

（3）前轮前束

1）若测量前束不合格，则松开前桥横拉杆调整前束。

2）调整前束后，跑偏会有所减轻。若依然无法解决跑偏问题，需查看前轮主销后倾角、前轮主销内倾角及前轮外倾角参数。

6. 四轮定位调整

1）若之前测量的前轮主销后倾角、前轮主销内倾角及前轮外倾角参数超差情况与车辆跑偏方向相符，则调整前轮主销后倾角参数。

2）将楔形钢板垫在前板簧与前桥之间，具体垫的位置及朝向按照以下原则：

① 将前轮主销后倾角较小的一侧调大，较大的一侧调小，原则上调整至两侧基本一致且都在技术要求范围内。

② 钢板前端薄，后端厚，可将前轮主销后倾角调大，反之调小。

2.5.2 噪声、振动与不平顺性（NVH）故障诊断

2.5.2.1 NVH 的定义与特征

NVH 是 Noise（噪声）、Vibration（振动）和 Harshness（不平顺性）3 个单词的首字母组合。任何使驾驶人感到不快或心烦的噪声、振动或不平顺性均属于 NVH 故障。

1）噪声。噪声是指不符合汽车正常工作特性，令人生厌的声音。

2）振动。振动是指物体 / 部件前后或上下运动时能够被感觉的一种摇动或颤抖现象。

3）不平顺性。不平顺性是指汽车行驶时的感觉，通常用于描述来自悬架系统一种较正常生硬的响应。不平顺性也用来描述悬架缺乏柔顺性（或"弹性"）的一种感觉。

2.5.2.2 NVH 产生的原因

1. 振动源

即使有一个能振动的物体，如果没有某种外力，振动也是不会发生的。振动力是使振动有力地发生的力。车辆中的典型振动力包括发动机中的转矩波动；轮胎不平衡；轮胎跳动；轮胎不一致性；传动轴不平衡；传动轴二阶振动等。

（1）发动机中的转矩波动

1）直列式四缸发动机：曲轴每转两转发生四次燃烧，引起曲轴每转一转两次转矩波动。每一转产生两次振动。

2）直列式六缸发动机：曲轴每转两转发生六次燃烧，引起曲轴每转一转三次转矩波动。每一转产生三次振动。

（2）轮胎不平衡　轮胎平衡可分为静平衡和动平衡。如果有任何不充分的平衡，轮胎就会振动。静平衡是指轮胎不转动时存在的平衡。径向载荷平衡是来自车轮中心的径向载荷平衡。动平衡是指轮胎转动时存在的平衡。如果存在动不平衡，将有

可能造成车轮的摆振，引起侧向振动的离心力的平衡。

（3）传动轴不平衡　汽车传动轴中有任何不平衡，都会引起振动和噪声。

不平衡的主要原因是汽车传动轴跳动，汽车传动轴起伏会产生每转一次振动。汽车传动轴径向跳动或侧向跳动会使汽车传动轴的转动中心发生偏移。这是失去平衡的主要因素。

（4）减振器噪声　减振器噪声主要源自内部阻尼力的紊乱导致活塞上阀门弹簧系统发生的振动通过活塞杆传递到车身激发车身振动。

减振器节流噪声源于减振器工作油液通过阀体的流动效应。结构振动噪声源于发生在压缩和伸张循环过程中节流阀开启前后对减振器活塞的冲击。撞击噪声源于减振器活塞运动到上/下止点附近时，活塞与油液的相互撞击。油液中的气泡在高压区发生爆炸，产生振动与冲击声。

2. 噪声振动源分类

噪声振动源在车身外部。一般汽车有3大噪声振动源：动力系统噪声振动源、路面噪声振动源和风激励噪声振动源。

（1）动力系统噪声振动源　发动机热力过程的周期性及部分受力机件的往复运动构成了汽车最主要的噪声振动源。发动机总噪声级与发动机的类型、转速、功率、缸径等参数有关。汽油发动机由于其功率、缸径较小，转速高，故往复运动的质量小，热力工作过程柔和平稳，高爆发压力低，因此汽油机的噪声较柴油机低一些。

有许多因素都能使发动机产生振动力。在这些因素中，下述两个因素尤为重要：一个是发动机燃烧室内的燃油燃烧压力；另一个是活塞往复运动和曲轴旋转运动产生的惯性力。这两个因素使发动机产生振动和转矩不稳。除了这两个因素之外，其他重要部件的机械运动也会引起发动机噪声。

发动机的噪声振动主要体现在燃烧噪声、机械噪声和空气动力噪声3个方面。

1）发动机燃烧噪声。发动机燃烧噪声是在气缸中产生的。当气缸内的可燃混合气燃烧后，气缸内的压力和温度急剧上升，气缸内的压力冲击在燃烧室壁上，使之产生固有频率的振动，这种振动频率统称为高频。

气缸内部件的刚性通常很大，其自振频率很高。气缸内的压力在一个工作循环内呈周期变化，它激起气缸内部件的低频振动，其频率与发动机转速有关。

由燃烧压力产生的振动力造成曲轴转矩波动，这种情况被传到驱动系。它又作为一种反作用力作用在缸体上，引起发动机振动，发动机转速高和发动机气缸数多可减少发动机燃烧压力波动状态。节气门打开角度大（引起发动机载荷大），转矩波动更严重，因为此时燃烧压力增大。由于发动机结构的限制，转矩波动是不可避免的，如果发动机振动或噪声是转矩波动造成的，就很难对其进行修理。

气缸内的压力升高率是激发燃烧噪声的一个根本原因，而压力升高率的影响因素比较多，例如：

① 燃烧室结构设计：对气缸压力的影响是非常明显的。

② 压缩温度和压力：提高压缩比可以提高压缩终了的温度和压力，降低气缸压力升高率和放热率，从而降低燃烧噪声。

③ 喷油参数：其他条件相同的情况下，喷油压力提高后喷油速率提高，燃油空间雾化程度提高，同时也会加速空气和燃油的混合。

④ 发动机转速：转速提高，喷油时间缩短，喷油速度提高，缸内压力增长率增大，燃烧噪声提高。

⑤ 发动机负荷：负荷增加，气缸压力增高率大，燃烧噪声提高，但是此时燃烧室壁温升高，活塞与缸壁间隙减小，噪声降低，所以负荷对燃烧噪声影响小。

2）发动机机械噪声。发动机机械噪声是指在气体压力和惯性力的作用下，运动部件产生冲击和振动而激发的噪声，主要有活塞的敲击声、齿轮啮合声、供油系统噪声等。

活塞在上下止点附近时，连杆位置发生变化，活塞受力从一侧变向另一侧，呈周期性变化。活塞的敲击声通常是发动机本身最大的机械噪声源，其程度取决于最高压力和活塞与缸套的配合间隙。另外，活塞销孔的偏移和裙部的长度对敲击声也有影响，裙部长，敲击声降低，活塞销孔向主推力方向偏移时，敲击气缸壁。

发动机配气机构零件多，刚度差，容易激发振动和噪声。

发动机转速低时，气门机构惯性力小，噪声主要是气门开关时的摩擦和碰撞。气门开启时的噪声与气门机构上的撞击力有关，关闭时的噪声是气门落座时的冲击声。气门噪声级与气门运动的速度成正比。发动机转速高时，气门机构惯性力增大，使整个机构产生振动，增加气门撞击的次数和强度，从而产生强烈噪声。

发动机链条传动振动噪声主要是由于啮合冲击和多变形效应引起的，啮合频率取决于链轮的齿数和转速。链传动最常见的噪声取决于啮合冲击力、发动机部件尤其是前端盖及凸轮轴盖与系统的响应。多边形效应导致链节弦的升降，进而引起链条的横向振动、转矩和速度的波动。

3）发动机空气动力噪声。发动机空气动力噪声是气体流动或物体在空气中运动时，空气与物体撞击引起空气产生涡流，或由于空气发生压力突变形成空气扰动与膨胀等产生的噪声。空气噪声直接向大气辐射。

进气系统的噪声主要是在新鲜空气流动中产生的。进气系统的噪声和消声器容积、进气口的位置、进气口的噪声、壳体辐射噪声都有关系。消声器容积越大，噪声越低。进气口位置的选择也影响进气噪声，进气口在发动机前方，远离车厢，对降噪最有利。

进气管路采用多歧管结构，对降低噪声也是非常重要的。

进气谐振器：进气噪声频率与发动机谐振频率吻合时或与进气系统谐振频率吻合时，噪声增大，引起声震噪声和发动机噪声。一般采用进气谐振器改变进气系统谐振频率，达到减少声震噪声和发动机噪声的目的。

空气滤清器：用橡胶件把空气滤清器装在车身上，防止进气噪声传给车身。

废气排出气缸时，在排气歧管处产生一个脉动，形成排气强迫力。排气歧管处脉动压力产生声能，传递到排气管。该脉动声波通过排气管的传播，成为排气系统的振源。与发动机点火频率和活塞往复运动造成的振动发生共振，排气振动放大。这些振动相互组合，产生 NVH 症状。

排气系统的壳体结构及管道产生辐射噪声。在排气系统各个组件中均产生湍流，产生噪声。

排气系统吊架采用专门的结构衰减发动机振动、排气振动和排气系统内的声振动，防止这些振动传播到车身。排气管吊架将排气管悬挂在车身上，防止振动向车身传播。排气管吊架由刚性的金属支撑系统和吸能隔振橡胶组成。理想状态下，吊架应该安装在排气管的重心上，也可安装在固有振动最小点处。吊架隔振橡胶的位置和张紧状态影响乘员舱内的噪声水平。主消声器吊架是双隔振的。吊架在车身上的一侧安装在橡胶支架上，消声器安装在橡胶吊架上。

排气管与发动机排气歧管直接相连，承受发动机的回转和振动。在发动机横置的车型上，使用软管吸收发动机的回转和其他振动。通常设计时，进排气管道系统的共振点与其他系统的不同。

动态阻尼器减少了讨厌的嗡鸣和地板的振动。动态阻尼器安装在转接法兰的中间管道内。如果不采用动态阻尼器，发动机转速在 2200 ~ 2500r/min 时，NVH 症状可能加剧。

（2）路面噪声振动源　轮胎与路面摩擦时产生噪声并向车内传递。路面与轮胎间的振动通过悬架系统传递到车身，并使车内产生振动与噪声。此类噪声振动与车速有关，同时还与轮胎和悬架系统的参数相关。

当汽车以中等速度行驶时，这类噪声是车内噪声的主要来源。通过减小摩擦和提高弹簧及减振器的响应特性，能够改善乘坐舒适性和降低滚动噪声。弹簧的 S 形设计能够完全抵消减振器内的横向力，减小摩擦，改善响应特性。弹簧和滑柱总成的顶部悬置为双路顶部悬置，可以将弹簧和减振器的力分别传给车身（减小滚动噪声）。

注意

弹簧和滑柱总成顶部悬置在 X 轴和 Y 轴方向上的刚性不同。因此，将其正确定位很重要（注意标记）。

后桥的多连杆设计可以保证较高的横向刚度，因为两个横臂带有硬悬置（可以吸收横向力），纵臂的软悬置给车轮提供纵向复原力。

（3）风激励噪声振动源　汽车高速行驶时，风作用在车身上。风与车身摩擦产生噪声，车外的风噪透过车身传递到车内。风把车身板激励起来，板产生振动并对车内辐射噪声，这类噪声与车身密切相关。

汽车高速行驶时（如高于 120km/h），风噪会压过动力系统产生的噪声和来自路面的噪声，成为最大的噪声源。

台阶使气流加速并产生紊流，引起空气振动。此时，如果自然风发生变化，将产生紊流噪声。例如，空气与立柱 A 的端部相撞产生涡流，对车身产生压力即形成风噪声；涡流在立柱 B 对车身产生压力形成风噪声；平稳流动的气流可产生轻微的风噪声。

车身气密性不好产生漏气噪声。外部噪声通过密封不良的部位或缝隙进入车内部，可以引起风噪声；车内空气被吸到车外，同样也会引起风噪声。

空气通过狭缝引起加速形成哨音噪声，有流振噪声、凹腔噪声和风吹声 3 种类型。天线柱是产生风吹声的一个样例。

开天窗行驶时，由分离的气流产生紊流，该紊流又与进入车内的气流产生共振，形成风颤振噪声。

2.5.2.3　NVH 的消除措施

车身是整车的 NVH 控制的传递通道，其传递分为了空气传递和结构传递两种方式，并且涉及车身的声学灵敏度和振动灵敏度（灵敏度为外界激励与人体响应之间的传递函数）。

如果造成振动和噪声的这些原因被清除，就不会出现振动和噪声，但是要完全消除某些原因，如消除发动机燃烧压力或消除粗糙路面产生的外部振动力是不可能的。所以这里主要介绍应用到车辆上的防止振动和噪声的方法，例如防止共振、切断振动传递、隔绝振动和噪声。

要想改善 NVH 的性能，可以通过以下几种方式进行：防止产生振动力、车辆与振动隔离、车辆与噪声隔离。

1. 阻尼器

汽车上采用的阻尼器主要有质量阻尼器和动态阻尼器。阻尼器的作用是改变元件的固有频率（降幅或移频），从而防止共振的发生。

（1）质量阻尼器　质量阻尼器是一块加到振动部分的重块，它通过降低固有频率来改变共振点。

固有频率和坠子重量之间的关系：如果重量增加，固有频率会被设置得低一些；如果重量降低，固有频率会被设置得高一些。

固有频率和弹簧刚度之间的关系：如果弹簧刚度增大，固有频率会被设置得高一些。

（2）动态阻尼器　通过安装动态阻尼器，共振点会被转移到低幅振动和噪声水平。动态阻尼器是加在振动部分上的一个重块和一个弹簧，它可以把固有频率分解为两部分较低的固有频率。

提示

一般说来，动态阻尼器的固有频率应该与共振部分的固有频率相同。此种情况下，动态阻尼器的固有频率的设定应该通过调整弹簧刚度和沉锤重量来实现，这与质量阻尼器的原理相同。

2. 振动隔绝橡胶

振动隔绝橡胶用于降低振动，应用于发动机悬置、车身悬置和排气管悬置等。

提示

为了防止振动以及保证振动隔绝橡胶和弹簧刚度产生的阻尼力，维持正常间隙和定位很重要。

车辆上许多地方安装了振动隔绝橡胶，用来降低振动和噪声的水平，如发动机悬置、前车架与车身之间、下摆臂和前车架之间、发动机排气管悬置等。

3. 隔声板

一般说来，作为振动元素（音源）的车身板料的振动可以通过吸振材料降低。吸振材料包括内层涂层、沥青纸毡、夹层板、抑制型树脂板。

隔声板也用于隔声（空气振动）。这种情况下，音调高的振动声音很容易被隔离。有很多方法可以用来提高隔声板的隔声效果，如加厚板料、做成双层板或者在两层板中间加入吸声材料。

注意

板料上的孔洞和裂缝会大大降低隔声效果。因此要仔细检查，防止密封圈或垫圈丢失。

4. 吸声材料

吸收声音是指通过吸收空气中的振动，防止它们传播来降低音量水平。

通常来说，吸声材料很容易吸收高频声波。对于低频声波，较厚的材料更有效。因此，选择正确的材料并合适地应用它来有效地吸收噪声十分重要。

吸声材料是高透过性、多孔的物质，例如玻璃棉、毛毡、聚氨酯泡沫。

5. 车身密封

（1）车身孔和缝隙的类型　车身上有许多孔和缝隙，它们可归纳为功能性孔洞、工艺性孔洞、错误孔洞和缝隙。功能性孔洞指的是为了达到某个功能性的目的，不得不在车身上开孔，例如转向柱，线束要从发动机舱穿入车内，就必须在前壁板上开孔。工艺性孔洞指的是制造过程中，必须开孔以完成某道工序，制造完成后这些孔就没有用了，例如电泳阶段，整个车身要浸入电泳液中，完毕后液体必须流出来，于是在车身上开孔，让液体流出。错误孔洞指的是设计错误和制造错误而产生的孔和缝隙，它既不能满足使用的功能，工艺上也不需要，例如车身上有些连接缝隙。

（2）车身孔和缝隙带来的问题　噪声穿过车身上的孔和缝隙直接传递到车内，把孔和缝隙的面积与整个车身板的面积比定义为车身开孔率 $r = A_{孔面积} / A_{车身面积}$。

开孔率越大，声音越容易传递到车内。车身上的孔和缝隙隔声失效的主要频率是高频。

（3）孔洞密封　功能性孔洞密封，首先是气流密封，即空气不能从这些孔内流过，保证气密性；其次就是声学密封，使声音通过孔的传递最小；最后是振动部件对车身传递的振动减小，即密封孔的填充材料必须有良好的隔振效果。

工艺性孔洞密封一般采用贴片、堵头。一般直径小于 10mm 的孔采用贴片密封，10mm 以上的孔采用堵头或热成型材料，热成型材料的密封效果最好。

错误孔洞通常采用密封胶密封钣金件间的缝隙。

2.5.2.4　NVH 的诊断流程和诊断方法

NVH 故障的诊断近几年发生了巨大变化，旧技术已被先进的工具、设备和数据收集法所取代。这些先进的工具用于收集所需数据，而这些数据能够制成图表来确定 NVH 的故障源。新技术可剔除诊断过程中的主观臆测，而用科学方法论或标准化方法取而代之。

1. NVH 诊断流程

（1）诊断流程　初始诊断的要点在于仔细聆听客户的抱怨并判断抱怨的原因是否是故障引起的。对于 NVH 故障，需要将客户故障归入下列三类之一：噪声、振动、不平顺性。这么做的原因是，客户故障可能包含综合的故障现象，如由噪声和振动，或由振动和不平顺性组成的故障现象。如果有综合故障现象，必须知道遵循哪一条诊断途径（噪声、振动或不平顺性）。图 2-54 所示是 NVH 诊断流程，能够帮助读者做出正确决定。

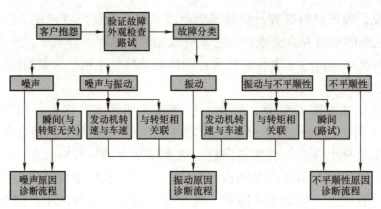

图 2-54　NVH 诊断流程

　　一个故障现象只要被归类于噪声故障，就要对噪声发生时的特定工况进行确定。这些工况需要在路试时进行确定和验证。例如，一个噪声可能只发生在转弯时，下一步是确定汽车的哪些系统与那种工况相关。对于前面提到的转弯时产生的噪声，就应怀疑转向系统和车轮 / 轮胎系统。在确定了疑似系统之后，应该对这些系统进行初步检查。如果在此阶段确定了原因，则进行修理。如果噪声源仍未确定，使用探听装置（如底盘耳）对噪声源进行精确定位。

　　一旦用探听装置确定噪声源之后，需要确定此噪声源是否与先前确定的疑似系统有关。如果有关，进行修理，解决客户问题。如果无关，那么该噪声源可能是一个通过传递路径传来的噪声的反应物。如果是这种情况，只修理反应物，就无法解决客户问题。因此，必须找出传递路径，并判断该噪声是不是属于正常噪声，只不过被传递路径（导体）放大增强，或振源是否就是故障，导致过大噪声通过传导体传递到另一个部件。

　　经确定与工况相关的系统与噪声传递路径之间存在一种相互关系。有时，噪声发生时的工况与确定的噪声源完全无关。这种相互关系对噪声故障的诊断十分重要。它是确定噪声源是否是反应物的第一个线索，接下来需要进一步诊断噪声传递路径的问题。

　　（2）诊断问诊单　诊断问诊单应该在确认故障的环节中使用，如图 2-55 所示。对照诊断问诊单进行客户故障询问或车辆的路试检查非常便捷，诊断问诊单必须如实填写。

　　NVH 的相关故障倾向于客户根据自己的感觉来作出判断和提出抱怨。一些故障即使尝试多次也难以重现。因此，充分利用诊断问诊单，对于有序而高效的修理工作是很重要的。

　　诊断问诊单仅仅是供参考的基本轮廓，所以更改和修订诊断问诊单以适应具体维修车间的条件，将有利于在车间进行更加高效的故障诊断。

2. NVH 故障确认

当排除振动和噪声故障时，了解产生振动和噪声的原理是非常重要的。振动和噪声是由振动源的振动而产生的，通过传递系统使振动件产生振动。切断振动源和振动件之间某处的传输途径就能消除振动和噪声。当然最有效的方法就是消除振动源本身。

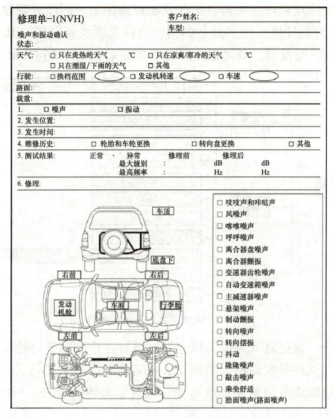

图 2-55　诊断问诊单

（1）客户信息收集　客户信息收集是指通过各种方法来收集与故障相关的信息，为以后的故障分析提供足够的元素。要想收集到更多有效的信息，需要掌握信息收集的流程，以及在收集过程中所能应用到的一些方法。

1）客户信息收集内容。从客户处收集与故障相关的信息的过程中，需要通过提问来进行相关的引导。

在询问客户时，我们常常使用开放式问题。开放式问题是一种能够用一段陈述来回答的问题。答案可以各式各样。客户对开放式问题的回答可以反映出他的态度。例如：

① 什么情况（What）——确定故障症状。

② 什么地方（Where）——找出故障症状发生的位置。

③ 什么时候（When）——了解故障症状出现的时间或模式。

④ 什么程度（How）（大小／范围）——估计故障症状的大小和范围。

2）故障发生的频率。故障发生的频率是故障检修最重要的方面之一。频率可被分为连续发生和间歇发生。

对于连续发生的 NVH 故障，常常可以通过停用有故障嫌疑的装置来观察故障症状。通过观察停用所带来的变化，可以缩小受怀疑系统的范围。

间歇发生的故障症状可以在符合某些状况或遵循某一程序时观察到。

3）故障发生时的环境。很多复杂的情况也许是无法再现的，其中就包括环境状况，如天气、温度、路况等。环境温度对故障的影响如图 2-56 所示。

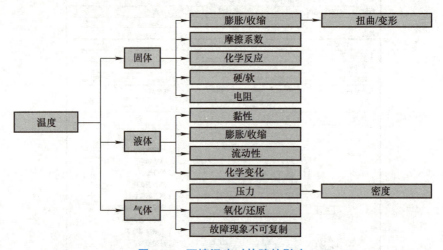

图 2-56 环境温度对故障的影响

（2）路试检查 通过路试或发动机起动测试对客户故障进行验证。

到底是进行路试还是发动机起动测试，或者两种测试都进行，要视 NVH 故障的类型而定。如果故障现象与悬架系统有关，或对输出转矩敏感，可能需要进行路试。在 D 位和空档进行发动机起动测试，能够识别与发动机和传动系统转速相关的噪声和振动。注意，发动机起动测试 / 路试虽然可能无法确定问题是什么，但如果进行得当，却能排除许多其他可能性。

1）路试原则。有时有必要请客户一起进行路试，指出故障所在。在路试过程中，一定要考虑客户的驾驶习惯和行车条件。可能会发现所谓客户故障对于汽车来说是一种正常工况。在路试前，一定要做驾驶前检查。通过驾驶前检查，能够确认汽车是否相对安全，并能排除车上任何明显的故障。

驾驶前检查包含简短的直观检查。在简短的直观检查过程中，记下任何可能在路试时危害安全性的故障，并在上路前将其修理和调整完毕。

在进行路试准备工作时，应遵守下列各项要求：

① 开始路试之前，检查客户的维修单。一定要了解客户汽车有什么具体故障，这可防止修非所求，加大修理成本。

② 切勿被报告注明的噪声或振动位置所误导。故障源实际上可能离此很远。

③ 振动部件（振动源）可能只产生一个很小的振动。但由于与其他部件（导体）

相接触，这个小振动可能会使一个部件（反应物）产生较大的振动或噪声。

④ 在一条安全安静的街道进行路试，可能能够重现噪声或振动。车少的开阔地带是理想的试车路线。路试时，必须使汽车能够达到发生故障时的速度。

⑤ 如果可能的话，应降下收音机天线，将涡流减到最小。对可能产生噪声的汽车加装部件进行检查。关闭收音机及暖气和空调风机。

2）路试内容。车辆的 NVH 故障路试，需要测试的环节是非常多的，但在测试时最起码要尽量地再现故障，这样便于后期的检查与维修。

① 慢加速测试。确定 NVH 故障的第一个测试应是慢加速测试。如果无法与客户一起进行路试，可利用此测试来识别噪声或振动。慢加速测试的步骤是：将车缓慢加速到问题发生时的速度；记下当时的车速和发动机转速；如果可能，确定振动的频率；试着找到故障的部位（前部或后部，左侧或右侧）；试着识别噪声或振动。

② 急加速测试。此测试用于确定故障是否与转矩相关。从 0 急加速至 60km/h，达到报告速度时，在较低档减速。如果故障在此测试过程中重现，说明与转矩相关。

③ 转向输入测试。此测试能够确定车轮轴承及其他悬架部件在一个与车速相关的故障中起了多大作用。转向输入测试的步骤是：驾驶汽车以 NVH 故障出现时的速度行驶，同时平稳转弯，双向都进行。如果故障消失或更严重，那么车轮轴承、轮毂、万向节（装在 4WD 车型的车桥内）及胎面磨损都可能是导致故障的原因。

④ 不平路面测试。过坎儿路试用于帮助排查那些在经过不平路面或减速带时产生的噪声。驾驶汽车斜着驶过一个凸起或凹坑，每次会有一个车轮撞击凸起或凹坑。这可将噪声区隔在汽车的某一个象限内。为了确定噪声来自前部还是后部，只让前轮或后轮驶过凸起或凹坑。为了确定噪声来自左侧还是右侧，一次让一个车轮驶过凸起或凹坑。

⑤ 发动机加载测试。该测试能够帮助再现那些在空档起动测试或空档滑行降速测试中没有显现的与发动机转速相关的故障。发动机加载测试还能识别那些对发动机负荷或转矩敏感的噪声和振动。这类 NVH 故障常常在急加速或爬坡时出现。发动机加载测试的步骤是：挡好前后车轮；施加驻车和行车制动器；变速器置于前进位，将发动机转速提高到 NVH 故障出现时的速度；记下 NVH 故障的转速和频率。务必先在前进位，然后再在倒档进行此项测试。如果该噪声或振动发生，检查发动机和变速驱动桥悬置。如果故障的确与发动机转速相关，进行发动机附件测试，缩小潜在故障源的范围。

3. 故障检查

确定了故障范围后，就需要用具体的方法对故障进行定位，以找到故障的根本原因。

（1）噪声的诊断 噪声诊断是车辆 NVH 故障诊断中的一个重要环节。前面已经介绍了噪声产生的机理和特点，下面介绍一些噪声诊断的方法。

1）验证故障。检修的第一步是明确用户投诉的内容，就投诉内容与用户进行交流是非常重要的。以下 7 项是问题的关键点：

① 声音的类型。紊流噪声、簧片噪声、哨音噪声、漏气噪声（嘘音）、传递噪声、风颤振噪声。

② 噪声源。柱、前门、后视镜、后门、天窗、B 柱、C 柱等。

③ 风噪产生的噪声大小和音速与车速和风向有关。

④ 辅助设备的工作状态。加热器操纵杆位置、车门窗玻璃位置、天窗位置、刮水器位置等。

⑤ 附件装备情况。行李架、侧遮阳板、扰流板等，是否在这些附件安装之后产生噪声。

⑥ 时间、天气、温度和风力的影响。时间：早晨、白天、夜间；天气：晴、多云；温度：高、中、低；风力：强风、中风、弱风、顺风、逆风、侧风。

⑦ 第一次出现问题的时间。如新车安装附件之后（安装之后多少个月）或者跑了多少千米之后。

2）噪声的检查。恒定的俯仰振动中发出的连续轮胎噪声或轰鸣声就形成了道路噪声，该噪声随车速增加而变大。车辆在铺设不好的路面上行驶时会产生道路噪声。

① 初步检查。车辆到店后，首先应该对车辆进行初步检查。初步检查的内容包括车体损坏状况、定位状况、密封状况、电动车窗运行及关闭状况、附件加装状况、元件紧固状况。

② 故障验证。通过检查前面描述的各种现象，证实顾客的投诉后，在下一步中查找噪声源。路试前要做好相关的准备工作，如需要一名助手帮助，带上相关的工具与材料等。

③ 听觉检查噪声类型和方向。通过路试来确定噪声源的位置，用耳朵识别声音的类型，同时还要用听力初步判断噪声发出的大概位置。

④ 视觉检查。目视检查车身表面上的台阶、缝隙或其他轮廓确定噪声源区域。视觉检查点如下：

紊流噪声：是否有干扰气流流动的轮廓，视觉检测较难。

簧片噪声：检测橡胶边缘，将边缘按气流进入方向放置。

哨音噪声：大小取决于零部件间缝隙，对左右缝隙进行比较或与其他轿车缝隙进行比较。

漏气噪声：部件的密封不良，造成空气流过产生噪声。

⑤ 胶带的使用。这种方法的目的是找出噪声源，逐个地把可能出现的噪声源隔离开。

如果用粘胶带的方法能把噪声止住，则说明此处即为噪声源。这种方法可以用于多数风噪声检测，但风颤振噪声检测除外。用听觉、视觉、功能件操作检测和推拉等检测方法对这些部件检查之后，总是采用这种检测方法。

⑥ 泡沫的使用。这种方法的目的是找出噪声源，逐个地把可能出现的噪声源隔离开。

测试时把空调风机关闭，循环风门打到外循环。使用 10% 比例的肥皂液均匀涂在怀疑泄漏的地方。观察涂肥皂液的地方，如果肥皂液被吹起气泡，则吹起气泡的地方为产生风噪的地方。

（2）振动的诊断　振动诊断同样也是车辆 NVH 故障诊断中的一种。前面已经介绍了振动产生的机理和特点，下面就以一些典型的振动故障诊断为例讲解振动诊断的方法。

1）振动常见发生位置。一般车辆上常出现振动的位置如下：

振动和噪声：发动机悬架、附件、空气滤清器、变速驱动桥、传动带和紧固件松动、定位不对、磨损或破坏。

噪声和舒适性差：悬架磨损、调整不当或者过紧。

噪声和平顺性差：悬架磨损、定位不对或者黏住。

高速摇振和平顺性差：车轮和轮胎跳动、不平衡，充气压力不均匀或者斜纹胎面磨损。

① 车身振动。振动可以分为车身和转向盘垂直振动或横向振动，伴随座椅振动。车速低于 80km/h 时，一般感觉不出晃动。超出这个车速，晃动明显增加，到一定速度时会出现最大晃动。

悬架振动可被分类为多余振动，其频率范围为 1 ~ 30Hz。客户关注的问题通常在"软"感觉和"战栗"感觉之间。驾驶人的身体可以感觉到这些振动，转向系统的振动只能用手感觉。记住这些问题，因为处理与悬架相关的 NVH 症状时，必须考虑座椅的工作状态。

② 簧载质量与非簧载质量。确定悬架系统引起的 NVH 症状以后，为精确寻找问题的根源，进一步细分是簧载质量还是非簧载质量的原因非常重要。簧载质量占车辆的绝大部分，是悬架弹簧和减振器承载的所有零部件。非簧载质量所占比例较小，包括车桥、轮胎和车轮。

如果确定簧载质量是 NVH 症状的原因，那么问题可能存在于一个或者多个悬架零部件中。但如果确定 NVH 症状发生在非簧载质量上，则问题可能存在于轮胎或车轮中。

轮胎跳动和不平衡性在车辆行驶时使轮胎产生一种振动力。此振动被放大，随之引起车轴振动。车轴振动通过悬架被传递到车身和发动机。

车身振动传递到转向盘和座椅，引起车身、座椅、转向盘振动。车身以大约 10s 的间隔交替出现垂直和横向振动。这是由于轮胎转弯半径稍有差异，即在左右轮胎之间或在前后轮胎之间的相对跳动点上有差异。

2）转向振动。转向振动是指转向盘在转动方向振动 5 ~ 15 次 /s。它较易出现在相对有限的高速行驶中。一般车速在 80km/h 时转向盘振动次数保持稳定。

注意

出现的振动现象和用套筒扳手拧紧螺母时出现的振动情况相似。

如图 2-57 所示，转向振动的产生主要有以下几个原因：轮胎跳动和不平衡性使车辆行驶时产生一种振动力，此振动力使主销产生一种惯性力矩，引起轮胎横向振动，由此引起转向盘横向振动；在一定速度下，由于离心力作用而产生的轮胎横向振动与转向系统产生共振，引起转向盘顺时针和逆时针振动。

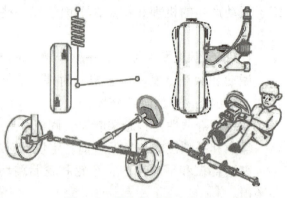

图 2-57　转向振动的产生原因

3）转向摆振。这种情况是转向盘出现顺时针和逆时针振动，但出现在车速低时，一般在 80km/h 以下车速时出现。转向摆振产生的主要原因包括坎坷不平路面；轮胎或制动器发生不均匀磨损，进行制动时引起变形或突然垂直振动；轮胎、转向系统和悬架产生共振；转向传动杆系有游隙，转向传动杆系硬度和刚性不足使阻力下降。

4）怠速振动。车身、仪表板、转向盘、变速杆和座椅稍有振动。有些是连续振动，有些是断续振动。这些振动在车辆怠速运转不良时便能感觉出来，当发动机加速时振动便停止。

发动机转矩不稳会使发动机绕其旋转轴线产生振动。发动机载荷或发动机各缸工作不谐调，振动更严重。主要原因包括发动机转矩不稳、排气管发生共振、发动机悬置传递振动、排气管支架传递振动。

5）制动振动。制动时振动可能造成仪表板、转向盘，有时候乃至整个车身的垂直或前后振动。制动振动也指在任意车速或任意制动条件下，制动踏板随车轮旋转有节奏地跳动。通常，车速在 60 ~ 80km/h 之间时制动振动出现峰值，频率在 5 ~ 30Hz 之间。制动振动的主要振动源包括制动盘跳动、制动盘厚度不均匀、车轮安装不正确。某些运转环境可能是造成这些振动的原因，包括汽车长期不用、由外部因素（盐水、防冻剂等）造成的制动盘表面不规则、安装不当引起制动鼓变形。

例如，如果制动盘跳动过大，制动过程中制动表面的摩擦力会不同。而制动力的变化会产生一定频率的振动。该振动传递到悬架、转向系和制动踏板，也传递到车身，造成共振。

如图 2-58 所示，进行制动时，盘式制动器摩擦垫块和转子产生的摩擦力引起盘式制动器摩擦垫块振动。盘式制动器转子盘与这种振动产生共振，产生噪声。

图 2-58　盘式制动器

2.6　技能训练

技能训练 1　自动变速器系统故障诊断

1. 自动变速器系统故障分析

当自动变速器出现换档问题时，可能的原因有：

1）无 1、2 档 / 粗暴换档 / 软换档 / 打滑。

2）无 2、3 档 / 粗暴换档 / 软换档 / 打滑。

3）无 3、4 档 / 粗暴换档 / 软换档 / 打滑。

4）无 4、5 档 / 粗暴换档 / 软换档 / 打滑。

5）无 5、6 档 / 粗暴换档 / 软换档 / 打滑。

6）只能使用 1、2、3、4 档。

7）只能使用 3、5 档。

8）只能使用 2、6 档。

9）只能使用 4、5、6 档。

10）只能使用 1 档和倒档。

11）低速中没有发动机制动。

大部分情况下，自动变速器除了会出现换档问题，还会出现啮合问题、变矩器操作问题等。自动变速器的诊断建立在对故障变速器的动力传递、液压控制原理与电气控制部分都清楚的基础之上。

2. 自动变速器系统故障诊断步骤

在排除自动变速器系统故障时，可以参阅图 2-59 所示步骤进行诊断。

汽车维修工
（技师、高级技师）

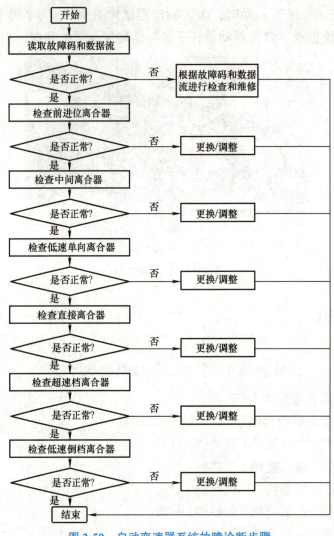

图 2-59　自动变速器系统故障诊断步骤

技能训练 2　全轮驱动系统故障诊断

1. 全轮驱动系统故障分析

全轮驱动系统振动（滑行速度下出现）的主要原因包括万向接头磨损；驱动轴中央轴承座磨损或损坏；车桥小齿轮凸缘螺栓松动；车桥小齿轮凸缘摆动过大；驱动轴失衡；驱动轴等速接头黏合或损坏；驱动轴摆动过大；驱动系角度不符合规格要求；等速接头未正确安装在轮毂中。

全轮驱动系统除了会出现驱动系统振动（滑行速度下出现）的故障，还会出现驱动系统抖动、异响、尖声振动、沉闷声等故障。

2. 全轮驱动系统故障诊断步骤

在排除全轮驱动系统故障时，可以参阅图 2-60 所示步骤进行诊断。

项目
2

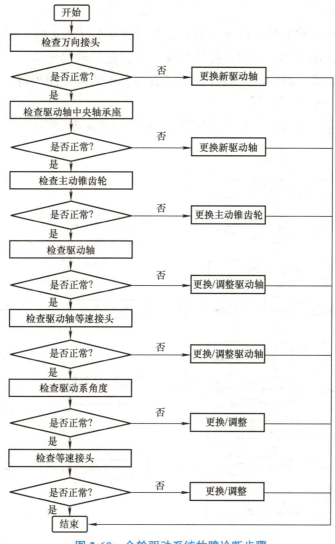

图 2-60　全轮驱动系统故障诊断步骤

技能训练 3　悬架系统故障诊断

1. 悬架系统故障分析

当悬架系统出现故障时，需要对悬架进行检查。在车辆运行过程中，悬架系统受到来自垂直方向的载荷，来自轮胎传递的横向力和纵向力的作用，在这些力的综合作用下，悬架系统的性能会受到影响。对悬架的性能测试主要包括舒适性测试、不平顺测试和操作性测试。

悬架系统有时会出现漂移故障，漂移故障的主要原因包括车辆超载或负载不均匀或不正确；球形接头磨损；前支柱安装轴承损坏或丢失；车轮轴承松动、磨损或损坏；悬架部件松动、磨损或损坏；悬架紧固件松动；转向校正；车轮校正（全部前轮负前束过大）。

悬架系统出现漂移故障，除了会导致轮胎异常磨损/不正确，还会导致驱动轴推力角不正确、车辆的漂移/拉动、前基部或底盘过低、轮胎异常/不正常磨损、转向不顺畅、回正性较差、转向盘歪斜、摆动或滚动、车辆向一侧倾斜。

2. 悬架系统故障诊断步骤

在排除悬架系统故障时，可以参阅图2-61所示步骤进行诊断。

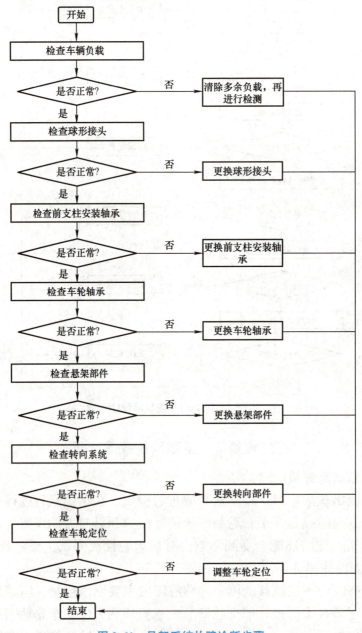

图 2-61　悬架系统故障诊断步骤

3.1 汽车电源管理系统故障诊断

3.1.1 智能电源管理系统故障诊断

3.1.1.1 智能电源管理系统的功能及工作原理

　　智能电源管理系统可以通过对蓄电池状态的监控和负载的管理，控制整车电能的分配供给，对蓄电池的起动性能进行计算评估，从而得出蓄电池当前的状态，改善车辆的起动性能和延长蓄电池寿命。

1. 智能电源管理系统的功能

　　智能电源管理系统的功能主要包含蓄电池充电状态监控、蓄电池充电电压监控、蓄电池电流和蓄电池温度监控。当整车在极端的用电工况下，智能电源管理系统可以对使用的电气设备进行限制或切断供电，同时调整发电机的电压，使其保持最优的输出电压。

2. 智能电源管理系统的工作原理

　　智能电源管理系统的控制策略储存在车载电源管理控制单元中，它通过 LIN 线接收蓄电池传感器传回的蓄电池状态信息。这些信息用于计算发电机输出的充电电压，由车载电源管理控制单元通过 CAN 线传递到发动机控制单元，然后由发动机控制单元通过 LIN 线传给发电机，如图 3-1 所示。充电电压的调整基于大量参数，如发动机当前的工作负荷。

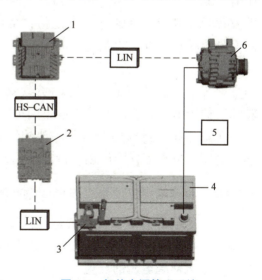

图 3-1　智能电源管理系统

1—PCM　2—BCM　3—蓄电池传感器　4—蓄电池
5—车辆用电负载　6—发电机

（1）整车静态电源管理（发动机不运转）　整车静态电源管理是指在发动机未运转的情况下，可以在汽车停放期间降低整车的电流消耗。在点火开关关闭的情况下，它控制对各种不同控制器的电流供给。根据对蓄电池的剩余电量状态和电压的监控，会逐步关闭某些用电器，以避免蓄电池过量放电，由此保障汽车的起动性能，并延长蓄电池的使用寿命。

通过对整车用电负载进行分级管理，蓄电池传感器实时监测蓄电池的状态，在蓄电池不同状态下，对整车用电负载依次关闭电源供给，从而降低电流的消耗，保障汽车的起动能力。当发动机没有运转的情况下，蓄电池传感器监测到蓄电池电压低于某一值时，将会关闭某些不重要的用电器，以减少蓄电池电量的进一步消耗。同时以总线信号发送给仪表进行蓄电池电压过低报警的提示，一般是限制或取消汽车中与舒适相关的功能或对汽车行驶无影响的功能，而与车辆行车相关的功能则不能取消。

由于不同厂家的蓄电池的特性不同，具体的蓄电池低电压阈值需根据蓄电池的类型和供应商来确定，但需保证蓄电池电压达到低电压阈值时，仍能正常起动发动机。

（2）整车动态电源管理（发动机运转）　在汽车行驶期间，通过对整车的动态电源管理，将发电机产生的电流按不同负载的需求分配给不同的用电器。当发电机的输出电流超过整车负载的消耗需求时，它会调节发电机的输出电压，向蓄电池供电，使其达到最佳充电状态。

当发动机处于长时间怠速运转时，如果由于负载电流消耗较大而导致蓄电池电压低于某一电压，蓄电池传感器将发送发动机怠速提升信号给发动机控制单元，请求发动机提高怠速转速达到一定值，从而提高发电机的输出电流，以保证电气负载的电流消耗和蓄电池的充电需求。

借助于蓄电池的相关参数，电源管理系统能够优化充电电压，并在蓄电池性能退化时采取减少整车电气系统的负载或增加发电机输出功率（如提高发动机的怠速转速）的措施，或者同时采用以上两种措施。

采取相应的措施后，若蓄电池的性能状态仍低于规定的阈值，电源管理系统就会发送相关报警信息给仪表进行显示，以提示驾驶人进行相应的处理。

3.1.1.2　智能电源管理系统故障诊断方法

当智能电源管理系统出现性能故障时，可以通过测量蓄电池端电压、测量充电电流、诊断仪读取数据流等几种方法进行诊断。

1. 蓄电池端电压的测量

如图 3-2 所示，通过测量蓄电池的端电压可以判断发电机是否发电。但无法准确地判断发电量是否足够。

图 3-2　蓄电池端电压的测量

2. 充电电流的测量

如图 3-3 所示，可以使用示波器的万用表测量电流功能来测量发电机的充电电流。在测量过程中，主要遵循以下方法：测量发电机至蓄电池的发电量；测量蓄电池输出发电量；蓄电池在正常的情况下，发电机所输出的发电量应大于蓄电池输出的发电量。

3. 数据流的分析

如图 3-4 所示，可以通过诊断仪的数据流来分析充电控制系统的故障。因车型不同，每个车辆所包括的数据流略有不同，但大体包括如下数据：发电机的监控值（GENMON）；发电机发电控制值（GENCMD\GENVDSD)；发电机的目标电压值（ALTT V)；充电故障指示灯是否点亮（GENFIL/CHRGLP ）。

图 3-3　充电电流的测量

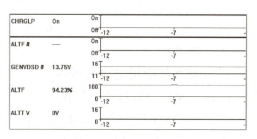

图 3-4　数据流的分析

4. 故障码读取

当充电控制系统自检出故障时，会在相应的模块内部存储相应的故障码。故障码主要由发动机控制单元与汽车电源管理系统进行监测。发动机控制单元主要对发电量、发电机的控制电路进行监测。当充电控制系统电压过低或过高时，就可能产生 P0562 或 P0563。表 3-1 为发动机控制单元内常见的故障码。

表 3-1　发动机控制单元内常见的故障码

故障码	说明
P0562	系统电压过低
P0563	系统电压过高
P0620	发电机控制电路故障
P0625	发电机 F 端子电路电压过低
P0626	发电机 F 端子电路电压过高

3.1.2　车载供电系统

汽车电气系统采用的是单线制。单线制是指将蓄电池和发电机的负极与汽车车身相连，使车身带负电；安装在车身上的所有汽车电气设备只需一根从电源出来的正电，流经用电设备，再到汽车车身就可构成一个闭合的回路，使用电设备工作。

3.1.2.1　部件供电特性

1. 电源的分配

汽车电源的分配以蓄电池正极为始发，一部分到主熔丝盒，还有一部分直接到达用电器。到主熔丝盒的部分再到各个分熔丝盒，最后到各个用电设备，如图 3-5 所示。

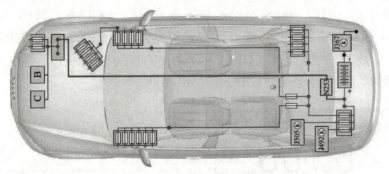

图 3-5　汽车电源的分配

2. 供电类型

供电类型是指用电设备或模块在点火开关处于什么样的状态下供电。通常为关闭、附件、起动与运行四个档位。

（1）常电电源　常电电源是指点火开关处于任何档位均有电，通常称为"30"。它通常给以下几种元件或系统供电：在点火开关处于关闭档时，仍需要存储或运行的模块；在点火开关处于关闭档时，仍有可能需要运行的系统或部件。

（2）附件电源　附件电源也称为 ACC 电源，是指在点火开关处于 ACC 位置时，给相关用电设备供电以激活相关功能的电源。对于具有无钥匙进入功能和没有无钥匙进入功能的车辆，控制方式略有不同。

（3）起动或运行状态下的电源　起动或运行状态下的电源是指在点火开关处于起动或者发动机处于运行状态下的电源。该电源负责的功能只能在起动或运行条件下工作。

3.1.2.2 部件接地特性

让电流从电源流出，经过用电设备与车身相连，流回到蓄电池负极，我们称之为搭铁。

1. 搭铁点的分布

在车辆的发动机舱、驾驶室内、车辆的后部都分布着很多搭铁点。每个车型搭铁点的分布可能略有不同，但都遵循着一些相同的原则。

搭铁点在设置的过程中主要遵循以下原则：遵守就近搭铁的原则；应尽量布置在易维护的地方；优先选择在各主要的梁上，特殊情况除外；不允许使用支架搭铁；有特殊要求的搭铁点应优先遵守其特殊的要求，例如，发动机的搭铁要求在距离控制模块200mm以内，应该优先满足。

2. 搭铁的类型

根据车辆搭铁类型的不同可以分为蓄电池负极搭铁（主搭铁）、共用搭铁与独立搭铁。

（1）蓄电池负极搭铁　蓄电池负极搭铁为车辆的主搭铁点，是车辆所有用电设备正常工作的前提。根据车型的不同，有的选择一个搭铁点，有的选择两个搭铁点。

（2）共用搭铁　由于车辆线束布置的需要，可能会有一些用电设备和模块共用一个搭铁点。当这个搭铁点出现故障后，将会导致多个系统同时出现故障现象。

（3）独立搭铁　由于车辆线束布置与用电设备功率的要求，有些元件使用独立的搭铁点。

3.2 车载网络系统故障诊断

3.2.1 网络传输特点与车辆的网络应用

3.2.1.1 多路传输的发展

前期汽车通常采用常规的点对点通信方式将电子控制单元及电子装置连接起来。随着汽车技术的不断发展，为了提高车辆的安全性、舒适性和燃油经济性，汽车上使用了越来越多的控制模块来实现各种控制功能。在此背景下，传统的电气系统难以满足汽车技术的发展需求，因此，多路传输技术在汽车上出现并快速普及，成为车辆控制模块信息共享的车载网络。

1. 多路传输的定义

汽车上的多个控制模块相互连接、协调工作并共享信息，构成了汽车车载网络系统。车载网络系统采用一组数据线实现多节点之间的多个信号传输，这种技术称为多路传输。在数据传输技术中，有两种基本的数据传输方法，分别为并行数据传输和串行数据传输。

（1）并行数据传输　并行数据传输指的是数据以成组的方式，在多条并行信道上同时进行传输。常用的是将构成一个字符的几位二进制码同时分别在几个并行的信道上传输。如图 3-6 所示，PCM 分别通过两根单独的线路将数据 A 和 B 传输给 BCM，BCM 如需将数据 C 和 D 发送给 PCM，则需要通过另外的两根线路进行传输。

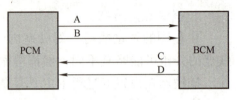

图 3-6　并行数据传输

如图 3-7 所示为并行数据传输的应用。PCM 与燃油泵控制模块之间通过两根线路连接，燃油泵控制模块线路为 PCM 对燃油泵控制模块的驱动线路，燃油泵监控为燃油泵控制模块向 PCM 的故障反馈线路。这两根线路为单信号单向的信号传输，因此属于并行数据传输。

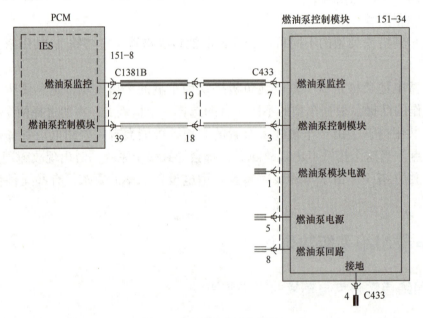

图 3-7　并行数据传输的应用

（2）串行数据传输　串行通信技术是指通信双方按位进行，遵守时序的一种通信方式。串行通信中，数据传输不能同时进行，必须有先有后，将数据按位依次传输。如图 3-8 所示，PCM 可以通过一组线路将数据 A 和 B 传输给 BCM，而 BCM 也可以利用本组线路将数据 C 和 D 发送给 PCM。在数据传输过程中，A、B、C、D 的传输先后顺序取决于它们的优先级。

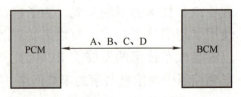

图 3-8　串行数据传输

如图 3-9 所示为串行数据传输的应用。驾驶人侧车门模块（DDM）与乘客侧车门模块（PDM）之间使用 MS CAN 进行通信。MS CAN 作为一组数据总线，可以进行逐个信号的双向传输，因此它属于串行数据传输。

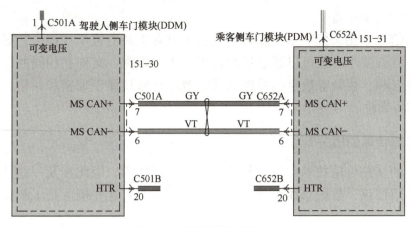

图 3-9　串行数据传输的应用

2. 多路传输的优点

随着汽车电子装置和控制单元的不断增多，利用数据总线构建车载网络系统实现多路传输已经成为必然趋势。在汽车上采用多路传输技术，从信息共享角度分析，车载的多种电控系统为满足其相互之间通信的实时性要求，有必要对公共数据实行共享。如图 3-10 所示，在采用了多路传输技术的车辆中，各个控制模块之间建立了网络，实现了信息共享通道。只要 CKP 的信号输送给了

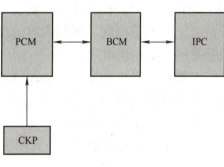

图 3-10　信息共享

PCM，则 PCM 可以将此信号共享至任何需要的模块。由此可知，多路传输技术有以下优点：简化布线，降低成本；控制模块之间的通信更加简单和快捷；减少传感器数量，实现资源共享；提高汽车运行可靠性。

3.2.1.2　数字信号概述

1. 数字信号的定义

数字信号指自变量是离散的、因变量也是离散的信号，这种信号的自变量用整数表示，因变量用有限数字中的一个数字来表示。如图 3-11 所示，在计算机中，典型的就是当前用最为常见的二

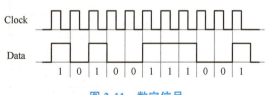

图 3-11　数字信号

进制数字来表示的信号。之所以采用二进制数字表示信号，其根本原因是电路只能表示两种状态，即电路的通与断。在实际的数字信号传输中，通常是将一定范围的信息变化归类为状态 0 或状态 1，这种状态的设置大大提高了数字信号的抗噪声能力。

2. 数字信号的特点

与模拟信号相比，数字信号在传输过程中具有更高的抗干扰能力，更远的传输距离，且失真幅度小。还可以通过压缩占用较少的带宽，实现在相同的带宽内传输更多、更高音频、视频等数字信号的效果。数字信号还便于加密和纠错，具有较强的保密性和可靠性。

3.2.1.3 多路传输的相关概念

汽车上的多路传输技术应用的是计算机局域网技术，因此涉及一些计算机专用术语，如通信协议、数据总线、节点、网关和网速等，这些概念是了解多路传输技术的基础。

1. 通信协议

通信协议是指通信双方控制信息交换规则的标准及约定的集合，即指数据在总线上的传输规则。在汽车上，要实现各控制模块之间的通信，必须制定规则，即通信的方法、通信时间、通信内容，保证通信双方能相互配合，使通信双方共同遵守及接受的规定和规则。

开放系统互连（Open System Interconnection，OSI）参考模型是国际标准化组织（ISO）和国际电报电话咨询委员会（CCITT）联合制定的，为开放式互连信息系统提供了一种功能结构的框架。OSI 参考模型是一个较为通用的协议规范，共有 7 层结构，每层都可以有几个子层，如图 3-12 所示。

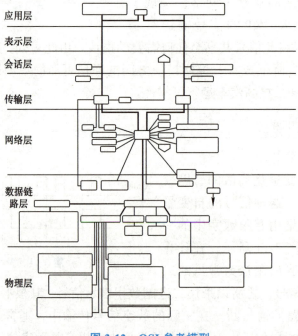

图 3-12　OSI 参考模型

OSI 参考模型各层的定义和功能见表 3-2。

表 3-2 OSI 参考模型各层的定义和功能

OSI 参考模型的结构		各层定义的主要项目
软件控制	7. 应用层	由实际应用程序提供可利用的服务
	6. 表示层	进行数据表现形式的转换，如信息设定、数据压缩、加密等控制
	5. 会话层	建立会话式的通信，控制数据正确地接收或发送
	4. 传输层	控制数据传输的顺序、传送错误的恢复等，以保证通信的品质，如错误修正、再传输控制
	3. 网络层	进行数据传输的路由选择，如单元之间的数据交换、地址管理
硬件控制	2. 数据链路层	将物理层收到的数字信号组成有意义的数据，提供传输错误控制等数据传输控制流程，如访问方法、数据形式、通信方式、连接控制方式、同步方式、检错方式、应答方式、数据帧的构成、位的调制方式等
	1. 物理层	规定了通信时使用的电缆、插接器等的媒体、电气信号规格等，以实现设备间的信号传送

项目 3

2. 数据总线

车载网络中的数据总线类似于计算机网络中的"网线"，是控制模块间传递数字信号的通道，即所谓的信息高速公路，可以实现在一组数据线上传递的信号能同时被多个控制模块共享，从而最大限度地提高系统整体效率，充分利用有限的资源。在车载网络中，数据总线可能是一根线（如 LIN 网络），也可能是两根线（如 CAN 网络），如图 3-13 所示。

图 3-13 数据总线

3. 节点

如图 3-14 所示，节点是指一台计算机或其他设备与一个有独立地址和具有传送或接收数据功能的网络相连，当我们在使用计算机上网时，通过某个网络平台与异地的另一台计算机通信，则两端的计算机就是网络中的两个节点，服务器终端也是一个节点。在车载网络中，节点即为连接在数据总线中的控制模块，当使用诊断仪对车辆进行通信诊断时，诊断仪也属于所有通信网络中的一个节点。

4. 网关

随着汽车技术的发展，多种协议的网络在汽车上使用，但是各个车载网络采用的通信协议不同，所有控制模块之间难以实现信息共享。为了使不同的通信协议或不同网速总线的模块之间进行通信时，能够建立连接和信息解码，重新编译，将数据传输给其他系统，必须采用一种特定的控制模块，它就是网关，如图 3-15 所示。

5. 网速

网速是指网络信号的传送速率，单位为 bit/s，这里的 bit 表示"位"，一位即表示二进制中的一个"0"或"1"。车辆的各种车载网络的网速有所区别。如图 3-16 所示，LIN 网络的网速是 20kbit/s（示波器单格时间为 400μs）。高速 CAN 网络的网速是 500kbit/s（示波器单格时间为 10μs），如图 3-17 所示。

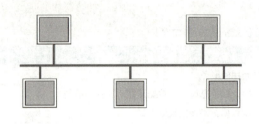

图 3-14　节点

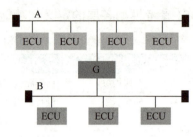

图 3-15　借助网关通信

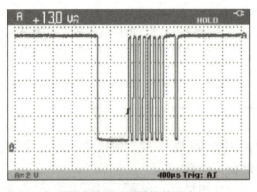

图 3-16　LIN 网络的网速

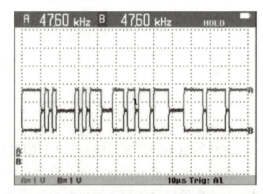

图 3-17　高速 CAN 网络的网速

3.2.2　LIN 网络的基本原理与诊断

　　LIN 网络是针对汽车分布式电子系统而定义的一种低成本的串行通信网络，是对控制器局域网（CAN）等其他汽车多路网络的一种补充，适用于对网络的带宽、性能或容错功能没有过高要求的应用。

3.2.2.1　LIN 网络的定义与特点

1. LIN 网络的定义

　　LIN（Local Interconnect Network，局部互联网）是一种低成本的串行通信网络，用于实现汽车中的分布式电子系统控制。LIN 的目标是为现有汽车网络（例如 CAN 总线）提供辅助功能，因此 LIN 总线是一种辅助的总线网络。

2. LIN 网络的特点

　　LIN 网络协议规定了传输协议规范、传输媒体规范、开发工具接口规范和用于软件编程的接口标准，且设计时在硬件和软件上保证了网络节点的互操作性。LIN 网络的特点与 CAN 网络有较大的区别，LIN 网络有如下基本特点：

　　1）LIN 网络属于单主多从结构，即一组网络中只有一个主节点，从节点可以有多个。当发送信息时主节点能向任一从节点发送信号，从节点仅在主节点的控制下向 LIN 总线发送数据，从节点一旦将数据发布到总线上，任何节点都可以接收该数据，但只有一个节点允许回应。

2）LIN 网络采用单线传输。LIN 使用单根非屏蔽导线作为数据总线连接主节点与任何一个从节点，总线的最长允许长度为 35m，连接在 LIN 总线上的从节点数量一般不超过 16 个。因为当节点过多时将减少网络阻抗，会导致环境条件变差。

3）LIN 网络采用偏压驱动。主节点与从节点之间使用电压的高低变化表示数据信息的含义（逻辑数据"0"和"1"）。

4）LIN 网络低速通信。LIN 网络使用极少的信号线即可实现国际标准 ISO 9141 规定，传输速率最高接近 20kbit/s，相对于 CAN 网络而言，LIN 网络属于"低速"传输。因此，LIN 网络并不适用于高速率的系统控制（如发动机控制信号）。

5）容错特性。当 LIN 网络出现总线接地、总线断路、主节点故障时，LIN 网络则无容错能力。

3.2.2.2　LIN 网络的基本原理

LIN 网络为单主多从结构，主节点、从节点之间通过数字信号传输信息。为了实现 LIN 网络的信号传输功能，主节点和从节点必须按照特定的协议规范设计其硬件结构，并按照协议发送和接收数字信号。

1. LIN 网络的硬件结构

一组 LIN 网络由一个主节点和多个（或单个）从节点组成，这些节点均通过单线路连接在 LIN 总线上。如图 3-18 所示为主节点与从节点的结构。两者的结构类似，区别在于从节点没有主节点的功能。

主节点与从节点的物理接口结构类似，如图 3-19 所示，LIN 总线通过上拉电阻与电源线连接。主节点内的上拉电阻的阻值为 1kΩ（主节点）或 30kΩ（从节点）。与上拉电阻串联的二极管可以防止当电源电压下降时从 LIN 总线消耗电能。GND 为信号发送提供接地回路。LIN 总线与接地之间的电容可以消除 LIN 信号波动，电容的大小为 2.2nF（主节点）或 220pF（从节点）。

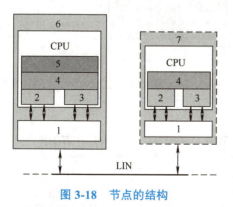

图 3-18　节点的结构

1—物理接口　2—硬件 SCI　3—软件 SCI
4—从节点功能　5—主节点功能　6—主节点　7—从节点

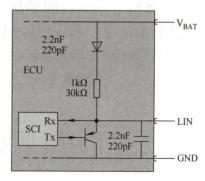

图 3-19　物理接口

2. LIN 网络的信号传输

采用主从结构的 LIN 网络，主节点用于控制 LIN 总线，它通过对从节点进行查询，将数据发布到总线上。从节点仅在主节点命令下发送数据，从而在无须仲裁的情况下实现双向通信。LIN 网络在通信时节点物理结构类似，因此主节点和从节点的信号收发控制原理是一样的，下面从主节点的角度说明信号的发送和接收过程。

（1）信号发送　如图 3-20 所示，SCI（串行通信接口）通过 Tx（发送线）控制晶体管，使电源与 GND 通过上拉电阻接通，LIN 总线形成了接地效果，此时 LIN 总线为低电平（0V）。如图 3-21 所示，当 SCI 不可控制晶体管时，晶体管处于截止状态，此时 LIN 总线为高电平（等于 V_{BAT}）。

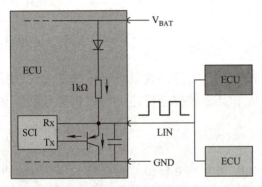

图 3-20　信号发送（低电平）

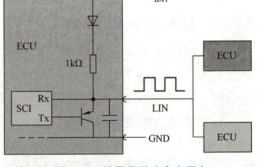

图 3-21　信号发送（高电平）

（2）信号接收　从节点中的 SCI 在接通与断开内部晶体管的过程中，会在总线上产生高低电平的变化。主节点的 Rx（接收线）可以接收这个高低变化的电压，从而判断其含义，如图 3-22 所示。

3. LIN 网络的数据结构

如图 3-23 所示，1 个 LIN 网络的数据帧是由 1 个数据标题（Message Header）和 1 个数据响应（Message Response）组成的。

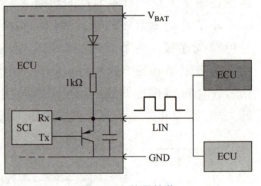

图 3-22　信号接收

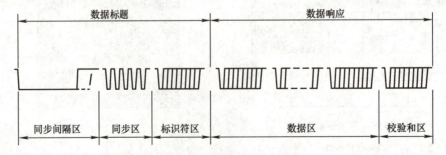

图 3-23　LIN 网络的数据结构

（1）数据标题　数据标题包括 1 个同步间隔区（Synch Break Field）、1 个同步区（Synch Field）和 1 个标识符区。

1）同步间隔区。如图 3-24 所示，同步间隔区由间隔和同步定界符组成，间隔用于唤醒处于睡眠模式中的从节点。间融是一个持续 T_{SYNBRK} 或更长时间（即最小是 T_{SYNBRK}，不需要很严格）的显性总线电平；同步定界符是最少持续 T_{SYNDEL} 时间的隐性电平，它允许用来检测下一个同步区的起始位。

2）同步区。同步区包含了时钟的同步信息，用于帮助从节点与主节点的时钟频率同步，以便能够正确接收所发送的信息。同步区由 1 个起始位、8 个同步位和 1 个结束位组成，如图 3-25 所示。

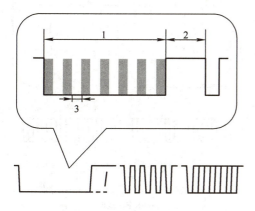

图 3-24　同步间隔区

1—间隔　2—同步定界符　3—位时间

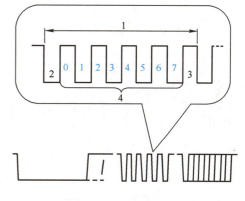

图 3-25　同步区

1—同步区　2—起始位　3—结束位　4—同步位

3）标识符区。标识符区定义了数据的内容和长度，其内容是由 6 个标识符位（ID0 ~ ID5）和 2 个奇偶校验位（P0、P1）组成的，如图 3-26 所示。其中，P0 = ID0 + ID1 + ID2 + ID3 + ID4 定义了数据的类型、发送的目标节点等信息，P1 = ID1 + ID3 + ID4 + ID5 定义了数据区数量（即数据长度）。同时 P0 和 P1 用于检验 ID0 ~ ID5 的正确性（不能全部为隐性或显性数据）。

（2）数据响应　数据响应由多个数据区（Data Field）和 1 个校验和区（Checksum Field）组成。

1）数据区。数据区由间隔字节区相隔，如图 3-27 所示。根据应用，如果信息和节点无关（例如不知道或错误的标识符），则数据的响应区可以不处理，在这种

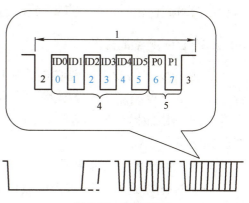

图 3-26　标识符区

1—标识符区　2—起始位　3—结束位
4—标识符位　5—奇偶校验位

情况下，校验和的计算可以忽略。数据区的数据长度可为 2 ~ 8 个字节，在发送数据信息时，最不重要的字节先发送。

2）校验和区。如图 3-28 所示为校验和区的组成。校验和区是数据区所有字节的和的补码，让从节点可以检查所收到的信息是否正确传送，或者在传送期间是否可能发生任何干扰而破坏了数据。如果从主节点到从节点的传送期间信息中发生错误，也就是说从节点计算的检核总和不一致，从节点就会清除信息，并且等待主节点发送下一条信息。

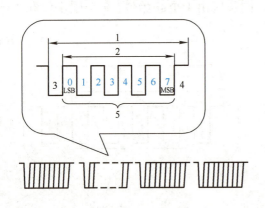

图 3-27　数据区

1—数据区　2—字节区　3—起始位
4—结束位　5—8 数据位

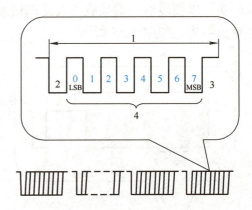

图 3-28　校验和区

1—校验和区　2—起始位　3—结束位
4—8 校验和位

（3）数据的检测　当主节点发出信号时，数据帧定义了此数据发给哪个从节点，而且只有此目标节点能对这个数据做出响应。由于没有仲裁过程，如果多于一个从节点回应，则将产生错误。从节点不会对已经正确接收的信息发送确认。主节点重新读取 LIN 总线上发送的信息，并且将重新读取的信息与先前发送的信息比较，如果所发送和检测的信息相同，主节点就会预先假定从节点已经正确接收信息。

3.2.2.3　LIN 网络的诊断

因为 LIN 网络没有容错功能，所以当 LIN 网络出现故障后相关的功能会失效。但如果是从节点故障或支路断路，则不会影响主节点与其他节点的通信。一般而言，引起 LIN 网络故障的原因有节点的供电或接地故障、节点本身硬件故障、总线短路或断路故障。

1. LIN 网络的诊断流程

对 LIN 网络进行诊断时，应按照确认故障、收集信息、分析信息、诊断故障、修复故障、确认故障修复的流程进行。

（1）确认故障　当某个带 LIN 总线的功能失效后，应怀疑此系统与 LIN 的相关性。例如，通过驾驶人侧电动窗开关无法操作各车窗时，LIN 总线就是可能的原因。

此外，通过故障表现的全面症状可以更准确地推断原因。

（2）收集信息　明确 LIN 的拓扑图对诊断 LIN 总线的故障非常关键。特别是多个从节点的 LIN 总线，可以通过验证其他功能是否正常来推断当前故障是在主节点或总线上，还是在从节点上。例如，通过左前电动窗开关无法操作左后车窗，但能通过左前门锁开关操作左后门上锁，则说明此问题可能发生在节点功能上。

（3）分析信息　通过收集到的全面的故障症状信息以及 LIN 总线的拓扑结构，掌握相关功能的工作原理，推测可能的故障原因，并制定故障诊断方法。

（4）诊断故障　通过各种手段对 LIN 总线进行故障诊断，例如读取节点数据流，测量总线电压、电阻或波形，测量节点的供电和接地等，从而找到故障原因。

（5）修复故障　如果推断故障原因在节点，则更换节点；如果推断故障原因在节点的供电或接地，则修复供电或接地；如果推断故障原因在 LIN 总线，则修复总线。

（6）确认故障修复　修复故障后，操作相关功能，判断 LIN 网络的故障是否完全修复。

2. LIN 网络的诊断方法

　　LIN 总线本身不能进行诊断，因此无法通过诊断仪等设备对其进行网络测试来进行故障诊断，但可以通过读取模块参数的方法来进行故障判断。对于 LIN 网络总线的常用诊断方法包括节点电阻测量、总线电压测量、总线波形测量等。

（1）诊断仪检测　LIN 网络的主节点一般都连接在 CAN 网络上，因此使用诊断仪可以读取到主节点的参数及从节点的故障码。一般情况下，LIN 总线的从节点都作为主节点的特定参数，因此通过诊断仪读取这些参数信息或故障码，并配合相应的功能操作，即可判断从节点或总线的性能是否良好，如图 3-29 所示。

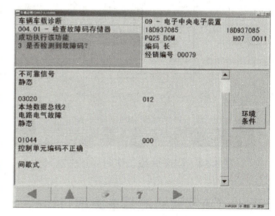

图 3-29　故障码读取

（2）节点电阻测量　通过 LIN 网络
节点的硬件结构可知，LIN 总线与电源之间有一个上拉电阻，因此测量其电阻值可以作为判断节点故障的方法之一。如图 3-30 所示，在对节点进行测量时，万用表的红表笔应放在电源线端，黑表笔应放在总线端，测量结果应为主节点电阻值 $1k\Omega$，从节点电阻值 $30k\Omega$。

（3）总线电压测量　在正常电源电压和正常通信下，LIN 总线上的平均电压大约为 7～9V。通过测量 LIN 总线的电压，可以作为判断 LIN 网络是否工作的依据。如图 3-31 所示，在测量 LIN 总线工作电压时，使用万用表的直流电压档，测量结果约为 7～9V（存在小范围的波动）。

图 3-30　节点电阻测量

图 3-31　总线电压测量

（4）总线波形测量　使用示波器测量 LIN 总线工作时的波形。如图 3-32 所示为 LIN 总线工作时的正常波形，通过波形可以直观地判断 LIN 总线是否正在传递信号。如果 LIN 总线存在故障，则其波形会表现出异常特征。如图 3-33 所示为 LIN 总线对电源短路的波形，此时 LIN 总线同样失去了通信能力。

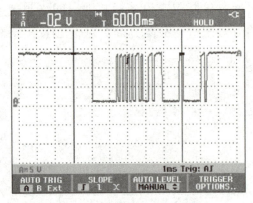

图 3-32　LIN 总线工作时的正常波形

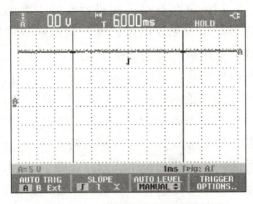

图 3-33　LIN 总线对电源短路的波形

3.2.3　CAN 网络的基本原理与诊断

3.2.3.1　CAN 网络的定义与特点

1. CAN 网络的定义

随着汽车技术的发展，汽车上的控制模块数量逐渐增多，独立系统控制模式已经难以满足汽车性能的发展需求。在此背景下，博世（BOSCH）公司开发出了面向汽车行业的 CAN（Controller Area Network，控制器局域网）通信协议，它是一种有效支持分布式控制或实时控制的串行通信网络。它采用了国际标准化组织（ISO）制定的 OSI 参考模型中的三层，即物理层、数据链路层和应用层。CAN 网络的通信介质可以是双绞线、同轴电缆、光导纤维，其通信速率最高可达 1Mbit/s。CAN 系统内两个任意节点之间的最大传输距离与其位速率有关，如图 3-34 所示，CAN 的传输速率达 1Mbit/s 时，最大传输距离约为 40m。

2. CAN 网络的特点

CAN 主要负责车辆内的数据交换，即各控制模块之间的信息共享。CAN 网络的数据传输具有如下基本特点：

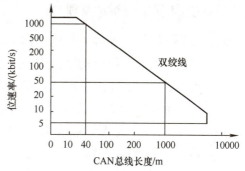

图 3-34　CAN 总线最大传输距离与其位速率的关系

1）总线访问采用基于优先权的多主方式。CAN 总线的最大特点是任一节点所发送的数据信息不包括发送节点或接收节点的物理地址。信息的内容通过一个标识符（ID）作标记，在整个网络中，该标识符是唯一的。网络上的其他节点收到信息后，每一节点都对这个标识符进行检测，以判断此信息是否与自己有关。若是相关信息，则它将得到处理；否则被忽略。这一方式称为多主方式。

2）非破坏性的基于线路竞争的仲裁机制。CAN 采用带有冲突检测的载波侦听多路访问方法，它能通过无破坏性仲裁解决冲突。当总线空闲时，任何节点都可以开始发送帧。如果两个和两个以上的节点同时开始发送帧，由此引起的总线访问冲突是利用基于线路竞争的仲裁对标识符进行判别来解决的。也就是优先级低的节点主动停止数据发送，而优先级最高的节点可不受影响地继续传输数据，通过仲裁机制可以保证既不会丢失信息，也不会浪费时间。

3）利用接收滤波对帧实现了多点传送。在 CAN 系统中，节点可以不用任何有关系统配置（如节点地址）的信息。接收器对信息的接受或拒收是建立在一种称为帧接收滤波的处理方法上的。该处理方法能判断出接收到的信息是否和接收器有关联，所以接收器没有必要辨别出谁是信息的发送器，反过来也是如此。

4）支持远程数据请求。通过送出一个远程帧，需要数据的节点可以请求另外一个节点向自己发送相应的数据帧，该数据帧的标识符被指定为和相应远程帧的标识符相同。

5）配置灵活。往 CAN 网络中增添节点时，如果要增添的节点不是任何数据帧的发送器或者该节点根本不需要接收额外追加发送的数据，则网络中所有节点均不用做任何软件或硬件方面的调整。

6）容错特性。当 CAN 总线或节点出现故障时，网络依然具有一定的信号传输能力。当节点出现严重故障时，可以自动关闭输出功能，以使总线上其他节点的操作不受影响；当总线出现故障时，视严重程度而表现不一，轻则不影响信号传递，重则网络瘫痪。

7）双绞线总线结构。CAN 网络采用双绞线作为数据总线，以增加总线的抗干扰能力。两根双绞线分别命名为 CAN-H 和 CAN-L，它们每相隔 25mm 绞接一次。

3.2.3.2 CAN 网络的基本原理

CAN 网络为多主结构，因此任何一个节点都可以发送与接收信号，为了实现此功能，连接在 CAN 网络上的节点必须按照特定的结构设计，并在传输信号时遵守特定协议。此外，当 CAN 网络出现总线故障时，还应具备一定的容错能力。

1. CAN 网络的组成

如图 3-35 所示，CAN 网络系统
由一个控制器、一个收发器、两个数
据总线终端电阻和两根数据总线导线
组成。

（1）CAN 控制器 从控制单元
的微处理器中获得应发送的数据。它
把数据准备好并继续传输给 CAN 收
发器。反过来，它也从 CAN 收发器
获得数据，把数据准备好并继续传输给控制单元的微处理器。

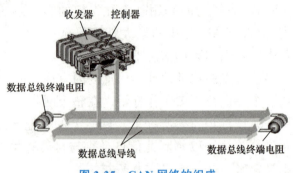

图 3-35 CAN 网络的组成

（2）CAN 收发器 这是一个发送器和接收器。它把来自 CAN 控制器的数据转换为电信号，并把这些电信号发送到数据总线导线中。反过来，它也接收数据并为 CAN 控制器转换这些数据。

（3）数据总线终端电阻 终端电阻用于防止所发送的数据从终端以回波形式返回，及防止数据失真。终端电阻是一个电阻器，每个终端电阻的阻值为 120Ω，其作用是防止信号在传输过程中因回波反射造成对信号的叠加，从而使信号产生失真，影响数据的正常传输。

（4）数据总线导线 为了防止外界电磁波干扰和向外辐射，CAN 总线采用两条线缠绕在一起的双绞线；两条线上的电位是相反的，如果一条线的电压是 5V，另一条线的电压就是 0V，两条线的电压总和等于常值。因此，CAN 总线得到保护而免受外界电磁场干扰，同时 CAN 总线向外辐射也保持中性，即无辐射。

2. CAN 网络的信号传输

CAN 网络上的节点会根据工作需要访问总线，因为 CAN 网络为多主结构，所以各节点既可以发送信号，也可以接收信号。无论是发送还是接收信号，均需要通过 CAN 收发器和控制器完成。下面以示意图的方式，说明 CAN 网络的信号发送和接收过程。

（1）信号发送 中央处理器将需要传输的信息发送给 CAN 控制器，CAN 控制器以数字信号的形式驱动 CAN 收发器电路，CAN 收发器中的驱动器向总线发出模拟信号，将 CAN-H 升高为 2.5～3.5V，将 CAN-L 降为 1.5～2.5V，如图 3-36 所示。

（2）信号接收　节点需要从总线上采集信号时，差动放大器将 CAN-H 与 CAN-L 的电压值进行差动处理，并将结果发送给 CAN 控制器。CAN 控制器依据数字信号识别原则，得到"0"或"1"的数字结果，如图 3-37 所示。

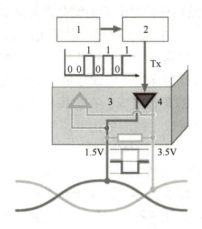

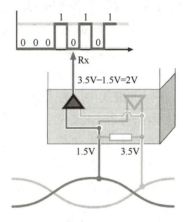

图 3-36　信号发送
1—中央处理器　2—CAN 控制器
3—CAN 收发器　4—驱动器

图 3-37　信号接收

（3）信号干扰过滤　CAN-H 信号和 CAN-L 信号经过差动放大器处理后（即差动传递技术），可最大限度地消除干扰的影响。这种差动传递技术的另一个优点是即使车上的供电电压有波动（例如在起动发动机时），也不会影响各个控制单元的数据传递（数据传递可靠性）。如图 3-38 所示，在该图的上部可清楚地看到这种传递的效果。由于 CAN-H 线和 CAN-L 线是扭绞在一起的（双绞线），所以干扰脉冲 X 就总是有规律地作用在两条线上。由于差动放大器总是用 CAN-H 线上的电压（3.5V－X）减去 CAN-L 线上的电压（1.5V－X），即（3.5V－X)－(1.5V－X)＝2V，所以在经过处理后，差动信号中就不再有干扰脉冲了。

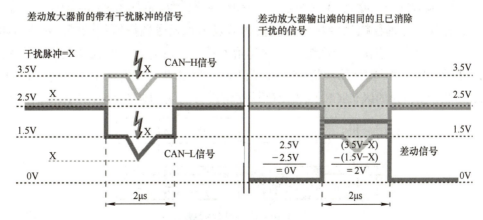

图 3-38　信号干扰过滤

3. CAN 网络的数据结构

CAN 网络总线上所传输的数据包括数据帧（用于将数据传输到其他节点）、远程帧（用于从其他节点请求数据）、错误帧（用于错误的信号通知）、过载帧（用于增加后继帧的等待时间）和帧间隔（用于将数据帧及远程帧与前面的帧分离开来）。

（1）数据帧　数据帧由 7 个数据区构成，如图 3-39 所示。帧起始（Start of Frame，SOF）标志着数据帧和远程帧的开始，它仅由一个显性位构成，只有在总线处于空闲状态时才允许开始发送，所有站必须同步于首先开始发送的那个站的帧起始前沿。在标准格式中，仲裁区由 11 位标识符和 RTR 位组成；在扩展格式中，仲裁区由 29 位标识符和 SRR 位、标识位以及 RTR 位组成。控制区由 6 位组成。在标准格式中，一个信息帧中包括 DLC、发送显性电平的 IDE 位和保留位 r0；在扩展格式中，一个信息帧中包括 DLC 和两个保留位 r1 和 r0，这两个位必须发送显性电平。数据区用于存放数据的内容，可发送 0～8 个字节的数据。CRC 区用于检查帧的传输错误的段。应答区（ACK 区）包括 2 位，即应答间隙和应答界定符。在应答区中发送站送出两个隐性位。一个正确接收到有效报文的接收器，在应答间隙期间，将此信息通过传送一个显性位报告给发送器。所有接收到匹配 CRC 序列的站，通过在应答间隙内把显性位写入发送器的隐性位来报告。应答界定符是应答区的第二位，并且必须是隐性位。帧结束（End of Frame，EOF）表示数据帧结束的段，每个数据帧和远程帧均由 7 个隐性位组成的标志序列界定。

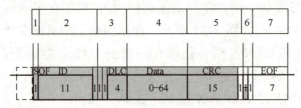

图 3-39　数据帧的构成

1—帧起始　2—仲裁区　3—控制区　4—数据区　5—CRC 区　6—ACK 区　7—帧结束

（2）远程帧　远程帧是接收节点向发送节点请求发送数据所用的帧。如图 3-40 所示为远程帧的构成，它由 6 个区组成。帧起始表示帧开始的区；仲裁区表示该帧优先级的区，可请求具有相同 ID 的数据帧；控制区表示数据的字节数及保留位的区；CRC 区为检查帧的传输错误的区；ACK 区表示确认正常接收的区；帧结束表示远程帧结束的区。

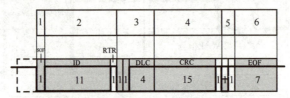

图 3-40　远程帧的构成

1—帧起始　2—仲裁区　3—控制区　4—CRC 区　5—ACK 区　6—帧结束

（3）错误帧 如图 3-41 所示，错误帧由错误标志和错误界定符两个域组成。接收节点发现总线上的报文有错误时，将自动发出活动错误标志，它是 6 个连续的显性位。其他节点检测到活动错误标志后发送错误认可标志，它由 6 个连续的隐性位组成。由于各个接收节点发现错误的时间可能不同，所以总线上实际的错误标志可能由 6~12 个显性位组成。错误界定符由 8 个隐性位组成。当错误标志发生后，每一个 CAN 节点监视总线，直至检测到一个显性电平的跳变。此时表示所有的节点已经完成了错误标志的发送，并开始发送 8 个隐性电平的界定符。

（4）过载帧 过载帧是用于接收单元通知其尚未完成接收准备的帧。过载帧由过载标志和过载界定符构成，如图 3-42 所示。过载标志是 6 个位的显性位，其构成与主动错误标志的构成相同。过载界定符是 8 个位的隐性位，其构成与错误界定符的构成相同。

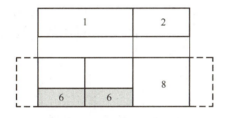

图 3-41 错误帧的构成

1—错误标志 2—错误界定符

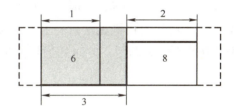

图 3-42 过载帧的构成

1—过载标志 2—过载标志重叠部分 3—过载界定符

（5）帧间隔 帧间隔是用于分隔数据帧和远程帧的帧。数据帧和远程帧可通过插入帧间隔将本帧与前面的任何帧（数据帧、远程帧、错误帧、过载帧）分开；过载帧和错误帧前不能插入帧间隔。帧间隔由 3 个位的隐性位组成，如图 3-43 所示。总线空闲是隐性位，无长度限制（可能是 0 位）。总线处于本状态下，要发送信息的节点可以访问总线。

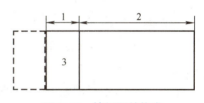

图 3-43 帧间隔的构成

1—帧间隔 2—总线空闲

4. CAN 网络的容错特点

CAN 的特性之一就是在总线出现特定故障（断路、短路）的情况下，能够继续保持通信能力。当总线出现故障时，节点将会识别各种错误，并存储相应的故障码。然而，当 CAN 网络系统出现某些致命的故障时，CAN 网络将会丢失通信能力。下面将分别介绍 CAN 网络在哪些情况下具有容错能力，在哪些情况下会失效。

（1）CAN 节点故障 如图 3-44 所示，当网络上的任一节点出现故障时，包括节点自身故障、节点电源或接地损坏等，此节点将无法与 CAN 总线上的其他节点进行通信。其他节点可以继续通信，且会存储关于节点通信丢失的故障码。

（2）CAN 支路断路（不带终端电阻） 如图 3-45 所示，当不带终端电阻的节点的支路断路（CAN-H 或 CAN-L）时，此节点将无法与其他节点通信，其他节点的通信不受影响。

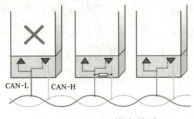

图 3-44　CAN 节点故障

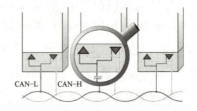

图 3-45　CAN 支路断路（不带终端电阻）

（3）CAN 支路断路（带终端电阻）　如图 3-46 所示，当带终端电阻的节点的支路断路时，此节点将无法进行通信。其他节点以信噪比降低后的值继续工作，CAN 使通信继续进行。

（4）CAN 总线断路　如图 3-47 所示，当总线上的 CAN-H 或 CAN-L 断路时，断路对侧的节点之间将无法进行通信。断路同侧的节点之间可以进行通信，但是由于终端电阻的合成作用，此时的通信降低了抗扰度。

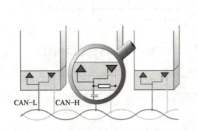

图 3-46　CAN 支路断路（带终端电阻）

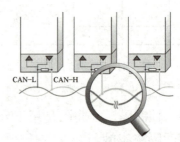

图 3-47　CAN 总线断路

（5）CAN-H 对地短路　当 CAN-H 对地短路时，总线整体失效，所有节点之间不能通信，如图 3-48 所示。

（6）CAN-H 对电源短路　当 CAN-H 对电源短路时，CAN 总线一般具有继续工作的能力，如图 3-49 所示。但在某些车型中，因为总线连接的模块较多，通信数据较为密集，因此当 CAN-H 对电源短路时也可能致使总线通信失效。

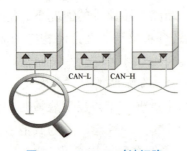

图 3-48　CAN-H 对地短路

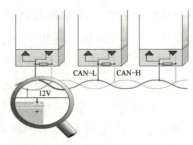

图 3-49　CAN-H 对电源短路

（7）CAN-L 对电源短路　当 CAN-L 对电源短路时，总线整体失效，CAN 网络不能工作，如图 3-50 所示。

（8）CAN-L 对地短路　当 CAN-L 对地短路时，可以实现网络通信，因为 CAN 总线电压在共模电压范围内，如图 3-51 所示。但是总线的抗扰度降低，电磁辐射增加。

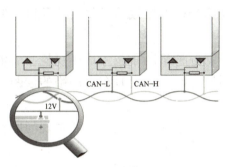

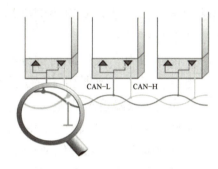

图 3-50　CAN-L 对电源短路　　　　　　　　图 3-51　CAN-L 对地短路

（9）CAN-H 与 CAN-L 短路　当 CAN-H 与 CAN-L 短路时，总线整体失效，所有节点之间不能通信，如图 3-52 所示。

（10）CAN-H 与 CAN-L 互接　当节点的支路 CAN-H 与 CAN-L 互接时，此节点无法与其他节点通信，其他节点的通信不受影响，如图 3-53 所示。

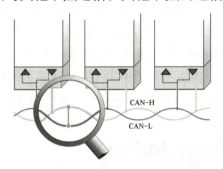

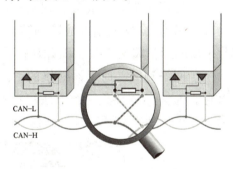

图 3-52　CAN-H 与 CAN-L 短路　　　　　　图 3-53　CAN-H 与 CAN-L 互接

3.2.3.3　CAN 网络的诊断

CAN 网络的故障包括网络部分失效和整体失效，即 CAN 网络的故障可能表现为部分控制模块无法与其他模块进行通信，或者任一模块之间均失去通信。如果已经判断故障属于 CAN 网络系统，则可以使用 CAN 网络的常用诊断方法执行故障诊断，以便快速、准确地找到故障原因。

1. CAN 网络的诊断流程

对 CAN 网络系统进行诊断时，可以按照以下诊断流程进行：

（1）确认故障　确认客户所提出的故障现象，包括故障表现、发生条件、发生频率等。CAN 网络部分失效或者整体失效，仪表上一般会出现异常的警告灯信息。

（2）收集信息　对车辆进行进一步的相关操作，以掌握更加全面的与网络通信相关的故障信息。连接诊断仪，执行"自测"以判断存在哪些与网络相关的故障码，执行"网络测试"以判断哪些连接在 CAN 网络上的模块失去了通信。

（3）分析信息　分析故障现象以及各种收集到的关联信息，包括自测和网络测试的检测结果，并结合车型的网络拓扑图，全面分析网络故障的最可能原因，制定故障诊断流程和方法。

（4）诊断故障　根据此前的分析结果，借助各种诊断手段（诊断仪检测、电阻测量、电压测量、示波器测量等）执行各项测量与诊断。同时在对网络的诊断过程中，应充分利用故障追踪功能。

（5）修复故障　车载网络的故障存在于模块和总线上，经过诊断发现问题所在后，可以对故障部件进行维修或更换。

（6）确认故障修复　对故障点进行规范维修后，应参照故障出现的条件进行试验，以确认客户所反映的故障是否已经得到解决，包括车辆性能的恢复、仪表的异常、计数器的数值变化等。

2. CAN 网络的诊断方法

CAN 网络的诊断方法包括网络测试、故障码读取、终端电阻测量、总线电压测量和总线波形测量等。此外，对故障现象的合理分析也可以作为故障原因的初步判断手段。因为 CAN 网络的故障与节点或网络总线有关，所以发生故障后单个模块或部分模块的通信将会丢失，因此从仪表上可以观察到相关模块的集中异常信息。

（1）网络测试　通过诊断仪的"网络测试"功能，可以判断 CAN 网络上的模块是否存在通信异常现象。此方法可以快速而准确地找到故障原因的方向。如图 3-54 所示，在执行网络测试时，诊断仪会与各个模块进行通信，并将结果展示出来。

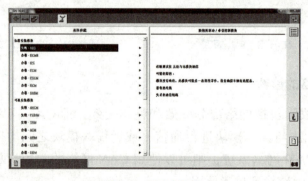

图 3-54　测试结果

（2）故障码读取　车载网络的故障码用"U"表示。如图 3-55 所示，当使用诊断仪读取到此类故障码时，即可判断此故障与网络相关。如图 3-56 所示，故障码说明"与 ABS 控制模块的通信漏失"是指 IPC 无法与 ABS 控制模块建立通信，可能的原因包括 ABS 控制模块故障、ABS 控制模块的供电与接地故障、ABS 控制模块的 CAN 分总线故障。

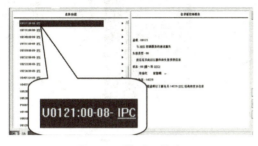

图 3-55 故障码信息

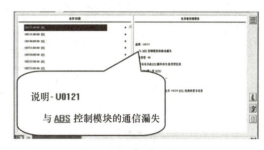

图 3-56 故障码说明

项目 3

（3）终端电阻测量 在 CAN 的故障诊断过程中，可以利用终端电阻来判断 CAN 网络的总线是否出现故障。测量 CAN 总线电阻前，需断开蓄电池，以使 CAN 网络断电。测量时应将万用表的两个表笔分别连接在总线的 CAN-H 和 CAN-L 上，测量点可以在 DLC 或总线的其他位置。

如图 3-57 所示，可以从 DLC 位置，用万用表分别测量 3 号和 11 号（或 6 号与 14 号）针脚之间的电阻值。因为 BCM 与 IC 中的终端电阻值分别为 120Ω，它们形成了并联关系，所以万用表的测量结果应为 60Ω。如果测量结果为 120Ω，则说明有一个终端电阻或一侧总线断路；如果测量结果无穷大，则说明两个终端电阻或 DLC 网络线路断路；如果测量结果为 0Ω，则说明 CAN-H 与 CAN-L 互相短路。

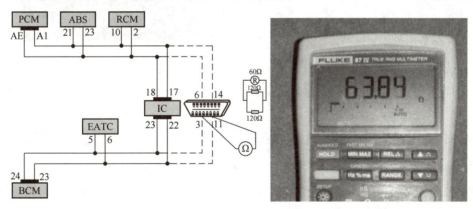

图 3-57 终端电阻测量

（4）总线电压测量 通过测量 CAN 总线的对地电压，可以判断 CAN 总线是否能够正常传输信号。测量时使用万用表的直流电压档，且需要使 CAN 总线处于工作状态，如打开点火开关。

测量点可以在 CAN 总线的任意位置。如图 3-58 所示，可以从 DLC 的 3 号针脚处测量 CAN 的对地电压。在总线隐性时，CAN-H 的对地电压为 2.5V 左右，CAN-L 的对地电压为 2.5V 左右。

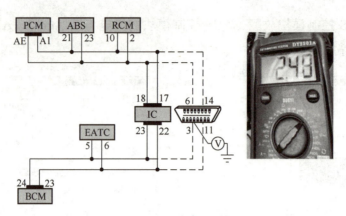

图 3-58　总线电压测量

（5）总线波形测量　如果总线存在故障，通过测量和识别 CAN 总线的波形可以直观地判断其问题所在。图 3-59 所示为低速 CAN-H 对电源短路时的信号波形，CAN-H 升到蓄电池电压 12V 左右，CAN-L 在 1～5V 之间变化，此时 CAN 网络仍然具备单线数据传输的能力。

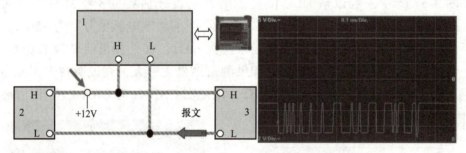

图 3-59　低速 CAN-H 对电源短路时的信号波形

3.2.4　其他网络通信的原理与故障诊断

3.2.4.1　FlexRay 网络的原理与故障诊断

1. FlexRay 网络的定义

FlexRay 是一种用于汽车的高速、可确定性的、具备故障容错能力的总线技术，它将事件触发和时间触发两种方式相结合，具有高效的网络利用率和系统灵活性，可以作为新一代汽车内部网络的主干网络。由于传统的 CAN 解决方案不能满足汽车线控系统（X-By-Wire）的要求，于是在 2000 年 9 月，宝马和戴姆勒·克莱斯勒联合飞利浦和摩托罗拉成立了 FlexRay 联盟。该联盟致力于推广 FlexRay 通信系统在全球的采用，使其成为高级动力总成、底盘、线控系统的标准协议。其具体任务为制定 FlexRay 需求定义、开发 FlexRay 协议、定义数据链路层、提供支持 FlexRay 的控制器、开发 FlexRay 物理层规范并实现基础解决方案。

2. FlexRay 网络的特点

FlexRay 网络提供了传统车内通信协议不具备的大量特性，具体包括：

1）高传输速率。FlexRay 的每个信道具有 10Mbit/s 带宽。它不仅可以像 CAN 和 LIN 网络这样的单信道系统一般运行，而且还可以作为一个双信道系统运行，因此可以达到 20Mbit/s 的最大传输速率，是当前 CAN 最高运行速率的 20 倍。

2）同步时基。FlexRay 中使用的访问方法是基于同步时基的。该时基通过协议自动建立和同步，并提供给应用。时基的精确度介于 0.5～10μs 之间。

3）确定性。通信是在不断循环的周期中进行的，特定消息在通信周期中拥有固定位置，因此接收器已经提前知道了消息到达的时间。到达时间的临时偏差幅度会非常小，并能得到保证。

4）高容错。强大的错误检测性能和容错功能是 FlexRay 设计时考虑的重要方面。FlexRay 总线使用循环冗余校验（Cyclic Redundancy Check，CRC）来检验通信中的差错。FlexRay 总线通过双通道通信，能够提供冗余功能，并且使用星形拓扑可完全解决容错问题。

5）灵活性。在 FlexRay 协议的开发过程中，关注的主要问题是灵活性，反映在如下几个方面：支持多种方式的网络拓扑结构；消息长度可配置，可根据实际控制应用需求，为其设定相应的数据载荷长度；使用双通道拓扑时，既可用以增加带宽，也可用于传输冗余的消息；周期内静态、动态消息传输部分的时间都可随具体应用而定。

3. FlexRay 网络的工作原理

FlexRay 总线的基本工作方式与 CAN 总线和 LIN 总线不同。如图 3-60 所示，用索道做比喻就很恰当，索道的站点就像总线用户，即信息发送和接收器（控制单元），索道的吊车就像数据帧，而乘客就是信息。总线用户通过 FlexRay 总线发送信息的时间点精准地确定；发出信息到达接收器的时间也可以精确地识别。这就与索道既定不变的"时刻表"相同。即使总线用户不发送任何信息，也为它预留一定的带宽，就像索道上无论是否有乘客，索道都在运行。所以，不需要像在 CAN 总线上那样设定信息的优先级。

图 3-60　FlexRay 网络的工作原理

4. FlexRay 网络协议

如图 3-61 所示，在 FlexRay 总线上，信息通过通信周期（Communication Cycles）传输。通信周期不断循环，也就是说，接连不断。一个通信周期持续 5ms。整个通信周期由静态段、动态段、网络空闲时间（空载）组成。

（1）静态段　静态段在总线用户之间传递信息。如图 3-62 所示，为了传输数据，静态段被分为 62 个时隙，即 "槽"。一个静态时隙只能发送到一个特定的总线用户中，但是，所有总线用户可以接收所有静态时隙，也包括那些与它没有确定关系的时隙。所有静态时隙的长度都相等，都是 42 字节。时隙的顺序固定不变。在接连不断的通信周期中，各个静态段传输不同内容的信息。一般情况下，无论所有时隙是否都承载信息，整个时隙结构都会被传输。

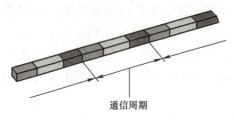

图 3-61　FlexRay 通信周期

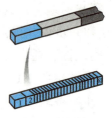

图 3-62　静态段

（2）动态段　如图 3-63 所示，动态段被分成若干 "最小时隙"（Minislot）。所有总线用户都会接收动态段。动态段是通信周期中为了能够传输事件触发的数据而预留的位置。

（3）网络空闲时间　如图 3-64 所示，网络空闲时间就是 "网络静止时间"。在这段时间内，FlexRay 总线上没有信息在传输。数据总线诊断接口（网关）需要这段时间同步 FlexRay 总线上数据传输的过程。所有总线用户利用网络空闲时间使内部时钟与全球时基同步。

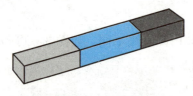

图 3-63　动态段

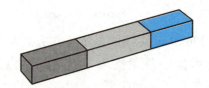

图 3-64　网络空闲时间

（4）信号状态　FlexRay 总线的两条导线分别是 "正总线" 和 "负总线"。两条导线上的电平在最低值 1.5V 和最高值 3.5V 之间变换，如图 3-65 所示。FlexRay 的信号状态有三种："空闲" 表示两导线的电平都为 2.5V；"数据 0" 表示正总线上低电平，负总线上高电平；"数据 1" 表示正总线上高电平，负总线上低电平。

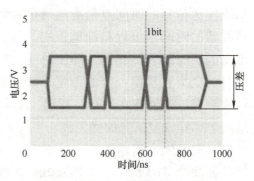

图 3-65　信号状态

1bit 占 100ns 带宽。传输时间与导线长度以及总线驱动器的传输用时有关。信号差别传输，也就是说需要两条导线。接收器通过两个信号的差别确定本来的比特状态。典型的数值是 1.8 ～ 2V 的压差。发送器附近必须至少有 1200mV 的压差；接收器处的直接最小压差为 800mV。如果在 640～2660μs 之内总线上没有变化，FlexRay 总线自动进入休眠模式（空闲）。

5. FlexRay 网络的故障诊断

（1）FlexRay 总线诊断仪检测　FlexRay 网络有自我诊断功能，当出现故障时可以通过诊断仪读取故障记录，如图 3-66 所示。FlexRay 总线故障一般包括控制单元无通信；FlexRay 数据总线损坏；FlexRay 数据总线初始化失败；FlexRay 数据总线信号出错。

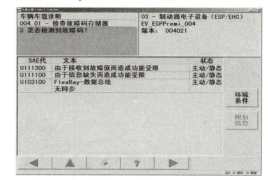

当出现 FlexRay 总线一条导线对地短路时，数据总线诊断接口 J533（网关）识别到一个持续不变的压差。相关的总线支路关闭，直到再次"空闲"，也就是说，识别到休眠模式的电平。

图 3-66　读取故障记录

当两条导线相互短路时，数据总线诊断接口 J533（网关）识别到"空闲"电压持久不变。该总线支路上再也无法发送和接收数据。控制单元持续发送"空闲"，数据总线诊断接口 J533（网关）识别到总线支路"空闲"，并关闭总线支路。

（2）FlexRay 总线终端电阻检测　FlexRay 总线终端电阻的设置与大多数总线系统一样，为了避免在总线上产生信号反射，FlexRay 总线的数据导线两端也使用了终端电阻，这些终端电阻的阻值由数据传输速率和导线长度决定，终端电阻位于控制单元内部。如图 3-67 所示为奥迪 A8L FlexRay 总线的终端电阻网络图，中间控制单元（如 J492）有四个总线接口，有两个 1.3kΩ 的串联电阻；末端控制单元（如 J428 和 J533）有两个总线接口，有两个 47Ω 的串联电阻。

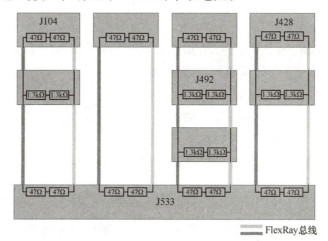

图 3-67　奥迪 A8L FlexRay 总线的终端电阻网络图

如图 3-68 所示，当总线无故障、终端电阻正常时，控制单元正常连接在系统中，此时测量正总线和负总线，电阻 R_M 的阻值为 47Ω。当 J533（网关）与 J850（中间控制单元）断路时，测量正总线和负总线之间的电阻 R_M，电阻值约为 94Ω。接下来拔掉 J533 后，测量电阻 R_M，电阻值为无穷大，这意味着 J533 与支路间存在断路。然后拔下 J850 之后，测量电阻 R_D，电阻值约为 $2.6k\Omega$，连接线电阻应小于 2Ω。

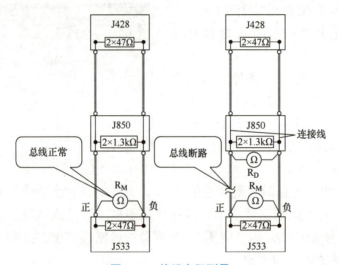

图 3-68　终端电阻测量

（3）FlexRay 导线维修　FlexRay 的线路是一个双绞线导线，必须尽可能保持这种双绞线布置方式。剥掉 FlexRay 导线绝缘层的维修部位必须用软管密封住，否则容易进水，从而影响总线系统的效率。FlexRay 导线损坏后必须用规格一致的 FlexRay 导线替换，否则将会影响传输功能。

3.2.4.2　MOST 网络的原理与故障诊断

1. MOST 网络的定义

MOST（Media Oriented Systems Transport）意为面向媒体的系统传输（见图 3-69）。该系统将符合地址的信息传送到某一接收器上，在这一点上与 CAN 数据总线是不同的。通过采用 MOST 总线，不仅可以减小连接各部件的线束的质量，降低噪声，而且可以减轻系统开发技术人员的负担，最终在用户处实现各种设备的集中控制。

图 3-69　MOST 总线的标志

2. MOST 网络的特点

1）传输介质。MOST 网络的节点与节点之间使用光波作为媒介传输数据信息。光纤网络不会受到电磁辐射干扰与搭铁环的影响。

2）传输速率高。在保证低成本的条件下，光学 MOST 总线可以在相关部件之间以数字的形式交换数据。除了使用较少导线和重量较轻之外，光波传送具有极高的数据传送率，可以达到 150Mbit/s 的数据传输速度。

3）无论是否有主控计算机都可以工作。

4）支持声音和压缩图像的实时处理，最多可以同时传送 15 个频道的 CD 质量的非压缩音频数据。

5）支持数据的同步和异步传输，一次最多传输 384B。

6）发送 / 接收器嵌有虚拟网络管理系统。

7）MOST 网络支持即插即用方式，在网络上可以随时添加和去除设备。

8）节点数。各个节点串联在光纤上，最多可以连接 64 个节点。

3. MOST 网络的应用

MOST 总线可连接汽车音响系统、视频导航系统、车载电视、高保真音频放大器、车载电话、多碟 CD 播放器等模块，其数据传输速率最高可达 150Mbit/s，而且没有电磁干扰。因此，目前高端汽车上大多采用 MOST 系统连接其车载影音娱乐系统，如图 3-70 所示。

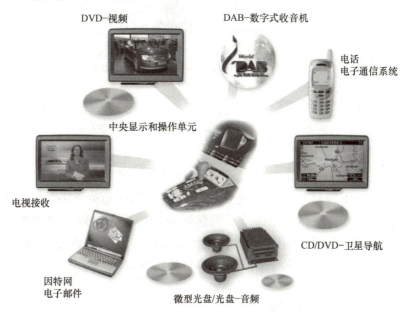

图 3-70 奥迪 A8 汽车的车载影音娱乐系统

4. MOST 网络的结构

（1）MOST 网络节点的内部结构 在光学总线中，每一个总线用户（收音机、CD 唱机、视频导航仪等）都有一个光学传输控制单元，用于实现光学传输的信号调制、解调和控制。如图 3-71 所示，光学传输控制单元由仪器内部电源、发射和接收单元—光导发射器（FOT）、光波导体、光纤插头、标准微型控制单元（CPU）、仪器特殊部件等组成。

1）光纤插头。光纤插头用于实现光导纤维与光学传输控制单元之间的连接。光信号通过光纤插头进入光学传输控制单元，或将本控制单元产生的光信号通过光纤插头、光导纤维传往下一个 MOST 总线节点。

2）电气插式连接。电气插式连接用于系统供电和接地、系统故障自诊断以及输入/输出信号的传输。

3）仪器内部电源。电气插式连接送入的电能再由仪器内部电源分送到各个部件，这样就可以有选择地单独关闭控制单元内某一部件，从而降低了静态电流。

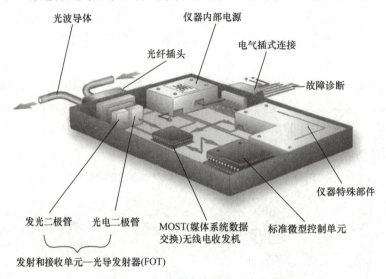

图 3-71　光学传输控制单元的组成

4）发射和接收单元—光导发射器（FOT）。如图 3-72 所示，发射和接收单元—光导发射器（FOT）由一个光电二极管和一个发光二极管构成，到达的光信号由光电二极管转换成电压信号（实现由光到电的转变）后传至光波收发器。发光二极管的作用是把来自光波收发器的电压信号再转换成光信号（实现由电到光的转变）。如图 3-73 所示，光学传输中使用的光波波长为 650nm，是可见红光。数据经光波调制后传送，调制后的光经由光导纤维传到下一个总线节点。

图 3-72　发射和接收单元

图 3-73　波长 650nm 的可见红光

5）MOST 无线电收发机。MOST 无线电收发机由发射器和接收器两个部件组成。发射器将要发送的信息作为电压信号传至光导发射器。接收器接收来自光导发射器的电压信号，并将所需的数据传至控制单元内的标准微型控制单元（CPU）。其他控制单元不需要的信息由收发器来传送，而不是将数据传到 CPU 上，这些信息原封不动地发送至下一个控制单元。

6）标准微型控制单元。标准微型控制单元是控制单元的核心元件，它的内部有一个微处理器，用于操纵控制单元的所有基本功能。

7）仪器特殊部件。仪器特殊部件用于控制某些专用功能，例如 CD 播放机的选曲和收音机调谐器的控制（选择广播电台频率）等。

（2）光电二极管　光电二极管是利用光电效应原理将光波信号转换成电压信号的。光电二极管内有一个 PN 结，入射光可以照射到这个 PN 结上。在 P 层上有一个正极触点（接触环），N 层与金属板（负极）相连，如图 3-74 所示。

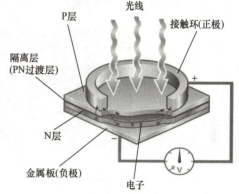

如果入射光或红外线照射到 PN 结上，PN 结内就会产生自由电子和空穴，从而形成穿越 PN 结的电流。照射到光电二极管上的入射光越强，流过光电二极管的电流就越大。这个现象称为光电效应。

图 3-74　光电二极管结构示意图

（3）光导纤维

1）光导纤维的作用。作为光波的传输介质，光导纤维（亦称光纤）的作用是将在某一控制单元发射器内产生的光波传送到另一控制单元的接收器，如图 3-75 所示。常用的光纤有塑料光纤和玻璃纤维光纤两种，在汽车上应用了塑料光纤。

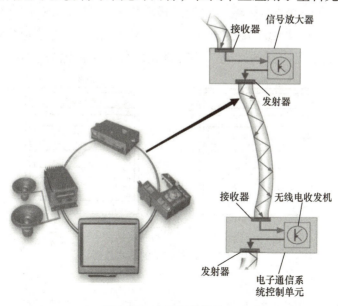

图 3-75　光导纤维的作用

2）光导纤维的结构。光纤由几层材料组成，如图3-76所示。内核是光纤的中心部分，它由聚甲基丙烯酸甲酯组成，并且是真正的光导体。由于全反射原理，当光穿过它时，几乎没有任何损耗。全反射需要在内核外面使用光学上透明的含氟聚合物的覆盖层，黑色聚酰胺覆盖层保护内核，阻止外部入射光的射入。彩色覆盖层用于进行识别，防止发生机械损伤并起着热保护的作用。反射涂层是由氟聚合物制成的，它包在内核周围，对全反射起关键作用。黑色外套是由尼龙制成的，用来防止外部光源照射，避免产生干扰。有色外套起到识别、保护及隔热作用。

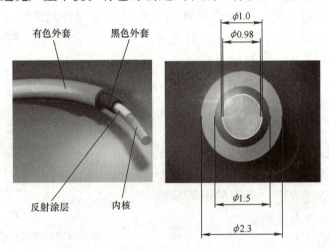

图3-76　光导纤维的结构（单位：mm）

5. MOST 网络信号传输的基本原理

（1）信号传输的基本原理　如图3-77所示，MOST 网络采用光学传输信号，光信号的传输类似于电信号的传输，发光二极管将收发机送来的数字信号转化为光信号（如将数字信号 01010101 转化成光信号）。这些光信号通过光纤传到下一个控制单元后，由该控制单元内部的光电二极管将光信号重新转化为数字信号。

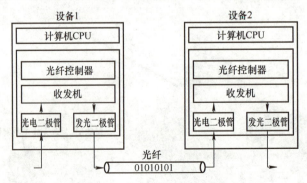

图3-77　信号传输的基本原理

（2）光波传输

1）直的光纤。如图3-78所示，在直的光纤中，光纤以直线方式在内芯线中传导部分光波，大多数光波是按全反射原理在内芯线表面以 Z 字形曲线传输的，其结果是在内芯线的表面产生了全反射。

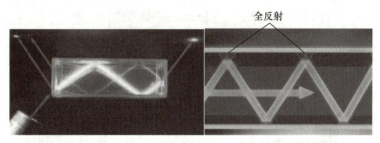

图 3-78　光波在直的光纤中的传输

2）弯曲的光纤。如图 3-79 所示，在弯曲的光纤中，发生在内芯线覆盖层边缘的全反射使得光波被反射，从而被传导通过弯曲处，此时可以实现光波的正常传输。但光纤的曲率不宜过大，建议半径大于 25mm。

3）全反射。当一束光波以小角度照射到折射率高的材料与折射率低的材料之间的界面时，光束就会被完全反射，这种现象称为光波的全反射。

光纤中的内核是折射率高的材料，反射涂层是折射率低的材料，所以全反射发生在内核的内部。光波能否发生全反射，取决于从内部照射到界面的光波角度，如果该角度过陡，那么光波就会离开内核，从而造成较大损失。当光纤弯曲或弯折过度时就会出现这种情况，造成光波传输的衰减，甚至失真。为此，要求光纤的弯曲半径不可小于 25mm，如图 3-80 所示。

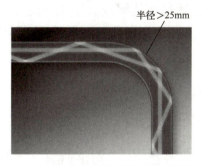

图 3-79　光波在弯曲的光纤中的传输

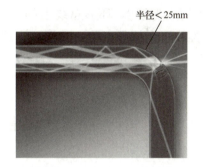

图 3-80　光纤弯折导致的光波衰减

（3）MOST 总线的拓扑结构　如图 3-81 所示，MOST 总线系统采用环形拓扑结构。控制单元通过光纤沿环形方向将数据发送到下一个控制单元。这个过程一直在持续进行，直至首先发出数据的控制单元又接收到这些数据为止。可以通过数据总线诊断接口和诊断 CAN 总线来对 MOST 系统进行故障诊断。

在 MOST 总线中，每个终端设备（节点、控制单元）在一个具有环形结构的网络中通过光纤环相互连接。音频、视频数据信息在环上循环，该信息将由每个节点（控制单元）读取和转发。当一个节点要发送数据时，该节点生成发射就绪信息，并把它改成占用信息，被作为接收器地址的节点复制数据在环形总线中继续发送。如果数据重新到达发射器，发射器就把数据从环上删除，并重新生成发射就绪信息。

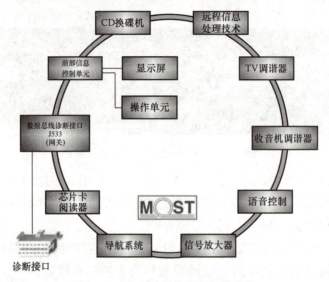

图 3-81　MOST 总线环形拓扑结构

（4）MOST 总线的工作过程

1）系统唤醒。如图 3-82 所示，如果 MOST 总线处于休眠模式，那么首先必须通过唤醒过程将系统切换到备用模式。如果某一控制单元（系统管理器除外）唤醒了 MOST 总线，那么该控制单元就会向下一个控制单元发射一种专门调制的光波（称为伺服光波）。环形总线上的下一个控制单元通过在休眠模式下工作的光电二极管来接收这个伺服光波，并将该光波继续下传，该过程一直进行到系统管理器为止。

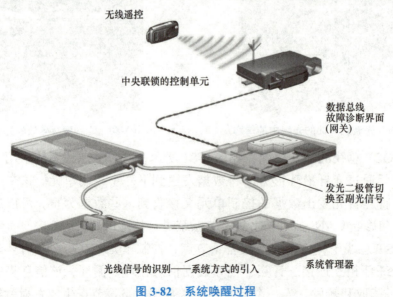

图 3-82　系统唤醒过程

2）信息帧的发送。如图 3-83 所示，系统管理器根据传来的伺服光波来识别是否有系统启动的请求，然后系统管理器向下一个控制单元发送一种专门调制的光波（称为主光波）。这个主光波由所有的控制单元继续传输，光导发射器（FOT）接收到主光波后，系统管理器就可识别出环形总线现在已经封闭（闭合），可以开始发送信息帧了。

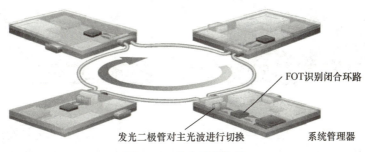

图 3-83　主光波的传输

如图 3-84 所示，首批信息帧要求 MOST 总线上的控制单元提供标识符。系统管理器根据标识符向环形总线上的所有控制单元发送实时顺序（实际配置），这使得面向地址的数据传递成为可能。诊断管理器将报告上来的控制单元（实际配置）与一个所安装的控制单元存储表（规定配置）进行比较。如果实际配置与规定配置不相符，诊断管理器存储相应的故障。至此整个唤醒过程结束，可以开始数据传送了。

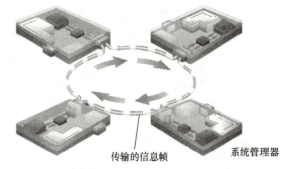

图 3-84　系统管理器传输信息帧

6. MOST 网络的故障诊断

当 MOST 网络通信出现故障时，可以使用以下方法对 MOST 网络故障进行诊断。

（1）诊断管理器　MOST 网络除了有系统管理器外，还有一个诊断管理器，如图 3-85 所示。诊断管理器执行环路断开诊断，并将 MOST 总线上的控制单元诊断数据传给诊断仪。在奥迪 A8 D3 款汽车上，数据总线诊断接口 J533 就是执行故障诊断功能的。

（2）MOST 断环诊断　由于 MOST 总线采用环形结构，在数据传输过程中，如果 MOST 总线上的某一位置处发生数据传输中断，就无法完成正常的数据传输任务。因此将这种数据传输中断称为环路断开，亦即总线断路。发生环路断开后，音频和视频播放会终止，通过多媒体操纵单元无法控制和调节影音娱乐系统。同时，诊断管理器的故障存储器中存有故障信息——光纤数据总线断路故障。

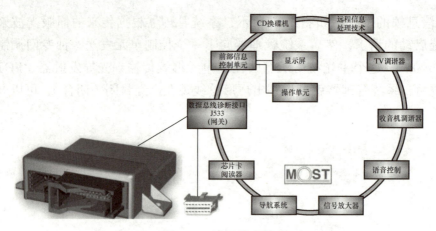

图 3-85　诊断管理器

光纤断路、发射器或接收器控制单元的供电电路故障以及发射器或接收器控制单元本身损坏等原因均可能导致 MOST 总线系统出现环路断开。要想确定出现环路断开的具体位置，就必须进行环路断开诊断。环路断开诊断是诊断管理器执行元件诊断内容的一部分。

1）诊断导线与询问脉冲。如果环形结构中断，就不能在 MOST 总线中进行数据传输，所以要借助于诊断导线来执行环形结构的故障诊断。为准确判断出发生环路断开的具体位置，需要使用诊断导线，如图 3-86 所示。诊断导线通过中央导线插接器与 MOST 网络上的各个控制单元相连。

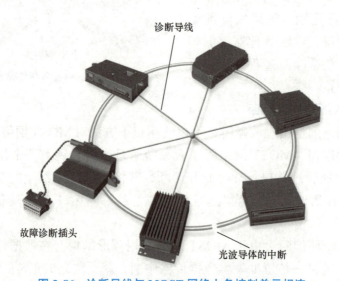

图 3-86　诊断导线与 MOST 网络上各控制单元相连

当环路断开诊断开始后，诊断管理器通过诊断导线向各控制单元发送一个询问脉冲，如图 3-87 所示。这个询问脉冲使得所有控制单元用光导发射器（FOT）内的发射单元发出光波信号。在此过程中，所有控制单元检查自身的供电及其内部的电控功能是否正常，同时，接收环形总线上的前一个控制单元发出的光波信号。

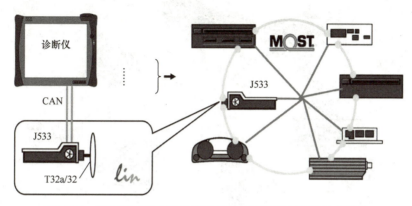

图 3-87　诊断管理器通过诊断导线向各控制单元发送询问脉冲

MOST 总线上的各个控制单元会在一定时间内对诊断管理器发出的光波脉冲信号做出应答，其应答时间的长短取决于控制单元的软件。从环路断开诊断开始到控制单元做出应答有一段时间间隔，诊断管理器根据这段时间的长短就可判断出哪一个控制单元已经做出了应答。

2）应答的内容。环路断开诊断开始后，每一个 MOST 总线的控制单元在软件规定的时间长度内传送出两条信息：第一条是控制单元电气方面是否正常，即本控制单元电气功能是否正常（如电源供电是否正常）；第二条是控制单元光学方面是否正常，本控制单元的光电二极管是否能够接收到环形总线上位于其前面的控制单元发出的光波信号。然后 MOST 诊断管理器通过这些信息就可识别出 MOST 总线系统是否有电气故障（供电故障），以及是哪个控制单元出现了电气故障或哪一些控制单元之间的光学数据传送中断了。这样就可以准确地判断出环路断开的具体的故障性质和故障位置，给 MOST 总线系统诊断和维修带来极大的方便。

（3）信号衰减幅度增大诊断　MOST 系统环路断开诊断只能用于判定数据传输是否中断。如图 3-88 所示，诊断管理器还有信号衰减幅度增大的诊断功能，即通过监测 MOST 系统传输光波功率的降低来判断光学系统在信号传输过程中是否存在信号衰减幅度增大的故障。信号衰减幅度增大的诊断与环路断开诊断的方法和过程是类似的，也要使用诊断管理器和诊断导线。其判别标准是：如果控制单元接收到的光波功率较前一个控制单元发出的光波功率有 3dB 及 3dB 以上的衰减，则接收器就会向诊断管理器报告发生了光学故障。据此，诊断管理器就可识别出故障点，并且在用检测仪查询故障时会给出相应的帮助信息。

（4）MOST 诊断仪　如果怀疑 MOST 网络的控制单元有异常，可利用备用的控制单元 VAS 6186（诊断仪）来替换可疑控制单元，然后观察 MOST 系统是否恢复正常，如图 3-89 所示。若替换后系统恢复正常，则可确认故障是可疑控制单元损坏所致。

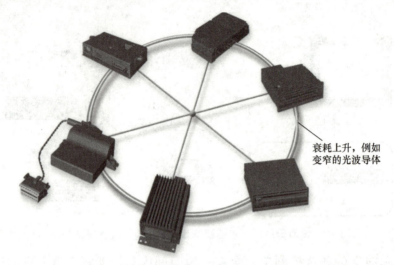

图 3-88　信号衰减幅度增大诊断

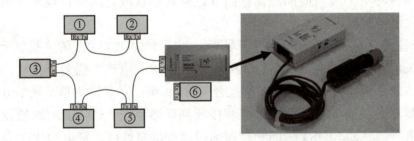

图 3-89　利用备用控制单元 VAS 6186 进行检测

3.2.4.3　以太网介绍

以太网（Ethernet）最初由美国 Xerox（施乐）公司和斯坦福大学联合开发并于 1975 年推出。1980 年由 DEC（美国数字设备公司）、Intel（英特尔公司）和 Xerox 三家公司联合开发成为一个网络标准。以太网是一项使用电缆连接的网络技术，可供任何制造商使用。

1. 以太网的标准

以太网组网非常灵活和简便，可使用多种物理介质，以不同拓扑结构组网，并且在轻载情况下具有较高的网络传输效率，如图 3-90 所示。它是目前国内外应用最为广泛的一种网络，已成为网络技术的主流。以太网按其传输速率可分 10Mbit/s 以太网、100Mbit/s 以太网、1Gbit/s 以太网和 10Gbit/s 以太网等。无论何种以太网，其

MAC（介质访问控制）层均采用争用型介质访问控制协议，即载波监听多路访问 /
冲突检测（CSMA/CD），符合 IEEE 802.3 标准。

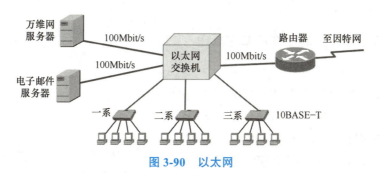

图 3-90　以太网

目前在汽车上使用的是数据传输速率为 100Mbit/s 的 IEEE 802.3u 标准。IEEE
802.3xx 是美国电气与电子工程师协会针对电缆连接网络的一项标准。该标准又称为
快速以太网，使用 TCP/IP（传输控制协议 / 网际协议）和 UDP（用户数据报协议）
作为传输协议。

2. 以太网在汽车上的应用

奥迪 A8 采用快速以太网（100Mbit/s），用于车辆诊断仪和网关之间的通信，也
用于信息电子控制单元（J794）和驾驶人辅助系统控制单元（J1121）之间的通信。
车辆诊断仪和网关之间这种快速数据传递可大大降低控制单元的参数配置或者升级
所需要的时间。信息电子控制单元（J794）和驾驶人辅助系统控制单元（J1121）之
间的以太网连接用于 J1121 的快速升级，为此需要将带有所需数据的 SD 卡插入
J794，并通过以太网线来传递这些数据。这个传递过程比先将数据传至网关，再通
过 FlexRay 总线传至 J1121 要快得多。

3.3　防盗系统故障诊断

随着汽车电子技术的发展，如今的汽车几乎都配备了防盗系统，装有这类防盗
器的汽车通过车门传感器进行检测，并将检测的信息传送给汽车的防盗电控单元，
一旦车门被非法打开，防盗电控单元便会命令执行机构做出相应的反应。当防盗系
统被激活之后，若有人非法打开车门，砸碎玻璃，接通点火开关，防盗器会立即报
警，报警的方式有灯光闪烁、笛声长鸣、发射电波等。有的车型在报警的同时会切
断起动电路、燃油供给、点火系统、喷油控制电路和发动机控制单元搭铁电路，甚
至切断变速器控制电路，从而使汽车发动机不能起动和运行。

有的汽车甚至装备有更复杂的发动机防盗锁止系统（IMMO），将加密的芯片置
于钥匙中，在打开点火开关的过程中，通过车身的射频收发器验证钥匙是否匹配来
控制发动机。所以盗车者即便是越过了车门这一关，在车内也会被这些防盗系统感

知到，以此触发自我保护程序，防止汽车在未被授权的情况下靠自身动力开走。

3.3.1 防盗止动系统故障诊断

3.3.1.1 防盗止动系统的结构及工作原理

1. 防盗止动系统的结构

防盗止动系统也称为发动机防盗锁止系统（IMMO），是通过控制车辆起动防止车辆被盗的系统。只有将已经编程的 IMMO 钥匙放置在点火开关，才可以起动发动机。该系统不能阻止已经运行的车辆。防盗止动系统主要由点火开关、接收器线圈、防盗钥匙、防盗控制单元以及发动机控制单元组成，如图 3-91 所示。

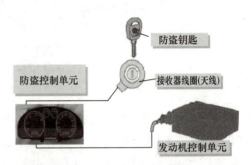

图 3-91　防盗止动系统的结构

2. 防盗止动系统的工作原理

防盗止动系统通过接收器线圈与钥匙中的射频芯片进行通信，验证此钥匙是否为匹配过的合法钥匙。如图 3-92 所示，点火开关上的接收器线圈会读取钥匙芯片的 ID 信息，如果与车上防盗系统 ID 一致，则是合法钥匙，解除防盗，允许发动机起动；否则会锁定，即使打开点火钥匙开关，发动机也无法起动。

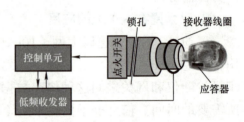

图 3-92　防盗止动系统工作过程

大多数汽车防盗止动系统芯片识别的工作原理基本是一样的。如图 3-93 所示，在打开点火开关时，接收器通过环形线圈将交流射频信号发送给应答器线圈，应答器产生交流感应电压，通过内部电路转换成直流电压为电容充电，同时依靠此电能驱动芯片电路工作，将认证编码转换成交流电压脉冲信号，通过环形天线发送给接收器。接收器将此编码转换成数字信息传送给防盗控制单元，防盗控制单元产生一个随机数，随同应答器与防盗系统最后一次通信所存储的值一起进行编码。这个数据编码通过接收器传送给应答器，应答器对这个编码进行解码，还原出随机数通过接收器返还给防盗控制单元。防盗系统将产生的随机数与应答器传递回来的计算结果比较，如果二者一致，则钥匙认证通过，发动机控制单元允许发动机起动；反之，如果二者不一致，则认证不通过，发动机控制单元将不允许发动机起动。

3.3.1.2 防盗止动系统的诊断

对防盗止动系统进行诊断时，要先对其工作原理进行分析，然后根据分析的结果对系统元件进行检查。

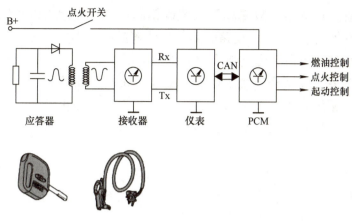

图 3-93　防盗止动系统的工作原理

1. 防盗止动系统故障的分析方法

防盗止动系统的故障自成一体，分析时注意不要与汽车其他系统，如周边防盗系统或 PCM 产生的故障相混淆。务必参考维修手册有关定点测试步骤和排查故障的相应内容。在对系统故障进行分析时，首先要对故障进行必要的区分，即哪些属于防盗止动系统故障，哪些不属于。

可以通过防盗指示灯的状态对系统故障进行分析。打开点火开关，仪表中防盗指示灯会点亮，表示防盗止动系统正进行检测；如果 3s 后指示灯熄灭，表示防盗止动系统认证通过，发动机可以正常起动；如果 3s 后指示灯没有熄灭或闪烁，则发动机无法起动。

如果打开钥匙门 3s 后防盗指示灯闪烁，说明防盗止动系统硬件正常，只是防盗止动系统认证没有通过，这时要重点检查防盗匹配等方面的问题；如果指示灯常亮，此时防盗止动系统也同样没有认证通过，但导致没有通过的原因更多地指向系统硬件，这时要首先检查系统硬件的状态。

2. 防盗止动系统常见故障现象

常见的防盗止动系统故障表现为钥匙在 ON 位时，防盗指示灯快速闪烁、发动机不发动、发动机起动并在 1s 之内停转、发动机能转动但无法起动。

车辆出现以下故障现象可以判断与防盗止动系统问题无关：发动机故障指示灯点亮，应检查发动机控制系统；点火时防盗指示灯点亮并通过正常的 3s 验证，说明防盗止动系统工作正常；如果汽车运转超过 1s，然后停转，就不是防盗止动系统的问题；对于没有配备起动机禁止功能的防盗止动系统，如果起动机不工作，检查起动机系统；防盗止动系统不会使运转的汽车停转（在发动机工作 1s 之后）；周边防盗系统（如果配备）和防盗止动系统属于完全独立的两套防盗系统，不会相互影响。

3. 防盗止动系统认证检查

如果防盗止动系统认证未通过，防盗止动系统将启动并使发动机无法起动。影响防盗止动系统认证的常见故障如下：编码钥匙损坏、使用未编程钥匙、使用非编码钥匙（钥匙不带电子芯片）、线路故障、接收器故障、多路传输通信网络故障、控制功能故障、PCM（防盗系统控制单元）功能故障。

根据故障现象，并结合系统工作原理对系统进行分析检查。在分析故障时首先要核实防盗止动系统是否加装干涉设备导致系统失效，如报警器、遥控起动系统或其他使用发送应答器的设备。另外，薄金属片等金属物体都会对防盗止动系统钥匙产生干扰。

在诊断防盗止动系统故障，特别是间歇性故障时，需要拿到客户的所有钥匙。使用诊断仪进行检测时，会发现有许多与防盗止动系统故障相关的通用故障码，这些故障码有可能出现在车身系统、动力传动系统或网络通信系统。以下将对福特福克斯车型常见的防盗止动系统故障码进行介绍。

1）故障码：无信号发至发送应答器　如图 3-94 所示，该故障码表示防盗止动系统控制模块在点火循环期间，防盗止动系统控制装置未读取到防盗止动系统钥匙码。其产生的原因可能与防盗止动系统钥匙、防盗止动系统收发信号模块、防盗止动系统收发信号模块与防盗止动系统控制装置之间的电路和 / 或防盗止动系统控制装置等有关，所以首先要验证确实使用了被认可的钥匙。

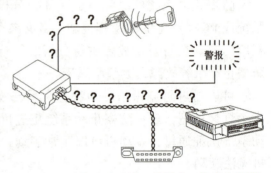

图 3-94　防盗止动系统无信号发至发送应答器

要确定故障码的原因，可在防盗控制单元上进行自检，验证故障码。如果仍出现无信号发至发送应答器，使用下列程序（钥匙编程：用已编程钥匙为其他钥匙编程）为新的防盗止动系统钥匙编程：用一把新的未编程钥匙将点火开关从 OFF 位转至 RUN 位，用诊断仪进入防盗止动系统，重新进行钥匙编程。

2）故障码：从点火钥匙发送应答器收到未编程的钥匙码　故障存储器内报此故障时，防盗止动系统钥匙本身没有问题，对于此故障码，不需要更换部件，但必须在防盗止动系统存储器中编程（除非已编程到钥匙的最大数量）。要确定故障的原因，可先使用诊断仪进行防盗止动系统控制单元自检，验证故障码。如果仍出现故障码，用诊断仪的数据记录器查看 N_KEYCODE 数据流。最多可将八把钥匙编入汽车。该步骤用以核实所用的钥匙不是第九把。如果 PID 显示八把钥匙都已编入汽车，就需要执行下列程序：首先确保两把磨削正确的防盗止动系统钥匙是有效的，然后使用诊断仪进行钥匙擦除重新编程。

3）故障码：从点火钥匙发送应答器收到错误钥匙码　该故障码表示防盗止动系统读取的钥匙码不完整，可读取部分防盗止动系统钥匙码。此时需要验证是否使用被认证的合法钥匙，并同时检查是否存在干扰钥匙等情况。如图 3-95 所示，分析该故障码可能是因防盗止动系统钥匙或防盗止动系统收发信号模块而产生。可以先用诊断仪进行防盗止动系统自检，验证故障码，如故障码仍然存在，则需要将点火开关转至 OFF 位，换一把经过正确磨齿带编码的新型防盗钥匙，并对其进行防盗止动系统编程。使用新匹配的钥匙起动发动机，发动机应该能正常起动和运转；如果发动机不能起动，则应更换新的防盗止动系统接收器。

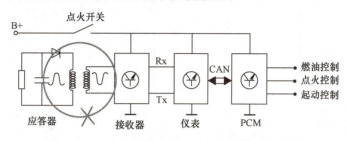

图 3-95　从点火钥匙发送应答器收到错误钥匙码

4）故障码：没有收到接收器模块信号　产生该故障码的可能原因是防盗止动系统收发信号模块与防盗止动系统控制模块之间的电路或模块本身故障，如图 3-96 所示。要确定故障的原因，可首先用诊断仪进行防盗止动系统控制单元自检，验证故障码。将点火开关转至 OFF 位，然后检查熔丝。检查防盗止动系统接收器安装是否正确。将点火开关转到 OFF 位，检查电压。如果没有蓄电池电压，修理线路；如果有电压，通过测量防盗止动系统接收器线路的电阻检查接收器的接地线路。

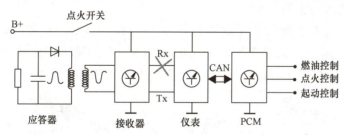

图 3-96　没有收到接收器模块信号

4. 接收器线圈的检查

根据防盗止动系统工作原理可知，接收器线圈是一个独立模块，在检查时应按照模块的检查方法进行检查，即检查电源、搭铁以及信号线。如图 3-97 所示为接收器线圈电路图，在检查时可使用万用表对其进行相应的检查。

3.3.2　无钥匙进入系统故障诊断

随着汽车的普及，人们对汽车性能的要求越来越高，同时对舒适性和智能化的要求也日益增加。无钥匙进入系统作为舒适性和智能化的重要部分，广泛应用于中高档车型上并取得巨大成功。

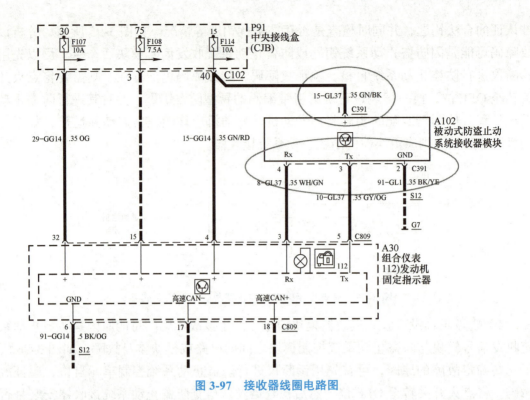

图 3-97　接收器线圈电路图

3.3.2.1　无钥匙进入系统的功能与工作原理

1. 无钥匙进入系统的功能

汽车无钥匙进入系统所使用的不是传统的钥匙，而是一个智能钥匙，或者说智能卡。如图 3-98 所示，如果车钥匙处于中央门锁的识别范围内，那么就可以将手放到门把手内来打开车门，或按下车门外把手上的中央门锁按钮来锁上车门。

图 3-98　无钥匙进入系统

2. 无钥匙进入系统的组成

无钥匙进入系统是建立在中控锁系统与主动防盗系统基础之上实现其功能的系统，因此在系统的组成上无钥匙进入系统与中控锁等系统有共用部分。系统组件主要包括车门外把手、接收器天线、智能钥匙、无钥匙进入控制单元与额外锁电动机等。

（1）车门外把手　无钥匙进入系统的车门外把手除了具有与传统门把手相同的功能外，在其内部还集成有外部天线、微动开关（或触摸开关）与车门解锁传感器，如图 3-99 所示。其中，外部天线的作用是发送低频信号（约 125kHz），用于寻找智能钥匙；触摸开关的作用是将驾驶人锁车的意图传输给控制单元；车门解锁传感器的作用是检测人手是否伸入门把手，即检测驾驶人开锁意图。

（2）接收器天线　无钥匙进入系统与遥控系统共用接收器天线，其作用是接收智能遥控器发出的信号。如图 3-100 所示为接收器天线安装位置。

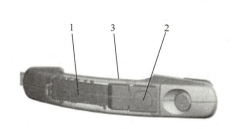

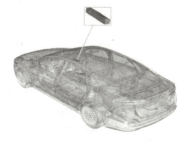

图 3-99　无钥匙进入系统车门外把手结构
1—门把手内置的外部天线
2—免钥匙上锁触摸开关　3—车门解锁传感器

图 3-100　接收器天线安装位置

（3）智能钥匙　配备无钥匙进入系统车型的智能钥匙，除了具有传统的遥控与防盗功能外，当智能钥匙收到外部天线接收的寻找信号后，将发出确认信号，即智能钥匙同时具备收发功能。

（4）无钥匙进入控制单元　无钥匙进入控制单元是无钥匙进入系统的核心控制单元，主要用于钥匙编码（遥控器编码和 PATS 编码）的验证。无钥匙进入控制单元内部有两个处理器用于防盗止动系统码的冗余性匹配验证。在无钥匙进入系统控制中，无钥匙进入控制单元会利用 CAN BUS 和 BCM、PCM、ABS、IC 等与防盗及进入模块进行交流，利用网络线与无线接收器和转向柱模块沟通，最终实现无钥匙进入功能。

（5）额外锁电动机　如图 3-101 所示，无钥匙进入系统门锁总成是在普通门锁电动机的基础上增加了额外锁电动机，仅供无钥匙进入功能，直接由无钥匙进入控制单元控制。其结构是直接与门锁的锁钩相连，作用是在门把手与锁钩断开连接后，替人拉开锁钩。

图 3-101　额外锁电动机

3. 无钥匙进入系统的工作原理

无钥匙进入系统采用了先进的无线射频技术和车辆身份编码识别系统，其特点是将小功率射频天线成功地融合了遥控系统和无钥匙进入系统，并沿用了传统的整车电路保护，真正地实现双重射频系统、双重防盗保护，为车主最大限度地提供便利和安全。如图 3-102 所示为无钥匙进入系统工作原理。无钥匙进入系统的工作可以分为三步，即进入申请、验证身份和执行开锁。

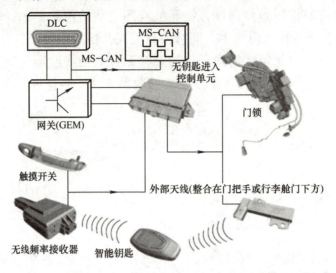

图 3-102　无钥匙进入系统工作原理

（1）进入申请　如图 3-103 所示，当驾驶人拉动车门外把手时，系统会检测到该动作，并把动作转变为电信号传送给无钥匙进入控制单元，系统认为驾驶人申请进入车门。无钥匙进入控制单元接收到车门解锁传感器传输的信号后，无钥匙进入控制单元将触发门把手中的外部天线，外部天线发出低频射频信号，寻找智能钥匙。当智能钥匙收到外部天线发出的低频寻找信号后，智能钥匙被触发，并发出高频（通常为 433MHz）携带防盗密码的身份信号。该信号由无线频率接收器接收。

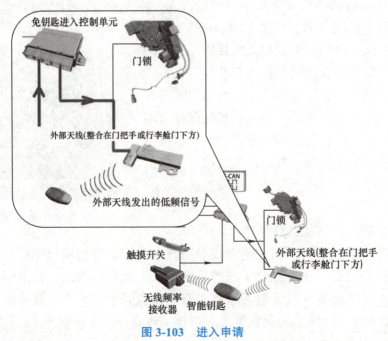

图 3-103　进入申请

（2）验证身份　如图 3-104 所示，无线频率接收器将智能钥匙发出的身份信号传输给无钥匙进入控制单元，此时无钥匙进入控制单元会对收到的身份信息进行验证。如果验证未通过，则系统认为智能钥匙不合法，无钥匙进入系统此时停止工作；如果验证通过，则系统将进行下面的工作。

（3）执行开锁　当智能钥匙验证通过后，此时无钥匙进入控制单元一方面通过 MS CAN 网络将身份验证通过的信息传输给车身控制模块（BCM）解除主动防盗，另一方面无钥匙进入控制单元直接输出指令，驱动门锁电动机上的额外锁电动机动作，打开门锁，如图 3-105 所示。此时驾驶人拉动车门外把手，车门打开，无钥匙进入系统完成工作。

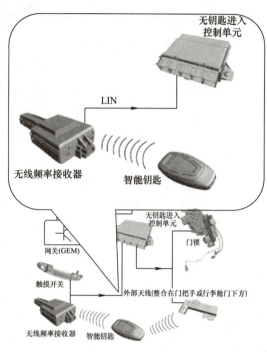

图 3-104　验证身份

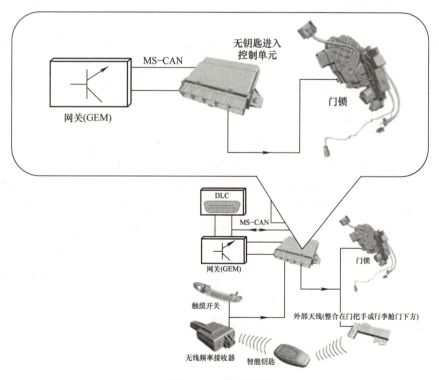

图 3-105　执行开锁

项目 3

3.3.2.2　无钥匙进入系统故障分析与诊断

1. 无钥匙进入系统故障分析

无钥匙进入系统是建立在中控锁系统和主动防盗系统基础之上实现驾驶人方便上下车的舒适性功能系统。通常无钥匙进入系统出现的故障现象是系统功能失效，即操纵门把手（或行李舱门开关）无法开锁。当系统出现故障时，首先要结合故障现象，根据系统工作原理分析故障是出现在中控锁系统，还是防盗系统或是无钥匙进入系统。

2. 无钥匙进入系统的诊断

当无钥匙进入系统失效时，使用智能遥控器的开锁按钮解锁。如果功能正常，则说明中控锁系统（额外锁电动机的锁机构除外）、主动防盗系统、遥控系统正常，无线频率接收器正常，由此可以判断以上系统和部件是良好的；如果功能不正常，则须进一步使用机械钥匙操纵门锁机构。如果中控锁动作，说明中控锁系统正常；如果机械钥匙只能打开机械钥匙操作的车门，而中控锁系统不工作，说明中控锁系统此时也存在故障。通过以上的检查和分析，可以准确地判断故障出现的系统，根据判断和分析的结果，需要对故障系统及系统组成元件进行进一步的检查。

3.4　驾驶辅助系统故障诊断

3.4.1　常见驾驶辅助系统的功能及工作原理

3.4.1.1　自适应巡航控制系统

1. 自适应巡航控制系统的定义

自适应巡航控制（Adaptive Cruise Control，ACC）系统也被称为主动巡航系统，是一种智能化的自动控制系统，它在早已存在的定速巡航系统（CCS）控制技术的基础上发展而来，如图 3-106 所示。在汽车行驶过程中，通过安装在汽车前部的测距传感器持续扫描汽车前方道路，同时轮速传感器采集车速信号；当前汽车（以下简称主车）与前方车辆之间的距离小于或大于安全车距时，ACC 控制单元通过与制动系统、发动机控制系统协调动作，改变制动力矩和发动机输出功率，对汽车行驶速度进行控制，以使主车与前方车辆始终保持安全车距行驶，避免追尾事故发生，同时提高通行效率。例如，当车道畅行无阻时，ACC 起着定速巡航系统的作用，可以将车速持续保持在设定的水平。如果接近前车，则 ACC 系统自动制动到与前车车速相同，然后保持设定的距离。一旦识别到前方没有行驶汽车，ACC 系统便加速到设定的速度。

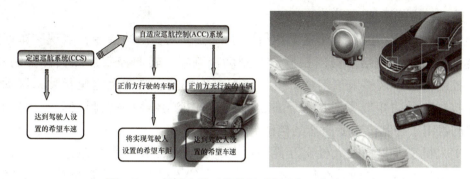

图 3-106　定速巡航系统发展到自适应巡航控制系统

2. ACC 系统的组成

如图 3-107 所示，ACC 系统主要由信息感知单元、电子控制单元（ECU）、执行单元和人机交互界面等组成。

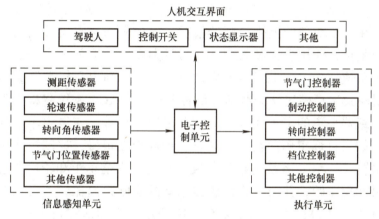

图 3-107　ACC 系统的组成

（1）信息感知单元　信息感知单元的作用是向电子控制单元提供 ACC 所需要的各种信息，主要由测距传感器、轮速传感器、转向角传感器、节气门位置传感器、制动踏板传感器、档位信息等组成。测距传感器用来获取主车与前方目标车辆之间的距离信号，一般使用激光雷达或毫米波雷达，也有使用视频传感器的；轮速传感器用于获取实时车速信号，一般使用霍尔式轮速传感器；转向角传感器用于获取汽车转向信号；节气门位置传感器用于获取节气门开度信号；制动踏板传感器用于获取制动踏板动作信号。

（2）电子控制单元　电子控制单元根据驾驶人所设定的安全车距及车速，结合信息感知单元传送来的信息确定主车的实际行驶状态，决策出汽车的具体控制策略，并输出节气门开度和制动压力信号给执行部分。例如，当主车与前方目标车辆之间的距离小于设定的安全车距时，电子控制单元计算实际车距和安全车距之差及相对速度的大小，选择减速方式，或者通过报警器向驾驶人发出报警，提醒驾驶人接管车辆并采取相应的措施。

（3）执行单元　执行单元主要执行电子控制单元发出的指令，实现主车速度和加速度的调整。它包括节气门控制器、制动控制器、转向控制器和档位控制器等。节气门控制器用于调整节气门的开度，使汽车作加速、减速及定速行驶；制动控制器用于控制制动力矩或紧急情况下的制动；转向控制器用于控制汽车的行驶方向；档位控制器用于控制汽车变速器的档位。

（4）人机交互界面　人机交互界面用于驾驶人设定系统参数及系统状态信息的显示等。驾驶人可通过设置在仪表板或转向盘上的人机交互界面启动或清除 ACC 系统控制指令。启动 ACC 系统时，要设定主车与前方目标车辆之间的安全车距以及在巡航状态下的车速，否则 ACC 系统将自动设置为默认值，但所设定的安全车距不可小于设定车速下交通法规所规定的安全车距。

3. ACC 系统的工作原理

ACC 系统的工作原理如图 3-108 所示。驾驶人启动 ACC 系统后，汽车在行驶过程中，安装在汽车前部的测距传感器根据发送信号与接收信号之间的频率差获取与前方车辆的距离，使用多普勒效应和信号发射角度获取前方车辆的位置，同时轮速传感器采集车速信号。如果主车前方没有车辆或与前方目标车辆距离很远且速度很快时，控制模式选择模块就会激活巡航控制模式，ACC 系统将根据驾驶人设定的车速和轮速传感器采集的本车速度自动调节加速踏板等，使得主车达到设定的车速并巡航行驶；如果目标车辆存在且离主车较近或速度很慢，控制模式选择模块就会激活跟随控制模式，ACC 系统将根据驾驶人设定的安全车距和轮速传感器采集的本车速度计算出期望车距，并与测距传感器采集的实际距离比较，自动调节制动压力和节气门开度等，使得汽车以一个安全车距稳定地跟随前方目标车辆行驶。同时，ACC 系统会把汽车目前的一些状态参数显示在人机交互界面上，方便驾驶人的判断；也装有紧急报警系统，在 ACC 系统无法避免碰撞时及时警告驾驶人，并由驾驶人处理紧急状况。

图 3-108　ACC 系统的工作原理

3.4.1.2　自动紧急制动系统

1. 自动紧急制动系统的定义

自动紧急制动（Advanced/Automatic Emergency Braking，AEB）系统能够实时监测车辆前方行驶环境，并在可能发生碰撞时自动启动车辆制动系统使车辆减速，以避免碰撞或减轻碰撞损坏，如图 3-109 所示。

图 3-109　AEB 系统

2. AEB 系统的组成

AEB 系统主要由信息感知单元、电子控制单元和执行单元等组成，如图 3-110 所示。在系统工作期间，电子控制单元接收信息感知单元的信息，通过基于行车间距的安全距离避撞策略，从距离尺度将自车与前车的实时车距作为衡量行车危险状态的指标，并与策略中预警安全距离与紧急制动安全距离进行比较判断，从而指导 AEB 系统做出预警和主动制动的避撞操作。而策略中的预警安全距离与紧急制动安全距离主要由自车车速、与目标车的相对车速、自车最大制动减速度、目标车最大制动减速度、系统延迟时间、驾驶人反应时间、车辆停止后需要保持的车间距等参数实时确定。

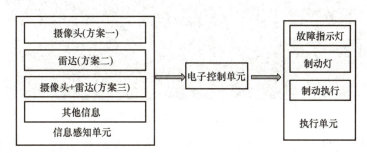

图 3-110　AEB 系统的组成

（1）信息感知单元　常见的感知方案有三种：

1）摄像头。摄像头就像人的眼睛一样，可以跟踪识别行人障碍物等，其优点是近距离识别率高，可以准确分辨目标与车道线的相对位置，但是环境适应性较差、算法复杂、识别效率低。

2）雷达。雷达具有目标探测距离远、目标更新频率高、环境抗干扰性好等特点，其对目标的探测主要依靠电磁波硬件系统，对目标识别算法要求较低，占用硬件资源较少。

3）摄像头＋雷达。可有效结合两种结构传感器的优势，在不同测距范围内实现对车辆目标的准确探测，提高系统环境感知能力。

（2）电子控制单元　电子控制单元的作用是在车辆行驶时，实时地计算出本车与前车在当前运动状态下，继续运动直到发生碰撞所需要的时间（即 TTC），来与事先设定好的阈值进行比较。当 TTC 小于前部碰撞预警阈值时，系统采用视觉、听觉或触觉向驾驶人报警；当 TTC 小于 AEB 阈值时，系统以一定的减速度采取紧急制动，防止或减轻碰撞事故。

（3）执行单元　执行单元通常是通过 ESP 或其他装置对车辆制动系统进行控制制动。但是在执行制动之前，一般都会有碰撞预警系统做提示，让驾驶人自己处理危险或者做好心理准备。

3. AEB 系统的工作原理

如图 3-111 所示为奥迪 A8 的 AEB 系统的工作过程。

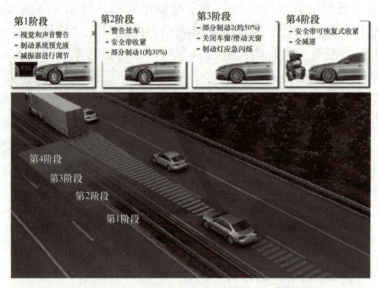

图 3-111　奥迪 A8 的 AEB 系统工作过程

当车辆行驶过程中有危险出现时，组合仪表内控制单元会发出视觉和声音警告信号，提醒驾驶人对车辆即将可能发生的碰撞进行接管，并对制动系统进行预充液。同时还会根据车辆实际的配置对一些功能进行调节，如可变悬架。

到了预制动阶段，AEB 系统首先会试图通过短促的制动来唤醒驾驶人，同时车辆也会对安全带进行收紧。此时制动系统开始对制动盘施加制动力，但通常只有全部制动能力的 30%。此阶段仍然可以通过驾驶人的干涉来完全避免碰撞。

而部分制动阶段时，AEB 系统开始使用 50% 的制动力来为车辆减速，同时配备自动车窗和天窗的车辆会开始主动关闭，避免驾驶人在接下来可能发生的碰撞中被抛出窗外。在进入部分制动时，AEB 系统也会打开双闪警告灯提醒后车。此时如果驾驶人进行干预，仍然有可能避免发生碰撞。

最后是全力制动阶段，在这一阶段 AEB 系统将会放弃依靠驾驶人的制动行为，并通过执行器进行 100% 制动力度的制动。与此同时车辆也会收到信号开始着手为接下来可能存在的碰撞风险做好准备，如将安全带收紧等。

整个执行过程的持续时间通常只有两三秒钟，驾驶人甚至很难通过身体的感受来区分第 2 和第 3 阶段的区别。通常来说，AEB 系统会根据危险等级依次进入四个阶段，但也有一些情况会跳过其中某个或某几个阶段，例如面对突然出现的行人，或是前方障碍物与当前车辆的距离迅速缩短。

3.4.1.3　车道保持辅助系统

1. 车道保持辅助系统的定义

车道保持辅助（Lane Keeping Assist，LKA）系统是一种能够主动检测汽车行驶时的横向偏移，并对转向和制动系统进行协调控制的系统。如图 3-112 所示，该系统是在车道偏离预警系统的基础上发展起来的，能够主动对车道偏离现象进行纠正，帮助驾驶人将车辆保持在预定的车道上行驶，从而减轻驾驶人的负担，减少交通事故的发生。

图 3-112　LKA 系统

2. LKA 系统的组成

LKA 系统主要由信息采集单元、电子控制单元和执行单元等组成，如图 3-113 所示。在系统工作期间，驾驶人将会接收车道偏离的报警信息，并选择对转向系统和制动系统中的一项或者多项动作进行控制，也可交由系统完全控制。系统中所有的信息均以数字信号的形式进行传递，通过汽车总线技术实现。

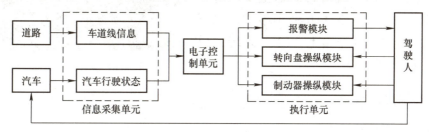

图 3-113　LKA 系统的组成

（1）信息采集单元　信息采集单元的作用是实现车道线信息和汽车行驶状态信息的采集。针对不同的道路条件和传感器类型，可采用不同的车道线检测方式，包括高精度地图定位、磁传感器定位、视觉传感器定位等，其中采用视觉传感器定位的方式应用较为广泛。汽车行驶状态采集的信息主要包括开关操作信号、车速、加速度、转向角等数据。在完成所有信息数据的采集后，信息采集单元需对数据进行模数转换，并传输给电子控制单元。

（2）电子控制单元　电子控制单元是LKA系统的核心部件，其作用是通过特定的算法对信息进行处理，并判断是否做出车道偏离修正的相应操作。该单元的性能直接影响车道偏离修正的及时性，因此在选择中央处理器和设计控制算法时，要着重考虑运算能力和运算速度。

（3）执行单元　执行单元的作用是在车辆有偏离车道风险时进行转向干预，或在必要时通过仪表显示界面、语音提示、座椅或转向盘振动等一种或多种方式，向驾驶人警告提示车辆当前的状态，保证汽车在LKA系统工作期间具有一定的行驶稳定性。执行单元包含报警模块、转向盘操纵模块和制动器操纵模块。

3. LKA系统的工作原理

LKA系统在白天和夜间均可使用，并可通过一个按键进行打开和关闭。当系统激活时，LKA系统通过采集车速信号、转向盘转角信号以及视觉传感器信号，并对信息进行处理，比较车道线和汽车的行驶方向，判断汽车是否偏离行驶车道。当汽车行驶可能偏离车道时，发出报警信息；当汽车距离偏离侧车道线小于一定阈值或已经有车轮偏离出车道线时，电子控制单元计算出辅助操舵力和减速度，根据偏离的程度控制转向盘和制动器的操纵模块，施加操舵力和制动力使汽车稳定地回到正常轨道；若驾驶人打开转向灯，正常进行变线行驶，则系统不会做出任何提示。如图3-114所示，在LKA系统起作用时，将不同时刻的汽车行驶照片重叠后可以看出，第二个车影已经偏离行驶轨道，于是控制单元发出警告信息，第三个车影和第四个车影是控制单元通过转向系统对转向盘主动进行车道偏离纠正的过程，在第五个车影时，汽车已经重新回到原来的车道上，LKA系统完成一个完整的工作周期。

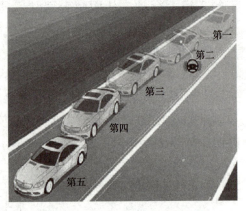

图3-114　LKA系统的工作过程

3.4.1.4　盲点监测系统

1. 盲点监测系统的定义

盲点监测（Blind Spot Detection，BSD）系统也称变道辅助（Lane Change Assist，LCA）系统，是汽车上驾驶人辅助系统的一项安全配置。它通过超声波、摄像头、探测雷达等车载传感器对相邻车道进行监测，消除驾驶人视线盲区，当监测到有来车靠近时，探测传感器将信号传输到控制单元上，由控制器经过处理后转化为光信号传输到后视镜，点亮盲区灯进行预警，提高行车安全。后视镜盲区及视野范围如图3-115所示。

目前上市的很多车型都有盲区监测的功能配置。汽车盲区监测除检测车辆以外，还应包括城市道路上汽车盲区内行人、骑行者的检测，以及高速公路弯道的检测与识别等。

图 3-115　后视镜盲区及视野范围

2. 盲点监测系统的功能

汽车变换车道前，驾驶人需观察周围的环境，预测对其他道路使用者可能造成的威胁。根据相关法规的要求，驾驶人有责任确保本车后方和侧方的安全。如果驾驶人注意力不集中或者后视镜的角度调整不合适，很有可能注意不到视野盲区内的其他道路使用者，在这种情况下变换车道很有可能引发交通事故。

此外，变换车道过程中错误地估计后方来车车速也是引发交通事故的主要因素，尤其是在高速公路上，驾驶人经常错误判断距离较远但车速很快的后方来车的影响。这种情况下不仅会导致本车与后车相撞，而且由于后车车速较快，其跟随车辆来不及反应，极易引发连环追尾事故。因此，汽车盲点监测系统应具备以下功能：

1）当有车辆或行人进入驾驶人视野盲区时，盲点监测系统应给予驾驶人提醒。

2）盲点监测系统应在驾驶人进行换道操作时对其进行辅助，监测其他车道上快速接近的后方来车，当驾驶人因对驾驶环境误判而可能做出危险驾驶行为时，盲点监测系统应发出警报。

3）理想状态下，在任何路况、天气和交通环境下，盲点监测系统都能正常工作。

3. 盲点监测系统的组成

汽车盲点监测系统一般由信息感知单元、电子控制单元和执行单元等组成，如图3-116所示。

（1）信息感知单元　信息感知单元的作用是利用车载传感器检测汽车盲区里是否有行人或其他行驶车辆，并将感知到的信息传输给电子控制单元。传感器主要有超声波传感器、红外传感器、视觉传感器和毫米波雷达等。

（2）电子控制单元　电子控制单元的作用是对信息感知单元的信息进行处理及判断，向执行单元发送信息。

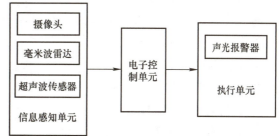

图 3-116　盲点监测系统的组成

（3）执行单元　执行单元的作用是执行电子控制单元的指令。执行单元一般包括两侧后视镜 LED 灯、组合仪表板或音响，如果有危险则发出预警显示，告知驾驶人此时不可变道。

4. 盲点监测系统的工作原理

盲点监测系统可通过一个按键进行打开和关闭，或在汽车速度大于某一阈值时（如 10km/h），盲点监测系统自动启动。如果监测范围内有车辆或行人，就会被信息感知单元监测到，并将感知到的信息传递给电子控制单元；电子控制单元对收到的信息进行安全判断，如果存在安全风险，则通过执行单元提醒驾驶人，并根据危险程度、驾驶人的反应提供不同的警告方式。如图 3-117 所示为盲点监测系统的警告灯。当盲点监测系统认为存在驾驶风险时，会通过安装在两侧后视镜中的 LED 灯以微亮的方式告知驾驶人。如果此时驾驶人没有注意到系统提醒，打转向灯准备变道，盲点监测系统会通过 LED 灯发送高亮闪烁信号并发出蜂鸣声来警告驾驶人，避免交通事故的发生。

图 3-117　盲点监测系统的警告灯

3.4.1.5　自动泊车辅助系统

1. 自动泊车辅助系统的定义

自动泊车辅助（Auto Parking Assist，APA）系统是利用车载传感器（一般为超声波雷达或摄像头）在探测和评估车辆周围环境方面为驾驶人提供支持，并在倒车入位时自动调节转向操控。相比于传统的倒车辅助功能，如倒车影像以及倒车雷达，自动泊车辅助系统的功能智能化程度更高，有效地减轻了驾驶人的倒车困难，如图 3-118 所示。

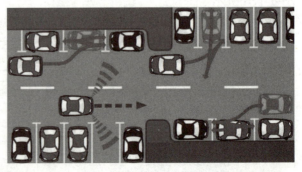

2. 自动泊车辅助系统的组成

自动泊车辅助系统主要由信息检测单元、电子控制单元和执行单元等组成，如图 3-119 所示。

图 3-118　自动泊车辅助系统

（1）信息检测单元 信息检测单元是自动泊车的眼睛，其作用是通过超声波雷达或摄像头识别周边的路面环境以及车辆位置，将采集到的信息以及周围物体离车身的距离传递给电子控制单元。

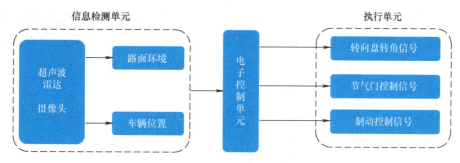

图 3-119 自动泊车辅助系统的组成

（2）电子控制单元 电子控制单元是自动泊车辅助系统的核心，其将信息检测单元上传的数据进行处理和分析，得出汽车当前的位置、目标的位置以及周边的环境，依据这些参数规划好路径，并将指令输出到执行单元。

（3）执行单元 执行单元接收到电子控制单元的指令后，精准控制转向盘的转动、加速踏板和制动踏板的运动，让汽车能按照规划好的路径运动，并随时准备接收中断时的紧急停车。

3. 自动泊车辅助系统的工作原理

利用自动泊车辅助系统倒车入位的过程可以分为四个阶段，如图 3-120 所示。

（1）系统激活 汽车进入停车区域后缓慢行驶，人工开启自动泊车辅助系统或者根据车速自动开启自动泊车辅助系统。

（2）车位探测 当车速在某一阈值时，系统通过车载传感器探测环境信息，然后识别车位是否足够大。例如超声波雷达识别车位空间，摄像头识别车位线等。

（3）路径规划 根据所获取的车位信息，电子控制单元对汽车和环境建模，计算出一条能使车安全泊入车位的路径。

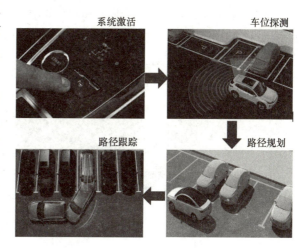

图 3-120 自动泊车辅助系统工作过程

（4）路径跟踪 通过对转向盘转角、加速踏板和制动踏板的协调控制，使汽车跟踪预先规划的泊车路径，实现泊车入位。

3.4.2　驾驶辅助系统的标定与故障诊断

3.4.2.1　雷达标定方法

装配有 ACC 系统的车辆，当车辆底盘位置发生变动，更换雷达感应器、雷达传感器固定架，车辆前部损坏（例如在对撞事故发生后）时，需要对自适应雷达进行标定。下面以大众 CC 车型为例讲解雷达的标定方法。

1. 校准设备

校准过程中所用到的主要设备有诊断仪、ACC 调校装置、ACC 反光镜、测距仪、四轮定位仪、ACC/ADR 专用相机、调整工具等，如图 3-121 所示。

诊断仪　　　　　VAS 6331 四轮定位仪　　　　VAS 6430/1 基础校准架　　　VAS 6430/2 激光发射器和目标盘

图 3-121　校准设备

2. 校准前提条件

对 ACC 系统校准之前必须注意悬架系统、转向系统正常，车轮花纹正常，车辆处于整备状态，轮胎充气压力和离地高度都正常。然后将前轮置于直线行驶位置，将诊断仪与车辆进行连接，关闭车辆外部照明，关闭车辆所有车门。如图 3-122 所示，ACC 系统的校准必须配合四轮定位仪进行调整，将车辆驶上定位仪检测平台，此时要确保车辆前部与 VAS 6430 之间有足够距离（1145mm ± 5mm）。

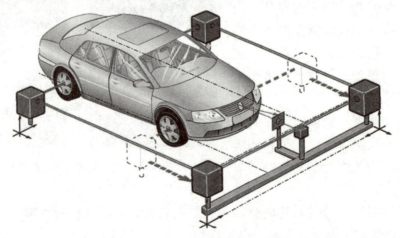

图 3-122　ACC 系统的校准前提条件

3. 校准过程

1）安装两后轮传感器，调整水平并夹紧。调整 ACC 传感器与 VAS 6430 之间的距离（1145mm±5mm）。

2）启动四轮定位程序，选择校准 ACC、维护客户信息、底盘类型后进行校准。

3）进行两后轮偏位补偿，如图 3-123 所示。

① 转动左后轮，使快速卡具的三个卡爪之一指向正上方。参照水平气泡把传感器调成水平状态，然后按一下传感器面板上的偏位补偿键，等待偏位补偿灯闪亮。

② 偏位补偿灯熄灭后，屏幕上的左后轮图标会有一块变为绿色。按照车辆前行方向把车轮转动 90°。把传感器调成水平状态，再按一下偏位补偿键，等待偏位补偿灯闪亮。

③ 偏位补偿灯熄灭后，屏幕上的车轮图标会有两块变为绿色。按照车辆前行方向把车轮转动 90°。此时卡具卡爪转过 180°。把传感器调成水平状态，再按一下偏位补偿键，等待偏位补偿灯闪亮。

④ 偏位补偿灯熄灭后，屏幕上的车轮图标会有三块变为绿色。按照车辆前行方向把车轮转动 90°。此时卡具卡爪转过 270°。把传感器调成水平状态，再按一下偏位补偿键，等待偏位补偿灯闪亮。

⑤ 偏位补偿灯熄灭后，车轮图标圆环上的所有四个部分都变成绿色。按照车辆前行方向再把车轮转动 90°。使卡具卡爪重新回到起始位置，卡爪指向正上方。

⑥ 把左后轮传感器调成水平状态，然后拧紧卡具上紧固传感器销的螺栓。按下传感器上的偏位补偿键，相应的偏位补偿灯会闪亮。屏幕上左后轮的图标上会出现偏位补偿的最大数值，并用黄色指针指示出最大偏位补偿量出现的位置。

⑦ 使用同样的方法，对右后轮做偏位补偿。

⑧ 右后轮偏位补偿完成后，把两后轮恢复到按偏位补偿键前车轮所处的位置，放下后轴。放下后轴前，检查卡臂不能处于轮胎和检测平台之间。两后轮偏位补偿全部完成后，上下晃动车身后部，使悬架复位。

图 3-123　两后轮偏位补偿

4）如图 3-124 所示，调整 ACC 传感器校准镜与 VAS 6430/2 的距离（1145mm±5mm），调整 VAS 6430/2 水平。

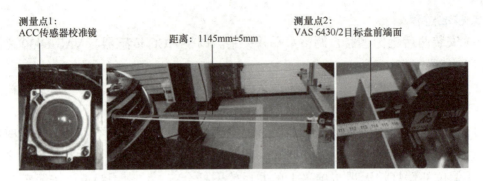

测量点1：
ACC传感器校准镜

距离：1145mm±5mm

测量点2：
VAS 6430/2目标盘前端面

图 3-124　ACC 传感器校准镜与 VAS 6430/2 的距离调整

5）将距离和水平调整完毕后，接通开关，按下红色按键，开启目标盘中央的激光发射器，然后通过 VAS 6430/2 将激光点调整到 ACC 传感器校准镜中央，如图 3-125 所示。

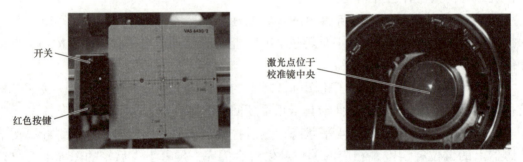

开关

红色按键

激光点位于
校准镜中央

图 3-125　激光点与 ACC 传感器校准镜位置

6）进入诊断仪"引导性功能"，选择车距调节，然后按照提示依次选择"完成"，直至出现图 3-126 所示画面。

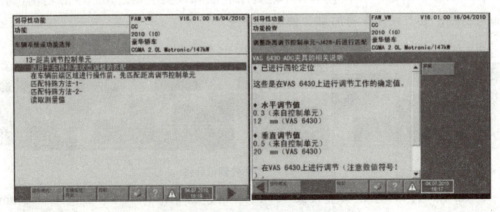

图 3-126　诊断仪测量标准数据值

7）使用工具对水平调节螺栓及垂直调节螺栓进行调节，直至将 VAS 6430/2 目标盘的激光点调整到诊断仪要求的位置，即水平 12mm 和垂直 20mm 坐标交点，如图 3-127 所示，最后单击诊断仪"完成"按钮。

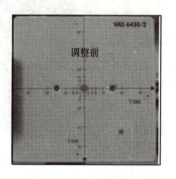

垂直调节螺栓

水平调节螺栓　禁止调整

调整前　　　　　　调整后

图 3-127　VAS 6430/2 目标盘的激光点

3.4.2.2　摄像头标定方法

装配有 LKA 系统的车辆，当车辆控制单元内存储未进行基本设定或基本设定不正确的故障记忆、更换车道保持控制单元、前风窗玻璃拆卸或更换、对后轴进行调整、对悬架进行调整使得车身高度发生变化后装备自适应悬架（DCC）、更换车身水平传感器后，都需要对车道保持摄像头进行标定。下面以大众 CC 车型为例讲解摄像头的标定方法。

1. 校准设备

校准过程中所用到的主要设备有诊断仪、VAS 6430/1 基础校准架、VAS 6430/4 车道保持校准板、四轮定位仪、ACC/ADR 专用相机等，如图 3-128 所示。

诊断仪　　VAS 6430/1基础校准架　　VAS 6430/4车道保持校准板　　　四轮定位仪　　ACC/ADR专用相机

图 3-128　校准设备

2. 校准前提条件

车道保持校准前必须注意以下事项：车辆悬架及转向系统状态正常，同一车轴轮胎花纹深度相差不超过 2mm，轮胎气压符合规定，油箱必须加满，风窗清洗液、冷却液、制动液必须加满，备胎及随车工具安装到位，滑动底座及转角盘处于自由状态，车道保持控制单元正确安装在支架上，车道保持摄像头不能被遮盖，摄像头可视区的风窗玻璃必须清洁，摄像头可视区的风窗玻璃不能有破损，关闭车辆的所有外部灯光，保证车辆前轮中心和 VAS 6430/4 车道保持校准板之间有足够的距离。

3. 校准过程

1）车辆驶上检测平台前，确保前轮中心与 VAS 6430/4 之间有足够距离（1500mm±25mm），如图 3-129 所示。

2）将卡具安装到车轮上，安装四个车轮目标板，调整卡具竖直并夹紧。然后开启"四轮定位"校准程序。单击"调整菜单"进入"定位调整"页面，单击"摄像头校准"图标，按照程序提示完成校准，如图 3-130 所示。

图 3-129　前轮中心与 VAS 6430/4 之间的距离

图 3-130　四轮定位调整

3）连接诊断仪，选择"引导性功能"，选择"校准车道保持辅助系统"，按照提示依次选择"完成"，直至出现图 3-131 所示画面。

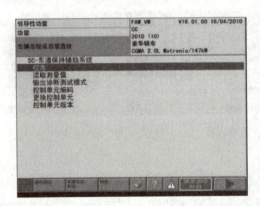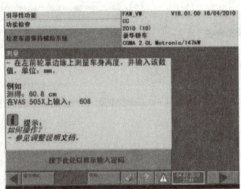

图 3-131　校准车道保持辅助系统

4）根据诊断仪画面提示依次测量四个悬架高度，如图 3-132 所示，并记录悬架高度数值。

图 3-132　测量悬架高度

5）按照左前、右前、左后、右后的顺序将测量值输入诊断仪，然后单击"继续"按钮，诊断仪进行自动校准，校准成功后会出现 OK 画面，如图 3-133 所示。至此，车道保持校准完成。

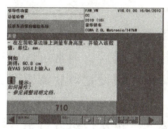

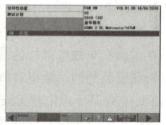

图 3-133　校准过程

3.4.2.3　故障诊断流程

驾驶辅助系统故障诊断要遵循汽车故障诊断的基本流程，即从故障症状出发，通过问诊试车（验证故障症状）、分析研究（分析结构原理）、推理假设（推出可能原因）、流程设计（提出诊断步骤）、测试确认（测试确认故障点）、修复验证（排除故障后验证），最后达到发现故障最终原因的目的。

1. 故障症状确认

对于维修人员来说，准确确认故障症状是维修成功的基础，因为车主只能从车辆使用中的异常判断车辆出现故障，而维修人员需要根据车主的描述以及自身观察准确确认故障症状。

2. 问诊试车

问诊是通过对车主的询问了解汽车故障症状的过程，试车则是对汽车故障症状的实际验证并进一步确认故障症状的过程。

（1）问诊　问诊是维修人员向车主询问汽车故障情况的过程，就像医生向就诊的病人询问病情一样。问诊应该是汽车故障诊断的第一步。问诊在汽车故障诊断中非常重要，把握好这个环节可以确定下一步故障诊断的方向，甚至可以锁定故障范围。

（2）试车　试车的目的在于再现车主所述的故障症状，以验证故障症状的真实性，同时试验故障症状再现时的特征、时间、地点、环境、条件、工况等客观状态，以便为进一步分析故障原因做准备。

在试车再现故障症状后，维修人员应该反复体会和观察故障症状出现时各种状况、工况、环境、条件等细微过程，并且认真记录下来，确认故障症状。试车是维修人员感受汽车故障症状的过程，对维修人员了解掌握故障症状特征具有非常重要的意义。

3. 分析研究

分析研究是在问诊试车后根据故障症状，对汽车结构和原理进行的深入研究分析，目的在于分析故障生成的机理、故障产生的条件和特点，为下一步推出故障原因做准备。分析研究通常需要借助与汽车故障相关的基础材料，了解汽车正常运行的条件和规律，并且与故障状态进行对比分析。

4. 推理假设

在了解汽车故障部位的结构原理、查找对比汽车技术资料后，通常可以根据逻辑分析和经验判断，做出对故障可能原因的推理假设。推理假设是对故障原因的初步判断，它是基于理论和实践两个方面的。

理论上是指根据结构原理知识，加上故障症状的表现，再从逻辑分析出发推出导致故障症状发生的可能原因，这个推导从原理上是能够成立的逻辑推理，这是基于理论的逻辑推理。实践上是指根据以往故障诊断的经验，对相同或相似结构的类似故障做出的可能故障原因的经验推断，这个推断具有类比判断的性质，这就是基于实践的经验推断。

5. 流程设计

流程设计是在推理假设环节之后，根据假设的可能故障原因，设计出实际应用的故障诊断流程。设计时要先确定应检测的项目，再确定分辨汽车各大组成部分或总成故障的检测方法，然后确定汽车各个系统和装置工作性能好坏的检测方法，最后才是部件和线路的测试方法。这些测试方法的应用目的在于逐渐缩小故障怀疑范围，最终锁定故障点。

6. 测试确认

测试确认是在故障诊断流程设计之后，按照流程设计的步骤通过测试的手段逐一测试各个项目。测试确认是在不解体或只拆卸少数零部件的前提下完成的对汽车整体性能、系统或总成性能、机电装置性能、管线路状态以及零部件性能的测试过程，它包含检测、试验、确认三个部分，这三个部分的内容是不一样的。检测主要指通过人工直观察看以及设备仪器进行的检查和测量来完成的技术检查过程。试验主要指通过对系统的模拟实验和动态分析来完成的技术诊察过程。确认主要指通过对诊断流程的逻辑分析，对检测和试验结果的判断，最后确认故障发生部位。

7. 修复验证

修复验证是在测试确认最小故障点发生部位后，对故障点进行的修复以及对修复后的结果进行的验证。它分为修复方法的确定和修复后的验证两个部分。

8. 最终原因的确定

在对前面环节中找到的最小故障点进行修复验证后，故障现象可能消除了，但是这时不能认为故障诊断工作到此可以结束了，因为导致这个最小故障点发生故障的最终原因还没有认定，如果不再继续追究下去，就此结束维修，让汽车出厂继续行驶，很有可能导致故障现象的再次发生。对故障点的最终故障原因进行分析，找到其产生的内部原因和外部原因，彻底消除故障发生的根本原因，杜绝故障再次发生，这就是汽车故障诊断基本流程最后一个环节的重要内容。

3.5 技能训练

技能训练 1 车载网络系统故障诊断

由于车辆的机械振动及线路老化，车载网络系统可能会出现绝缘故障、电缆断路及插头触点故障等。下面以车载网络系统的驱动 CAN 总线为例分析 CAN 总线的常见故障和诊断步骤。

1. CAN 总线常见故障分析

当 CAN 总线出现故障或数据传输异常时，车辆往往会出现一些奇怪的故障现象，如组合仪表闪烁、车辆灯光无法关闭、车辆无法起动、某些电气系统功能失灵等。这是因为相关数据或信息是通过 CAN 总线进行传输的，如果在工作中信息传输失败，那么会产生多种连带的故障，甚至造成整个网络系统瘫痪。

CAN 总线常见故障如下：

（1）CAN-H 与 CAN-L 短路 当 CAN-H 与 CAN-L 相互短路之后，CAN 电压电位置于隐性电压值（约 2.5V），此时 CAN 网络会关闭，无法再进行通信，利用诊断仪检查会有相应的故障码。通过插拔 CAN 总线上的控制模块（节点），可以判断是由节点引起的短路还是导线连接引起的短路。逐个断开节点，若电压恢复正常，则说明该节点有问题；若断开所有节点后电压还没有变化，则说明线路短路。

（2）CAN-H 对电源短路 当出现 CAN-H 对电源（正极）短路故障时，可能出现整个 CAN 网络无法通信的情况或产生相关故障码，此时 CAN-H 电压电位被置于 12V，CAN-L 的隐性电压被置于大约 12V。一般此类故障由总线对正极短路或控制单元内部故障造成，可以通过断节点的方法进行故障判断。

（3）CAN-H 对地短路　当出现 CAN-H 对地短路故障时，可能出现整个 CAN 网络无法通信的情况或产生相关故障码，此时 CAN-H 的电压位于 0V，CAN-L 的电压也位于 0V，但在 CAN-L 总线上还能够看到电压的变化。一般此类故障由总线对地短路或控制单元内部故障造成，可以通过断节点的方法进行故障判断。

（4）CAN-L 对地短路　当出现 CAN-L 对地短路故障时，可能出现整个 CAN 网络无法通信的情况或产生相关故障码，此时 CAN-L 的电压约为 0V，CAN-H 的隐性电压被降至 0V，但显性电压基本不变，因此波形被拉长，有些车型依然可以传输数据。一般此类故障由总线对负极短路或控制单元内部故障造成，可以通过断节点的方法进行故障判断。

（5）CAN-L 对电源短路　当出现 CAN-L 对电源（正极）短路故障时，可能出现整个 CAN 网络无法通信的情况或产生相关故障码。由于 CAN-L 对电源短路，CAN-H 的电压被置于 12V。一般此类故障由总线对正极短路或控制单元内部故障造成，可以通过断节点的方法进行故障判断。

（6）CAN-H 断路　当某个控制模块的 CAN-H 断路时，会导致该控制模块无法实现通信，但其他控制模块的通信不受影响。在其他的控制模块内可能读到此故障控制模块的故障码。如果多个控制模块的 CAN-H 出现断路，那么这些控制模块的通信功能都会受到影响。

在对此类故障进行诊断时，如果出现故障的控制模块带有终端电阻，可以用万用表电阻测量法来判断。测量诊断接口或 CAN 分离器的 CAN-H 与 CAN-L 之间的电阻，若电阻值为 120Ω，则说明有一个终端电阻断路。如果出现故障的控制模块不带终端电阻，那么需要测量该控制模块的 CAN 导线的导通性。

替换有故障码内容涉及的控制模块，可以快速判断故障是否由该控制模块本身造成。此外，要结合网络拓扑图来查找断点，因为在整个网络中会设置相应的总线集线器，断点部位不同，受影响的部件也不同，同时也会决定诊断仪能够进行诊断的控制模块。

（7）CAN-L 断路　当某个控制模块的 CAN-L 断路时，如果出现故障的控制模块带有终端电阻，可以利用万用表电阻测量法来判断。测量诊断接口或 CAN 分离器的 CAN-H 与 CAN-L 之间的电阻，若电阻值为 120Ω，则说明有一个终端电阻断路。如果出现故障的控制模块不带终端电阻，那么需要测量该控制模块的 CAN 导线的导通性。

（8）CAN-L 与 CAN-H 导线互相接反　当出现 CAN-L 与 CAN-H 导线互相接反故障时，一般情况下，接错的那个控制模块将无法通信，其他控制模块的通信则正常。在怀疑有问题的控制模块的 CAN 导线针脚处测量其电压，验证电压值是否正常。结合 CAN 网络拓扑图和电路图核对线路连接情况，判断是否存在接反故障。若存在，则对 CAN 网络进行修复。

2. CAN 总线故障诊断步骤

在排除车载网络系统 CAN 总线故障时，可以参阅图 3-134 所示步骤进行诊断。

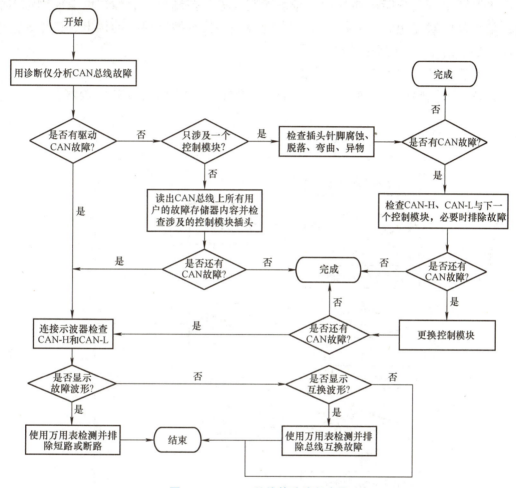

图 3-134　CAN 总线故障诊断步骤

技能训练 2　无钥匙进入系统故障诊断

1. 无钥匙进入系统故障分析

无钥匙进入系统失灵的可能原因有：智能钥匙电池电量不足，可以使用万用表对智能钥匙电池进行电压检测；在车辆停放区域内有高频无线电信号干扰，通过改变车辆停放区域，判断是否有高频无线电信号干扰无钥匙进入系统功能；智能钥匙与控制单元匹配问题，利用诊断仪对智能钥匙进行重新匹配；门把手车门解锁传感器故障，检查传感器供电、接地、线路；智能钥匙起动授权天线故障，可以将智能钥匙放在车辆内部，靠近要检查的智能天线，关闭车门，使用另一把智能钥匙在车外执行无钥匙锁闭功能，如果无钥匙锁闭功能失效，说明车辆内部天线正常，因为内部天线发出了寻找信号，并检测到钥匙在车内，车辆无法闭锁，如果无钥匙闭锁功能工作，说明内部天线故障；智能钥匙自身故障，可以通过两把智能钥匙试验的方法来判断是否是智能钥匙本身故障；无钥匙进入控制单元故障，以上原因都排除后，最后需要对无钥匙进入控制单元进行检查，检查控制单元的供电、接地、总线传输，如果都正常，则更换控制单元。

2. 无钥匙进入系统故障诊断步骤

在排除无钥匙进入系统故障时，可以参阅图 3-135 所示步骤进行诊断。

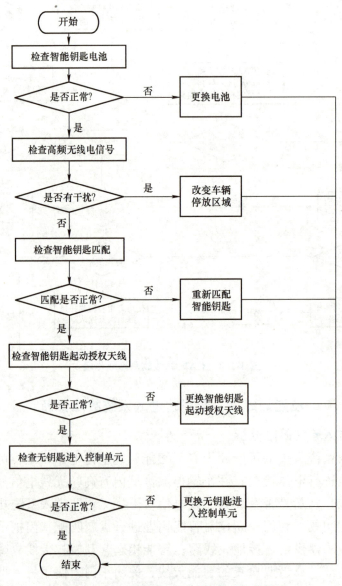

图 3-135　无钥匙进入系统故障诊断步骤

技能训练 3　驾驶辅助系统故障诊断（ACC 系统）

1. ACC 系统故障分析

ACC 系统功能失灵的可能原因有：自适应模块的螺钉松动，或者自适应模块前面有污渍或异物；ACC 系统存储系统未校准故障码；四轮定位进行了调整；ACC 传感器拆装或更换；ACC 传感器固定支架拆装或更换；车辆前部拆装或损坏。当出现以上情况时，需要对 ACC 系统进行标定。

2. ACC 系统标定步骤

ACC 系统标定的步骤如图 3-136 所示。

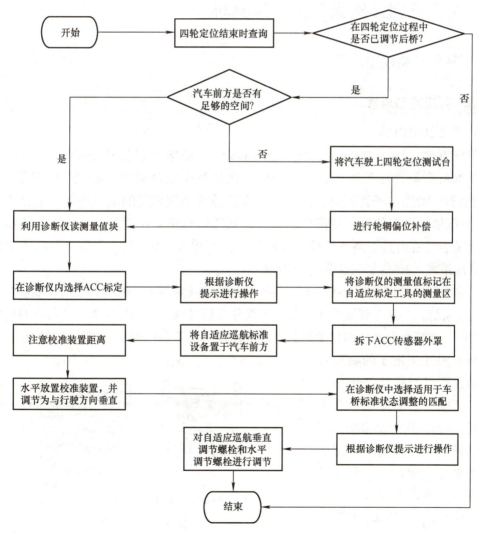

图 3-136　ACC 系统标定步骤

219

项目 4
电力驱动和电池系统故障诊断与排除
Chapter 4

4.1 高压互锁及绝缘测试故障诊断

4.1.1 高压互锁故障诊断

4.1.1.1 高压互锁原理

1. 高压互锁电路

高压互锁（High Voltage Inter-lock，HVIL）是指通过使用低压信号来检查电动汽车上所有与高压母线相连的各分路，包括整个电池系统、导线、插接器、DC/DC 变换器、动力电子控制器、高压盒及保护盖等系统回路的电气连接完整性（连续性）。低压信号沿着闭合的低压回路传递，低压信号中断说明某一个高压插接器有松动或者脱落。目前整车高压互锁一般由整车控制单元（VCU）、车载充电机（OBC）、电源管理系统（BMS）三部分完成检测。

当导电回路传递的信号中断时，高压蓄电池的接触器就会断开，从而切断整个高压车载电气系统；高压互锁装置采用低压导线作为信号线，与高压电源线并联在高压线束护套管内，并将所有高压部件串联起来形成回路。由于高压插头中高压电源的正、负极端子与中间互锁端子的物理长度不同，所以当连接高压插头时，高压插头的电源端子会先于中间互锁端子完成连接；断开高压插头时，中间互锁端子则先于高压电源的正、负极端子脱开，从而避免了高压环境下拉弧的产生，如图 4-1 所示。

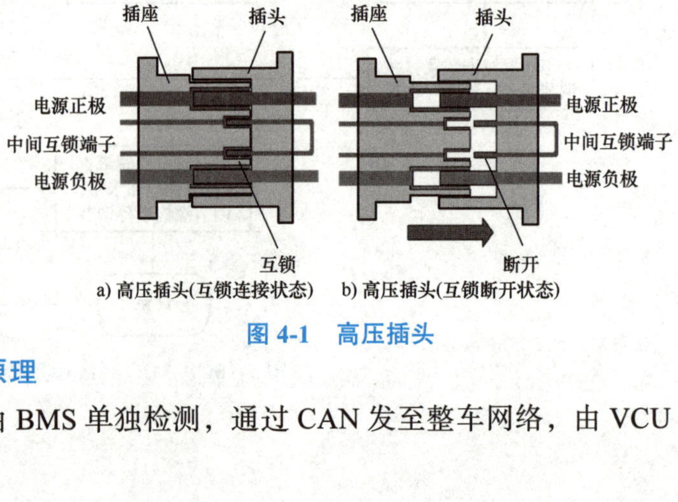

a) 高压插头(互锁连接状态)　　b) 高压插头(互锁断开状态)

图 4-1　高压插头

2. 整车高压互锁电路回路原理

电池内部环路互锁通常是由 BMS 单独检测，通过 CAN 发至整车网络，由 VCU

根据故障等级进行相应操作。外部高压插件环路互锁由 VCU 检测，并根据故障等级进行相应操作。具有高压互锁的端口通常包括电池包连接端口、电池包快充连接端口、车载充电机连接端口、动力电子控制器端口、电动压缩机高压端口、加热控制器（PTC）连接端口。如图 4-2 所示为采用单线回路高压互锁的线路。

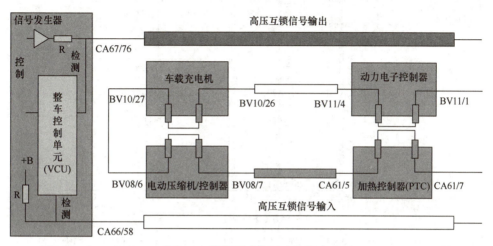

图 4-2　单线回路高压互锁线路

4.1.1.2　高压互锁测试

高压互锁故障是电动汽车常见故障之一，会造成高压系统整体失效，主要诊断方法有故障码测试和电路测量两种手段。

1. 故障码测试

出现高压互锁故障时一般都会伴随产生相应的故障码，但是故障码并不能指明具体部位，还需要进一步进行相关线路的测量。

2. 电路测量

高压互锁电路由监测模块发出一个直流模拟电压，也可能是一个波形，用一条线路连接所有需要监测的高压插接器，最后回到监测模块。模块监测线路的完整性，当出现断路时，模块认为高压电路也可能断路或虚接。针对某个模块测量高压互锁电路时，首先测量模块上低压插接器的两个针脚之间是否导通，如果不导通，测量高压插接器上两个互锁针脚是否导通。如果不导通，说明高压线束故障；如果导通，说明模块本体内部电路故障。

以图 4-3 所示互锁电路图为例，其高压互锁线路采用波形检测的方式参与，动力电子控制器通过 EP11-4 端子输出一个幅值约为 3.3 的 PWM（脉冲宽度调制）占空比信号，波形信号通过高压互锁导线回到动力电子控制器 EP11-20 端子。通过发出与接收 12V 左右 PWM 占空比信号，来判断高压线路连接是否正常，如图 4-4 所示。

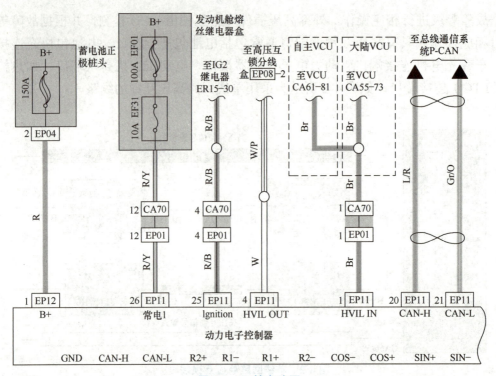

图 4-3　互锁电路图

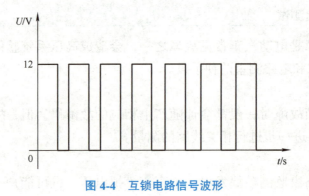

图 4-4　互锁电路信号波形

4.1.2　绝缘性能故障诊断

4.1.2.1　绝缘测试的意义

　　电动汽车与传统汽车相比，电子电气系统比例大大增加。电动汽车动力系统是动辄几百伏的高压系统，因此电气绝缘性能是电动汽车高压安全的重要项目。根据相关标准中对人体安全电流的要求（DC 10mA，AC 2mA），GB 18384—2020《电动汽车安全要求》中规定，绝缘电阻最低要求为 DC 100Ω/V，AC 500Ω/V。

4.1.2.2 绝缘测试的方法

高压系统各部件绝缘电阻的要求不尽相同，具体数值可以参考表4-1。

表4-1　高压部件测试电阻

高压部件名称	测试端	正常阻值
动力蓄电池直流母线	端子1（正极）与车身搭铁（负极）	≥20MΩ
	端子2（正极）与车身搭铁（负极）	≥20MΩ
PTC	端子1（正极）与车身搭铁（负极）	≥20MΩ
	端子2（正极）与车身搭铁（负极）	≥20MΩ
空调压缩机	端子1（正极）与车身搭铁（负极）	≥10MΩ
	端子2（正极）与车身搭铁（负极）	≥10MΩ
慢充充电器	端子1（正极）与车身搭铁（负极）	≥10MΩ
	端子2（正极）与车身搭铁（负极）	≥10MΩ
电机三相线束	U相	≥20MΩ
	V相	≥20MΩ
	W相	≥20MΩ
动力电子控制器高压输入	T+、T-线束	≥2.5MΩ

车辆整车下电后，将12V蓄电池负极断开，极柱与插接器保持一定安全距离，观察是否停止工作，并等待5min。用万用表直流电压档分别测量直流母线正、负极之间以及直流母线正、负极与车身平台之间的电压值是否为0。检查可能影响高压配电系统的售后加装装置；检查易于接触或能够看到的系统部件（高压线束、高压接插件、动力电子控制器、分线盒、充电机、PTC等），以查明其是否有明显损坏或存在可能导致故障的情况；检查分线盒内部是否有水或者灰尘等异物；检查分线盒高压线束插接器是否松动，内部是否有锈蚀的迹象，如图4-5所示。

动力蓄电池端正、负极和动力蓄电池快充端正、负极绝缘性检测：万用表黑表笔接电池包壳体，红表笔逐个测量动力蓄电池输出插座的正、负极，如图4-6所示。

图4-5　插头检查

图4-6　用万用表测量

直流母线正、负极和快充线束端正、负极绝缘性检测：万用表黑表笔接屏蔽层，红表笔逐个测量直流母线的正、负极和快充线束端正、负极，如图4-7a所示。

充电机正、负极（接动力蓄电池）绝缘性检测：黑表笔接充电机壳体，红表笔逐个测量充电机的正、负极。

依次测量充电机侧接动力电子控制器、连接PTC模块和压缩机控制单元、接交流插座对电机壳体的绝缘电阻：万用表黑表笔接充电机壳体，红表笔逐个测量上述充电机侧的正、负极，如图 4-7b 所示。绝缘设计值参照充电机正、负极与壳体间绝缘设计值执行。

a) 直流母线测试   b) 充电机测试

图 4-7 直流母线和充电机绝缘测试

动力电子控制器正、负极绝缘性检测：万用表黑表笔接动力电子控制器外壳，红表笔逐个测量动力电子控制器插头的正、负极。

动力电子控制器的 U 相、V 相、W 相绝缘性测试：万用表黑表笔接车身，红表笔逐个测量 U 相、V 相、W 相对机身的绝缘电阻，如图 4-8 所示。电机的 U 相、V 相、W 相绝缘性测试与之类似。

图 4-8 电机母线绝缘测试

PTC、电动压缩机绝缘性测试：万用表黑表笔接车身，红表笔逐个测量 PTC 正、负极和电动压缩机正、负极对机身的绝缘电阻，如图 4-9 所示。

图 4-9 PTC 母线绝缘测试

4.1.3 整车上下电故障诊断

4.1.3.1 整车上下电策略

1. 上电策略

动力蓄电池上电控制，实际上由 BMS 根据 VCU 要求控制正负极继电器的闭合，VCU 自检完成且无故障，通过动力 CAN 总线发送信号给 BMS 进行高压电预充电，当 VCU 接收到预充电完成信号后，通过车身 CAN 总线向组合仪表发送车辆可行驶信号，组合仪表接收到信号并驱动 READY 指示灯点亮，告知驾驶人车辆处于可行驶状态。

2. 下电策略

正常高压下电逻辑为，钥匙关闭后，VCU 发出指令，如转矩清零、禁止 READY、禁止 DC/DC 输出、关闭空调等，同时命令 BMS 断开主正、主负接触器，下电完成。高压下电还包括以下几种情况：

1）故障下电逻辑：VCU 检测到绝缘三级故障、高压互锁故障、BMS 三级故障、BMS 欠电压故障、PCU 三级故障时，控制整车下电。

2）充电下电逻辑：BMS 收到直流或交流的 CC（连接确认）信号时，控制整车下电。

3）碰撞下电逻辑：VCU 收到气囊模块传来的碰撞信号时，直接禁止 READY，同时发出断开主正与主负接触器命令，控制各控制单元下电。

4.1.3.2 整车上下电故障诊断流程

整车上下电包括低压供电与断电、唤醒与取消唤醒。高压上电与下电，其控制功能涉及整车的所有单元。下面以高压下电故障诊断为例，说明诊断流程，如图 4-10 所示。其中，MSD 指手动维修开关。

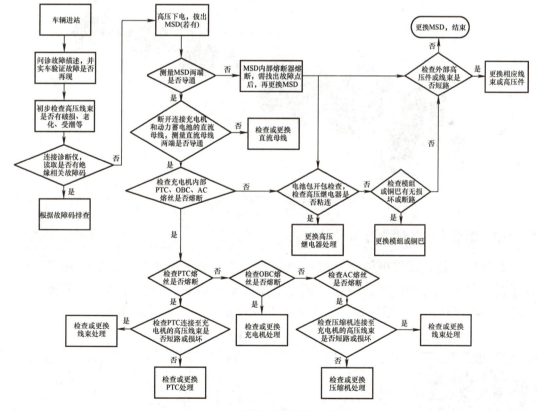

图 4-10　高压下电故障诊断流程

4.2 驱动电机故障诊断

电动汽车驱动电机及其控制系统是电动汽车的心脏，是把电能转化为机械能来驱动车辆的重要部件。它的任务是在驾驶人的控制下，高效率地将动力蓄电池的能量转化为车轮的动能，或者将车轮上的动能反馈到动力蓄电池中。其特性决定了车辆的主要性能指标，直接影响车辆动力性、经济性和用户驾乘感受。

4.2.1 驱动电机的结构与性能指标

4.2.1.1 驱动电机的结构

驱动电机是动力系统的重要执行机构，是电能与机械能转化的部件，且自身的运行状态等信息可以被采集到驱动动力电子控制器。驱动电机由定子、转子、轴承、壳体、转子位置传感器（编码器）、电机温度传感器等部件组成，如图 4-11 所示。电机温度传感器用于测试定子绕组的温度，防止电机过热。

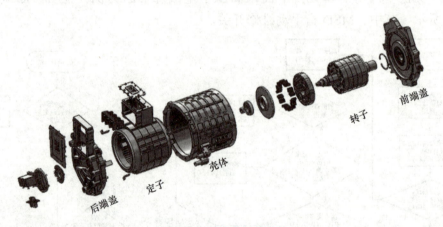

图 4-11　驱动电机的结构

4.2.1.2 驱动电机的性能指标

驱动电机是直接将电能转换成机械能的部件，很大程度上决定了电动汽车的性能指标。驱动电机的性能参数包括额定电压、额定功率、峰值功率、额定转矩、峰值转矩、额定转速、峰值转速等。常见的驱动电机性能指标见表 4-2。

表 4-2　常见的驱动电机性能指标

电机型号	TZ220XS519	TZ220XS503	TZ220XSFDM42A
绝缘等级	180（H）	180（H）	180（H）
额定电压 /V	DC 270～410	DC 270～410	DC 270～410
额定功率 /kW	42	42	42
峰值功率 /kW	130	120	120

（续）

额定转矩 /N·m	105	105	105
峰值转矩 /N·m	270	250	250
额定转速 / (r/min)	4200	4200	3820
峰值转速 / (r/min)	12000	12000	12000
防护等级	IP67		
质量	55kg		
转向	逆时针（从轴伸端看）		

4.2.2　驱动电机的检测

4.2.2.1　驱动电机的测量

1. 定子绕组电阻和绝缘测量

使电源模式至 OFF 状态，断开蓄电池负极电缆，断开高压维修开关（若有），断开电池端高压母线（无维修开关），拆卸电机三相线束插接器 EP62（动力电子控制器侧）。用毫欧表测量三相线束 U-V、V-W、U-W 之间的直流电阻，该电阻正常情况下标准值为 11.786 ~ 13.027mΩ。将高压绝缘检测仪的档位调至 1000V，分别用高压绝缘检测仪测量三相线束插接器三个端子与电机壳体之间的绝缘电阻，绝缘电阻正常情况下的标准电阻值应大于或等于 20MΩ。

2. 旋变传感器的测量

当旋变传感器出现故障时，车辆会出现起步冲击、运转不平稳，严重时会出现无法行驶的情况。对于旋变传感器的检测可以按照以下测量方法进行测量：关闭点火开关，取下旋变传感器插头，使用万用表进行测量，正弦线圈阻值正常数值应为 13.5Ω ± 1.5Ω，余弦线圈阻值正常数值应为 14.5Ω ± 1.5Ω，励磁线圈阻值正常数值应为 9.5Ω ± 1.5Ω。

3. 电机温度传感器的测量

当电机温度传感器出现故障时车辆的动力输出会受到限制，仪表内的驱动电机过热警告指示灯会点亮，严重时车辆会出现无法行驶的故障。电动机内部的温度传感器采用的是负温度系数热敏电阻式传感器，该传感器的阻值随温度的升高会降低。用万用表的电阻档测量电机温度传感器，20℃时，正常电阻值为 13.6Ω ± 0.8Ω；85℃时，正常电阻值为 1.6Ω ± 0.1Ω。

4.2.2.2　驱动电机的拆装

驱动电机的拆卸过程如下：拆卸电机进、出水管环箍，脱开电机冷却水管；脱开驱动电机所有线束连接；脱开动力总成托架上的动力线束卡扣，从动力总成托架抽出动力线束；举升吊装工具，移出驱动电机及减速器总成。

驱动电机的安装过程如下：举升吊装工具，放置驱动电机及减速器总成；将动力线束布置到动力总成托架上，固定动力线束卡扣；插接驱动电机线束插接器，插接时注意"一插、二响、三确认"；连接驱动电机搭铁线束，紧固驱动电机搭铁线束固定螺栓，力矩为 8N·m；连接电机冷却水管，安装水管环箍。

驱动电机拆装的注意事项如下：①电机装车后，请不要触摸电机的高压连接端。②电机壳体通过专用接地线接地，接地线缆截面积应不小于 UVW 三相高压线截面积的 1/2 倍，应确保接地良好。③电机为高压用电器件，维护保养时必须断电操作。④切断电源后，驱动器内仍有电压，请勿立即触摸内部电路及零件，需等待 5min；在进行高压连接插头拆装前，务必用万用表检测高压端子是否仍然有残余电压。⑤电机金属壳体在使用后温度可能较高，请勿停机后直接用手触摸，以免烫伤。⑥电机在拆装过程中，请注意三相线以及低压信号线不要被划伤；如果要拆开电机低压接线，需要首先把插头外面的机械防护拆除，不可用力拖拽电机一端的低压信号线。

4.2.3　动力电子控制器的测量

4.2.3.1　控制器的功能及组成

动力电子控制器是一个既能将动力蓄电池中的直流电转换为交流电以驱动电机，又能将车轮旋转的动能转换为电能（交流电转换为直流电）给动力蓄电池充电的设备，如图 4-12 所示。减速阶段，电机作为发电机应用，它可以完成由车轮旋转的动能到电能的转换，给动力蓄电池充电。DC/DC 变换器集成在动力电子控制器内部，其功能是将电池的高压电转换成低压电，提供整车低压系统供电。

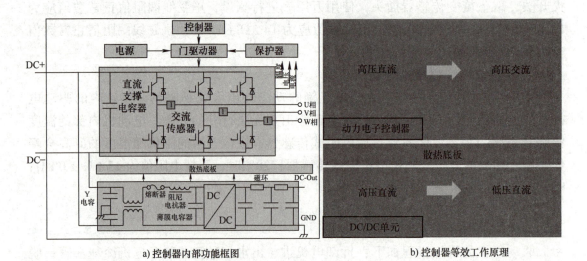

a) 控制器内部功能框图　　　　　　　　b) 控制器等效工作原理

图 4-12　动力电子控制器

动力电子控制器总成包括顶盖组件（含密封圈和高压互锁接插件）、逆变器端壳体组件、转换器端壳体组件、水冷板、逆变器组件、DC/DC 变换器组件、输入滤波组件、排线等。

4.2.3.2　控制器的测量

1. 绝缘检测

使用绝缘电阻表检测，档位选择 500V，分别测量动力电子控制器的 T+、T−、U、V、W 端子与动力电子控制器外壳的绝缘电阻值，测量结果应在 2.5M·Ω 以上。

2. IGBT 测量

整车正常下电，断开蓄电池负极，断开维修开关或电池高压母线，等待 5min；使用绝缘工具拆开动力电子控制器上盖，断开动力电子控制器内部 T+、T−、U、V、W 5 根高压线束。表 4-3 为动力电子控制器中 IGBT 正常测量数据，对照该表进行实际测量。

表 4-3　IGBT 正常测量数据

		黑表笔				
		T+	T−	U	V	W
红表笔	T+		电阻无穷大	电阻无穷大	电阻无穷大	电阻无穷大
	T−	0.6V		0.3V	0.3V	0.3V
	U	0.3V	电阻无穷大			
	V	0.3V	电阻无穷大			
	W	0.3V	电阻无穷大			

注：使用万用表二极管档测量。

3. DC/DC 变换器测量

动力电子控制器包含一个隔离的 DC/DC 变换器，将电压从高压转化为车辆的 12V 低压，即降压模式。测量 DC/DC 输出端，应为 13.5V。要求 DC/DC 输出的电压可调，范围为 10~16V。

4.2.3.3　控制器的拆装

控制器的拆卸过程如下：打开前机舱盖，断开蓄电池负极连接线，全车高压下电；拆卸控制器上盖螺栓，取下控制器上盖；拆卸驱动电机三相线插接器固定螺栓；拆卸三相线端子的固定螺栓，从控制器上取下三相线。拆卸分线盒控制器高压线束插接器固定螺栓；拆卸分线盒控制器高压线束端子的固定螺栓；从控制器上取下控制器高压线束。断开控制器线束插接器；拆卸控制器的固定螺栓。拆卸控制器搭铁线固定螺母脱开搭铁线；脱开冷却液进、出水管卡箍，从控制器上拔下冷却液进、出水管，取下控制器总成。

控制器的安装过程如下：按照拆卸的相反顺序，安装控制器总成。注意紧固力矩要求。

控制器拆装的注意事项如下：①电机为高压用电器件，维护保养时必须断电操作。②切断电源后，驱动器内仍有电压，请勿立即触摸内部电路及零件，需等待5min；在进行高压连接插头拆装前，务必用万用表检测高压端子是否仍然有残余电压。③脱开水管时要注意放置容器，接住防冻液，以免烫伤。④控制器上盖紧固时，应采用对角紧固法。

4.2.4　驱动电机故障诊断流程

驱动电机结构相对简单，故障率较低，一般都是过热故障。大部分故障发生在动力电子控制器中，如绝缘故障、IGBT故障、旋变传感器故障、高压互锁故障等。诊断时通常会把驱动电机和动力电子控制器看成一个系统进行诊断。

4.2.4.1　常见故障码分析

随着驱动电机的长期运行，一些结构、部件会逐渐劣化，逐渐失去原有性能和功能，暴露出一些不正常的状态。驱动电机常见故障码见表4-4。

表4-4　驱动电机常见故障码

常见故障码	备注说明	故障排除步骤
IGBT上桥臂短路故障	内部短路	更换动力电子控制器硬件
Sine/Cosine输入信号超过电压阈值	电机内部故障	检查旋变传感器电阻和相关线路，更换驱动电机
母线电压最大值大于阈值	内部故障	更换动力电子控制器硬件
电流控制不合理故障	电机内部故障	检测电机三相电阻，更换电机或动力电子控制器
电机超速故障	电机内部故障	检查旋变传感器电阻和相关线路，更换驱动电机
初始位置标定处于加速阶段	标定问题	使用诊断仪标定偏移角
蓄电池电压过低故障	模块供电故障	检查动力电子控制器供电和搭铁
定子温度最大值超过阈值	电机内部故障	检查温度传感器阻值和传感器线路
主动放电超时	模块内部故障	更换动力电子控制器硬件

4.2.4.2　常见故障诊断流程

驱动电机常见故障的诊断一般通过车辆使用情况并结合仪表的故障指示灯初步判断故障范围，然后使用专业诊断仪读取故障码和数据流，对数据进行对比分析，最后使用专业仪器对相关部位进行实时数据测试，并检查线路和接插件等情况。详细诊断流程如图4-13所示。

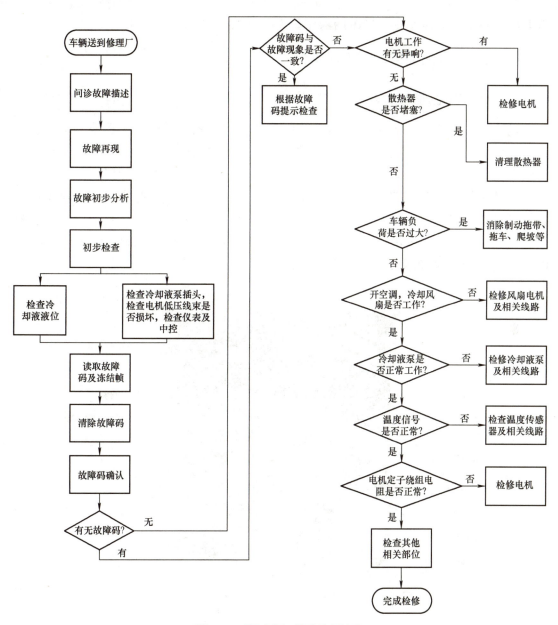

图 4-13　驱动电机故障诊断流程

4.3　动力蓄电池故障诊断

　　动力蓄电池的作用是接收和储存由充电机、发电机、制动能量回收装置或外置充电装置提供的高压直流电能，并且为电动汽车提供高压直流电能。动力蓄电池属于高压部件，内部结构复杂，工作时需要很严苛的条件，异常因素会导致动力被切断，因此，对动力蓄电池的诊断与测试需要丰富的动力蓄电池的基础知识，对动力蓄电池组的更换更需要专业规范的操作。

4.3.1 动力蓄电池的结构与性能指标

4.3.1.1 动力蓄电池的结构

　　动力蓄电池由动力蓄电池模组、结构系统、电气系统、热管理系统和电池管理系统（BMS）等部件组成，如图4-14所示。动力蓄电池模组负责存储和释放能量，为汽车提供动力；结构系统起到支撑、抗机械冲击、抗机械振动和环境保护的作用；电气系统主要由高压线束、低压线束和继电器构成，高压线束是完成动力蓄电池对其他部件的能量输送，低压线束起到实时传输检测信号和控制信号的作用；热管理系统的作用是让动力蓄电池处于合理的工作温度范围内，提高电池的寿命和可靠性；BMS实现智能化管理及维护各个电池单元。

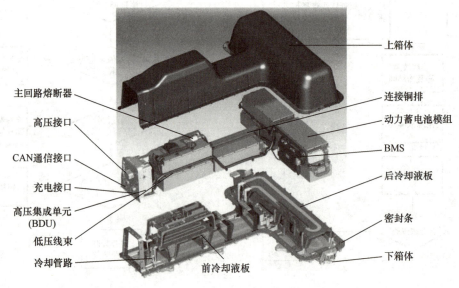

图 4-14　动力蓄电池的结构

4.3.1.2 动力蓄电池的性能指标

　　由于动力蓄电池每节单体电池自身性能上的差异，在经过数次充放电后，单体电池的电压、容量、放电能力等都会出现变化。如果出现的差异过大，将会严重影响整个电池的寿命。因此，电池需要满足很多性能指标，才能正常工作。常见的动力蓄电池性能指标包括电池容量、额定电压、工作电压范围、电池电量、成组方式等，见表4-5。

表 4-5 动力蓄电池常见性能指标

车型	帝豪 EV450、帝豪 GSe	帝豪搭载 1.5TD+7DCTH 的车型
电池容量 /A·h	150	37
额定电压 /V	346	306.6
工作电压范围 /V	266 ~ 408.5	296 ~ 345
电池电量 /kW·h	51.9	11.3
成组方式	95S1P	84S1P
质量 /kg	384	116
单体标称电压 /V	3.65	3.67
防护等级	IP67	IP67
能量密度 / (W·h/kg)	142	97

4.3.2 动力蓄电池的检测

虽然电池管理系统（BMS）带有平衡充电功能，可以在直流快充模式下对电池进行平衡，但为确保电池随时处于最佳状态，车辆仍需定期对电池进行检测。

4.3.2.1 动力蓄电池的测量

1. 电池电压的检测

动力蓄电池组有高压互锁检测，不能通过断开插接器的方法测量动力蓄电池的电压，可以使用诊断仪连接车辆，进入数据功能，查看动力蓄电池的电压与温度。

2. 绝缘电阻的检测

当车辆发生高压电路绝缘失效故障时，高电压和大电流将会危及车上乘客的人身安全，同时还会影响低压电器和车辆控制器的正常工作，因此针对电动汽车高压系统的绝缘监测和自动诊断功能的设置具有极其重要的意义。监测目的是使车辆能够检测整个高压车载电气系统中的绝缘故障。如果系统监测到高压车载电气系统绝缘电阻值低于设定值，则控制单元会切断高压系统，并直接在仪表显示车辆绝缘故障和点亮绝缘故障指示灯，提醒驾驶人和维修人员注意安全，同时车辆也无法起动。根据 GB 38031—2020《电动汽车用动力蓄电池安全要求》中的规定，电池包或系统在所有测试前和部分试验后需进行绝缘电阻测试，要求测得的绝缘电阻值除以电池包或系统的最大工作电压不小于 $100\Omega/V$。

4.3.2.2 动力蓄电池的拆装

以帝豪 EV300 为例，动力蓄电池的拆卸过程如下：首先支撑高压电池总成，将车辆用举升机升起；置入平台车，使用平台车支撑高压电池总成；拆除高压电池外围连接附件，断开高压电池进出水管与高压电池的连接，断开高压电池出水管与热交换器的连接，使用气泵与电池包水冷板入口连接，水冷板出口放置冷却液收集容器，将冷却液全部排出后方可进行拆包动作，断开高压电池的高压线束插接器；断开高压电池与前机舱线束的线束插接器；拆卸高压电池搭铁线固定螺母，断开高压电池搭铁线；拆除高压电池固定螺栓；拆卸高压电池总成后部固定螺栓；拆卸高压电池总成左右各固定螺栓；缓慢下降平台车取出高压电池总成。

可按照拆卸的相反顺序，完成动力蓄电池的安装。

4.3.3　动力蓄电池故障诊断流程

电动汽车的动力蓄电池内部结构比较复杂，工作过程多变。动力蓄电池组解体检测过程烦琐，要求较高。诊断时尽量依靠诊断仪读取故障码和分析数据流。

4.3.3.1　常见故障码分析

动力蓄电池常见故障包括电压类故障、温度类故障、充电故障、绝缘故障、通信故障、SOC 异常和电流异常等。动力蓄电池常见故障码见表 4-6。

表 4-6　动力蓄电池常见故障码

常见故障码	备注说明	故障排除步骤
CAN 总线故障	网络故障	检测 CAN 网络电压电阻、网线、模块供电搭铁
电池管理单元（BMU）的 CAN 网络中断	网络故障	检测 CAN 网络电压电阻、网线、模块供电搭铁
VCU 通信丢失	网络故障	检测 CAN 网络电压电阻、网线、模块供电搭铁
主正继电器粘连故障	继电器烧蚀	断电状态下测量继电器触点间的阻值，如导通则更换电池组
主负继电器粘连故障	继电器烧蚀	断电状态下测量继电器触点间的阻值，如导通则更换电池组
预充继电器无法闭合故障	继电器故障	电池组内部，更换继电器
电流传感器故障	传感器无信号	电池包内部，更换电流传感器单元
电流传感器单元采样异常	信号不准确	电池包内部，重新上电，如不恢复则更换电流传感器单元
放电电流过大	电流检测故障	重新上下电
单体欠电压	电池电压不均衡	数据流中查看具体数值，重新上下电和慢充，做电池均衡
高压互锁断路故障	互锁故障	检测高压互锁线路及插接器
可逆的碰撞信号发生	模块或线路故障	检查 BMS 网线和绝缘状况，更换 BMS 或 VCU
充电口温度传感器故障	传感器断路或短路	检查 BMS 与充电口温度传感器之间的线路是否断路或短路，BMS 供电
CC 硬件信号异常	CC 线路故障	检查 BMS 与充电接口之间的 CC 线路是否断路或短路，BMS 供电
SOC 不合理	信号合理性	电池内部，电流传感器唤醒电路短路，电流传感器电路板温度过高，均衡回路故障
电池温差过大	电池温度异常	查看数据流，检测电池内部电路

（续）

常见故障码	备注说明	故障排除步骤
电池健康状态过低	电池老化	建议更换电池
快充设备故障	充电故障	检查外部快充、主回路、MSD 高压插接器插件和内外部高压线路
充电机与 BMS 功率不匹配故障	无法充电	检查充电机和 BMS，更换合适的充电机或 BMS
BMU 非预期的下电故障	下电故障	重新上电，绝缘检测，低压线路检测

4.3.3.2　故障诊断流程

进行动力蓄电池故障诊断时，应利用诊断仪读取动力蓄电池组数据，并对动力蓄电池进行外观检测和漏电检测，如果没有发现故障，请参照图 4-15 所示故障诊断流程进行诊断。

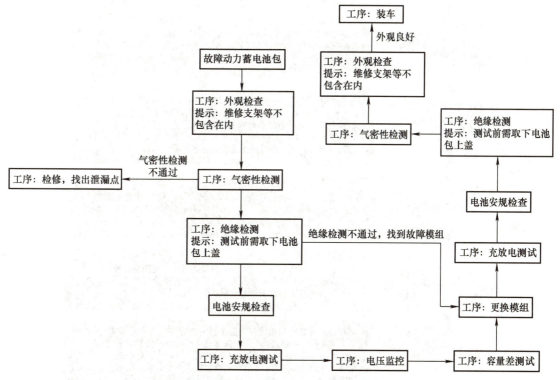

图 4-15　动力蓄电池故障诊断流程

4.4　充电系统故障诊断

充电系统发生故障的概率较高，有很多故障是人为操作不当造成的，或是由于外界充电设备和车辆不匹配造成的。遇到问题要先收集故障现象，充分分析故障的可能性，再进行针对性检测。

4.4.1 直流充电系统

4.4.1.1 直流充电过程

在整个充电阶段，电池管理系统（BMS）实时向直流充电桩发送电池充电要求，直流充电桩根据电池充电需求来调整充电电压和充电电流以保证充电过程正常，在充电过程中，直流充电桩和 BMS 相互发送各自的充电状态。除此之外，BMS 根据要求向充电机发送动力蓄电池具体状态信息及电压、温度等信息。

直流充电过程如图 4-16 所示。

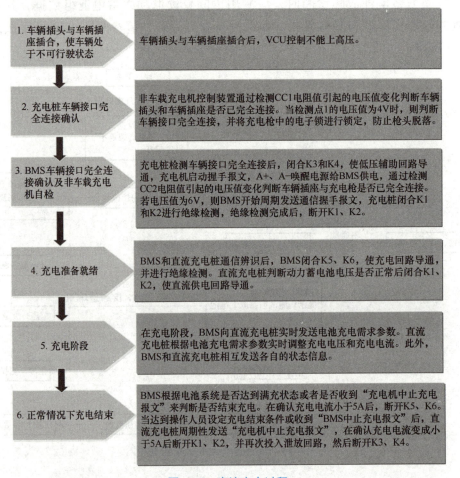

图 4-16 直流充电过程

4.4.1.2 直流充电系统的检测

直流充电安全保护系统包括非车载充电机控制器，电阻 R1、R2、R3、R4、R5，开关 S，供电回路 K1 和 K2，低压辅助供电回路（电压：12V ± 5%，电流：10A）K3 和 K4，充电回路 K5 和 K6 以及车辆控制器。

在充电机端和车辆端均设置绝缘检测电路。供电接口连接后到 K5、K6 合闸充电之前，由充电机负责充电机内部（含充电电缆）的绝缘检测；充电机端的绝缘检测回路通过开关从充电直流回路断开，且 K5、K6 合闸之后的充电过程期间，由电动汽车负责整个系统的绝缘检测。绝缘检测指的是 DC+ 与 PE 之间的电阻最小值，以及 DC- 与 PE 之间的电阻最小值。其标注如下：R > 500Ω/V，安全；100Ω/V < R ≤ 500Ω/V，报警，仍可充电；R ≤ 100Ω/V，故障，停止充电。直流充电安全保护系统电路如图 4-17 所示。

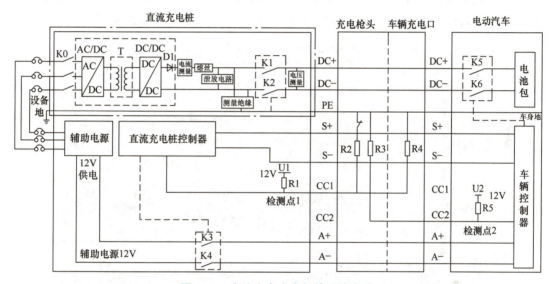

图 4-17　直流充电安全保护系统电路

通过检测点 1 和检测点 2 的电压数值，可以判断开关、充电枪头与充电插座的状态，见表 4-7 和表 4-8。

表 4-7　检测点 1 的测试

检测点 1 电压	开关（充电枪头）的状态	充电枪头与充电插座的状态	备注
12V	断开	断开	
6V	闭合	断开	
6V	断开	闭合	
4V	闭合	结合	完全结合

表 4-8　检测点 2 的测试

检测点 2 电压	充电枪头与充电插座的状态	备注
12V	断开	
6V	结合	

4.4.2 交流充电系统

　　交流充电功能是指整车从任意电源档位插上交流充电枪，通过家用插头或交流充电桩接入交流充电口，通过车载充电机将单相220V交流电转为直流高压电给动力蓄电池充电的功能。交流慢充电就是我们所说的交流充电。交流慢充由车载充电机、充电枪、交流充电插座、动力蓄电池（内部集成BMS）及组合仪表等组成。

4.4.2.1 交流充电过程

　　交流充电系统主要由交流充电设备、高压线束、交流充电口、车载充电机、高压配电箱、动力蓄电池包、电池管理器等部件组成。交流充电过程如图4-18所示。

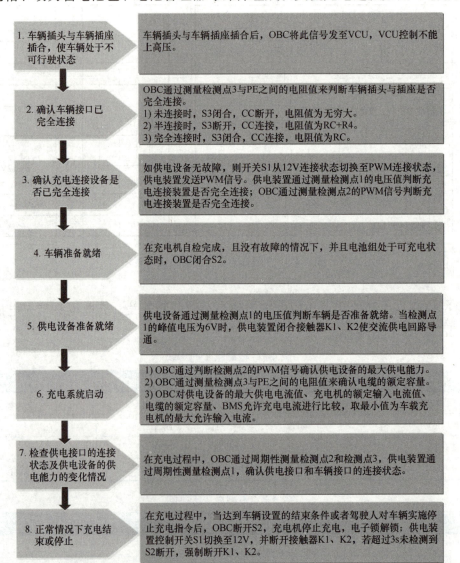

图 4-18　交流充电过程

4.4.2.2　交流充电系统检测

交流充电插座有 7 芯，如图 4-19 所示。其中，N 为中线；PE 为保护接地线；L1、L2、L3 为交流电源火线；CP 用于给 BMS 发送充电信号，当线路中断时会导致无法充电；CC 为交流充电确认信号线，用于确认当前供电设备功率及充电电缆的最大载流能力，当线路断路时将无法充电。

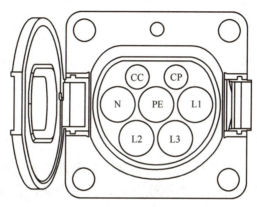

图 4-19　交流充电插座

交流充电系统电路图如图 4-20 所示。

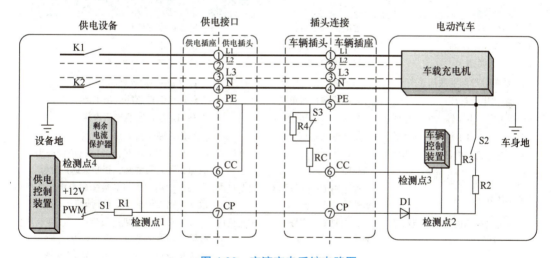

图 4-20　交流充电系统电路图

1）车辆控制装置通过测量检测点 3 与 PE 之间的电阻值来判断车辆插头与车辆插座是否完全连接。未连接时，S3 处于闭合状态，CC 未连接，检测点 3 与 PE 之间的电阻值为无穷大；半连接时，S3 处于断开状态，CC 已连接，检测点 3 与 PE 之间的电阻值为 RC + R4；完全连接时，S3 处于闭合状态，CC 已连接，检测点 3 与 PE 之间的电阻值为 RC。

2）供电控制装置通过测量检测点 1 或检测点 4 的电压来判断供电插头和供电插

座是否完全连接（车载充电机不适用，没有该检测）。

3）车辆控制装置通过测量检测点 3 与 PE 之间的电阻值来确认当前充电连接装置（电缆）的额定容量，对应关系见表 4-9。

表 4-9　检测点 3 的测试

RC	容量
1.5kΩ/0.5W	10A
680Ω/0.5W	16A
220Ω/0.5W	32A
100Ω/0.5W	63A

4.4.3　充电系统故障诊断流程

4.4.3.1　常见故障码分析

若车辆无法充电，根据故障状态一般可将故障划分为三大类：无法完成物理连接；物理连接完成已启动充电，但不能充电；充电中途停止充电。充电系统常见故障码见表 4-10。

表 4-10　充电系统常见故障码

常见故障码	备注说明	故障排除步骤
控制器供电电压低	蓄电池电压过低	检查蓄电池电压
控制器供电电压高	蓄电池电压过高	检查蓄电池电压
CAN 总线关闭	整车 CAN 总线关闭	检查整车 CAN 网络
与高压电池控制器通信丢失	与 BMS 报文丢失	检查整车 CAN 网络
直流输出电流过高	充电机输出过电流	利用诊断仪监测输出电流
OBC 关闭（由于输入电压过高）	交流输入电压过电压	利用诊断仪监测输入电压
OBC 关闭（由于输入电压过低）	交流输入电压欠电压	利用诊断仪监测输入电压
CP 在充电机的内部测试点占空比异常	充电桩 CP 信号异常 / 充电机内部故障	如果重启充电机后故障码可以变为历史故障，则无须维修；否则请返厂维修
CP 电压异常	充电桩 CP 信号异常 / 充电机内部故障	如果重启充电机后故障码可以变为历史故障，则无须维修；否则请返厂维修
CP 在充电机的内部测试点频率异常（S2 关闭以前）	充电桩 CP 信号异常 / 充电机内部故障	如果重启充电机后故障码可以变为历史故障，则无须维修；否则请返厂维修
输出电压过高关机	充电机输出电压过电压	如果重启充电机后故障码可以变为历史故障，则无须维修；否则请返厂维修
输出电压过低关机	充电机输出电压欠电压	如果重启充电机后故障码可以变为历史故障，则无须维修；否则请返厂维修
温度过高关机	充电机冷却液温度过高关机	如果重启充电机后故障码可以变为历史故障，则无须维修；否则请返厂维修
输入过载	充电机输入电流过电流	如果重启充电机后故障码可以变为历史故障，则无须维修；否则请返厂维修
自检故障	充电机自检故障	如果重启充电机后故障码可以变为历史故障，则无须维修；否则请返厂维修

（续）

常见故障码	备注说明	故障排除步骤
交流插座过温关机	交流插座温度过高	如果重启充电机后故障码可以变为历史故障，则无须维修；否则请返厂维修
充电机输出短路故障	充电机输出端短路（电池包短路、PTC 短路、压缩机短路）	如果重启充电机后故障码可以变为历史故障，则无须维修；否则请返厂维修
热敏电阻失效故障	交流插座热敏电阻失效	如果重启充电机后故障码可以变为历史故障，则无须维修；否则请返厂维修
充电连接故障	充电桩 RC 电阻异常	如果重启充电机后故障码可以变为历史故障，则无须维修；否则请返厂维修
PFC 模块故障	充电机 PFC 故障	如果重启充电机后故障码可以变为历史故障，则无须维修；否则请返厂维修
DC/DC 模块故障	充电机 DC/DC 故障	如果重启充电机后故障码可以变为历史故障，则无须维修；否则请返厂维修

4.4.3.2　常见故障诊断流程

1. 交流充电故障诊断流程

一般来说，交流充电故障诊断顺序为：检查插座供电和搭铁情况；检查充电枪 CC 对内部搭铁的阻值；检查充电枪口针脚情况；检查车辆控制器与接口之间的 CC 线路；检查充电口 CP 电压；检查 PE 与车身之间的电阻；检查高压线束等。具体诊断流程如图 4-21 所示。

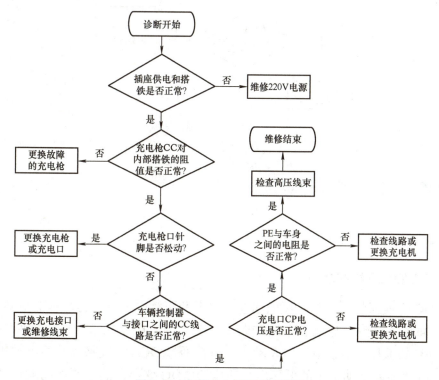

图 4-21　交流充电故障诊断流程

241

2. 直流充电故障诊断流程

直流充电线路的特点是充电连接线固定在充电桩上，线路只有一个插头与车辆进行对接即可。直流充电故障诊断顺序为：检查充电口 CC1 对内部搭铁的阻值；检查充电口 CC2 的电压；检查开关 S1 和 S2 的对地电压；检查充电枪 A+ 和 A- 之间的电压；检查高压线束等。具体诊断流程如图 4-22 所示。

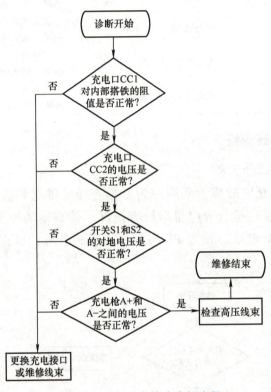

图 4-22　直流充电故障诊断流程

4.5　DC/DC 系统故障诊断

4.5.1　DC/DC 工作原理

4.5.1.1　DC/DC 系统的功能

DC/DC 变换器将能量从高压电池包转移至低压蓄电池中，为汽车的空调、灯光、刮水器、防盗、音响、导航、电动转向、安全气囊、电子仪表、故障诊断系统等提供 12～48V 的低压设备供电。汽车动力蓄电池通过 DC/DC 变换器给蓄电池供电，而且只有蓄电池才能启动整车的低压电，所以 DC/DC 变换器的主要功能就是动力电降压整流滤波后供给蓄电池充电，蓄电池为低压供电保证电信号和低压用电器的使用。DC/DC变换器相当于一个开关的作用，车内的低压用电器是通过12V蓄电池供电的。

4.5.1.2 DC/DC 系统的工作原理

DC/DC 系统的工作原理如图 4-23 所示。我们知道交流电压可以通过变压器来实现电压的改变，那么直流电压则可以通过斩波电路来改变。电动汽车 DC/DC 就是通过斩波电路的调压作用来实现电压的改变。斩波电路就是将电压固定的直流电压改变为另一种固定的直流电压，即通过将汽车上的动力蓄电池的高压直流电改变为低压直流 14V 电压，为整车用电器和蓄电池进行充电。

DC/DC 的工作过程如下：

1）DC/AC 部分通过控制高频电路四个功率管的导通与截止，将高压直流电转变为高压高频的 PWM，电源输出电压正比于功率管的导通时间，也就是取决于占空比。

2）高频高压的电源经过变压器的降压，转变为高频低压电源，这个电源是 PWM 型电源。

3）高频低压电源经过整流二极管的整流，变成低压直流电源。

4）低压直流电经过滤波电路，变成稳定的平顺的低压直流电源，给低压电池供电和整车用电器供电。

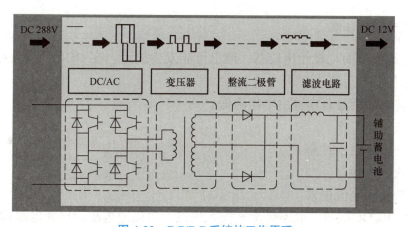

图 4-23　DC/DC 系统的工作原理

4.5.2　DC/DC 故障诊断

4.5.2.1　常见故障码分析

DC/DC 的故障主要依据故障码进行初步诊断。常见故障码的诊断流程如图 4-24 所示。

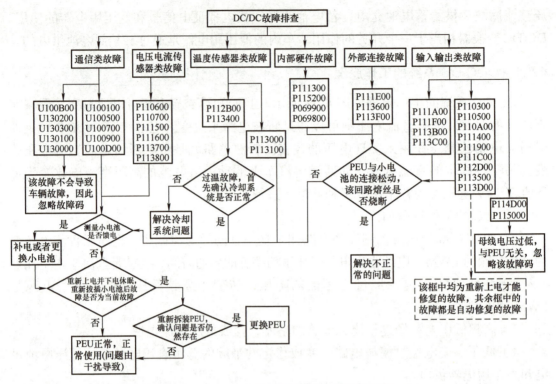

图 4-24　DC/DC 系统常见故障码的诊断流程

4.5.2.2　典型故障诊断

尽管电源模块的可靠性比较高，但也可能发生故障。在 DC/DC 系统中一般可能发生的故障有以下几种：

1）模块在使用过程中输出电压降低。

2）模块停止工作。

3）模块输出电压过高。

4）模块输入短路。

5）模块输出电流过大。

前两种 DC/DC 故障一般不会带来很大危险，可以通过故障诊断电路检测并报警。

第三种 DC/DC 故障失效方式比较危险，它可以烧毁应用电路。一般通过过电压保护电路来实现过电压保护，另外也可以在输出端加稳压二极管来实现。设计时要合理选择二极管的参数，防止由于温度不同造成稳压点的变化。有些模块本身自带过电压保护功能。一般来讲，25W 以下模块无过电压保护功能，25W 以上模块内部设计有过电压保护电路。过电压保护点一般设计为 135% ～ 145% 额定电压。详细设计时要确认模块是否具有这些功能，以免重复设计。

第四种 DC/DC 故障会导致输入过电流，严重时会烧坏印制板，一般可以通过在输入端选择合适的熔断器进行保护。熔断器在布线时一般要布置在靠近电源模块的输入端，这样设计的目的是降低输入线的引线电感，避免熔断器熔断时，引线电感引起输入端的过电压。

第五种 DC/DC 故障可以通过选择带有过电流保护的电源模块来避免故障的发生。一般的电源模块都有过电流保护功能，这种模块在其内部可以通过监测变压器原边或副边电流来实现，但要损失一定的效率。在进行电压模块选择时，不是功率额定越大越好。如果降额过大，则用户板辅助短路时，由于传输压降的存在，输出电流不足以实现模块过电流，有可能引起芯片过热甚至损坏。

下面以低压蓄电池充电故障指示灯点亮的故障诊断为例，介绍 DC/DC 的典型故障。具体故障现象为低压蓄电池充电故障指示灯点亮，上电之后用万用表测量蓄电池两端电压是 12V，正常电压是 14V 左右。排查方法如下：首先检测 DC/DC 变换器的一个输入正、输入负到蓄电池的输入正、输入负的导通性能。DC/DC 变换器的输入正到蓄电池正极之间有一个大电流的熔丝，经测量它是完好的。DC/DC 输入负到蓄电池输入负之间的搭铁线连接完好。然后测量 VCU 的信号线，信号电压是 12V，说明使能信号也是正常的。接着打开这个电机控制器的总成盖板，内部有一个高电池包过来的输入正、输入负的熔丝，这个也是 DC/DC 的熔丝，经过测量这个 DC/DC 的熔丝也是正常的，那么可以判断通过 DC/DC 变换器的输出、输入和使能信号都是正常的。由此可以判定 DC/DC 变换器本体硬件故障，可以通过更换和维修来解决这个问题。

4.6 热管理系统故障诊断

热管理系统的作用是让动力蓄电池处于合理的工作温度范围内，提高电池的寿命和可靠性。电动汽车热管理系统的好坏与否会影响车辆电器的工作效率、余热回收、能耗续航等。在低温状态下，热管理系统发挥的作用显得尤为重要。

4.6.1 制冷系统

4.6.1.1 制冷系统的原理

制冷系统主要由室内外温度传感器、压缩机、鼓风机等组成，如图 4-25 所示。空调控制器（面板）通过 CAN 线将压缩机目标转速信号发送至压缩机控制器，压缩机控制器控制压缩机开始运转。压缩机的转速是由空调控制器（面板）通过计算室内外温度传感器信号算出温差控制的，温差越大，压缩机转速越大；温差越小，压缩机转速越小，甚至停机。

压缩机的控制主要是确保系统正常工作，通过装在高压硬管上的压力开关来监测系统的压力，以实现安全保护控制目的。低压保护：当压力低于 0.196MPa ± 0.02MPa 时，压力开关断开，空调控制器（面板）控制压缩机停止工作；超压保护：当压力高于 3.14MPa ± 0.2MPa 时，压力开关断开，空调控制器（面板）控制压缩机停止工作；低温保护：当蒸发器温度传感器感应的温度低于 2℃时，空调控制器（面板）发出压缩机停止信号，压缩机停止工作。

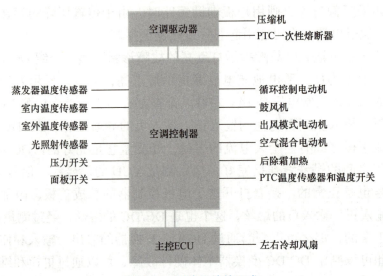

图 4-25　制冷系统的组成

4.6.1.2　制冷系统的测量

制冷系统的电路如图 4-26 所示。压缩机由自动空调模块控制 ER13 继电器供电，EP07 的 7 号针脚电压为 12V，自身直接搭铁。EP07 的 1 号和 2 号针脚为 CAN 网络线，断路状态下测量两线之间的电阻值为 120Ω，2 号针脚对地电压为 2.5 ～ 3V，1 号针脚对地电压为 2.2 ～ 2.5V。EP07 的 5 号和 6 号针脚为高压互锁线，两线之间应该导通。

4.6.2　采暖系统

4.6.2.1　采暖系统的原理

采暖系统是通过鼓风机将 PTC 散发出的热量送到车厢内或风窗玻璃，用以提高车厢内的温度和除霜；PTC 采用恒定功率制热功能，并通过 CAN 总线调节制热功能的开启和关闭；在高于 110℃时，PTC 监控电路就会发送报文给空调控制面板，空调控制面板发送 PTC 停止加热工作信号，当温度降低至 90℃时恢复 PTC 供电；当电池电量过低时 VCU 停止 PTC 工作。

4.6.2.2　采暖系统的测量

采暖系统电路控制主要是 PTC 控制和加热冷却液泵控制，如图 4-27 所示。PTC 和加热冷却液泵都是由自动空调模块控制 ER13 继电器供电。CA48 的 1 号针脚和 CA62 的 2 号针脚之间的电压值为 12V，自身直接搭铁。CA48 的 6 号针脚和 CA62 的 1 号针脚为 LIN 网络线，由自动空调模块通过 LIN 网络控制 PTC 和加热冷却液泵工作，两线之间的电压值为 7 ~ 9V。CA48 的 5 号针脚和 7 号针脚为高压互锁线，两线之间应该导通。

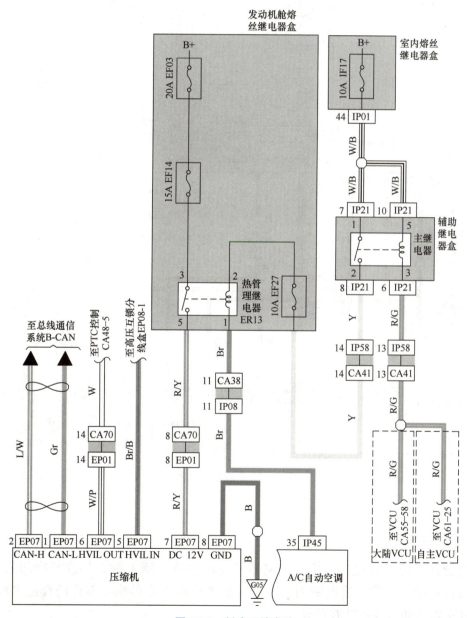

图 4-26　制冷系统电路

项目 4

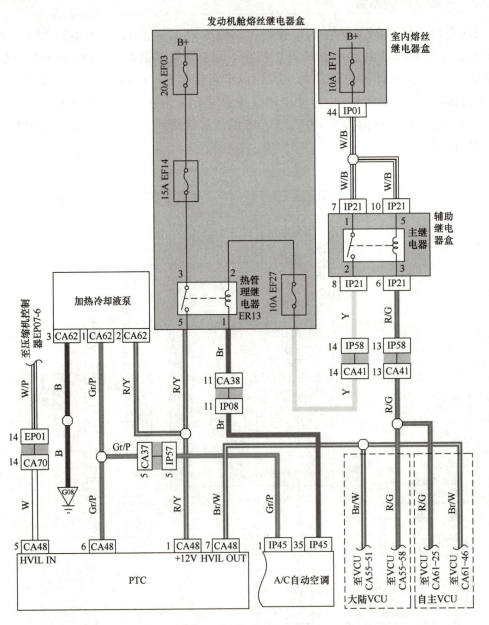

图 4-27　采暖系统电路

4.6.3　热管理系统

热管理系统对电池、电机、控制器及充电机等车辆关键部件进行冷却或加热，使其保持在适当工作温度范围内。冷却或加热性能直接影响零部件的性能表现，对于提升车辆的动力经济性有重要意义。

4.6.3.1 电机热管理

1. 部件组成

驱动电机冷却系统的作用是通过冷却液循环散热为电机控制器、车载充电机、驱动电机三大部件进行散热。电机控制器不但控制驱动电机的高压三相供电，还要将动力蓄电池的高压直流电转化成低压直流电为铅酸蓄电池充电。在此过程中会产生热量，需要通过冷却液循环散热。车载充电机工作时将高压交流电转化成高压直流电，其转化过程中会产生大量的热量，因此车载充电机内部也有冷却液道，通过冷却液的循环降低车载充电机的工作温度。驱动电机转子高速旋转会产生高温，热量通过机体传递，如果不加以降温，驱动电机无法正常工作，所以驱动电机机体内设置有冷却液道，通过冷却液的循环与外界进行热交换。这样能将驱动电机的工作温度保持在一定范围内，防止驱动电机过热。

2. 运行过程

驱动电机冷却系统回路热管理主要包括动力电子控制器、DC/DC 变换器、充电机以及电机冷却。散热部件的进水顺序为散热器、电机控制器、DC/DC 变换器、充电机、电机。电机流出的较高温度冷却液通过散热器与空气的热交换降温，经过降温的冷却液再流经散热部件，达到冷却的目的。

4.6.3.2 动力蓄电池热管理

根据电池的特性要求，电池包内部采用水冷方式实现包内外热交换。通过电池散热器与热交换管理模块实现对电池的冷却和加热，保证电池可以正常高效地工作。

1. 部件组成

动力蓄电池热管理系统部件主要包括压缩机、热交换器、动力蓄电池、电池冷却液泵，冷凝器、电机控制器、充电机、驱动电机、电机冷却液泵、加热冷却液泵、PTC 等。

2. 控制策略

1）电池冷却。根据电池不同温度点，调节冷却液泵、风扇、压缩机、三通电磁阀这四个冷却部件的工作状态，以此来保证电池工作在适宜的温度范围内。电池进水口温度不能低于 7℃，当出现此情况时，调节水阀的位置状态，保证进水口温度不低于 7℃。电池冷却结束，冷却液泵需延时 3min 关闭。

2）行车过程电机加热功能。车辆在行车过程中检测到电池最低点温度低于电机回路冷却液温度时，将电机回路热水引入电池回路，给电池加热，如图 4-28 所示。前提条件：电池本体温度达到低温下限值，BMS 处于工作状态且高压系统及空调系统正常。加热冷却液温度要求：≤ 60℃。冷却液泵流量要求：占空比 90%。开启加热条件：检测电池最低点温度 T_{cell}，$-10℃ < T_{cell} \le 15℃$（标定值）。关闭加热条件：$T_{cell} \ge 20℃$（标定值）。

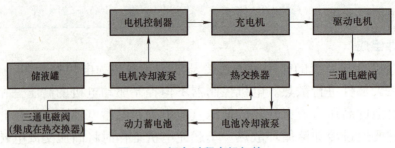

图 4-28　行车过程电机加热

3）PTC 电池加热。当动力蓄电池单体温度过低时，可以启动 PTC 给动力蓄电池加热，如图 4-29 所示。加热冷却液温度要求：40℃ ±3℃。冷却液泵流量要求：占空比 90%。电池温度测量误差：±1℃。冷却液温度测量误差：±1℃。开启加热条件：检测电池最低点温度 T_{cell}，$T_{cell} \leqslant -18℃$（标定值）。关闭加热条件：$T_{cell} \geqslant -8℃$（标定值）。

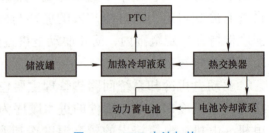

图 4-29　PTC 电池加热

4.6.4　热管理系统故障诊断流程

4.6.4.1　常见故障码分析

空调制冷系统的检测方法和传统车辆类似，采暖系统的结构稍微复杂一些。掌握系统的工作过程和工作条件，有利于快速准确地分析问题。热管理系统常见故障码见表 4-11。

表 4-11　热管理系统常见故障码

常见故障码	备注说明	故障排除步骤
鼓风机反馈电压与目标值差距过大	调速模块反馈电压	检测电压，查看电压值和速度之间的关系
混合电机接地	电机供电	检测混合电机的供电和搭铁
混合电机电源断路	电机供电	检测混合电机的供电和搭铁
模式电机接地	电机供电	检测模式电机的供电和搭铁
车内温度传感器接地	传感器搭铁	检查传感器的供电和搭铁
蒸发器温度传感器接地	传感器搭铁	检查传感器的供电和搭铁
室外温度传感器接地	传感器搭铁	检查传感器的供电和搭铁
阳光传感器对地短路	传感器信号线短路	检测传感器线路
VCU 通信丢失	网络故障	检查网络电压和电阻
COMP 通信丢失	网络故障	检查网络电压和电阻

（续）

常见故障码	备注说明	故障排除步骤
空调系统欠压故障	空调管路压力过低	检查空调低压开关和管路压力
空调系统过压故障	空调管路压力过高	检查空调高压开关和管路压力
冷却液泵过电压	冷却液泵供电	检测冷却液泵线路
加热器高压端过电流	加热器电流过大	检测加热器高压供电和电阻
加热器 LIN 通信故障	LIN 网络故障	检测 LIN 网络电压
冷却液泵过电流	液冷冷却液泵不工作	检测液冷冷却液泵供电及控制线路
冷却液阀线圈短路	冷却液阀不工作	检测液冷冷却液阀供电及控制线路

4.6.4.2　常见故障诊断流程

1. 制冷系统故障诊断流程

制冷系统故障诊断流程如图 4-30 所示。

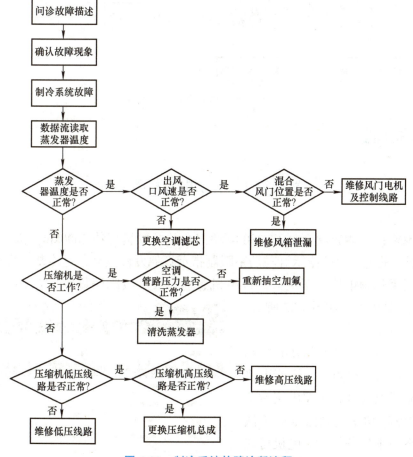

图 4-30　制冷系统故障诊断流程

2.采暖系统故障诊断流程

采暖系统故障诊断流程如图 4-31 所示。其中，HVH 为高压电加热器。

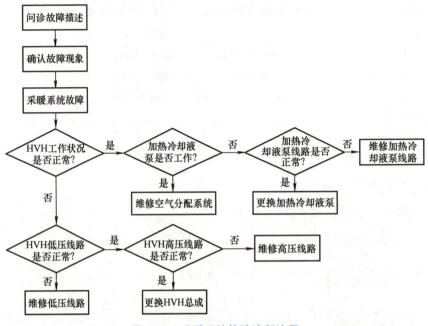

图 4-31　采暖系统故障诊断流程

4.7　技能训练

技能训练 1　驱动电机故障诊断

1.故障确认

故障现象：一辆吉利帝豪 EV300 电动汽车的行驶里程约 1000km。该车辆行驶不久，仪表板上的电机过热指示灯与功率限制指示灯偶发性点亮，且冷却风扇高速运转，踩加速踏板无加速响应，车辆只能以电机怠速行驶。故障码显示 P102904、P102c04、P112B00 和 P0A9300，如图 4-32 所示。

2.故障分析

仪表板上的电机过热指示灯和功率限制指示灯同时点亮，说明电机或电机控制器温度过高（超出正常范围），导致电机功率受到限制而无法加速。在下列工作条件下，电机可能会产生过热现象：车辆长时间运行；

故障码	描述	状态
P102904	电机控制器故障报警1（限功率）	当前故障
P102c04	电机属于限功率状态	当前故障
P112B00	DBC过温检测	当前故障
P0A9300	冷却液过温故障	当前故障
P0A9300	电机冷却液泵使能控制开路或对搭铁短接	历史故障

图 4-32　故障码显示

拖曳挂车时；电机及电机控制器内部故障；冷却系统故障导致散热不好。使用诊断仪读取故障码，读得偶发故障码 P0A93000，含义为"电机冷却液泵使能控制开路或对搭铁短接"。根据故障码的含义与相关数据流分析，该车故障很可能是冷却液泵循环电动机不正常运转导致的。

3. 故障排除

打开发动机舱盖，用手触摸控制器，发现控制器特别烫手，但冷却液温度不高；冷却系统外观正常，无变形和渗漏现象。根据吉利帝豪 EV300 电动汽车电路手册中的冷却系统电路图（见图 4-33）可知，冷却液泵与冷却风扇都由 VCU 控制，电源经

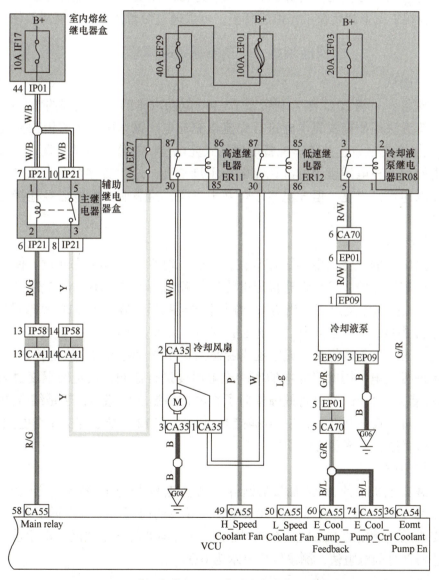

图 4-33 吉利帝豪 EV300 电动汽车冷却系统电路图

过 EF03 熔丝（20A）和冷却液泵继电器（ER08）为冷却液泵提供工作电源。操作起动开关使电源模式至 OFF 状态，打开发动机舱熔丝盒盖，拔下 EF03 熔丝检查，熔丝额定容量为 20A 且未熔断，正常；检查冷却液泵的供电电压，操作起动开关使电源模式至 OFF 状态，拔下冷却液泵的导线插接器 EP09，在起动车辆后用万用表测量 EP09 的端子 1 与 EP09 的端子 3 之间的电压，电压值为 13.09V（标准电压值为 11 ~ 14V），正常，说明冷却液泵的供电线路正常；连接好导线插接器 EP09，用示波器测量导线插接器 EP01 端子 5 的冷却液泵反馈信号波形，结果发现无电压信号，说明冷却液泵没有正常运转，判定为冷却液泵自身有故障，需要更换冷却液泵。

电机过热故障有些是硬件原因，必须经过修理或更换相应部件才能修复；有些是由于在极端工况下超负荷工作造成高温，可以通过短暂休息，自然降温恢复。

技能训练 2　充电系统故障诊断

1. 故障确认

故障现象：一辆 2017 年吉利帝豪 EV300 电动汽车的行驶里程约 2.1 万 km。用户反映该车无法用便携式充电盒进行交流慢充充电。该车配备了直流快充充电口和 220V 交流慢充充电口，并随车配备了便携式充电盒。维修人员试车发现，该车连接慢充充电枪后，充电插座上的红色充电指示灯常亮，这代表存在充电故障。组合仪表中的充电连接灯点亮，但充电指示灯并未点亮，这表明充电枪已经连接好但系统并未充电。

2. 故障分析

充电插座上的红色充电指示灯常亮，表明充电系统自检没有通过。使用专用诊断仪读取该车故障码，发现未连接充电枪时故障码为 P10031B，含义为"OBC 充电过程中充电枪插座温度过高，当前"；当充电枪连接后，除 P10031B 故障码外，还新增了故障码 P10031E，含义为"充电枪插座温度无效，当前"。根据该车型资料，车载充电机（OBC）负责将交流充电桩或者便携式充电盒输入的交流电转换为直流电，对电池组进行充电，同时对充电插座的充电温度进行监测，避免因温度过高而引起充电插座烧结。由于故障码将故障指向了充电插座温度传感器，于是结合图 4-34 进行分析，可知车载充电机上的 EP66 插接器的 11 号和 12 号端子与交流充电插座相连，正是充电插座温度传感器的信号线。

3. 故障排除

将车载充电机上的 EP66 插接器断开，测量其 11 号与 12 号端子之间的电阻值，结果显示为 0.5Ω，而这实际上应该只是 2 条导线的内阻。进一步拆下左后车轮罩，再断开交流充电插座的 EP22 插接器，测量其 7 号与 8 号端子之间的电阻值，也就是温度传感器自身的电阻值，测量结果显示为 0Ω。

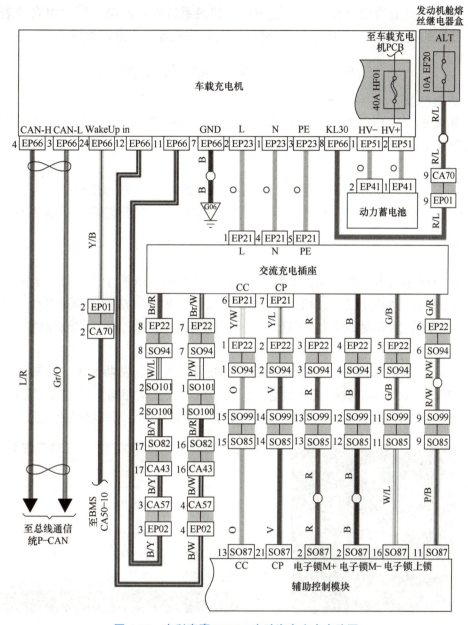

图 4-34 吉利帝豪 EV300 电动汽车充电电路图

由测量结果可以确认，该车无法充电的故障正是温度传感器内部短路所引起。因为该温度传感器的核心元件是一个负温度系数电阻，其电阻值随着温度的上升而减小。当车载充电机检测到充电插座温度传感器的电阻为 $0\,\Omega$ 时，会误认为插座温度过高，进而出于热保护的目的而禁止通过交流充电插座进行充电，同时记录相应故障码并点亮红色的充电故障警告灯。

更换交流充电插座，清除故障码后重新用便携式充电盒为车辆充电。连接充电枪后，充电插座上的绿色充电指示灯闪烁，代表系统正在充电；同时组合仪表上的充电连接灯和充电指示灯均点亮，表明交流充电系统运行正常，故障排除。

技能训练 3　热管理系统故障诊断

1. 故障确认

故障现象：打开空调，温度调到最低，出风口出自然风，无制冷，证明空调制冷系统没有工作。通过专用诊断仪读取车载充电机故障码，没有相应的故障码显示。

2. 故障分析

空调出风口温度高有两个原因：一是空调制冷系统故障，没有冷源；二是空调空气分配系统故障，混合风门不能调节到冷风位置。一般我们都会从易到难，首先检查制冷系统。

3. 故障排除

外接空调压力表，测试制冷系统管路压力，如图 4-35 所示。高低压管路压力均为 600kPa 左右，证明压缩机没有工作。也可以用简单的方法判断制冷系统压力，即用手摸高低压管路温度，压力高温度高，压力低温度低。正常高压管路温度在 100℃ 左右，低压管路温度在 15℃ 左右。

调取空调系统数据流，查看空调压力、外界温度、蒸发器温度、冷却液温度等参数，如图 4-36 所示。数据流显示空调压力和压力表测试相同。通过数据流的分析，发现外界温度、蒸发器温度和管路压力都正常，证明自动空调模块控制正常。

图 4-35　测试制冷系统管路压力

图 4-36　数据流分析

接下来根据图 4-37 所示热管理系统电路图进行诊断。测量 EP07 的 1 号和 2 号针脚，断电状态下两线之间的电阻值为 60Ω，证明网络正常。因为没有高压互锁故障码，可以判断 EP07 的 5 号和 6 号针脚正常。测量 EP07 的 7 号针脚有 12V 电源，8 号针脚搭铁正常。

通过前面数据流和实车线路的诊断，排除外围部件或线路故障，判断为压缩机故障，需要更换压缩机。

项目
4

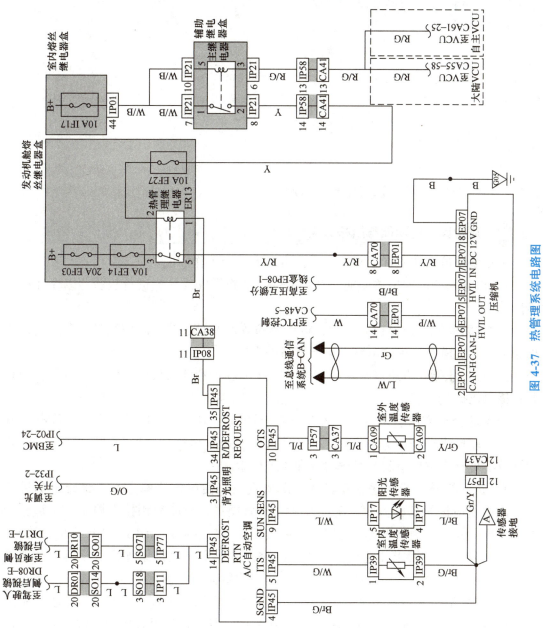

图 4-37　热管理系统电路图

257

项目 5
车间技术管理

Chapter 5

5.1 质量管理

5.1.1 汽车维修质量管理和考核标准

5.1.1.1 质检岗位的职能与质检分类

根据质检员工作职责，赋予了质检员以下三个工作职能：

1）保证职能。即把关职能，对零配件、维修零件或总成进行检验，以保证汽车维修质量。

2）预防职能。通过检验处理，将获得的数据及时反馈，以便及时发现问题，找出原因，采取措施，预防车辆维修不合格的产生。

3）报告职能。将质量检验的情况及时向企业主管部门报告，为加强质量管理和监督提供依据。

质检的分类方法有两种，一种是按检验职责分类，另一种是按汽车维修程序分类。按检验职责分类可分为自检、互检和专职检验，俗称"三检制度"；按汽车维修程序分类可分为进厂检验、过程检验和竣工检验。

1）进厂检验。指对送修车辆的状况鉴定，以便确定维修方案。维修车辆进厂后，质检员应记录驾驶人对车况的反映和报修项目，查阅车辆技术档案，了解车辆技术状况，检查车辆整车装备情况，然后按照 GB/T 18344—2016《汽车维护、检测、诊断技术规范》的要求，选择项目进行维修前的检测，确定附加作业项目，并把检验、检测的结果填写在检验签证单上。未经检验签证的车辆，作业人员应拒绝作业。

2）过程检验。指汽车维修过程中，对某一工序的工人自检、互检和专职检验员在生产现场的重点检验。在维修作业的全过程中，都要进行过程检验。过程检验实行维修工自检、班组内部互检以及厂内质检员专检等相结合的办法。过程检验的主要内容是零件磨损、变形、裂纹情况；配合间隙大小；有调整要求的调整数据；重要螺栓螺母拧紧力矩。对涉及转向、制动等安全部件更须严格地检查。对不符合技术要求

258

的部件应进行修复、更换，以确保过程作业的质量。过程检验的数据由质检员在检验签证单上完整记录。未经过程检验签证的车辆，厂内质检员有权拒绝进行竣工检验。

3）竣工检验。指送修的汽车经过解体、清洗、修理、总成装配调试和整车装配以后对整车进行静态和动态的检查验收。竣工检验由质检员专职进行。必须严格按 GB/T 3798—2021《汽车大修竣工出厂技术条件》或 DB11/T 137—2022《汽车小修竣工出厂技术条件》逐项进行检验签证，必要时进行路试。竣工检验的结果应逐一填写在检验签证单上。未经竣工检验合格的车辆不得送检测站检测，不得出厂。

检验标准需遵循 GB/T 18344—2016《汽车维护、检测、诊断技术规范》；GB 38900—2020《机动车安全技术检验项目和方法》；GB 7258—2017《机动车运行安全技术条件》。

5.1.1.2　质检流程与实施

1. 质检流程

质检工作也需要有一套严格的工作流程，保证质检工作的严谨性。对于多次进场车辆要引起足够重视，这些车往往是引起一次修复率下降的主要因素，所以要制定相应的流程，具体内容如图 5-1 所示。

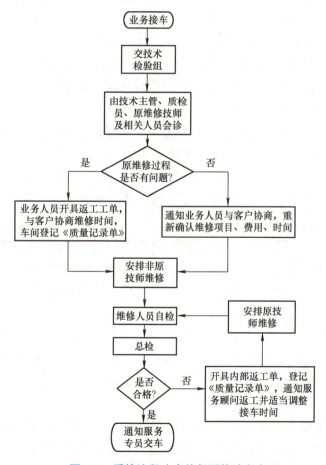

图 5-1　质检流程（内外部返修流程）

2. 质检实施

对于返修车辆，一定要严格填写维修质量报告，以备事后总结，制定整改方案，避免类似问题重复出现。质检员把车间维修质量问题进行汇总，上报给车间主管或技术主管，车间主管或技术主管把当月的所有返修及客户抱怨进行培训和总结。

维修企业除了要遵守规章制度，还要按照汽车维修质量管理的技术标准进行维修。因为汽车维修行业是一个技术性很强的行业，为保证维修质量，在生产过程中必须有严格的技术标准、操作工艺规程和维修竣工后的检验标准。这些技术标准和规程就是汽车维修质量管理的技术依据。汽车维修技术标准可以按其功能进行分类，主要分为汽车维修生产技术标准和汽车维修质量检验标准。其中汽车维修质量检验标准是指车辆或总成在竣工后的质量检验，这是保证汽车维修质量的重要保证和手段，其主要内容是汽车综合性能参数标准和主要总成及机构的性能参数标准。针对不同的维修作业，有不同的技术标准和检验方法，下面分别进行介绍。

汽车常规保养是车间最常见的维修作业，检验技术标准遵照维修手册的油液更换容量和周期标准。质检员在对完工的保养车辆进行检验时，应关注以下几点：

1）油液添加量，如防冻液、制动液、转向助力油等，应添加到最高和最低刻度线之间。机油添加量在最高刻度线下方 1mm 处。同时还应该在检验时仔细观察油液颜色，间接判断油液是否完全更换。

2）特别注意检查可能出现泄漏的部位，如油底螺栓、机油滤芯等。

3）检查清洁润滑部位，维修部位不能残留油液，机舱内机件表面干净，铰链等润滑部位不能有多余油脂。

4）车间维修中的部件更换、调试都属于小修范围，对于这部分维修的检验，主要是看是否符合维修操作规范，包括维修流程规范、工具使用规范。检验时可以通过观察维修部位安装是否到位、螺栓拧紧力矩是否符合维修手册要求来判断。

总成大修数量虽少，但是其技术含量和工艺要求比较高，同时检验难度也比较高。一是有些维修部位不能在竣工后进行检验，二是有些隐患不能在检验的短时间内显现出来。因此，一定要做好过程检验，竣工后要经过长时间试车。

发动机大修竣工检验一般通过以下 6 个方面进行：尾气合格、机油压力正常、无"四漏"（机油、冷却液、燃油、气）、无异响、加速性能优良、油耗符合厂家规定值。

变速器大修竣工检验标准如下：挂档轻松；档位清晰；无异响；行驶时不脱档；行驶一段里程后，变速器温度不高于 80℃；无漏油现象。自动变速器油温达到正常温度后，原地挂 R 位和 D 位应无冲击、异响；路试升、降档应平顺，无顿挫、冲击现象。

现代汽车电气设备越来越多，发生故障的概率也逐渐增多，并且很多故障表现为间歇性故障，检验时应重点放在外观检查，如线束维修节点是否规范、线束布局

是否合理。电气系统维修完毕后，查看电气功能是否恢复正常。同时一定要和客户进行很好的沟通解释，避免反复出现故障，造成客户满意度下降。

针对异响类故障维修的检验，最关键的是进行有效的试车，要先明确异响发生的条件，才能确认故障是否真的排除。同样，对于异响，每个人的听觉都存在差异，最好让客户亲自确认。

过程检验就是为了避免复杂维修竣工后不能有效检验的问题。在整个维修过程中，选取几个关键点，分别检验，并做好相应的记录，做到有据可查。

5.1.2　一次修复率改善与提升

5.1.2.1　一次修复率的计算

对于服务行业来说，客户满意度是非常重要的指标。那么对于维修企业，卓越的维修技术是企业品牌发展的核心竞争力，能把车修好是根本，评价修理水平高低的一个主要指标就是一次修复率。一次修复率也称为 F1，计算方法是以月为单位，当月一次维修合格项目总数除以当月进站维修车辆报修项目总和再乘以 100%。

虽然计算的方法简单，但是需要以准确和科学的质量检验台账报表和车辆进场开单数为基础，需要准确定义和明确车辆返修类别和车辆数目。一次修复率有三个衡量标准：是否一次修好；是否在承诺的时间内；承诺的时间是否合理。

5.1.2.2　一次修复率的影响因素

维修质量是维修企业生存的根本，也是影响一次修复率的最主要因素。一次修复率看似是维修的问题，其实经销商的各个环节都会影响一次修复率的达成。一次修复率的影响因素如下。

1. 服务流程与标准

（1）预约　在预约客户进站做车辆保养和维修的过程中，有效掌握客户的问题反馈是关键，其中涉及的简单问诊和技术处理，是在客户进站前消化处理产品质量问题的有效手段，这就需要客服人员必须掌握一些故障诊断和维修常识。客服人员要熟知品牌车辆常见故障问题点、维修案例、主动整改内容等，以及客户上次维修故障点、历史维修问题点等。在客户反馈问题时，无须客户进站，就可以快速处理客户问题，减少客户进站维修的次数和维修的成本，这样在预约阶段就可以消除一些影响一次修复率的指数，提升客户满意度。

（2）接待　服务顾问拥有良好的故障诊断能力，是服务顾问在维修企业从业的根本技能之一。良好的技术基础、功底经验和规范的诊断询问技巧需要长期的积累，在实战中才能体现出来。无法准确把握客户车辆的真实信息，将造成客户问题全盘接受，故障排除时间延长和修理次数增加。规范的问诊技巧和扎实的技术功底，是品牌汽车维修企业服务顾问长期不断积累的结果。服务顾问和客服专员一样，都要熟知品牌车辆常见故障问题点、维修案例、主动整改内容等，以及客户上次维修故障点、历史维修问题点，才能有效在接车环节化解客户问题，减少客户进入车间维修的项目和次数，控制一次修复率的下滑。

（3）派工　车辆到场后不是所有的人都能派工，当初步判断后就需要进行技术选定，否则无法将合适的故障给以合适的维修技师进行维修。初步诊断时没有确认的故障，需要车间合适的维修技师进一步检查才能确定。属于电器的问题，就要找电器方面较为专业的技师，属于底盘的问题，就要找熟知底盘问题的技师去处理，需要提前判断和准确分析后得到综合结论。所以车间技师的专业技能是非常重要的，在这个环节，服务顾问需要克服私交关系的障碍，客观准确地选择维修技师，保证车辆的一次修复率。

（4）返修　车辆返修在维修企业中是不可避免的。返修由多重原因造成，但是不管是什么因素造成的，都会造成一次修复率下降。从技术层面如何控制好车辆返修是技术总监的一项重要工作职责。

（5）检验　检验是维修过程中很重要的工序，严格而完善的检验制度可以有效避免不合格车辆出厂，是保证一次修复率的最后一道屏障。检验可分为四种：

1）自检是维修技师完工后的首要问题。车辆修复后，对于维修报修的项目，在交付前进行自我检验是技师最基本的职业素养。

2）班组长的互检是维修质量的第一次监督的实施。不论维修技师的技术水平的高低还是从业时间的长短，班组长都要对维修后的车辆进行互检，防止维修技师在维修过程中的遗漏、维修不彻底、维修过度等问题存在，避免问题没有解决就交车。

3）技术总监或者质检员的终检是交付给服务顾问的第二次监督的实施。技术总监和质检员的技术能力相对较强，在进行终检时，对于涉及的电器类维修、性能维修、发动机维修等，要进行试车、检测，确保问题处理完毕，才能盖章签字放行。

4）过程检验对于保证维修质量也很重要。有些维修项目在完工后短时间内无法检验出维修效果，这就需要做好过程检验工作，例如大修必须有过程检验单。

2. 零件供应问题

零件的产品质量往往直接影响维修企业的一次修复率，不合格的零件造成的重复更换将直接降低一次修复率。要提高备件订购的准确性，要对技师确定的备件精准订购。由于产品的更新换代，实车零件号在系统中无法查到，只有替代的零件号，这样订购回来的零件有可能存在偏差，车辆问题不仅不能解决，还可能滋生其他问题，造成车辆返厂，重新维修。要加强备件存储安全，如备件存储不当，会造成零件损坏，例如外观零件要避免挤压变形，电器元件要避免磕碰和受潮等。要做好旧

件的归类管理，所有已经更换的旧件严禁再次入库，避免出现旧件二次装车，造成重复维修，降低一次修复率。

3.产品质量问题

车辆出厂以后，由于各种原因，多少会存在一些产品质量问题，特别是新产品上市之初。对于这些问题厂家还没有非常有效的解决方法，势必会造成车辆反复维修，降低一次修复率。例如，由于变速器干式双离合器特性，导致大量出现换档冲击问题。这个问题又不能从根本上完全消除，所以只能采取更换离合器总成的维修方法，这就导致很多反复维修工作。

4.其他问题

服务顾问作为最后的质检员，是目前行业定义的第四道检验的关键。把客户交付给服务顾问的有产品质量问题的车辆彻底解决，是服务顾问对客户负责的根本。服务顾问需要确认客户报修项目是否完成、是否按照客户的需求彻底解决、追加的项目是否完工、加装或者养护完成情况、车身内外饰是否出现新的质量问题、洗车是否造成车辆损伤等。这些都是服务顾问在交车前必须做到的，这一关要是把握不住，车辆问题就会流出，一次修复率就不复存在，所以服务顾问是最后的保障，是保证一次修复率的最大筹码。

很多客户问题出现在客服、业务人员和技师之间的沟通上，造成维修结果不是客户的真实意图，同样也会造成一次修复率和客户满意度下降。技术总监要做好各部门之间的协调沟通工作。维护结束后，很多涉及性能匹配的性能件可能需要一个适应和匹配的过程，客户可能只有在使用一段时间后，车辆才能步入正轨，往往这个过程需要技术总监从技术角度辅导。客服人员在回访客户时要提醒客户，明确客户需要关注的细节，使用过程中需要的操作方法，遇到问题时应对故障的办法等。

5.1.3 路试检验与台式检测

5.1.3.1 路试检验

汽车维修后，很多性能问题必须通过路试检验的方式才能确认。路试检验一般检测以下项目。

1.行车动力性能路试检验

（1）动力性能路试检验的条件　试验车辆的装载质量为规定的最大装载质量，且装载物均匀分布，装载物质量不会因外部因素而变化。轮胎气压符合试验车辆技术条件规定。试验车辆所使用的燃料、润滑材料等符合车辆规格以及国家标准规定。试验要求在无雨无雾的天气环境下进行，相对湿度小于95%，气温为0～40℃，风速不大于3m/s。试验道路应该是清洁、干燥、平坦的混凝土或沥青铺成的平直路面，纵向坡度在0.1%以内。试验用的仪器、设备符合精度要求。

（2）汽车最高车速检验　试验前进行试验车辆的转向机构、各部分紧固件以及制动性能的检查。试验时应该关闭车窗，以保证试验安全。在符合试验条件的道路上，选择中间200m长度的路段为测量路段，并用标杆做好标志，测量路段两端为试验加速区间。选择合适的加速区间，使汽车在驶入测量路段前能达到最高稳定车速。试验汽车在加速区间以最佳的加速状态行驶，在到达测量路段前保持变速器处于汽车设计最高车速的相应档位，节气门全开。让车辆以最高稳定车速通过测量路段，通过仪器记录通过时间。试验往返各进行一次，记录试验结果。

（3）汽车加速度性能检验　测试前确认汽油发动机节气门能否全开。汽车最高档或次高档加速性能试验，是在试验路段上选取合适长度的路段，作为加速性能的测试路段，在两端放置标杆作为记号。汽车在变速器预定档位，以稍高于该档最低稳定车速作等速行驶，用第五轮仪监测初速度；当车速稳定后驶入试验路段，迅速将加速踏板踩到底，使汽车加速行驶至该档最高车速的80%以上；对于轿车车速应该达到100km/h以上；使用第五轮仪记录汽车的初速度和加速行驶的全过程。试验往返各进行一次，往返加速试验的路段应重合。

汽车起步连续换档加速性能试验时，将汽车停于试验路段的一端，变速器置于起步1档或2档，迅速起步，并将加速踏板快速踩到底，使车辆尽快加速行驶。当发动机达到最大功率转速时，力求迅速无声地换档后迅速将加速踏板快速踩到底。通过仪器测量汽车加速行驶全过程，往返各进行一次测量。

2. 燃油经济性检验

燃油经济性检验首先要满足道路条件和气象条件。道路应干燥，路面可以有湿的痕迹，但不得有任何积水。平均风速小于3m/s，阵风不应超过5m/s。在第一次测量之前，车辆应进行充分的预热，且达到正常工作条件。在每次测量之前，车辆应在试验道路上以尽可能接近试验速度的速度（该速度在任何情况下和试验速度相差不得超过±5%）行驶至少5km，以保持温度稳定。在测量燃料消耗量时，若速度变化超过±5%，冷却液、机油和燃油温度变化不应超过±3℃。

测量路段的长度应不少于2km，可以是封闭的环形路（测量路程必须为完整的环形路），也可以是平直路（试验在两个方向上进行）。试验道路应保证车辆按规定等速稳定行驶，路面应保持良好状态，在试验道路上任意的两点之间的纵向坡度不应超过±2%。为了确定在规定速度时的燃料消耗量，应至少在低于或等于规定速度时进行两次试验，且在至少等于或高于规定速度时进行另两次试验，但应满足下面规定的误差。

在每次试验行驶期间，速度误差为±2km/h。每次试验的平均速度与试验规定速度之差不应超过2km/h。

GB 19578—2021《乘用车燃料消耗量限值》规定了我国生产车（乘用车）燃料消耗量的限值，见表5-1。

表 5-1　乘用车燃料消耗量限值

车辆类型	燃料消耗量限值计算公式	说明	备注
装有手动档变速器且具有三排以下座椅的车辆	如果 $CM \leq 750$，则 $$FC_L = 5.82$$ 如果 $750 < CM \leq 2510$，则 $$FC_L = 0.0041(CM - 1415) + 8.55$$ 如果 $CM > 2510$，则 $$FC_L = 13.04$$	CM 为整车整备质量，单位为 kg FC_L 为车型燃料消耗量限值，单位为 L/100km	计算结果圆整（四舍五入）至小数点后两位
其他车辆	如果 $CM \leq 750$，则 $$FC_L = 6.27$$ 如果 $750 < CM \leq 2510$，则 $$FC_L = 0.0042(CM - 1415) + 9.06$$ 如果 $CM > 2510$，则 $$FC_L = 13.66$$		

3. 转向性能检验

机动车正常行驶时，转向轮转向后应有一定的回正能力（允许有残余角），以使机动车具有稳定的直线行驶能力。对于机动车转向盘的最大自由转动量，最大设计车速大于或等于 100km/h 的机动车应小于或等于 15°，其他机动车应小于或等于 25°。汽车（三轮汽车除外）应具有适度的不足转向特性。机动车在平坦、硬实、干燥和清洁的道路上行驶不应跑偏，其转向盘（或转向把）不应有摆振等异常现象。机动车在平坦、硬实、干燥和清洁的水泥或沥青道路上行驶，以 10km/h 的速度在 5s 之内沿螺旋线从直线行驶过渡到外圆直径为 25m 的车辆通道圆行驶，施加于转向盘外缘的最大切向力应不大于 245N。

4. 制动性能检验

机动车行车制动性能和应急制动性能检验应在平坦、硬实、清洁、干燥且轮胎与地面间的附着系数大于或等于 0.7 的混凝土或沥青路面上进行。检验时发动机应与传动系统脱开，但对于采用自动变速器的机动车，其变速器换档装置应位于前进位。用制动距离检验行车制动性能时，机动车在规定的初速度下的制动距离和制动稳定性要求应符合表 5-2 的规定。对空载检验的制动距离有质疑时，可用规定的满载检验制动距离要求进行检验。制动距离是指机动车在规定的初速度下急踩制动踏板时，从脚接触制动踏板时起至机动车停住时止机动车驶过的距离。

制动稳定性要求是指制动过程中机动车的任何部位（不计入车宽的部位除外）不超出规定宽度的试验通道的边缘线。制动协调时间是指在急踩制动踏板时，从脚接触制动踏板时起至机动车减速度达到表 5-3 规定的机动车充分发出的平均减速度的 75% 时所需的时间。

进行制动性能检验时的制动踏板力或制动气压应符合以下要求：满载检验时，气压制动系统气压表的指示气压≤额定工作气压，液压制动系统乘用车的踏板力≤500N，其他机动车的踏板力≤700N；空载检验时气压制动系统气压表的指示气压≤ 750kPa，液压制动系统乘用车的踏板力≤ 400N，其他机动车的踏板力≤ 450N。

表 5-2　制动距离和制动稳定性要求

机动车类型	制动初速度 /（km/h）	空载检验制动距离要求 /m	满载检验制动距离要求 /m	试验通道宽度 /m
三轮汽车	20	≤ 5		2.5
乘用车	50	≤ 19	≤ 20	2.5
总质量≤ 3500kg 的低速货车	30	≤ 8	≤ 9	2.5
其他总质量≤ 3500kg 的汽车	50	≤ 21	≤ 22	2.5
铰接客车、铰接式无轨电车、汽车列车（乘用车列车除外）	30	≤ 9.5	≤ 10.5	3[①]
其他汽车、乘用车列车	30	≤ 9	≤ 10	3[①]
两轮普通摩托车	30	≤ 7		—
边三轮摩托车	30	≤ 8		2.5
正三轮摩托车	30	≤ 7.5		2.3
轻便摩托车	20	≤ 4		—
轮式拖拉机运输机组	20	≤ 6	≤ 6.5	3
手扶变型运输机	20	≤ 6.5		2.3

　① 对车宽大于 2.55m 的汽车和汽车列车，其试验通道宽度（单位：m）为 "车宽 +0.5"。

表 5-3　制动减速度和制动稳定性要求

机动车类型	制动初速度 /（km/h）	空载检验充分发出的平均减速度 /（m/s²）	满载检验充分发出的平均减速度 /（m/s²）	试验通道宽度 /m
三轮汽车	20	≥ 3.8		2.5
乘用车	50	≥ 6.2	≥ 5.9	2.5
总质量≤ 3500kg 的低速货车	30	≥ 5.6	≥ 5.2	2.5
其他总质量≤ 3500kg 的汽车	50	≥ 5.8	≥ 5.4	2.5
铰接客车、铰接式无轨电车、汽车列车（乘用车列车除外）	30	≥ 5	≥ 4.5	3[①]
其他汽车、乘用车列车	30	≥ 5.4	≥ 5	3[①]

　① 对车宽大于 2.55m 的汽车和汽车列车，其试验通道宽度（单位：m）为 "车宽 +0.5"。

5. 滑行性能检验

　　测试前关闭汽车门窗，其余试验条件及车辆的准备需满足 GB/T 12534—1990《汽车道路试验方法通则》规定。在足够长的试验路面两端设立标志物作为滑行区段。试验车辆在进入滑行区段前应停止加速，保持稳定的行驶状态。试验车辆即将驶入滑行区段前，对于配置手动变速器的车辆，将手动变速器档位置于空档并松开离合器踏板；对于配置自动变速器的车辆，将档位置于 N 档，试验车辆开始滑行。试验车辆进入滑行区域时车速应稍大于 50km/h。滑行过程中，试验车辆应沿直线行驶。记录试验车辆从（50 ± 0.3）km/h 滑行到完全停止的滑行距离及滑行初速度。试验至少往返各进行三次，往返的路径应尽量重合。记录数据并按照 GB/T 12536—2017《汽车滑行试验方法》规定对数据进行校正。

5.1.3.2 台式检测

需要进行台式检测的项目如下：

1. 发动机综合性能检验

发动机是汽车的动力源，是汽车的心脏，汽车的一些基本技术性能都直接或间接地与发动机的相关性能相联系。因此发动机综合性能的检验对整车性能的了解至关重要。

发动机综合性能检验与发动机台架试验不同。后者是发动机拆离汽车以测功机吸收发动机的输出功率，对诸如功率和转矩以及油耗和排放等最终性能指标进行定量测定，而发动机综合性能检验装置主要是在检测线上或汽车调试站内就车对发动机各系统的工作状态，如点火、喷油、电控系统和传感元件以及进排气系统和机械工作状态等的静态和动态参数进行分析，为发动机技术状态判断和故障诊断提供科学依据。有专家系统的发动机综合分析仪还具有故障自动判断功能，有排气分析功能的综合分析仪还能测定汽车排放指标。

以下简单概括发动机综合分析仪的基本功能：

1）无外载测功功能即加速测功法。

2）检测点火系统。初级与次级点火波形的采集与处理，平列波、并列波与重叠和重叠角的处理与显示，断电器闭合角和开启角、点火提前角的测定等。

3）机械和电控喷油过程各参数（压力、波形、喷油、脉宽、喷油提前角等）的测定。

4）进气歧管真空度波形测定与分析。

5）各缸工作均匀性测定。

6）起动过程参数（电压、电流、转速）测定。

7）各缸压缩压力判断。

8）电控供油系统各传感器的参数测定。

9）万用表功能。

10）排气分析功能。

可见发动机综合分析仪是所有汽车检测设备中功能最多、检测项目和涉及系统最广的装置，因而它的结构也较复杂，技术含量也较高。现代研制的发动机综合分析仪的功能早已越出了发动机的范畴，增加了诸如 ABS、ASR 等底盘系统的测试功能。因此对发动机综合分析仪的管理和操作人员在使用、保养方面的培训应倍加关注。

2. 发动机无负荷功率检验

从汽车上卸下发动机时，将耗费时间和劳力，并增加汽车的停歇时间，另外，拆卸过程会造成部件损伤，降低发动机的工作寿命。采用发动机无负荷测功仪，可以在不拆卸发动机的情况下，快速测定发动机的功率。

发动机无负荷测功仪不需外加载装置，其测量原理是对于某一结构的发动机，它的运动件的转动惯量可以认为是一定值，这就是发动机加速时的惯性负载，因此，只要测出发动机在指定转速范围内急加速时的平均加速度，即可得知发动机的动力性能，或者说通过测量某一定转速时的瞬时加速度，就可以确定发动机的功率大小。瞬时加速度越大，发动机功率越大。

进行无负荷测功时，首先使发动机与传动系统分离，并使发动机的温度与转速达到规定值，然后把传感器装入离合器壳的专用孔中，快速打开节气门，使发动机加速，此时功率表便可显示被测发动机的功率。为了取得较准确的测量值，可重复试验几次取平均值。

对汽油机进行测试时的加速方法有两种：一种是通过快速打开节气门加速；另一种是在发动机运转时切断点火电路，待发动机转速下降后再接通点火电路加速。发动机无负荷测功仪可以测定发动机的全功率，也可测定某一气缸的功率（断开某一气缸的点火或高压油路测得的功率和全功率比较，二者之差即为该缸的单缸功率），各单缸功率进行对比可判断各缸技术状况。

3. 车辆噪声检验

噪声的主要物理参数有声压与声压级、声强与声强级和声功率与声功率级。其中声压与声压级是表示声音强弱的最基本的参数。GB 7258—2017《机动车运行安全技术条件》对客车车内噪声级、汽车驾驶人耳旁噪声级和机动车喇叭声级作了规定，GB 1495—2002《汽车加速行驶车外噪声限值及测量方法》对车外最大噪声级及其测量方法作了规定。

1）车外最大噪声级。汽车加速行驶时，其车外最大噪声级不应超过表5-4规定的限值。

表5-4　汽车加速行驶车外噪声限值

汽车分类	噪声限值 dB（A）	
	第一阶段 2002.10.1—2004.12.30 期间 生产的汽车	第二阶段 2005.1.1 以后生产的汽车
M_1	77	74
M_2（GVM ≤ 3.5t）或 N_1（GVM ≤ 3.5t）： 　GVM ≤ 2t 　2t < GVM ≤ 3.5t	 78 79	 76 77
M_2（3.5t < GVM ≤ 5t）或 M_3（GVM > 5t）： 　P < 150kW 　P ≥ 150kW	 82 85	 80 83
N_2（3.5t < GVM ≤ 12t）或 N_3（GVM > 12t）： 　P < 75kW 　75kW ≤ P < 150kW 　P ≥ 150kW	 83 86 88	 81 83 84

注：1. M_1，M_2（GVM ≤ 3.5t）和 N_1 类汽车装用直喷式柴油机时，其限值增加 1dB（A）。

　　2. 对于越野汽车，其 GVM > 2t 时：如果 P < 150kW，其限值增加 1dB（A）；如果 P ≥ 150kW，其限值增加 2dB（A）。

　　3. M_1 类汽车，若其变速器前进位多于四个，P > 140kW，P/GVM > 75kW/t，并且用第三档测试时其尾端出线的速度大于 61km/h，则其阻值增加 1dB（A）。

2）车内最大允许噪声级。客车车内最大允许噪声级不大于 82dB。

3）汽车驾驶人耳旁噪声级应不大于 90dB。

4）机动车喇叭声级在距车前 2m、离地高 1.2m 处测量时，其值应为 90～115dB。

声级计是一种能把噪声按人耳听觉特性近似地测定其噪声级的仪器，可以用来检测机动车的行驶噪声、排气噪声和喇叭声音响度级。根据测量精度的不同，声级计可分为精密声级计和普通声级计两类；根据所用电源的不同，可分为交流式声级计和直流式声级计两类，后者也可以称为便携式声级计，具有体积小、重量轻和现场使用方便等特点。

4. 灯光性能检验

机动车装备的前照灯应有远、近光变换功能；当远光变为近光时，所有远光应能同时熄灭。同一辆机动车上的前照灯不应左、右的远、近光灯交叉开亮。所有前照灯的近光均不应眩目，汽车、摩托车装用的前照灯应分别符合 GB 4599—2007、GB 21259—2007、GB 25991—2010、GB 5948—1998 及 GB 19152—2016 的规定。安装有自适应前照明系统的，应符合 GB/T 30036—2013 的规定。

机动车前照灯光束照射位置在正常使用条件下应保持稳定。汽车应具有前照灯光束高度调整装置/功能，以方便地根据装载情况对光束照射位置进行调整；该调整装置如为手动的，应坐在驾驶座上就能被操作。机动车每只前照灯的远光光束发光强度应达到表 5-5 的要求；并且，同时打开所有前照灯（远光）时，其总的远光光束发光强度应符合 GB 4785—2019 的规定。测试时，电源系统应处于充电状态。

表 5-5　前照灯远光光束发光强度最小值要求

机动车类型		检查项目					
		新注册车			在用车		
		一灯制	二灯制	四灯制[1]	一灯制	二灯制	四灯制[1]
三轮汽车		8000	6000		6000	5000	
最大设计车速小于 70km/h 的汽车		—	10000	8000	—	8000	6000
其他汽车		—	18000	15000	—	15000	12000
普通摩托车		10000	8000	—	8000	6000	—
轻便摩托车		4000	3000		3000	2500	
拖拉机运输机组	标定功率 > 18kW	—	8000		—	6000	
	标定功率 ≤ 18kW	6000[2]	6000		5000[2]	5000	

① 四灯制是指前照灯具有四个远光光束；采用四灯制的机动车其中两只对称的灯达到二灯制的要求时视为合格。
② 允许手扶拖拉机运输机组只装用一只前照灯。

在空载车状态下，汽车前照灯近光光束照射在距离 10m 的屏幕上，近光光束明暗截止线转角或中点的垂直方向位置，对近光光束透光面中心（基准中心，下同）高度小于或等于 1000mm 的机动车，应不高于近光光束透光面中心所在水平面以下 50mm 的直线且不低于近光光束透光面中心所在水平面以下 300mm 的直线；对近光光束透光面中心高度大于 1000mm 的机动车，应不高于近光光束透光面中心所在水平面以下 100mm 的直线且不低于近光光束透光面中心所在水平面以下 350mm 的直线。除装用一只前照灯的三轮汽车和摩托车外，前照灯近光光束明暗截止线转角或中点的水平方向位置，与近光光束透光面中心所在垂直面相比，向左偏移应小于或等于 170mm，向右偏移小于或等于 350mm。

在空载车状态下，对于能单独调整远光光束的汽车前照灯，前照灯远光光束照射在距离 10m 的屏幕上，其发光强度最大点的垂直方向位置，应不高于远光光束透光面中心所在水平面（高度值为 H）以上 100mm 的直线且不低于远光光束透光面中心所在水平面以下 $0.2H$ 的直线。除装用一只前照灯的三轮汽车和摩托车外，前照灯远光发光强度最大点的水平位置，与远光光束透光面中心所在垂直面相比，左灯向左偏移应小于或等于 170mm 且向右偏移应小于或等于 350mm，右灯向左和向右偏移均应小于或等于 350mm。

5. 制动性能检验

GB 7258—2017《机动车运行安全技术条件》规定，检验汽车的制动性能可以用路试和台试两种方法。路试法用制动距离和充分发出的平均减速度检验行车制动性能，用在规定坡度上停留的时间检验驻车制动性能；台试法主要用制动力百分比、制动力平衡、制动协调时间、车轮阻滞率等检验行车制动性能，用空载状态下驻车制动力总和与整车重量的大小检验驻车制动性能。

汽车在制动检验台上测出的制动力应符合表 5-6 的要求。对空载检验制动力有质疑时，可用表 5-6 规定的满载检验制动力要求进行检验。使用转鼓试验台检测时，可通过测得制动减速度值计算得到最大制动力。

表 5-6　台试检验制动力要求

机动车类型	制动力总和与整车质量的百分比		轴制动力与轴荷的百分比	
	空载	满载	前轴	后轴
三轮汽车	—		—	≥ 60
乘用车、其他总质量 ≤ 3500kg 的汽车	≥ 60	≥ 50	≥ 60	≥ 20
铰接客车、铰接式无轨电车、汽车列车	≥ 55	≥ 45	—	—
其他汽车	≥ 60	≥ 50	≥ 60	≥ 50

在制动力增长全过程中同时测得的左右轮制动力差的最大值，与全过程中测得的该轴左右轮最大制动力中大者（当后轴制动力小于该轴轴荷的 60% 时为与该轴轴荷）之比，对新注册车和在用车应分别符合表 5-7 的要求。

表 5-7　台试检验制动力平衡要求

类型	前轴	后轴	
		制动力大于或等于该轴轴荷 60% 时	制动力小于该轴轴荷 60% 时
新注册车	≤ 20%	≤ 24%	≤ 8%
在用车	≤ 24%	≤ 30%	≤ 10%

汽车的制动协调时间，对液压制动的汽车应不超过 0.35s，对气压制动的汽车应不超过 0.6s。

进行制动力检验时，汽车各车轮的阻滞力均应小于或等于轮荷的 10%。

当采用制动检验台检验汽车驻车制动装置的制动力时，机动车空载，使用驻车制动装置，驻车制动力的总和应大于或等于该车在测试状态下整车质量的 20%，但总质量为整备质量 1.2 倍以下的机动车应大于或等于 15%。

6. 车辆排放性能检验

据 GB 17691—2018《重型柴油车污染物排放限值及测量方法（中国第六阶段）》显示，国六标准将分阶段、分车型进行全面实施。国六标准分为 6a 和 6b 两个阶段，其中 6a 阶段在 2019 年 7 月 1 日首先对燃气车辆实施，2021 年 7 月 1 日对所有车辆实施；6b 阶段在 2021 年 1 月 1 日对燃气车辆实施，2023 年 7 月 1 日对所有车辆实施。

5.2 技术管理

5.2.1 汽车产品质量报告

5.2.1.1 产品质量报告的作用

产品质量问题是指由于产品的设计、制造、加工和装配等因素引起的车辆问题，有可能造成用户车辆在使用、安全行驶等方面出现故障。产品质量报告对主机厂和经销商的作用都是非常明显的，产品质量报告反映的是车辆的质量问题或缺陷，能够使厂家及时对产品质量进行改进，也能够快速制定出维修方案，提高经销商维修效率，最大限度提升客户满意度。

5.2.1.2 产品质量报告的撰写要求

产品质量报告的具体格式每个厂家都有自己的要求，一般都是在线填写，编写过程中有以下要求：

1）收集详细的维修信息，如维修历史、故障现象、维修经过记录、维修结果等。资料的形式可以是文字、录音、录像和照片。

2）车辆识别代码（VIN）必须正确，否则无法识别车辆。

3）公里数必须准确，部件的性能与车辆行驶的里程直接相关。

4）客户描述栏中请记录客户对故障的描述、故障发生的过程以及客户的诉求（注意，在这里仅记录或判断客户的诉求，而尽量不主动询问客户，以避免为得到客户明确表述而刻意询问，有可能因沟通不畅造成不必要的客诉），如果涉及发动机（变速器）问题还需要在此处填写发动机（变速器）的序列号。

5）维修人员应客观地描述故障，尽量做到精简准确，重点描述维修过程，在没有足够数据和证据的情况下避免直接下结论。描述建议包含以下几个方面的内容：

①确认客户反映的问题是否存在。

②做了哪些测试来判断此故障以及测试的数据。

③维修是否有效。

6）故障类别选择最合适的。

7）填写主因零件号码。

8）选择正确的维修类型，正确使用"重要问题反馈"类型。

9）涉及异响、漏水、漏油、磨损、油漆、外观问题等必须提交图片或视频等相应附件。

5.2.2 技术资料管理

技术资料是车辆维修过程中非常重要的参考之一，所以技术资料的收集与分享就成为技术总监或技术主管工作中很重要的一部分。随着电子资料成为主流，对于技术资料的管理也会有新的内容和方法。

5.2.2.1 技术公告与培训手册

1. 技术公告

将技术公告进行分类整理，在需要的时候可以快速查到，对于繁杂的维修资料管理是十分必要的。表5-8为技术公告示例，其采用的是目录查询方法，将所有技术公告按照日期、车型和内容进行分类汇总，并建立资料目录，使用时可以通过查看公告目录查找哪一年、哪个车型、关于什么内容的公告，然后直接单击目录会直接链接到相应的内容。

表 5-8　技术公告示例

日期	车型	公告标题	备注
2021 年 2 月	AA	关于炭罐电磁阀检测活动的通知	
2021 年 3 月	BB	关于 BB 车型四驱模块故障修复的指导	
2021 年 4 月	AA	发动机漏水的维修指导	召回
	BB	关于 BB 车型 ABS 模块编程的指导	
	CC	索赔规定修改的通知	
	DD		
2021 年 5 月	CC	变速器支架维修	
	DD	音响模块升级的维修指导	
	FF	天窗漏水的维修指导	

2. 培训手册

如图5-2所示，将各车型的学员手册，初、中、高级培训手册统一归类后，放置于书架中，便于查阅和学习。

图 5-2 培训手册书架书目

5.2.2.2 维修案例与维修资料

1. 维修案例

厂家下发的全国经销商的案例，要逐一学习阅读并存档，并将比较有代表性的、优秀的案例单独拿出来，分享给技师。在日常培训中，也会讲解优秀案例，学习其他店面的优点。

维修案例的收集一般有以下几种方式：

1）车间维修技师根据自己的工作经历编写提交。

2）技术总监在日常的车间疑难故障支持中，收集并编写的维修案例。

3）车间未解决故障通过厂家技术支持解决后，技术主管编写的维修案例。

4）厂家定期分享的其他经销商的维修案例。

5）通过技术网站收集的维修案例。

6）通过培训、技术交流会收集的维修案例。

7）通过技术 QQ 群、微信收集的维修案例。

技术主管将整理后的维修案例及时地与车间维修技师分享，案例的分享主要有以下几个途径：

1）晨会。针对现阶段车间经常出现的一些维修案例，技术主管在进行归类整理后，利用第二天晨会时间，将案例与车间技师进行分享，这样既能给技师一定的维修借鉴，同时又有利于提高车间对此类故障的处理速度。

2）公告栏。晨会的时间较为仓促，可能会造成有的技师记忆不深。还可以通过公告栏的张贴进行分享，进一步加深技师的记忆。

3）内训。在经销商内训过程中，技术主管根据培训的内容把相关的案例提炼出来进行分享。

4）档案盒。对于有些维修案例不能马上与车间的维修对应的情况，可以把维修案例归纳到相应的档案盒中，并将资料的更新通知车间技师，以便车间技师在有空时借阅或查阅。

2. 维修资料

维修资料包括维修手册、电路图和车主手册等。将电子版线路图复制到车间的计算机上，让技师方便查找。纸质版线路图放置在书架上，供技师查找，尤其是比较旧的车型。另外，培养技师养成在技术网站或品牌车型查询平台查找线路图的习惯。车间要有几台计算机均可登录技术网站，可满足几个技师同时查看技术信息的要求。

5.2.3　汽车三包相关法律法规

5.2.3.1　汽车三包法规重点条款解读

1. 汽车三包

三包即修理、更换、退货。汽车三包，是家用汽车产品在三包有效期和包修期内发生质量问题时，汽车经营者按照《家用汽车产品修理更换退货责任规定》，应当承担的修理、更换、退货等的法律责任。2012 年 12 月 29 日，国家质量监督检验检疫总局令第 150 号公布了《家用汽车产品修理、更换、退货责任规定》（以下简称原《汽车三包规定》），在我国首次明确了汽车三包制度。为适应近几年我国经济社会的快速发展和汽车行业技术的进步，国家市场监督管理总局对原《汽车三包规定》进行了修订，2021 年 7 月 22 日公布《家用汽车产品修理更换退货责任规定》（以下简称《汽车三包规定》），自 2022 年 1 月 1 日起施行。

提示

> 《汽车三包规定》的调整范围是家用汽车产品，其第四十条规定，家用汽车产品是指消费者为生活消费需要而购买和使用的乘用车和皮卡车。乘用车是指按照有关国家标准规定的除专用乘用车以外的乘用车。因此，家用汽车产品一般是消费者为家庭或个人生活消费需要购买的轿车、微型面包车、MPV、SUV、皮卡车等。

《汽车三包规定》所称的"家用"是按照车辆的购买方和实际使用用途进行划分的，可以通过以下几种方式进行判断：

1）车辆的行驶证：行驶证中的所有人为自然人，而非机关、企事业单位等；使

用性质为"非营运"。

2）实际使用用途：如果行驶证上使用性质为"非营运"，但实际是用于租赁、载客、载货、教练培训等非生活用途的车辆，也不属于家用，不适用于《汽车三包规定》。

因此，家用汽车产品不包括以下车辆：

1）单位或个人为生产或经营而购买的车辆，如租赁或出租汽车等。

2）以个人名义购买，行驶证的使用性质为"非营运"，但实际用于营运的车辆，如个人将车辆出租、租赁或用于其他营运活动等。

3）由单位购买，用于个人使用的车辆，如单位购买供员工上下班及日常交通的车辆。

2. 三包责任

《汽车三包规定》第三条规定："三包责任由销售者依法承担"。汽车三包责任实行的是"谁销售谁负责"的原则。

提示

> 三包责任由直接向消费者销售家用汽车产品的销售者承担，主要是因为三包责任的产生是源于销售者与消费者之间订立的汽车买卖合同，所以销售者是三包责任的法定直接承担者。销售者承担的三包责任，一般是指承担《汽车三包规定》责任范围内的修理、更换、退货的责任，还包括三包争议中的协商以及因三包问题引起的诉讼中的责任赔偿主体等。同时考虑到消费者日常售后服务的便利性，三包维修则由经营者（包括生产者、销售者、修理者）之间约定的修理者提供。

3. 三包退换车政策

《汽车三包规定》的第二十二条至第二十四条是关于退换车条件的条款，在以下情况下销售者应给消费者退换车辆。

1）自三包有效期起算之日起 7 日内，因质量问题需要更换发动机、变速器、动力蓄电池、行驶驱动电机或者其主要零部件的。

2）自三包有效期起算之日起 60 日内或者行驶里程 3000 公里之内（以先到者为准），因质量问题出现转向系统失效、制动系统失效、车身开裂、燃油泄漏或者动力蓄电池起火的。

3）因严重安全性能故障累计进行 2 次修理，但仍未排除该故障或者出现新的严重安全性能故障的。

4）发动机、变速器、动力蓄电池、行驶驱动电机因其质量问题累计更换 2 次，仍不能正常使用的。

5）发动机、变速器、动力蓄电池、行驶驱动电机、转向系统、制动系统、悬架系统、传动系统、污染控制装置、车身的同一主要零部件因其质量问题累计更换 2 次，仍不能正常使用的。

6）因质量问题累计修理时间超过 30 日，或者因同一质量问题累计修理超过 4 次的。其中，发动机、变速器、动力蓄电池、行驶驱动电机的更换次数与其主要零部件的更换次数不重复计算。需要根据车辆识别代号（VIN）等定制的防盗系统、全车主线束等特殊零部件和动力蓄电池的运输时间，以及外出救援路途所占用的时间，不计入累计修理时间。

4. 电动汽车三包政策

原《汽车三包规定》包括所有家用汽车产品，并不区分动力模式，即包括家用电动汽车。但是对于电动汽车特有的零部件，原《汽车三包规定》没有专门的质量担保规定条款。《汽车三包规定》将家用电动汽车的动力蓄电池、行驶驱动电机及其主要零部件和连接行驶驱动电机的减速器纳入三包更换总成、退换车等条款，强化了对电动汽车的质量担保要求。

提示

《汽车三包规定》第九条规定，三包凭证应当包括家用纯电动、插电式混合动力汽车产品的动力蓄电池在包修期、三包有效期内的容量衰减限值。此条款限定车型为纯电动汽车及插电式混合动力汽车，非插电式混合动力汽车不在范围内。传统汽车上的一些零部件在电动汽车上可能未配备，与这些零部件相关的更换总成、退换车条件就不适用于电动汽车。同样，电动汽车上的一些零部件在传统汽车上可能并未安装，与这些零部件相关的更换总成、退换车条件也不适用于传统汽车。总体来讲，消费者为生活消费需要而购买和使用的乘用车和皮卡车都属于《汽车三包规定》的范畴，并没有特意强调某种动力模式。但不同动力模式的汽车，对应的三包责任条款稍有区别。

5. 家用汽车非三包政策

家用汽车产品有不能享受三包的情形，例如：

1）易损耗零部件超出生产者明示的质量保证期的，经营者可以不承担易损耗零部件的三包责任。

2)《汽车三包规定》第三十二条规定："包修期内家用汽车产品有下列情形之一的，可以免除经营者对下列质量问题承担的三包责任：（一）消费者购买时已经被书面告知家用汽车产品存在不违反法律、法规或者强制性国家标准的瑕疵；（二）消费者未按照使用说明书或者三包凭证要求，使用、维护、保养家用汽车产品而造成的损坏；（三）使用说明书明示不得对家用汽车产品进行改装、调整、拆卸，但消费者仍然改装、调整、拆卸而造成的损坏；（四）发生质量问题，消费者自行处置不当而造成的损坏；（五）因不可抗力造成的损坏。"

提示

《汽车三包规定》中的家用汽车产品是由生产厂家生产，符合国家和厂家出厂规定，并经出厂检验合格的产品。因此可以在消费者购车时明确告知车辆存在不违反法律、法规或者强制性国家标准的瑕疵。这些瑕疵产生的原因，可能是符合生产厂家出厂标准的一些瑕疵，或者是出厂后由于运输、存储、销售环节产生的一些瑕疵。同时，为了购买时买卖双方信息的透明和公平，也为了明确这些瑕疵的范围并减少歧义和纠纷，《汽车三包规定》要求，在销售有瑕疵的车辆时必须以书面形式告知消费者，通常情况下书面告知应由消费者签字或书面确认，口头告知的瑕疵不在本条免责范围内。对于已告知的瑕疵部分，可以免除对应的三包责任。例如瑕疵不提供包修服务，处理瑕疵对应的维修次数、维修时间不计入提供备用车或交通费用补偿、车辆更换退货的范围等。

6. 三包期限

包修期指因质量问题，经营者对家用汽车产品提供免费修理服务（包括工时费和材料费）的期限。家用汽车产品包修期不得低于 3 年或者行驶里程 60000 公里（以先到者为准）。

三包有效期指因质量问题，经营者对家用汽车产品提供修理（免费）、更换或退货服务的期限。家用汽车产品三包有效期不得低于 2 年或者行驶里程 50000 公里（以先到者为准）。

按照《汽车三包规定》，在三包有效期内，经营者对家用汽车产品的质量问题主要承担修理、更换或退货三种责任，而在三包有效期结束后剩余的包修期内，经营者对家用汽车质量问题主要承担修理责任。需要注意的是，三包有效期和包修期内，不是车辆出现问题都免费维修，免费维修的范围是质量问题。另外，以先到者为准指的是，在使用时间和行驶里程中，只要有一个条件先达到期限，就达到了《汽车三包规定》中的经营者履行三包责任的期限。

提示

　　《中华人民共和国民法典》之"物权编"第二百二十四条规定："动产物权的设立和转让，自交付时发生效力，但是法律另有规定的除外。"《汽车三包规定》第十八条规定："三包有效期和包修期自销售者开具购车发票之日起计算；开具购车发票日期与交付家用汽车产品日期不一致的，自交付之日起计算。"多数情况下，销售者在向消费者交付车辆的当天，收取出售车辆的全部车款并开具购车发票，这时开具购车发票日期与交付家用汽车产品日期一致，三包有效期和包修期自销售者开具购车发票之日起计算。同时，由于购车发票是税务机关认可的依据，证明效力强，作为计算三包有效期和包修期的依据也很方便。但在一些情况下，如果销售车辆时开具购车发票日期与交付家用汽车产品日期不一致的，依照《中华人民共和国民法典》和《汽车三包规定》，三包有效期和包修期自交付之日起计算。

7. 零部件总成三包政策

　　《汽车三包规定》第二十条规定："家用汽车产品自三包有效期起算之日起60日内或者行驶里程3000公里之内（以先到者为准），因发动机、变速器、动力蓄电池、行驶驱动电机的主要零部件出现质量问题的，消费者可以凭三包凭证选择更换发动机、变速器、动力蓄电池、行驶驱动电机。修理者应当免费更换。"

提示

　　包修期内出现质量问题，需要更换发动机、变速器、动力蓄电池、行驶驱动电机这几个主要总成的情况是：①因质量问题导致无法通过更换部分零部件的方式维修，必须更换总成。例如因冷却系统失效，发动机的缸体、缸盖等主要零部件均发生损坏，已无维修价值，只能更换总成。②符合《汽车三包规定》第二十条的条件，消费者可以直接要求更换总成。这两种情况的更换和维修均是免费的（包括所需的工时费、材料费等费用）。第二十条规定的条件需要同时满足：自三包有效期起算之日起60日内或

行驶里程 3000 公里之内；因质量问题需要维修；发生质量问题的是发动机、变速器、动力蓄电池、行驶驱动电机的主要零部件，如这些零部件的使用功能、安全性、可靠性等发生故障。非主要零部件出现质量问题，可以按正常的程序进行维修，如更换零部件等。GB/T 29632—2021 规定了发动机、变速器、动力蓄电池、行驶驱动电机这 4 个主要总成的主要零部件的种类范围，见表 5-9。

表 5-9　总成主要零部件种类范围

总成	主要零部件种类范围
发动机	曲轴、主轴承、连杆、连杆轴承、活塞、活塞环、活塞销
	气缸盖
	凸轮轴、气门
	气缸体
变速器	箱体
	齿轮、轴类、轴承、箱内动力传动元件（含离合器、制动器）
动力蓄电池	电芯
	动力蓄电池箱体
行驶驱动电机	定子组件、转子组件、轴承
	壳体

8. 同一质量问题

《汽车三包规定》第二十四条规定："家用汽车产品在三包有效期内出现下列情形之一，消费者凭购车发票、三包凭证选择更换家用汽车产品或者退货的，销售者应当更换或者退货：（四）因质量问题累计修理时间超过 30 日，或者因同一质量问题累计修理超过 4 次的。"《汽车三包规定》中的同一质量问题是累计计算修理次数的，那么什么是同一质量问题？同一质量问题是指家用汽车产品的同一最小可维修、更换的零部件因质量问题出现故障，而且必须是产品本身质量问题，非产品本身质量问题不计入累计维修次数。

提示

同一最小可维修、更换的零部件是指生产者在维修手册上明示的最小可维修、更换的零部件。例如，发动机处的空调压缩机，其内部仍可以分解为定子、转子、电刷、线缆等零件，但是一旦压缩机出现质量问题，由于维修手册上最小可维修或更换的零部件是压缩机，而不是其内部具体的细小零件，则无论是压缩机转子质量问题还是电路焊接问题导致的失效都视为压缩机的同一质量问题。

9. 易损耗零部件范围

为了避免经营者任意扩大易损耗零部件的范围，侵害消费者的合法权益，需要限定易损耗零部件的种类范围。按照《汽车三包规定》第四十一条的规定，家用汽车产品易损耗零部件的种类范围按照有关国家标准确定。这里的国家标准指的是 GB/T 29632—2021，其中规定，易损耗零部件的种类范围及其质量保证期由生产者明示在三包凭证上，并且生产者明示易损耗零部件的种类范围不应超出表 5-10 所列出的范围。

表 5-10　易损耗零部件种类范围

序号	易损耗零部件种类范围	序号	易损耗零部件种类范围
1	空气滤清器	8	轮胎
2	空调滤清器	9	蓄电池（12V）
3	机油滤清器	10	遥控器电池
4	燃油滤清器	11	灯泡
5	火花塞	12	刮水器刮片
6	制动衬片	13	熔丝及普通继电器（不含集成控制单元）
7	离合器片（手动变速器）		

提示

在《汽车三包规定》中，易损耗零部件的质量保证期可低于整车包修期，除此之外，生产者不得明示其他任何零部件的质保期限低于包修期。同时，GB/T 29632—2021 中规定易损耗零部件的种类范围不应超出表 5-10 所列出的范围，意味着生产者规定的易损耗零部件的种类范围可以比该标准中规定的少，但不能多于标准中的规定。

10. 单次和累计修理时间

《汽车三包规定》第四十条规定："单次修理时间，指自消费者与修理者确定修理之时至完成修理之时。以小时计算，每满 24 小时，为 1 日；余下时间不足 24 小时的，以 1 日计。累计修理时间，指单次修理时间累加之和。"

提示

修理时间是指修理开始至修理完成所用的时间。修理开始时间一般是指消费者与修理者在确定具体维修项目后，双方在修理施工单据上签字确认的时间。修理完成时间一般是指车辆修理完毕后，修理者按照消费者提供的有效通信信息，通知消费者取车的时间。计算修理时间时不包括车辆正常的维护、保养的时间，包括修理开始时间后对故障进行检测的时间、等待配件的时间。在修理完成时间后，因消费者原因导致车辆交付前在修理者处的留置时间，不计算在修理时间之内。但如果是修理者的原因，导致实际交车时间比通知提车时间晚，则延迟的时间应当计入修理占用时间。家用汽车产品因事故、非正常使用、加装、改装等非车辆自身质量问题导致的修理时间不计入第四十条规定的修理时间。

单次修理时间是以小时为单位计算，从维修开始至维修完毕的时间。单次修理时间不足 24 小时的，以 1 日计算。例如，某消费者因车辆质量问题于 9 月 2 日 10：00 开始维修车辆，修理者在 9 月 3 日 9：50 维修完毕并通知消费者（共计 23 小时 50 分钟），即为修理 1 日；若修理者在 9 月 3 日 10：10 维修完毕并通知消费者（共计 24 小时 10 分钟），即为修理 2 日。累计修理时间是以日为单位计算，计算各个单次修理时间的总和。例如，第一次因车辆质量问题维修行驶驱动电机 1 日，第二次因车辆质量问题维修天窗漏水 2 日，那么累计修理时间是 3 日。

11. 三包政策范围

《汽车三包规定》第九条规定："三包凭证应当包括下列内容：（四）生产者或者销售者约定的修理者（以下简称修理者）网点信息的查询方式。"第三十二条规定："经营者不得限制消费者自主选择对家用汽车产品维护、保养的企业，并将其作为拒绝承担三包责任的理由。"从这里可以看出，《汽车三包规定》中提到的修理者，指的是生产者或者销售者约定的修理者，即通常所说的授权的修理者或授权的经销商。但是《汽车三包规定》没有限制消费者必须到授权的经销商处去保养和修理。汽车经营者也不能在三包凭证或其他随车文件中限定消费者必须到 4S 店进行维修保养，或者给出"如不在 4S 店保养维修将失去三包权利"之类的叙述。消费者在包修期内或包修期外都有权选择任意（授权和非授权）企业进行车辆保养和维修。

提示

《汽车三包规定》第三十二条规定："包修期内家用汽车产品有下列情形之一的，可以免除经营者对下列质量问题承担的三包责任：（二）消费者未按照使用说明书或者三包凭证要求，使用、维护、保养家用汽车产品而造成的损坏；（三）使用说明书明示不得对家用汽车产品进行改装、调整、拆卸，但消费者仍然改装、调整、拆卸而造成的损坏；（四）发生质量问题，消费者自行处置不当而造成的损坏。"《汽车三包规定》并未限制消费者必须在厂家授权的修理网点保养维修车辆，但如果消费者到授权经销店提出免费修理、更换、退货的三包要求时，如果经销店认为车辆发生的故障情况与非授权网点保养维修不规范有关，或者是非授权网点不规范的保养维修直接引起故障的发生，可以要求消费者提供相应的材料，通常是要求消费者提供在外维修保养记录及使用的零部件名称等信息，常见的材料有社会修理厂的资质证明、维修保养工单、零部件渠道证明、竣工合格证、发票等。如果是因消费者自身或非授权网点保养维修不当造成车辆损坏，经销商可以不承担三包责任。

12. 同一质量问题修理次数与退换车

《汽车三包规定》第二十四条规定："家用汽车产品在三包有效期内出现下列情形之一，消费者凭购车发票、三包凭证选择更换家用汽车产品或者退货的，销售者应当更换或者退货：（四）因同一质量问题累计修理超过 4 次的。"

提示

同一质量问题是指因家用汽车产品的同一最小可维修、更换的零部件的质量问题出现故障。①须是生产者在维修手册上明示的最小可维修、更换的零部件。②进行次数累计的须是同一个最小可维修、更换的零部件的产品质量问题。③须是产品本身质量问题，非产品本身质量问题不计入累计维修次数。三包有效期内满足同一质量问题累计修理次数的条件，可凭购车发票、三包凭证以及满足条件的证明材料，由销售者负责更换或退货。

13. 质量问题修理时间与退换车

《汽车三包规定》第二十四条规定："家用汽车产品在三包有效期内出现下列情形之一，消费者凭购车发票、三包凭证选择更换家用汽车产品或者退货的，销售者应当更换或者退货：（四）因质量问题累计修理时间超过 30 日。"

提示

与同一质量问题不同，累计修理时间超过 30 日的规定中，没有限制是同一质量问题还是多个质量问题。在三包有效期内，对车辆所有发生质量问题的零部件进行维修，其维修时间都依照《汽车三包规定》第四十条的计算方法进行累计，不论是同一质量问题还是不同的质量问题。例如，三包有效期内出现质量问题，第一次烧机油需要更换发动机，等待配件和维修共用 19 天；第二次空调不制冷，检测确定故障零部件和维修共用 7 天；第三次天窗框架开裂，等待配件和维修共用 5 天，总计 31 天，就达到了退换车的条件。需要注意的是，在三包有效期内，易损耗零部件只计算其质量保证期内因质量问题的维修时间。只要累计修理时间超过 30 日，就可以凭购车发票、三包凭证以及满足条件的证明材料要求更换家用汽车产品或者退货。

14. 软件更新与三包

《汽车三包规定》中的修理时间和修理次数均指对质量问题的维修。如果车载软件更新是为了升级版本，从而提高使用体验，不是原本存在质量问题，这样的车载软件升级和汽车三包没有关系。例如，由于操作系统从 01 版本升级到 02 版本，要对应更新软件；或者软件原先的功能没有问题，更新后开机时间等功能提升；或者更新软件是为了增加新的功能，这些车载软件升级不算三包维修。

提示

车载软件升级与召回和售后服务活动类似，车载软件升级的对象通常是某一批车辆。如果由于某一批次的车辆可能存在质量问题，从而对这个批次的全体车辆开展车载软件升级，由于具有预防性特点，通常实际发生的故障数量很少。汽车三包的对象是个案的质量问题，如果在车载软件升级前车辆发生了对应的质量问题，应计入《汽车三包规定》的修理次数和修理时间。如果故障未实际发生，则不计入。例如，车辆实际出现了起步熄火和行驶中熄火，判定是质量问题，检查后发现是由发动机软件问题导致，因此为解决熄火故障而刷新程序，也是对质量问题的维修，应纳入修理时间和修理次数。

5.2.3.2 严重安全性能故障判断

在《汽车三包规定》中，严重安全性能故障是影响汽车产品更换、退货的重要条件之一。严重安全性能故障，指家用汽车产品存在的危及人身、财产安全，致使无法安全使用的质量问题，包括安全装置不能起到应有的保护作用或者存在起火等危险的情形。判断一个故障是否为严重安全性能故障，需考虑其是否符合3个前提条件、3个基本原则以及7类故障模式。

1.3 个前提条件

故障必须是质量问题；故障必须已经实际发生；故障导致或可能导致危及人身、财产安全的事故。

2.3 个基本原则

1）故障的突发性。故障发生前，驾驶人或乘员无法预见将要发生的故障。

2）危险的不可控性。故障发生时，驾驶人或乘员难以采取措施，防止事故发生。

3）后果严重性。故障的后果将危及人身、财产安全。

如果故障发生之前驾驶人或者乘员可以预期到或被提示，可以采取控制措施规避事故发生或伤害发生的，可以认为不属于严重安全性能故障。但对于燃油泄漏，而且能够看到明显液滴，虽然驾驶人能够发现并采取预防措施，但该问题具有不可预见性、突发性和危险不可控性（一旦发生自燃），属于严重安全性能故障。

3.7 类故障模式

制动失效、转向失效、动力失效、安全装置失效、车辆火灾、视野丧失以及车辆姿态失控。

5.3 技能训练

技能训练 1 产品质量报告撰写

1. 事件背景

某班组接受一个维修任务：一辆刚上市的汽车，到店后做新车 PDI（交车前检查），发现油管漏油。

2. 处理流程

针对本事件，应采取的处理流程为故障诊断、判断性质、维修过程、收集信息、编写报告、提交报告、存档。

3. 报告编写

1）收集详细信息：包括车辆型号、车架号、出厂日期、行驶里程、具体故障现象、发生的时间和地点、故障照片等。

2）故障现象描述：发动机起动后，油轨的接口处有汽油渗出，而且持续不断。

3）故障维修措施：拆卸后发现，快速接头内密封圈损坏，如图 5-3 所示。更换燃油管，故障排除。

4）故障类别：动力系统—燃油供给系统—渗漏。

5）主因零件号码：×××××××××。

6）维修类型：更换。

图 5-3　快速接头泄漏

技能训练 2　汽车三包案例分析

1. 案例说明

车辆故障：车辆因发动机渗油问题进行了 8 次维修，消费者以同一产品质量问题累计修理超过 4 次为由，要求换车。

维修记录：维修企业仅向消费者开具了 3 次维修的修理记录，另外 5 次维修未开具修理记录，故称有记录的维修仅为 3 次，不符合换车条件。

2. 汽车三包相关条款

第十七条：修理者应当建立修理记录存档制度。修理记录保存期限不得低于 6 年。

修理记录应当包括送修时间、行驶里程、消费者质量问题陈述、检查结果、修理项目、更换的零部件名称和编号、材料费、工时及工时费、车辆拖运费用、提供备用车或者交通费用补偿的情况、交车时间、修理者和消费者签名或者盖章等信息，并提供给消费者一份。

消费者因遗失修理记录或者其他原因需要查阅或者复印修理记录，修理者应当提供便利。

第二十四条：家用汽车产品在三包有效期内出现下列情形之一，消费者凭购车发票、三包凭证选择更换家用汽车产品或者退货的，销售者应当更换或者退货：(四) 因质量问题累计修理时间超过 30 日，或者因同一质量问题累计修理超过 4 次的。

3. 案例解析

本案例中，车辆因为发动机渗油故障累计进行了 8 次维修，虽然其中有 5 次维修维修企业未开具修理记录，但消费者可以要求维修企业为其补充提供修理记录。如确认为同一产品质量问题导致故障的发生，那么维修企业应为消费者更换车辆。

Chapter 6

6.1 技术课程开发与技术培训实施

6.1.1 技术课程开发

6.1.1.1 课程开发流程

一名优秀的技术内训师不但要能展现精彩的授课技能，还要具有一定的课程开发能力。按照课程开发的阶段，一个完整的课程开发过程要经过图 6-1 所示流程。

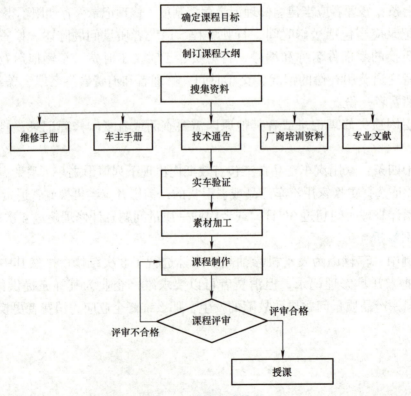

图 6-1 课程开发流程

课程开发的这些阶段不是一成不变的，有些是相互交叉开展的。例如实车验证时就可以提取照片，这就是搜集资料和实车验证交叉开展的例子。

6.1.1.2 课程开发内容

1. 确定课程目标

任何一个课程都有其要达到的目标。技术培训的目标相对直观，就是将技术内容向技师讲解明白，使技师能够将所学的知识运用到实际工作中去。课程目标的确定切忌好高骛远，假、大、空的口号式目标不适合于技师，技师群体更青睐于目标明、便于操作、便于实现的目标。

2. 制订课程大纲

明确了课程目标后就需要制订课程大纲。为什么不一开始就制作课程呢？俗话说"工欲善其事，必先利其器"，没有一个纲领性的方针指导，一开始就投入到课程的制作中去只会适得其反。大纲的拟定就是明确为了达到课程目标需要对哪些内容进行培训。有了大纲就可以有的放矢地充实大纲的内容，就像盖楼房一样，打好了框架就如做好了大纲，在框架内隔开一个一个房间就如在框架下充实内容。

3. 搜集资料

课程开发需要资料和素材支持。目前对于内训师来说，可以作为课程开发支持的资料主要有维修手册、车主手册、技术通告、厂商培训资料、专业文献、电路图以及照片等。

维修手册是进行课程开发经常用到的资料，但是在引用维修手册的内容时，需要注意以下几点：

1）不能照抄照搬，要进行自己的再加工，这样才能与开发的课程浑然一体，内容相匹配。

2）对素材进行加工时尽量使用可视化图形的表现形式，形成简洁明了的课件。同时内训师的思路可以不拘于幻灯页面，部分内容可以适当地展开讨论。

3）要实现将文字转为简洁的控制流程图，一个最基本的要点是对文字的内容，也就是对控制策略的完全理解。再结合系统部件的结构，厘清部件的连接形式，就可以将繁杂的文字加工成简洁的流程图，提高课件的制作质量。

电路图也是课件制作过程中经常引用的内容，但是电路图的引用如何对课件有所增色，不是随意截取一张电路图就可以实现的。电路图的引用要注意以下几点：

1）不要求大、求全。

2）不能断章取义，截取的部分不能看起来云山雾罩。

3）截取的电路图不要拉伸变形。

4）截取的电路图若不清晰就坚决不用。

5）由于电路图比较大，建议在课件中设置一个电路图的链接，这样可以看到电路图全貌。当然，若能在截取部分充分说明要表达的内容，可以将电路图插入课件。

照片是目前内训师最有主动性的资料，照片要能突出被表达物的主题，不是随便拍出的照片就可满足课程表达内容需求，拍照片之前就要在自己的脑海中想好需要表达什么内容，这样才能找到准确的角度。

4. 实车验证

实车验证是技术培训课程必不可少的环节，通过实车验证可以达到如下目的：

1）验证控制策略。

2）验证故障解决方法。

3）熟悉总成或车辆结构。

4）了解部件位置、线路等。

5）采集课件制作所需的照片。

6）采集测量数据。

实车验证需要制订计划，没有计划随意展开的实车验证不能在最短的时间内达到实车验证目的，这样就会造成要在课程开发过程中反复到车上进行验证，采集数据、照片等。制订的计划要记录在纸上，在实车验证过程中可以查看，这样可以提高验证速度及准确性。

5. 素材加工

素材加工的形式很多，只要善于发挥自己的主观能动性就可以开发出优秀的课件。维修手册的图表如要引用，一定要注意整洁、完整。

1）在截取图片或裁减图片时，应注意保证图片的完整性和清晰度。

2）在加工图片时，应避免图片的拉伸变形，注意保证图形的比例合理。

3）在截取表格时，需注意保证表格的完整性。

6. 课程制作

有了充足的素材和资料就可以开始课程的制作。课程制作过程中需要注意以下几点：

1）课件页面内容尽量不要占 1/3 页面以上。

2）若有多张图片，一定要将图片对齐，并尽量将图片缩放得一样大。

3）标题要突出、简洁。

4）前后内容要衔接。

在制作课件的过程中，为了让课件制作得更专业、更漂亮，要充分运用插入表格、图片、动画等展示手段，合理运用不同色彩能给课件添色不少。

7. 课程评审

课程评审是课程开发非常重要的环节，课程评审主要看开发的课程是否有不足。内训师自己要扮演评审的角色，课程制作完成后，结合评审的要点进行自我检查，这样可以避免出现大的漏洞。通常审查的方向有错别字、图片（不清楚、不适当

等）、内容错误（原理、参数、方法等）、版面错误（文字叠加、文字图片叠加等）、前后衔接等。

6.1.2 技术培训实施

6.1.2.1 授课技巧

培训实施是培训最为关键的环节，培训是否能够有效完成，与实施过程息息相关。下面分别从开场、学习目标、知识讲解、技能训练组织以及课程总结几个方面展开介绍。

1. 开场

内训师开始讲解时，需要有一个好的开场，以吸引学员的注意力，使学员能以最大热情更好地投入课程的学习中，提升教学效果。理想的课程开场能起到以下效果：

1）使学员感到舒适放松。

2）活跃课堂气氛，提高学员注意力。

3）使学员尽快融入课程。

4）自然切入将要讲解的主题。

5）引起学员的好奇心，制造积极的气氛。

6）塑造内训师的正面形象，有效掌控课堂。

（1）课程开场应用背景　内训师不管开始讲解一门课程、一个章节、一天课程，还是开始讲解一个知识点，都需要组织一个理想的课程开场，以使学员在接下来的学习中集中注意力，积极参与。一门课程、一个章节、一天课程以及一个知识点的开场说明见表6-1。

表 6-1　培训开场说明

开场种类	说明
一门课程开场	说明这门课程的总目标、主要课程内容、时间分配和学习方法 说明学习本课程需要学员具备哪些基本的知识储备和技能要求 说明本课程的考核方向 使用各种开场方法，使学员产生对本课程的兴趣，并保持学习的积极性
一个章节开场	说明本章节课程的章节目标、主要课程内容、时间分配和学习方法 说明本章节需要掌握哪些操作技能 使用各种开场方法，提升学员对本章节的学习兴趣
一天课程开场	说明今天的学习目标、主要课程内容和学习方法 使用各种开场方法，吸引学员的注意力，提高学员的学习兴趣 回顾上一天课程的主要内容
一个知识点开场	说明本知识点的学习目标、主要理论知识和技能操作、时间分配 使用各种开场方法，使学员快速产生对本知识点的学习兴趣与动力

（2）课程开场应用技巧　课程开场常用的技巧有关系法、幽默法、就地取材法、

提问法和故事法等。

1）关系法，是指利用与学员的关系创建融洽轻松的课堂环境，并展开课程主题。

关系法案例

开始某天课程时，课堂气氛显得过于沉闷。为了活跃一下气氛，你环视四周后，发现平时比较活跃的小张离你距离较近，那么你可以将他作为关系法的实施对象。

你可以和小张随便聊一下生活或者学习上的事情，并逐渐把话题转移给其他人，让大家一起加入讨论中，很快，你会发现原先沉闷的气氛慢慢地就变得轻快多了。此时，你也可以开始展开今天的课程主题了。

2）幽默法，是指通过幽默的语言或行为来活跃现场气氛，并展开本次课程。

幽默法案例

当开始讲解 ABS 课程时，你可以通过幽默的开场白来改善课堂气氛：

·"昨天，我看到马路上有一辆摩托车的后挡泥板上写着'ABS'，但它急制动时车辆马上甩尾摔倒了，大家说这 ABS 是真的还是假的？"

·"有哪位同学家里的自行车安装了 ABS？如果没有，那么骑自行车的时候，是如何实现 ABS 的等同功能的？"

·"上课不能玩手机，但允许给我发短信问问题，每人限发一条。"

3）就地取材法，是指借助课堂现场的某件事或某个物体，以此为话题展开本次课程，也可以此引出将要讲解的内容。

就地取材法案例

当马上要开始上一个车辆保养的课程时，你看到小王换了一个新手机，你可以说：

·"小王，你怎么又换手机啦？来，你给大家说一下你的旧手机怎么就坏掉了？"

·"各位同学，小王以前那个手机这么早就坏了，估计是缺少保养导致的。对于汽车也一样，如果汽车不正常保养，其使用寿命也会大大减少。那么，这节课我们将会学习汽车的保养知识。"

4）提问法，是指以提问的方式，引出将要讲解的内容。

当准备开始讲解制动系统的故障诊断与维修时，你可以向学员提问："如果客户反映其车辆的制动液液位过低，你应如何处理？"

等同学们回答完后，即可展开课程内容："关于这个问题，大家答案各一。那么，到底是应该直接添加制动液，还是检查制动液泄漏，或是检测制动片的磨损情况呢？等我们学习完本章节内容希望大家都得到一个合理的答案。接下来，让我们一起来学习制动系统的故障诊断以及维修方法。"

提示

提出问题后，内训师一般不直接给出答案，而是让学员在后续的学习当中自己寻找正确答案，需要时内训师最后再做出此问题的总结。

5）故事法，是指通过讲故事的方式，引出将要讲解的内容。

"昨天下午，上届刚毕业的小李给我打电话问了这样一个问题：'我接到了一辆车辆，ABS故障指示灯点亮了，故障码描述是左前轮速传感器故障，但是更换了新传感器后故障依然存在，请问这个问题我应如何处理？'对于这个问题，如果是你们碰到的话，应如何处理？"

得到学员的回答后，即可继续展开后续的课程内容："轮速传感器的检测方法与传感器的类型相关，下面我们将对轮速传感器进行学习，学习内容包括传感器的类型、传感器的结构与工作原理、传感器的性能检测方法等。"

2.学习目标

学习目标是指导教学活动的标准，是检验教学效果是否有效的依据。对内训师而言，有了学习目标，才能为"教"树立标准和方向，才能有依据去设定教学内容和教学方法，才能有标准去检验"教"的效果。对学员而言，有了学习目标，才能为"学"树立标准和方向，才能给自己设定学习要求和学习计划，才能有标准去检验"学"的效果。

在开始讲授知识内容之前，必须合理展现学习目标。展现学习目标，可以参考以下方法：

1）开始讲解某知识点之前，先向学员提出几个与课程内容相关的问题，问题难易程度有效结合，且能引起学员的注意。

2）观察学员的回答情况，随后告诉学员，学习完本知识点后，这些问题自然就有了答案。

3）接着，展示本知识点的学习目标。告诉学员，顺利完成本内容的学习后，大家将能够：

① 理解哪些理论知识。

② 掌握什么操作技能。

③ 清楚在将来的工作中怎么使用这些知识和技能。

4）清楚了学习目标，学员就了解了学习信息，有了学习的动力。他们会认为，通过努力学习，这些目标我是能够达成的，学习这些内容对我将来的工作是有用的。

5）最后，向学员说明，为了达成这些学习目标，我们要学习哪些理论内容，要进行哪些技能操作，如何安排学习任务。

3. 知识讲解

作为教学活动的核心环节，知识讲解效果是否理想直接影响了学员对理论知识的理解和对实操技能的掌握。因此，内训师在授课过程中，对知识内容的讲解应有一套合理有效的讲解流程。知识讲解的参考基准是课程目标，包括理论目标和技能目标。

围绕课程目标所展开的知识讲解，需要发挥内训师的授课技巧，并合理使用各种授课流程和培训方法。

4. 技能训练组织

技能训练的组织一般包括实操准备、实操实施、实操结束、实操总结四个环节。每个环节的授课流程如图 6-2 所示。

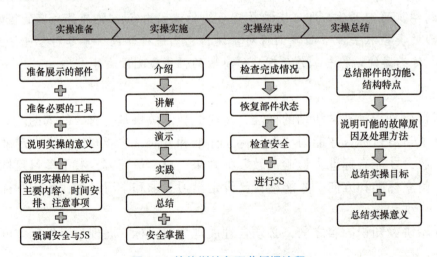

图 6-2　技能训练各环节授课流程

5. 课程总结

讲解结束时，内训师需要对课程内容进行总结。课程总结，是指内训师完成了一个

内容的讲解的最后环节，它是内训师对教学内容的归纳和检验，是一堂课的点睛之笔。

（1）课程总结的作用　合理的课程总结，可以起到知识巩固、承前启后、能力培养、画龙点睛的作用，见表 6-2。

表 6-2　课程总结的作用

作用	说明
知识巩固	◇ 对当前所学的内容进行总结，巩固学员对知识和技能的理解 ◇ 通过总结，内训师可以检验学员对本部分内容的掌握程度，检验教学效果
承前启后	◇ 通过总结恰当地联系上、下部分的内容 ◇ 让学员回顾学过的知识或预习新的知识
能力培养	◇ 课堂教学不可能面面俱到地把所有的知识点都深入细致地剖析给学员 ◇ 通过总结可以提醒学员课后去收集有关的知识，自主地去学习并全面提升
画龙点睛	◇ 提高学员的思想认识，使课堂的主题得以升华 ◇ 起到画龙点睛的作用，振奋学员的精神，感召他们的热情

（2）课程总结应用背景　完成一门课程、一个章节、一天课程或者一个知识点的讲解时，都需要进行课程总结，详细说明见表 6-3。

表 6-3　课程总结应用背景说明

课程总结种类	说明
一门课程总结	◇ 一般预留 2 天或者更多的时间进行总结，与课程长度有关 ◇ 归纳本课程的主要理论知识，包括组成系统、系统结构与原理、系统故障特点与诊断要点等 ◇ 归纳本课程的主要技能操作要点，包括操作项目、操作规范、操作方法和技巧 ◇ 询问学员对本课程内容的疑问，并进行答疑 ◇ 进行本课程的学习效果评估测试
一个章节总结	◇ 一般预留半天左右的时间进行总结，与章节知识点的多少有关 ◇ 归纳本章节的主要理论知识，包括知识点的功能、结构特点、工作原理、故障特征和诊断方法 ◇ 归纳本章节的主要技能操作要点，包括操作项目、操作规范、操作方法和技巧 ◇ 指出本章节内容与前后章节内容的联系 ◇ 询问学员对本章节内容的疑问，并进行答疑 ◇ 完成本章节内容的课堂练习、测试 ◇ 布置本章节相关内容的作业
一天课程总结	◇ 一般预留当天 20% 左右的时间进行总结 ◇ 归纳当天课程的主要理论知识 ◇ 归纳当天课程的主要技能操作要点 ◇ 指出当天内容与前后课程内容的联系 ◇ 询问学员对当天内容的疑问，并做简要答疑 ◇ 针对当天内容进行提问、测试 ◇ 布置当天相关内容的作业
一个知识点总结	◇ 一般预留本知识点 10% 左右的时间进行总结 ◇ 归纳本知识点的主要理论知识，包括功能、结构、原理等 ◇ 归纳本知识点的主要技能操作要点，包括操作规范、操作方法和技巧 ◇ 归纳本知识点的故障特点和诊断方法 ◇ 指出本知识点与前后知识点的联系 ◇ 针对本知识点进行提问、测试 ◇ 询问学员对本知识点的疑问，并做简要答疑

（3）课程总结的方式　课程接近结束时，内训师的总结语言就如一首乐曲的"终曲"，其设计与"起调"一样，也是丝毫不容忽视的。"终曲"如果能做到"余音绕梁"，言已尽而意无穷，令学员感到课已完而兴未尽，那么它便为课程增添了一分精彩。

课程总结常用以下五种方式：总结概括式、分析比较式、课堂提问式、首尾照应式、练习巩固式。

1）总结概括式。在一部分内容要结束时，内训师可以用简单明了、准确简练的语言和图表等方法，对整个内容进行归纳总结。

① 概括出知识的脉络与主线。

② 总结过程可由内训师完成。

③ 总结构成可由内训师引导学员共同完成，使学员的思维能力、动手能力得到训练，真正成为学习的主体。

2）分析比较式。一个知识点到结尾处，内训师可采取总结、提问、列表等方法，将新学知识的各个部分以及新知识与原有知识进行比较分析，明确它们的内在联系或找出它们各自的相同或不同的特点。此方法适用的知识内容包括：

① 信息非常相近的知识内容。

② 系统结构十分相似的知识内容。

③ 学员容易混淆的知识内容。

3）课堂提问式。内训师把一节课的主要内容设计成问题的形式，口头提问或用其他方式逐一展示给学员，由学员回答，并将要掌握的知识利用结论加以强化，再由内训师重复强调正确知识并纠正学员回答中的错误和不当之处。课堂提问式的总结方式的优点有：

① 提升学员的主动思考能力。

② 有利于把总结、复习、巩固、检查融为一体。

4）首尾照应式。内训师在开始上课时提出问题，用以激发学员强烈的求知欲望和学习兴趣，并借机引入课程内容。在课堂总结时，回顾开始提出的问题，让学员自己总结出正确答案。首尾照应式的总结方式的优点有：

① 巩固了本节课所学到的知识。

② 照应了课程的开场，从而使课程形成了一个完整的整体。

5）练习巩固式。这种总结方式常常与课堂练习、课后作业或动手操作相结合，把教学内容设计成练习形式，让学员积极完成。练习巩固式的总结方式的优点有：

① 有利于学员在课后主动回想课程主要内容。

② 促进学员课后自学能力的提升。

（4）课程总结的基本原则

1）总结要为课程教学目标服务，紧扣教材的重点。

2）总结时对重要的知识点、概念的阐述要注意深化和提高，切忌简单地重复，

应比讲新课再深化一步。

3）总结时要注意培养学员的思维能力。

4）总结时要注意反馈，及时了解学员掌握的情况。

5）总结时要力求简明扼要，总结要突出重点，不要面面俱到。

6）总结内容要精简、系统，重点突出，条理清楚，语言简洁。

7）总结时间要结合整体课程时间合理分配。

6.1.2.2 培训实施

1. 计划制订

如图 6-3 所示，制订一个周期的培训计划，如季度或月度培训计划等。制订培训计划后，如无特殊情况，后续的一切培训相关工作都应以此计划为依据。

经销商内训＿＿＿＿＿月度培训计划表							
经销商名称：＿＿××××＿＿				负责人：××××＿＿			
经销商代码：＿＿××××＿＿				更新日期：2023.2.18			
序号	课程名称	内训师	培训日期	培训时长	学号人数	培训地点	备注
1	电气基础理论	×××	3月1日	60min	14	会议室	17:00—18:00
2	电路连接	×××	3月8日	60min	14	会议室	17:00—18:00
3	万用表使用	×××	3月15日	60min	14	会议室	17:00—18:00
4	电气数据测量	×××	3月22日	60min	14	会议室	17:00—18:00
5	电路图识图	×××	3月29日	60min	14	会议室	17:00—18:00
6	电路图分析	×××	4月5日	60min	14	会议室	17:00—18:00
7	IDS使用	×××	4月12日	60min	14	会议室	17:00—18:00
8	IDS使用	×××	4月19日	60min	14	会议室	17:00—18:00
9	IDS使用	×××	4月26日	60min	14	会议室	17:00—18:00
10	车辆保养	×××	5月3日	60min	14	会议室	17:00—18:00
11	车辆保养	×××	5月10日	60min	14	会议室	17:00—18:00
12							
13							

图 6-3 经销商月度培训计划

根据培训计划向参训学员发出邀请，并在邀请中说明培训计划和主要内容，同时对参训学员提出要求。

2. 培训准备

（1）授课物料准备 在授课过程中内训师除了要精心地备课外，还需要准备一些其他培训物料，这样才能将培训效果尽量地最大化。

1）培训资料准备。培训资料的准备是针对参训学员的，学员可以根据培训资料对照内训师讲解的内容，更好地理解学习的知识点。培训资料的种类一般有训练单、维修手册、视频光盘、厂家的技术通报、动画资料、图片、音频资料等。

2）培训相关物品准备。内训师在培训时，主要用到的相关物品包含幻灯机、白板、白板笔，这些物品在培训时起的作用也是非常大的，内训师在培训前也要一一准备充足。培训前不仅要对相关的培训物品进行充分准备，同时也要对培训中所需的硬件进行确认和准备，以保证在培训时能够顺利地使用，而不与其他部门发生冲突。培训硬件的准备主要包含实操场地准备、培训场地准备、车辆准备、工具设备准备等。

3）课件准备。内训师在进行培训前，一定要先准备好相关的课件，课件主要指的是培训用的PPT。同时课件也是内训师授课的一个框架，内训师必须依照课件进行讲解，不能想到哪讲到哪，这样容易让人抓不住重点，同时也会造成自己讲解思路的混乱。

（2）内训师准备　要想将一个课程顺利、完整地上下来，并且使参训人员能够学到一定的知识，那么就需要授课内训师在培训前进行相应的备课。内训师需要知道每个内容的具体作用是什么，针对此部分内容应该如何准备。

1）理论授课备课。对于理论授课，一般以PPT为主进行课程的展示。参训学员通过内训师对PPT的讲解，了解本次课程的相关知识。

① 清楚本次授课的课程目标，可以通过一张PPT展示。

② 清楚每个目标对应的知识内容。

③ 要知道每张PPT要传授给学员的知识点有哪些。

④ 清楚每张PPT的知识点应该运用哪种手段讲解，例如通过提问方式、结合动画方式讲解等。

2）实操授课备课。在进行培训时，对于一些课件只用PPT的方式是无法让参训学员真正了解到所讲知识点的含义或作用的，最实用的方式就是结合实际操作，让学员在实操过程中对所学知识点进行巩固理解。实操授课也需要准备。

① 内训师在实操之前要清楚安全注意事项，并到实操的车间确认安全设施能否正常使用。

② 内训师要清楚在实操时所需的车辆、工具、资料等，并根据学员的特点预先设置好分组的方案。

③ 内训师在带领学员实操之前要清楚实操具体步骤，并且自己要提前操作一遍。

④ 内训师在操作的过程中也应该总结出一些规范、技巧和要点，在实操的时候传达给学员，这样也会增进师生关系。

3）培训组织。培训的实施要想获得良好的效果，要以"在合适的时间对合适的人培训合适的内容"为依据，这样可以保证培训效果最大化，那么就需要一个好的培训组织。

4）培训通知的编写。技术培训通知单填写内容如图6-4所示，具体建议如下：

① 内训师先确定每周的培训时间，建议

技术培训通知单	
培训名称：	变速器培训
培训岗位：	初级技师
培训地点：	二楼会议室
培训时间：	11月20日 18:00~19:00
课程介绍：	1. 自动变速器结构组成、工作原理讲解和实操 2. 自动变速器保养、故障判断方法、检修流程讲解和实操
参训人员名单：	刘乐，王凯，范永，李兴

图6-4　技术培训通知单

培训时间定在每周二或周三下班后的 1 小时，培训时间不宜过长，避免影响学员晚上的安排，也会造成学员对培训有逆反心理，影响培训效果。

②　培训地点应该选择环境比较好的地方，空间要能够容纳所有参训学员，有温度调整设备（最好是空调）。对于车间学员的培训，离车间距离要近，这样便于学员实操练习。

5）人员组织。

①　内训师确定了培训的时间和地点后，在每周一打印培训通知单，通知中应该包含培训地点、培训时间、课程介绍、参训人员名单等。如果参训人员是车间所有机修技师，就写车间技师。

②　如果本次培训课程是针对车间部分技师的，例如车间一级技师，那么在培训通知单中一定要写明，并将技师姓名写入培训通知单。

③　将培训通知单张贴在车间通告栏中，而且要在培训前一天的技术晨会中有所提及，方便参训学员合理安排时间。

6.2　技术培训管理

6.2.1　授课质量管理与改善

6.2.1.1　课程满意度评估

课堂满意度评估主要指的是参训学员对本次培训过程的评估。课程满意度评估的作用是非常明显的，主要体现在以下几点：

1）收集参训学员对课程整体安排的意见或建议，以便下期培训时调整。

2）了解参训学员对本次培训知识点的认识程度。

3）了解参训学员对内训师的授课方式的意见，便于及时调整授课方式。

4）了解参训学员对培训课程的内容的意见或建议，便于下期培训前对课件进行改善。

对于课程满意度评估，一般都会让参训学员填写相应的满意度调查问卷。

6.2.1.2　培训效果评估

培训效果评估，是指完成一部分内容的培训后，内训师对学员学习效果的检验。培训效果评估的目的是检验参训学员的培训效果和内训师"教"的质量。评估结果可以作为内训师引导参训学员更好学习的参考因素，也可以作为内训师改善上课方法的依据。

培训效果评估可以在课堂中随时进行，也可以阶段性展开，例如在进行某个知识点的讲解过程中，完成了一个知识点或者一个章节的学习后，完成了一次实操练习后，结束了一门课程的学习后，都可以进行培训效果评估。

培训效果评估的形式有很多，如知识问答、内容复述、作业练习、理论测试、实操考核。其中，知识问答、内容复述、作业练习都可以在培训过程中进行，而理论测试、实操考核需要在培训后进行。

1. 知识问答

通过提问的方式，判断学员对课堂知识和技能的理解程度。提问必须有针对性，既要与课程内容相关，又要围绕课程目标展开。

提出问题后，内训师可以预留时间让学员组织答案，或者让学员分组讨论并总结出全面的准确答案。如果学员无法正确回答，那么内训师需要进一步解释或者做出引导学员学习的安排。

知识问答案例
讲解了冷却液温度传感器的负温度系数热敏电阻的特性以及传感器的线路连接原理后，可以向学员提问："如果发动机冷却液温度升高，则模块对温度的检测电压如何变化？" 此问题可以直接检验学员对冷却液温度传感器特性、电路连接原理、串联电路和欧姆定律的理解效果。

2. 内容复述

内训师讲完一个知识点后，为了判断学员的记忆程度，可以让学员复述此前的主要信息。内容复述的目的是增加学员的记忆力，而对原理的理解方面没有做太深的要求。

内容复述案例
完成了冷却液温度传感器的功能的讲解后，可以让一个学员复述此传感器的作用，并让另一个学员对此答案进行补充，当然也可以让第三个学员对此前两个学员的答案进行点评。

3. 作业练习

内训师通过布置课后作业，能够检验学员的学习效果，同时也能发现学员对讲解的知识是否还有不明白的地方，可以有针对性地辅导。

4. 理论测试

完成了部分章节的课程，或者结束了一门课程的教学后，可以通过理论测试的方式检验学员对本课程内容的学习效果。

理论测试需围绕课程目标出题，题目的涵盖面要尽可能广，并要有代表性。

项目 6
技术培训

5. 实操考核

实操考核可以阶段性进行，也可以在完成一门课程后统一进行。

6.2.1.3 评估结果分析

内训师在课后测试结束后，应该及时对评估结果进行分析，从评估结果中发现参训学员对本次培训的认可程度，以及对本次培训的满意程度，同时也要通过评估的成绩判断学员对知识点的掌握是否达到课程设置的目标。

1. 满意度评估结果分析

根据参训学员填写的满意度调查问卷，从以下几个方面进行结果分析：

（1）课件内容分析

1）分析参训学员对课程内容设计是否满意。

2）分析课程内容是否适合参训学员。

3）分析课程目标能否让学员认同。

4）分析课程内容对学员日后维修有无帮助。

（2）培训方法分析

1）培训方法是否合理。

2）培训方式是否适合本次培训内容。

3）培训方法中是否有不适的地方。

（3）培训内训师分析

1）培训技巧的使用是否能提高学员对知识点的掌握。

2）课程准备是否能满足学员需求。

3）授课技巧使用后对课程有无好的影响。

（4）课程目标达成分析

1）学员对课程预设的目标是否达到。

2）学员对课程中重要知识点是否完全掌握。

3）学员对课程中哪些知识点有疑惑。

（5）培训建议分析

1）学员是否有新的需求。

2）学员对本次培训课件内容的建议。

3）学员对组织、安排的建议。

4）学员对内训师授课方式和技巧的建议。

2. 理论测试结果分析

对参训学员的理论测试结果的分析，主要是为了发现问题，确定问题的点在哪里。在分析时建议遵从以下原则：

1）先将理论测试的试题分类，并通过 Excel 表格将知识点和试题的数量一一对应。

项目
6

299

2）通过对试题评判，对学员错误答案进行归类。

3）统计学员答题中错误出现的频率，对高频率错误进行统计和分析。

4）分析学员答错的可能原因，如知识点没有掌握、对知识点认识有误、对知识点理解有误、对内训师讲述不理解、内训师授课方式不对等。

3. 实操考核结果分析

对参训学员的实操考核结果的分析，主要是为了发现问题，确定问题的点在哪里。建议从以下几个方面进行分析：

1）对培训中所讲的操作规范是否掌握。

2）对培训中所讲的检测方法是否掌握。

3）培训中所讲的理论知识能否与实际维修相结合。

4）实操过程中还暴露了哪些不足。

6.2.1.4　授课质量改善

内训师对评估结果进行分析后，接下来就是要制订培训的改善或调整的方案和计划，以便在日后的培训中能够更好地做好培训。

1. 课件内容改善

通过对评估结果的分析，内训师可以对培训课件的内容进行针对性调整。

1）对理论测试中错误率高的知识点，在下次培训的课件中再次强化。

2）对实操考核中没有掌握的知识点，可以调整一下实操练习单的设计，针对这类知识点着重练习。

3）满意度调查中，针对课程内容方面的意见，对现有课件进行调整。

4）满意度调查中，针对学员的需求或建议，设计新的课程，或在日后培训课件中添加相应的内容。

2. 授课方法改善

通过对评估结果的分析，可以从中发现学员对哪部分知识点理解得不清楚。除了学员的问题外，内训师也要考虑是否是授课方法造成学员对知识点理解不够。

1）根据理论测试结果，调整对知识点的讲解方法，或者换一种方式进行授课。

2）增加一些授课方法，充实现有授课方法，使知识点讲解更能让学员接受，例如增加视频资料的讲解方式。

3）授课中增加一些学员讨论或复述，加深学员对知识点的理解。

4）授课中，内训师对知识点进行故障模拟分析，强化学员对知识点的认识。

3. 培训方式改善

通过对评估结果的分析，可以发现一些知识点用现有培训方式不足以让学员掌握，那就要考虑换一种培训方式。

培训方式改善案例

在发动机冷却液温度传感器的培训中，用了"实操＋理论讲解"的方式，那么可以在下次培训时，调整成"故障诊断＋讲师总结＋理论讲解"的方式。

培训方式是要根据评估结果进行改善的，同时改善只能在下次培训或日后再有此类培训时进行，但是通过制订培训方式改善的方案，能够让内训师进行自我总结，可帮助内训师在这种"培训—评估—改善—培训"的闭环工作中快速成长。

6.2.2　技术培训方案制订相关知识

1. 培训需求分析

内训师在制订培训方案时，要对本单位技师级别和各级别技术水平进行分析。针对各级别人数以及需要完成的工作内容，需要制订不同的知识和技能培训方案。

在开始制订培训方案之前进行培训需求分析是开发更有效的培训材料并充分利用生产时间的关键步骤。

（1）培训需求分析的类型

1）知识分析。对于汽车维修技术人员，对其专业知识库进行培训需求分析至关重要。汽车专业知识的丰富对于提高维修技术人员的技术水平至关重要，当然培训的内容不只限于汽车专业知识，还包括法律法规知识、办公软件应用知识等。

2）技能分析。对于高级维修技术人员，培训需求技能分析至关重要。这种类型的分析不仅包括完成工作的实用技能，还包括客户关系和与他人合作等软技能，有时还涵盖了新的或不熟悉的技术。

（2）培训需求分析的方法　培训需求分析的方法有多种，但并非每种方法都适合，需要根据培训目标从中选择最适合的一个或多个方法。

1）问卷。结合参训学员实际工作需求，制作相应内容的调研问卷，通过网络或现场沟通等方式，调研学员实际需求，使培训更有针对性，能够更好地落地。

2）观察。如果可能的话，定期观察是一个很好的培训需求分析方法。这种方法的关键是随着时间的推移进行多次观察，使其成为非正式的且不公开的。这些观察结果不是惩罚性的，而只是出于培训目的。

3）采访。实际接触参训学员，通过谈话沟通交流，萃取学员真正需求，是一个比较贴合实际的方法。采访比调研问卷具有更高的灵活性，收集的信息更全面。

4）检查工作。通过对参训学员工作成果的检验，能够比较真实地反映出工作能力欠缺的点，例如是知识不足还是技能不够，或是工作态度问题。

2. 策划培训方案

（1）培训目的　改善公司各级各类员工的知识结构，提升员工的综合素质，提高员工的工作技能、工作态度和行为模式，满足公司的快速发展需要，更好地完成公司的各项工作计划与工作目标。

提升公司各级各类员工的职业素养与敬业精神，增强员工服务意识与服务水平，打造高绩效团队，减少工作失误，提高工作效率。

（2）培训原则

1）以公司战略与员工需求为主线。

2）以素质提升、能力培养为核心。

3）以针对性、实用性、价值型为重点。

4）项目式培训和持续性培训相互穿插进行。

5）坚持理论与实践相结合、学习与总结相结合。

6）坚持公司内部培训为重点、培训与外训相结合。

7）坚持理论培训和岗位培训相结合。

8）实现由点、线式培训到全面系统性培训转变。

3. 培训计划的制订

年初就要制订全年的培训计划，包括年度计划、月度计划、培训人员、培训内容等，然后按照计划严格执行，不可随意更改，让计划真正落在实处。

4. 培训实施

根据公司年度培训计划组织实施，包括培训签到、参训学员和数量的统计反馈、培训效果评估调查和统计以及培训考核结果的审核确认等。例如综合部负责培训场地和设备的准备等。

外派培训员工，在培训期间公司的考勤记录为出公差，应遵守培训组织单位的培训规定，不得无故迟到、早退、旷课、缺课，否则按照公司考勤制度予以相应处理并自行承担全部培训费用。

5. 培训效果评估

培训后，公司必须对培训的内训师、培训的组织、总体效果等进行评估。

1个小时以上的培训（包括外训），受训者学习结束后应写出培训心得总结，经部门负责人审阅后交人力资源部存入个人培训档案。参加短训班，受训者学习结束后，应将受训所学的内容对公司内部其他相关员工进行培训，以扩大培训效果。培训获得相关证书的员工，应将证书原件交由人力资源部存档。人力资源部对当年的培训工作进行总体评价，并写出评估报告。在进行年度评估时，应将年内每一次评估的结果作为依据。

6. 培训档案管理

（1）个人培训档案管理　公司建立员工培训档案，凡是公司员工所受的各种培训，应将培训记录、证书、考核结果、相关资料进行汇总，由人事专员把这些资料整理归档，存入个人档案。

公司会将员工所受培训情况在员工培训记录卡上进行登记。培训记录卡主要记

载每位员工进公司以后所受的，包括业余的、专业的、脱产的等各种培训。它的内容是构成人力资源档案的主要组成部分，也是员工以后变动和升迁加薪的主要参考依据。

（2）课程档案管理　每次培训结束后，公司建立培训档案，内容包括培训时间、培训地点、培训内容、培训对象、培训内训师等。公司展开的各类培训课程，参加者签到记录、课程考核试卷等由人力资源部进行分类登记、保管。每次培训的归档资料应包括培训通知、培训教材或讲义、考核试卷、受训人员名单及签到情况表、培训效果评估、受训人员书面考核成绩或心得总结等。

6.3　技能训练

内训师在完成培训准备工作后，需要参照表 6-4 中的内容进行课程准备情况自查，自查后在表中进行评价和记录。

表 6-4　课程准备情况自查表

项目	结论		
在准备课程的时候是否清楚地知道课程包括哪些文件	是□	否□	N/A□
是否清楚地知道这部分课程的课程目标	是□	否□	N/A□
是否清楚针对这个课程目标所设置的授课方法	是□	否□	N/A□
是否清楚每张 PPT 讲解的目标与内容是什么	是□	否□	N/A□
是否清楚每张 PPT 的授课方法是什么	是□	否□	N/A□
是否清楚每张 PPT 之间的逻辑关系	是□	否□	N/A□
是否使用了总结性的 PPT	是□	否□	N/A□
是否清楚针对知识点所展开的内容	是□	否□	N/A□
是否清楚课后测试每道题所针对的知识点	是□	否□	N/A□
是否清楚地知道课后测试每道题的正确答案	是□	否□	N/A□

内训师在进行课程准备情况自查后，还要参照表 6-5 中的内容进行课程演练，并在演练结束后进行自我评价。也可以找经验丰富的老师参加自己的演练，让老师帮助给出建议。

表 6-5　课程演练自我评价表

项目	结论		
开场技巧的应用是否达到了"吸引人"的效果	是□	否□	N/A□
是否说明了学习目标	是□	否□	N/A□
是否说明了支持学习目标的主要课程内容	是□	否□	N/A□
是否说明了授课时间计划	是□	否□	N/A□
是否说明了授课方法	是□	否□	N/A□
是否说明了学习本课程学员需要具备哪些基本的知识储备和技能要求	是□	否□	N/A□
内容过渡技巧应用是否合理	是□	否□	N/A□
是否围绕 2W 展开讲解	是□	否□	N/A□
是否围绕学习目标展开讲解	是□	否□	N/A□

内训师结束相关课程培训后，可参照表6-6的内容进行培训效果评估，以检验此次培训的效果及目标达成情况，为后续课程的完善和改进提供参考。

表6-6　培训效果评估表

课程名称：				授课老师：			
上课时间：							

亲爱的学员：

　　感谢您参加本次培训。特别希望能获得您的宝贵建议以改良授课老师培训成效和培训组织工作，请您依据客观情况填写下表，感谢您的合作与支持

××××××授课老师部分满意度调查，请客观评价

讲师姓名	表达能力 （20分）	课件准备 （20分）	针对性 （10分）	授课方法 （20分）	完成目标 （30分）	其余	总分

××××××课程部分满意度调查，请客观评价

1. 您认为本次培训内容怎样　　□A.特别切合增补得益　　□B.基本切合简单应用　　□C.不合需求无收获
2. 您认为培训形式怎样　　　　□A.生动出色沟通互动　　□B.比较生动有一定吸引力　□C.古板不吸引人
3. 您认为授课老师表达清楚正确吗　□A.清楚完好　　　　　□B.一般　　　　　　　　□C.模糊欠完好
4. 您认为培训时间安排怎样　　□A.时间合理/长短适中　□B.较为合理　　　　　　□C.适当调整
5. 您认为授课老师准备怎样　　□A.准备充足　　　　　　□B.准备一般　　　　　　□C.匆促且常常犯错
6. 您认为培训气氛成效怎样　　□A.活跃保证学习成效　　□B.不是很好需要改良　　□C.气氛很差
7. 培训达到您设定的希望了吗　□A.达到或超出预期　　　□B.基本达到预期　　　　□C.没有达到预期
8. 本次培训的组织您满意吗　　□A.满意　　　　　　　　□B.一般　　　　　　　　□C.不满意

9. 您认为此次培训还应增添哪些方面的课程

10. 您认为授课老师的授课还需要在哪些方面提高

11. 您在此次课程中学到了哪些知识点

12. 您能够将哪些内容应用到实际工作中？假如应用，能够提高您哪方面的工作质量？提高百分比预计是多少

项目7 综合评审

Chapter 7

按照国家人力资源和社会保障部有关文件规定，技师和高级技师（以下统称为技师）的职业技能等级认定是按照国家职业技能标准有关技师职业技能标准的要求，在进行理论知识考试、技能考核的同时，要进行综合评审。在综合评审中，撰写论文和论文答辩是一个比较通用且全面的评价形式和方法。

7.1 技师专业论文

7.1.1 技师专业论文概述

7.1.1.1 技师专业论文的定义

论文，又称技术总结，是指总结或研究某一学科、职业（工种）领域中的有关理论、技术问题，表达其工作或研究过程成果的综合实用性文章。汽车维修专业论文是指总结或研究汽车维修领域，包括机械、电器、检验、整形和涂装等方面有关理论、技术问题，表达其维修工作或研究过程成果的综合实用性的汽车维修专业文章。

汽车维修专业论文所表述的内容必须是在汽车维修职业技术或业务范畴内有关工作、技术革新、技术改造、设计成果等的总结或描述，属于实用性文章。

对于技师这个特定的职业群体而言，论文多分为微观型、专题型、实践型的专业论文。从便于撰写方面考虑，汽车维修专业论文常采用实操型、技改型、理论型、报告型和评述型五种，要具有专业性、学术性、创新性、规范性、引导性、可读性等特点。

7.1.1.2 技师专业论文的意义及作用

1. 技师专业论文的意义

撰写技师专业论文是检验汽车维修技师综合职业能力的重要举措。在进行技师职业等级认定前，汽车维修技师申报者必须完成专业论文的撰写工作，通过答辩后才能取得通过地方政府人社局审批备案的行业企业、社会培训机构及院所颁发的职业等级证书。

提高汽车维修专业论文撰写能力和水平是高技能人才队伍适应现代化建设的需要。特别是当今社会，日趋严峻的国际环境和行业竞争对高技能人才的整体素质提出了前所未有的要求。在新能源汽车和智能网联汽车快速布局和发展的行业趋势背景下，高技能人才的水平及文字表达水平也亟待提高。

2. 技师专业论文的作用

技师专业论文是行业实践活动的产物，一篇优秀的专业论文具有广泛的借鉴和应用价值及巨大的社会功用。它能推广和记录汽车维修行业的研究成果，充实专业知识宝库；同时可以利用其开展技术交流，促进技术进步；还是考核认定高技能人才综合工作能力的重要依据。

此外，汽车维修专业论文及其研究成果要能巩固与发展理论学习和指导实际维修工作，培养汽车维修技师综合运用所学知识和技能分析与解决汽车构造、使用、检测、维修、技术管理、教学及研究等实际问题的能力，同时也能进一步培养汽车维修技师查阅有关资料、手册的能力，使其掌握文献使用技巧。

7.1.2 技师专业论文的撰写

7.1.2.1 技师专业论文的选题

1. 选题的原则

在进行专业技术实践和技师专业论文撰写时，要能够正确和恰当地选题，必须先明确选题的一般要求和根本遵循，即要明确选题的原则。选题的基本原则是准确性、前沿性、创新性、实用性。

（1）准确性原则　论文的选题要准确恰当、面向实际，着眼于社会的需要，确实是生产实践中亟待解决的问题。如果选题脱离或背离总目标的需要，必然从根本上失去其社会价值。

（2）前沿性原则　技师专业论文要选择居于职业（工种）较前沿的并具有普遍意义的课题，要求论及的问题深刻，解决这个问题对生产实践和科学理论有一定的价值，甚至是理论中需要研究的问题。科学的发展有自身的逻辑和传统，有自身的特点和规律，有些课题并不完全都直接来自社会实践，不少是从科学发展的内部矛盾中提出来的，即行业（工种）本身的发展需要。在选题时，要从与之联系的整个科学的全局出发，认真考虑论题在科学体系中的地位，考虑它对科学发展的作用，以便找到一个具有重要意义的课题。这不仅是科学技术本身发展的需要，而且从一定程度上反映了人类知识和认识水平的不断丰富和提高。

（3）创新性原则　选题要有新颖性、先进性，有所发明、有所发现，其学术水

平应有所提高，以推动某一学科向前发展。

（4）实用性原则　选题要有实现的可能，有指导意义和参考价值。可行实用是指有利于充分发挥个人的聪明才智，有完成的把握，也符合自己志趣、适合个人能力的论题，体现了科学研究的条件原则。一个论题的选择，必须从技师申请者的自身条件出发，选择适当的题目。如果一个论题不具备必要的条件，无论社会如何需要、如何科学先进，没有实现的可能、没有指导意义和参考价值的课题都不能作为选题被采纳。

2. 选题的方法

正确地确定专业论文选题是撰写论文的良好开端，决定着论文撰写的方向和定位，是决定论文撰写成功与否的关键一步。所以在确定论文的选题时应深思熟虑，除了要考虑自身的专业背景、工作经历和研究方向，同时也要结合知识结构、参考资料来源渠道、时间要求及要达到的目标等因素。

（1）选择专业领域具有创见性的选题　汽车维修技师多从事一线维修工作，对于日常维修和生产实践中出现的问题最清楚，具有发言权。在问题出现频率高的地方往往孕育着攻克和突破的价值，如果寻求到了解决问题的关键技术，加以探究，形成实用性极强的专业论文，指导日常维修中的难题，对形成良好的社会效益、经济效益及环境效益是大有裨益的。但是，选择具有突破性的论题不是一件很容易的事情，甚至是一件难度极大的事情。凡是不科学、不合理的课题，即使具备一些优势和条件，也不能作为选题。如果某些选题是否科学合理难以界定，我们要特别慎重，不要轻易选择。

（2）选择撰写人擅长的选题　根据汽车维修技师认定的条件，凡是申报技师职业等级的专业人员，必须具有从事汽车维修的工作经历或背景，且要有一定的造诣。撰写技师专业论文要充分发挥自己的专业特长，例如，汽车维修工一般不宜选择原理、设计类纯理论性的选题，因为工作性质的原因，从事汽车维修方向的人员很难写出有价值的精品，而他们的优势在设备使用操作、故障分析、维修工艺方法和技术改造等方面。在汽车维修行业中，越来越多的专用检测设备具有智能控制功能，在系统调试、参数设定、维护升级、故障分析、维修改造等方面都与传统的解码器不同，其集成度和技术含量都非常高，将诸如此类工作经验提炼成具有指导和借鉴意义的系统理论，对于日常的生产实践具有极其重要的价值。

（3）选择专业领域内普适性的选题　普适性是指论文涉及的议题或解决的技术难题一定是在日常维修过程中普遍存在且有用武之地的、对解决实际问题具有借鉴和指导价值的选题，例如汽车维修专业中的元件拆卸和检测问题、一般故障的诊断与排除中的共性问题、疑难故障的解析和排除问题、新能源汽车的检测与维修问题、智能网联汽车的线控问题等。有些方向和问题看似简单，但实则有很多方面和点值得进一步探究、提炼和总结，这些都属于具有普适性的选题。

3.选题的要求

1）专业论文由撰写者拟定选题。选题应根据国家职业技能标准要求，参考培训教程，同时结合撰写者所在单位或有关行业和院校实际工作的情况自行拟定。

2）结合汽车维修专业的特点，专业论文的选题方式可以采取多样式，选题要符合专业论文的要求，其核心内容必须与专业实际相联系，体现汽车维修专业特色。

3）论文撰写者应在指导教师指导下结合本人工作实际确定选题。选题不宜过大、过高，要符合专业实际和维修生产实际。

4）论文选题确定后，一般不做大的变动。要求一人一题。

5）从事不同工作岗位的行业人员，在申报选题时可从以下几方面思考：

① 汽车使用类：如汽车动力的合理利用、汽车在特殊条件下的合理使用、汽车的安全技术、汽车的公害与防治等。

② 技术管理类：如维修厂技术管理、汽车维修制度与质量控制、车辆更新与报废管理等。

③ 汽车检测与维修工艺类：如汽车检测工艺、汽车维护工艺。

④ 机具和工艺装备设计：如汽车检测、举升、拆装、清洗、润滑、调试等。

⑤ 汽车检测与维修：如汽车新型（特别是机电一体化）结构、原理与使用特点分析，汽车典型故障诊断分析，检测设备的改造与使用等。

⑥ 汽车装饰美容项目。

汽车维修专业论文参考题目见表7-1。

表 7-1　汽车维修专业论文参考题目

序号	论文题目	序号	论文题目
1	浅谈汽车 ESP 系统故障的诊断与排除	18	奥迪自动变速器升档缓慢故障诊断
2	汽车轮胎的正确使用维护与常见故障诊断	19	汽油机产生爆燃的原因、危害与预防
3	伊兰特制动系统故障解析	20	论汽车发动机缸垫的故障诊断与排除
4	金杯海狮行驶异响疑难故障诊断排除	21	发动机排放技术的应用分析
5	保时捷 911 可变涡轮增压系统优越性探析	22	汽车发动机自动熄火的故障诊断分析
6	别克汽车氧传感器的检测与维修	23	汽车发动机空气流量计故障的维修
7	轿车空调系统原理与检修	24	沃尔沃 XC60 加速无力的故障诊断与排除
8	交通安全与汽车安全驾驶探究	25	浅论现代汽车电控系统故障诊断
9	奥迪 A6L 前轮偏磨故障原因分析	26	帕萨特 1.8T 动力不足诊断与维修
10	本田 CR-V 四安全气囊系统检修	27	论发动机的装配难点与对策
11	浅谈光电式无触点电子点火系不跳火故障排除	28	利用数据流排除伊兰特轿车故障的实践与探索
12	尾气分析仪在汽车故障诊断中的应用	29	宝来轿车的故障诊断方法与实践
13	论怠速系统对电控汽油发动机稳定性的影响	30	浅谈发动机异响的原因及故障分析
14	浅谈克莱斯勒 300C ESP 故障等常亮故障排除	31	汽车发动机电控系统故障检测与维修
15	汽车空调常见故障及使用误区分析	32	汽车高速爆胎的原因与预防探究
16	汽车传感器的检测与故障诊断	33	汽油机涡轮增压技术及故障分析
17	电喷发动机混合气浓度与尾气排放	34	制动系统的维修与保养是汽车安全行驶的关键

（续）

序号	论文题目	序号	论文题目
35	日产风度轿车敲缸故障探究	42	关于 CNG 汽车的维护与保养
36	车用排气涡轮增压系统的正确使用与维护解析	43	影响发动机起动的因素分析与对策
37	汽车涂装的最新工艺技术及探讨	44	发动机曲轴位置传感器维修实践与探讨
38	汽车漆面维修常用技术与技巧	45	康明斯发动机冒黑烟故障分析及解决措施
39	浅谈热线（热膜）式空气流量计的机理与检测	46	数据库在车辆维修及客户服务方面的应用
40	发动机烧机油的故障探析	47	深入思考车用润滑油（机油）的选择
41	某型特种汽车低温起动问题及对策	48	汽车自诊断系统的故障诊断与排除

7.1.2.2 技师专业论文的结构

一般汽车维修技师专业论文应由封面、题目（副题目）、目录、内容摘要、关键词、正文、结论、致谢、参考文献等部分构成。其内容虽然是千差万别的，但其构成形式应该是统一的，可采用文字、数字、表格、图形等形式来表达。撰写技师专业论文必须注意内容与形式的统一。

1. 封面

封面是技师专业论文的首页，包含论文及撰写者的主要信息，一般由以下内容组成：

1）工种：汽车维修工（按照《中华人民共和国职业分类大典（2022 年版）》的标准名称填写）。

2）题目：×××××××××××（专业论文题目，必要时可加副题目）。

3）姓名：×××。

4）身份证号：××××××××××××××××××（填写 18 位标准身份证号）。

5）等级：技师（二级）/高级技师（一级）。

6）准考证号：××××××××。

7）培训单位：×××××××。

8）认定单位：×××××××。

9）论文完成日期：××××年××月××日。

技师专业论文封面格式可参考附录 A。

2. 题目（副题目）

论文题目又称为主标题或标题，它是技师专业论文的主旨或提示。论文的题目和论文的主题是有区别的。论文的题目更应与主题密切相关，它应该是论文主题的最贴切的表述。论文论述的内容必须始终紧紧围绕论文的题目展开，不能偏题，更不能离题。好的题目可以使读者通过题目就能了解论文的概貌，容易引发读者的注意和兴趣，使得读者在看了题目后产生进一步阅读论文的欲望。而主题是论文的核心内容，是要表达的中心思想。论文中的每一段表述和每一个案例，都是围绕论文的主题而展开的。因此，论文的主题是始终贯串整篇论文的最主要的和最基本的思想。

副题目又称为副标题或分题目。副题目是当主标题难以明确表达论题的全部内涵时，为了点明技师专业论文更具体的探究对象和探究目的，而对主标题加以补充的说明；或者为了强调论文所探究的某个侧重面，也可以加副题目。

3. 目录

目录是技师专业论文不可缺失的一部分，有着至关重要的地位。目录要求添加在正文前面，有导读论文的作用。技师专业论文的目录级别以 3 级、行间距 1.5 倍为宜，可以根据内容的多少适当调整行间距。

4. 内容摘要

内容摘要又称内容提要，简称摘要，是技师专业论文正文的附属部分，多采用第三人称表述。摘要是对技师专业论文内容进行的高度概括性的陈述，简要介绍论文的主要论点和揭示探究的成果，主要表述撰写者运用了哪些逻辑、模型、方法和技术解决了哪些问题，对于读者或行业专业有什么样的价值和意义。

5. 关键词

关键词又称为说明词或索引术语，是指从技师专业论文的题目、正文和内容摘要中精选出来的，能够表示论文主题内容特征，具有实质意义的自然语言或词汇。此外，关键词还是编制各种索引工具的重要依据，通常编排在内容摘要之后，并按重要程度依次排列，数量在 3 ~ 5 个为宜。关键词的词汇可以是名词、动词或词组，如发动机、空调系统、汽车维修、诊断与排除、一体化等词汇或短语。

6. 正文

正文是技师专业论文的正文和主体部分，也是论文的核心内容，它的文字最多，最能展现出撰写者实际工作的成就和技术水平。正文一般由引言、正文和结论三个部分组成，通过这三个组成部分的有机结合，把撰写者的工作成果和经验准确地论述出来。技师专业论文论点的阐明、论据的叙述及论证的过程，都要在正文中进行体现。正文部分要主题明确突出、论据充分有力、论证逻辑严密、结论清楚、文字简洁流畅。同时，技师专业论文正文部分的任务是提出问题、分析问题和在某种程度上解决问题，是撰写者技术水平、理论水平和创造性工作的具体表现。

7. 结论

结论是技师专业论文的总结、回顾和提高。写入结论中的内容必须是经过充分论证的肯定正确的观点，需要商榷的观点则不能写入结论中。在措辞方面禁止使用"可能""也许"等模棱两可的词句。结论中可以涉及撰写者的建议，如改进的方向、尚需解决的问题等。撰写技师专业论文的结论要力求精练、完整，提炼出整篇论文的精髓，使之更具价值和借鉴意义，并且首尾呼应形成一个严谨的统一体。

8. 致谢

致谢又称感言，是撰写者在技师专业论文撰写过程中的切身感受和体会，一般

写在正文和参考文献之间，主要表达在论文撰写过程中对自己有帮助的导师、领导同事、父母、参考文献及作者的感激和谢意。致谢部分一定要用尊敬的口气和语言来表述，因为是感谢，所以用词上一定要注意，不能出现不敬之词，即使指导老师很严厉也要尊敬。致谢提供的信息对读者判断技师专业论文的撰写过程和价值也有一定的参考作用。

9. 参考文献

参考文献又称为参考书目，它是指撰写者在撰写技师专业论文过程中所查阅和借鉴过的著作、报纸、杂志、维修手册、操作指导、网页链接等，它应列在技师专业论文的末尾。技师专业论文的撰写必须参阅与本专业论文密切相关的参考文献，这些参考文献是各种有关的著作、论文或其他资料，对自己撰写专业论文有重要参考价值。列出的参考文献一般要写明书名（篇名）、作者、出版社和出版年份等信息。

7.1.2.3　技师专业论文的写法

1. 技师专业论文的撰写步骤

撰写技师专业论文一般按照选题、列提纲、参阅资料、撰写、修订完善、提交论文等步骤完成。

1）选题：撰写者结合本职工作，选择与自己从事的岗位和工作内容有关的、熟悉且擅长并有实际探究价值的题目。

2）列提纲：提纲大致列出 2 级标题。建议首先介绍解决本论文实际问题的结构、工作原理，再介绍指导解决实际问题的过程、结果，即故障诊断案例。两个部分大约各占一半篇幅。

3）参阅资料：主要是图书、期刊，慎用网络文章。不要引用陈旧、淘汰的知识和文献。对引用的内容一定要看过原文，不是写个书名充数。必须理解和掌握参考资料，否则不要引用。

4）撰写：按照技师专业论文的结构内容、格式要求进行写作，注意文字、图片、表格的格式规范，写作中可修改提纲。

5）修订完善：须经多次修改，依据参考资料和自己实践的过程，科学、正确、翔实、简捷地反映出客观实际。注意专业名词术语按照国家标准进行修订，单位符合法定计量单位。

6）提交论文：将初稿交给指导老师，根据指导老师意见进行多次修改，确实有成功把握后才可正式提交，此后做好论文答辩准备。

2. 实操型技师专业论文的写法

汽车维修技师专业论文一般分为实操型、技改型、理论型、报告型、评述型等类型。结合汽车维修专业的职业特点，汽车维修技师多采用实操型的技师专业论文进行写作。此类型的专业论文又称为实践型论文，突出了汽车维修技师的操作技能特点，其最本质的特点是实用性强。下面以实操型技师专业论文为例详细介绍一下汽车维修技师专业论文的写法。

（1）引言 实操型的汽车维修技师专业论文的引言部分要能对整篇论文起引导作用，要表述清楚实际故障的缘由、目的和重要意义。具体内容一般包括实际检测与维修的具体内容；此项检测与维修的起因和背景；此项检测与维修的实际意义；此项检测与维修的理论和实践基础；此项检测与维修的预期目标；此项检测与维修的历史维修记录相关情况；此项检测与维修的范围、使用的设备、检测方法及最终取得的成果等。这部分内容要写得重点突出，言简意赅，条理清晰。

（2）正文 实操型汽车维修技师专业论文的正文内容可以从以下几个方面进行撰写。

1）实际维修对象的结构原理。简要说明实际维修系统或部件的结构原理，实际维修所依据的基本原理、实际维修的基本程序、调试和检测方法等。有的专业论文中维修对象的基本原理可以省略，但是实际维修所依据的基本原理和基本程序不能省略，必须做出必要的说明。

2）实际维修的典型技术。这是实操型技师专业论文的核心内容。一个值得探究的技术对象，必须从其应用背景、技术特点和实际维修方法等方面加以探究。在探究论述时，对于已有的材料、设备和传统的工艺方法只需简单提及，并指出可以参照的文献即可。如果是技术改造、技术创新的内容或者采用新的实际维修方法和物质手段，就应当详细叙述，包括详细说明技改和创新所用方法的基本原理、理论依据、详细结构、条件以及所使用的技术装置的基本情况、技术规格、性能指标、测试方法和使用过程等。

3）实际维修的工艺方法。这部分主要探究实际维修的方案和选择的实际维修的路线或操作方法，以及具体的工艺流程，同时还要分析实际维修过程中各种条件的变化因素及其依据等。通常撰写那些主要的、关键的、专用的检测设备及使用方法，从而使实际维修结果所体现的规律性和创见性更加鲜明。若涉及那些典型的、通用的维修工艺和方法，通常只说明方法的类型和使用范围，没必要详细说明其操作过程。如果维修的方法、步骤有变动，则要详细解析其原因。在解读这类维修方法和步骤时要抓住变动的关键，并注意所述维修方法和步骤的科学合理性和逻辑连贯性。

4）分析与讨论。这部分是要在论文中引申出一些具有普遍意义的成果，这个成果只有通过深入分析和讨论才能得出。因此，分析与讨论部分对于技师专业论文至关重要，是评价论文质量高低的重要依据。首先，分析与讨论不能脱离科学原理或专业概念。其次，分析与讨论的内容一定要基于企业工作实际的工作过程，突出介绍在实际维修过程中的感悟和新发现，并通过探析说明感悟或新发现的内在必然性或偶然性。最后，对于那些尚待商榷或没有解决的问题要实事求是地说明，就进一

步探究提出自己的建议。

在撰写正文的上述几方面内容时，要充分考虑各论述要点所处的地位、前后逻辑和相互关系等，应妥善处理，力求条理清楚，结论明确有创见性。

（3）结论 撰写论文的目的是要从探究的专业领域中总结提炼出具有指导意义和突破性的结论。这部分主要撰写从实际维修工作总结提炼出来的具有独到见解和创见性的成果，它是整篇论文的精华。写结论时要强调重点，突出核心，揭示事物内在规律和工程伦理。用词要科学准确，客观求是，不能使用"可能""大概"之类含糊其辞的词，更不能夸张和绝对化。在撰写结论时，要对一些制约条件和因素予以充分考虑，避免自以为是或盲目自信，将维修过程中使用的专用检测设备和工具的功能和作用进行夸大。

结论在技师专业论文中应具创新性，不能重复"分析与讨论"中的分析成果或结果。其文字表述要准确、精炼，仔细斟酌。结论要紧扣论文的主题，同时也要与引言前后呼应。这样才能探究出具有社会价值和指导意义的结论，这样的结论才有较强的说服力，具有突破性和创见性。

3. 技师专业论文的撰写要求

在汽车维修技师专业论文的撰写过程中，要坚持理论联系实际和严谨科学的态度，在阐述理论的同时，要能利用此理论解决实际维修过程中遇到的问题；必须具有科学性，正确反映客观规律，不是主观臆想；必须具有翔实、充分的论据材料。

在对故障车辆进行检测、分析和诊断论述时，必须具有一定的理论依据。实际的汽车维修工作包括各种不同环节，汽车维修技师要根据一定的目的和要求，运用相关的专业知识和维修流程，预先制订故障维修方案。要明确地提出汽车维修工作所要解决的基本问题；准确表述汽车维修工作的基本内容；准确表述操作过程中所运用的技术手段和专用工具；准确表述需要获得的技术资料等。对汽车维修中采用的新材料、新技术、新设备、新方法或对检测装备、材料和工艺方法所做的改进、补充及完善，都要具体、详尽地表述出来。

此外，汽车维修技师专业论文还要遵循以下撰写要求：

1）必须由学员独立完成，不得侵权、抄袭，或请他人代写。

2）如无特殊说明，论文字数原则上要求技师（二级）为 3000～5000 字，高级技师（一级）为不少于 5000 字。

3）论文所需数据、参考书等资料一律自行准备，论文中引用部分须注明出处。

4）学员应围绕论文主题收集相关资料，结合实际案例进行调查研究，从事科学实践，得出相关结论，并将研究过程和结论以文字、图表等方式组织到论文之中，形成完整的论文内容。

5）论文内容应做到主题明确，逻辑清晰，结构严谨，叙述流畅，理论联系实际。

7.1.2.4　技师专业论文的格式要求

技师专业论文的格式要求如下：

1）论文由封面、题目（副标题）、目录、内容摘要、关键词、正文、结论、致谢及参考文献等部分组成，总字数为5000字左右，正文页数为10～12页为宜。

2）题目即论文的标题，应当能够反映论文的内容，或是反映论题的范围，尽量做到简短、直接、贴切、精炼、醒目和新颖（二号黑体，居中，上下各空一行）。

3）目录反映论文主体框架，由论文的目录、内容摘要与关键词、章、节、条、结论、致谢和参考文献等条目组成，要有页码标注。目录要求自动生成，最多为三级目录（目录标题小二号黑体，加粗居中；目录内容小四号黑体，行间距为固定值22磅，序号一律采用阿拉伯数字，如"1""2""2.1""2.1.1"）。

4）内容摘要应简明扼要地概括论文的主要内容，一般在200～300字之间（"[内容摘要]"四号宋体，靠左顶格；摘要正文四号楷体，行间距为固定值22磅）。

5）关键词应是论文主要内容提及频次较高词目或核心词汇，数量在3～5个为宜（"[关键词]"四号宋体，靠左顶格；关键词正文四号楷体，以分号隔开，行间距为固定值22磅）。

6）正文内容应来源于企业工作实际，逻辑性符合专业特点及工程伦理，要有所论述系统的结构原理、故障原因分析及实际案例等主要内容，排版格式符合要求（标题二号黑体，居中；一级标题三号黑体，靠左顶格；二级标题小三号黑体，靠左顶格；三级标题四号宋体，靠左顶格；论文正文小四号宋体，行间距为固定值22磅）。

正文包括引言（前言）、正文（按需要设2～4个层次及标题）、结论（结束语）。应正确使用标点符号和划分自然段，不可不分段落，也不可一句一段。

插图：图号应按在文中出现的次序以图1、图2……顺序编排，图号要与正文描述一致，段落中用"（见图×）"或"如图×所示"，段后插入此图，将图号、图题、图注写在图的下方。

表格：表号应按在文中出现的次序以表1、表2……顺序编排，表号要与正文描述一致，段落中用"见表×"，段后插入此表，将表题写在表的上方。

7）结论应总结提炼出论文的核心技术及参考和借鉴价值，一般不超过300字（标题三号黑体，靠左顶格；正文小四号宋体，行间距为固定值22磅）。

8）致谢应简明扼要地概括论文撰写的心得体会，对论文的指导者或培训单位表达谢意或提出宝贵意见，一般不超过200字（标题三号黑体，靠左顶格；正文小四号宋体，行间距为固定值22磅）。

9）参考文献的标注格式可参考GB/T 7714—2015《信息与文献　参考文献著录规则》（标题小四号宋体；正文五号楷体，行间距为固定值22磅）。

10）页边距：上边距为2.5cm，下边距为2.5cm，左边距为3cm，右边距为2.5cm；页脚底端距离为1.75cm。

11）编页码：页码位于页面底端，居中显示。

12）装订顺序为封面→目录→内容摘要与关键词→正文（含结论和致谢）→参考文献。正文可占多页，其他各占 1 页。论文一律采用 A4 纸打印，左侧装订，一式三份。

7.2 技师专业论文的指导与答辩

7.2.1 技师专业论文的指导

7.2.1.1 技师专业论文指导的意义

技师专业论文是在有经验的专业教师或高级考评员的指导下，由技师申报者独立构思并完成的一种文章。技师专业论文是技师申报者在培训期末向认定单位提交的一份书面研究成果。从指导教师的角度讲，指导技师申报者撰写专业论文，是指导教师在培训期间所做的一项重要且理论联系实际的训练。论文撰写与指导的过程实际上也是双方相互交流和沟通的过程，技师申报者从培训中获得了汽车维修专业的相关知识和技能，能够将平时工作中积累的经验和技能系统化、科学化，把自己的专业水准提高到一个更高的层次。同时，技师申报者的知识水平和经验也影响着培训单位和指导教师，培训单位可以用来丰富和完善自己的培训内容，启发后来学习者，也可以用来分析解决日常维修中不断出现的技术问题和难点，对社会发挥应有的作用。

7.2.1.2 技师专业论文指导的内容

汽车维修技师专业论文可在指导教师的指导下完成撰写，指导教师对论文质量的好坏起着关键作用。因此，技师专业论文指导教师需要努力与技师申报者相互配合，积极做好论文撰写的指导工作，帮助技师申报者把握方向，对论文的质量把好关，对论文的意识形态方面同样也要做好审查。

技师专业论文的指导工作是多方面的，总结归纳起来主要有以下几个方面：

1）指导教师要对技师申报者所选定的论文选题进行指导，并对论文题目进行审核。

2）指导教师要指导技师申报者制订撰写论文的计划和时间安排，并督促其按计划完成，同时完成指导记录的填写。

3）指导教师要指导技师申报者查询、搜集和整理相关资料和素材，必要时提供查询渠道和方法。

4）指导教师要指导技师申报者进行实地调研和考察，帮助其寻找企业和联系人。

5）指导教师要指导技师申报者进行论文立意和拟定论文提纲。

6）指导教师要对技师申报者撰写的草稿进行修订批注，并提出问题和修订意见。

7）指导教师要指导技师申报者进行论文修改及格式调整等工作。

项目
7

8）指导教师要对技师申报者写出评语和意见。

9）指导教师要指导技师申报者进行论文答辩工作。

7.2.1.3　技师专业论文的评审

技师专业论文的评审工作要成立评审委员会，由评审委员独立对论文内容进行评定，对论文的选题和立意、论文的结构和内容、论文的格式以及是否存在抄袭问题进行评审和界定。具体的评审要求如下：

1）由评审委员独立对论文内容进行评定，按照"汽车维修工（技师、高级技师）论文评分标准"（见附录 B）对技师申报者的论文进行评定和打分，将评定结果填入"综合评审评分表"（附录 D 中的"论文内容部分"），同时填写相应的答辩问题。

2）论文内容不符合撰写要求的技师申报者，不得参加答辩。

3）论文内容部分的成绩实行百分制，由评审委员会中每位委员评定的成绩进行算术平均后得出。技师申报者该部分的成绩必须符合以下两个条件方可参加答辩：占评审委员会总数 2/3 以上的委员评分合格（≥ 60 分）；平均分合格（≥ 60 分）。

7.2.2　技师专业论文的答辩

7.2.2.1　技师专业论文现场答辩的目的

参加技师专业论文答辩和撰写技师专业论文是紧密相连的两个环节。技师专业论文提交并由论文指导教师或高级考评员审查定稿后，还要进行答辩。论文答辩的成绩要计入技师综合（论文）评审的成绩，关系到能否通过技能认定。

技师专业论文答辩是评审委员会中的高级考评员和答辩者面对面的现场问答和辩论，由评审委员会或高级考评员就专业论文的内容和相关领域提出问题，让答辩者当面即时回答。当出现观点分歧时，也允许出现答辩者与评审委员会高级考评员辩论的情况，但一般专业论文答辩是以问答的形式为主，以不同观点的辩论为辅。一般情况下，评审委员会始终是处于答辩的主导地位的。

7.2.2.2　技师专业论文现场答辩流程

在进行技师专业论文现场答辩前，答辩者要提前进行答辩准备，要保证论文答辩的质量和效果。在论文定稿并提交后，论文答辩者要顺利通过答辩，还应抓紧时间积极准备论文答辩。准备工作主要包括熟悉论文的简介、论文的全文特别是主体和结论部分、与论文相关的知识和材料、论文有哪些未解决的问题、借鉴了哪些研究成果、论文的创新和突破点等内容。

1）技师申报者要在现场答辩会举行的前两周，将经过高级考评员审定并签署过意见的技师专业论文（一式两份）的正式打印稿交给评审委员会。评审委员会的高级

考评员在仔细研读技师专业论文的基础上，拟出要提问的问题，然后进行现场答辩。

2）答辩由评审委员会主席主持，主席宣布答辩开始，宣布评审标准及注意事项。

3）在现场答辩会上，先让答辩者进行简短的自我介绍，再让答辩者用 10min 左右的时间概述专业论文的标题及立意，较详细地介绍论文的主要论点、结论和撰写体会。

4）评审委员提问。高级考评员一般提三个问题。提问完毕后，可以让答辩者独立准备 15 ~ 20min 后，再来现场回答；也可提出问题后，要求答辩者现场立即回答。提问可以是对话式的，也可以是高级考评员一次性提出三个问题，技师申报者在听清楚记下来后，按顺序逐一进行回答。根据技师申报者回答的具体情况，各高级考评员随时可以有适当的插问。

5）答辩者进行口头答辩，时间不超过 20min。

7.2.2.3 技师专业论文现场答辩评审

评审委员会成员确定以后，一般要在答辩会举行前两周把要答辩的专业论文分送到高级考评员手里，高级考评员要认真仔细地审读，找出论文中论述不科学、不清楚、不详细之处以及自相矛盾和值得探讨的地方，并拟定在专业论文答辩会上需要答辩者回答或进一步阐明的问题。

1）答辩者逐一回答完所有问题后退场，评审委员会集体根据专业论文质量和答辩情况，决定通过还是不通过，并在分别评价的基础上综合拟定评语和成绩。

2）答辩者回避，评审委员分别将论文成绩和答辩评定成绩填入综合评审评分表（见附录 D），然后由评审委员会秘书进行汇总。

3）答辩部分的成绩实行百分制，由评审委员会中每位委员评定的成绩进行算术平均后得出。评定成绩符合以下两个条件即为合格：占评审委员会总数 2/3 以上的委员评分合格（≥ 60 分）；平均分合格（≥ 60 分）。

4）召回答辩者，由主考高级考评员当面向答辩者就专业论文和答辩过程中的情况加以小结，肯定其优点和长处，指出其错误和不足之处，并加以必要的补充和指点，同时当面向答辩者宣布通过或不通过。论文的成绩一般不当场宣布。

7.2.2.4 高级技师专业论文书面答辩的意义

这里的书面答辩，是高级技师申报者在进行现场答辩前以书面文字的形式回答评审委员会的问题，将书面化的论文答辩内容呈现给评审委员会，来表述出答辩者对此次答辩课题的成果与收获等。书面答辩也能检验答辩者对撰写的论文与引用文献的熟悉深度与广度，只有深刻领会论文的全部内容并运用自如才能在书面答辩中获得一个较好的成绩。同时书面答辩对提高高级技师申报者的文字表达及指导能力有很大帮助。

项目
7

7.2.2.5　高级技师专业论文书面答辩的形式及评审

　　书面答辩环节是针对高级技师申报者单独增加的一项评审内容，综合评审可采取论文撰写、书面答辩和现场答辩的方式进行。而书面答辩是介于论文撰写和现场答辩之间的一个环节。采取论文撰写、书面答辩和现场答辩的答辩者，须按认定机构或培训学校的安排，提交论文和有关材料。在答辩前统一组织评审委员会委员对书面答辩的内容进行评审，并根据书面答辩的结果确定现场答辩日程。

　　1）认定机构要根据评审委员会的书面答辩问题，随机对每位委员抽取1个问题，共3个问题制作书面答辩试卷（见附录C），用信封分别封存，并在信封上注明答辩者姓名、准考证号及论文题目等。

　　2）认定机构组织答辩者集中进行书面答辩。书面答辩采用闭卷笔试方式，时间不少于60min，答辩者不得携带论文等与答辩有关的资料。

　　3）答辩结束后，认定机构组织评审委员结合论文对答辩试卷进行评定，并将评定结果填入综合评审评分表（附录D中的"书面答辩部分"）。

　　4）答辩成绩实行百分制，由评审委员会中每位委员评定的成绩进行算术平均后得出。评定成绩符合以下两个条件即为合格：占评审委员会总数2/3以上的委员评分合格（≥60分）；平均分合格（≥60分）。

汽车维修工（技师）理论知识模拟试卷

注意事项

1. 考试时间：90min。
2. 请首先按要求在试卷的标封处填写您的姓名、准考证号和所在单位的名称。
3. 请仔细阅读各种题目的回答要求，在规定的位置填写您的答案。
4. 不要在试卷上乱写乱画，不要在标封区填写无关的内容。

题　号	一	二	三	四	五	总　分
得　分						

得　分	
评分人	

一、**单项选择题**（第 1 题～第 40 题。选择一个正确的答案，将相应的字母填入题内的括号中。每题 1 分，满分 40 分）

1. 职业道德是人们在从事职业的过程中形成的一种内在的（　　　）的约束机制。
A. 自愿　　　　　B. 强制性　　　　　C. 非自愿　　　　　D. 非强制性

2. 在市场经济条件下，职业道德具有（　　　）的社会功能。
A. 鼓励人们自由选择职业　　　　　B. 遏制牟利最大化
C. 促进人们的行为规范化　　　　　D. 最大限度地克服人们受利益驱动

3. 汽车维修职业信誉是指汽车维修职业的信用和名誉，表现为社会对汽车维修职业的（　　　）和汽车维修在社会生活中的声誉。
A. 敬仰感　　　　B. 信任感　　　　C. 依赖感　　　　D. 反感

4. 所谓劳动合同是指用人单位的行政方面和劳动者之间为了确立劳动关系，明确相互间的（　　）所达成的协议。

A. 合作关系　　　　B. 雇佣关系　　　　C. 职责和义务　　　　D. 权利和义务

5.（　　）是指人们对求职择业和职业劳动的各种认识的总和。

A. 职业意识　　　　B. 职业道德　　　　C. 职业行为　　　　D. 行为规范

6. 曲轴主轴颈和连杆轴颈的修理尺寸根据轴颈中（　　）轴颈确定。

A. 磨损最小的一道　　　　　　　　B. 磨损最大的一道

C. 磨损平均值　　　　　　　　　　D. 磨损最均匀的一道

7. 整流电路是利用二极管的（　　）把交流电变为直流电的电路。

A. 放大电流　　　B. 发光特性　　　C. 单向导电性　　　D. 工作稳定性

8. 三极管基极开路时在集射极之间的最大允许电压，称为（　　）。

A. 集射极反向击穿电压　　　　　　B. 集电极反向击穿电压

C. 发射极反向击穿电压　　　　　　D. 基极反向击穿电压

9. 大多数安全气囊系统线束的颜色为（　　）。

A. 红色　　　　　B. 黄色　　　　　C. 双色　　　　　D. 黄白

10. 三元催化器中具有储氧能力的是（　　）。

A. 钯　　　　　　B. 铑　　　　　　C. 铂　　　　　　D. 二氧化铈

11. LIN 网络主模块访问总线后，从模块如何响应？（　　）

A. 最多只有一个从模块能回应　　　B. 每次都有一个从模块回应

C. 所有从模块都需要回应　　　　　D. 从模块不能响应，只需执行指令

12. 下列选项中，关于火花塞的热值描述正确的是（　　）。

A. 火花塞散热的能力称为热值　　　B. 冷型火花塞的绝缘体裙部相对较长

C. 热型火花塞的绝缘体裙部相对较短　D. 低热值的火花塞称为热型火花塞

13. 下面关于概念的表述中，哪个是错误的？（　　）

A. 电路中产生感应电动势必有感应电流

B. 电路中有感应电流就有感应电动势产生

C. 自感是电磁感应的一种

D. 互感是电磁感应的一种

14. 关于蓄电池的容量，以下说法正确的是（　　）。

A. 容量是以分钟作为计算单位的

B. 容量是一个充足电的蓄电池所能够在一段时间里提供的固定电流

C. 容量是一个充足电的蓄电池在 25A 及 +25℃ 的温度下放电至 10.5V 的电压所需要的时间

D. 温度越高，容量越低

15. 英文缩写"CCS"或"SCS"的中文含义是（　　）。

A. 安全气囊系统　B. 巡航控制系统　C. 客户症状代码　D. 急救呼叫系统

16. 起动机的电磁开关工作时，是（　　　）。

A. 先接通主电路后使小齿轮与飞轮啮合

B. 先使小齿轮与飞轮啮合，然后接通主电路

C. 接通主电路和小齿轮与飞轮啮合同时进行

D. 没有先后的要求

17. 满足 OBD Ⅱ 标准的车型主要是根据（　　　）信号来判断发动机是否起动的。

A. 车轮转速　　　　　　　　　　B. 凸轮轴位置传感器

C. 发动机转速　　　　　　　　　D. 节气门开度

18. 混合气过稀会使点火电压（　　　）正常值。

A. 高于　　　　　　B. 低于　　　　　　C. 等于　　　　　　D. 先高后又逐渐相等

19. 在讨论热线式空气流量传感器时，甲说传感器的电子模块改变热线的温度；乙说传感器的电子模块使热线的温度维持在一个规定值。试问谁说的正确？（　　　）。

A. 甲正确　　　　B. 乙正确　　　　C. 两人均正确　　　　D. 两人均不正确

20. 当从示波器上观察点火波形时，某一个缸的点火电压较低，可能是以下哪个原因引起的？（　　　）

A. 火花塞间隙过大　　　　　　　B. 次级电路电阻太大

C. 混合气过稀　　　　　　　　　D. 该气缸的压缩压力较低

21. 加热型氧传感器（HO$_2$S）仅限于在高于（　　　）温度时工作。

A. 90℃　　　　　　B. 40℃　　　　　　C. 300℃　　　　　　D. 1000℃

22. 发动机二级维护前密封性能检测项目包括气缸压缩压力、（　　　）、进气歧管真空度和气缸漏气量。

A. 排气管漏气　　B. 曲轴箱窜气量　C. 进气压力　　　　D. 均不正确

23. Electronic Spark Advance Control 的中文意思是（　　　）。

A. 电控点火提前控制　　　　　　B. 电控点火控制

C. 火花塞间隙　　　　　　　　　D. 点火提前角

24. 在换档瞬间，自动变速器的主油路油压将会（　　　）。

A. 增高　　　　　　B. 降低　　　　　　C. 不稳定　　　　　　D. 始终不变

25. 四轮转向系统，为保证高速时转向的稳定性，前后车轮的偏转方向应（　　　）。

A. 前轮比后轮角度大　　　　　　B. 有一定的差异

C. 后轮比前轮角度大　　　　　　D. 相同

26. 全电控动力转向系统的动力源是（　　　）。

A. 助力泵　　　　　　B. 发动机　　　　　　C. 电机　　　　　　D. 转向机

27. 下列哪一项最不可能成为 ABS 出现间歇性故障的原因？（　　　）。

A. 在车轮传感器中电器接头损坏　　　B. 电磁阀电器端子损坏

C. 控制装置接头松动　　　　　　　　D. 轮速传感器回路断开

28. 自动变速器换档执行元件中的制动带由于结构特点，在更换时应（　　）。

A. 保持干燥状态　　　　　　　　　　B. 在 ATF 中浸泡 5min 以上

C. 涂抹 ATF　　　　　　　　　　　　D. 在 ATF 中浸泡 15min 以上

29. 一般轿车液力机械变速器的工作油正常温度应在（　　）的范围内，最高不应超过 120℃。

A. 90～130　　　　B. 70～110　　　　C. 90～120　　　　D. 80～110

30. 当车辆制动或加速时，需要对减振器的阻尼做怎样的调整？（　　）。

A. 车辆制动时，前部减振器阻尼变软

B. 车辆制动时，后部减振器阻尼变硬

C. 车辆加速时，前部减振器阻尼变硬

D. 车辆加速时，后部减振器阻尼变硬

31. 下列哪一项不会造成车轮制动器拖滞？（　　）

A. 制动管路堵塞　　　　　　　　　　B. 驻车制动器拉索被卡住

C. 制动主缸筒磨损　　　　　　　　　D. 制动钳卡住

32. 当发电机的双极电磁振动式调节器中高速触点烧蚀时，发电机将（　　）。

A. 不能建立电压　　　　　　　　　　B. 仍能建立电压

C. 能建立电压　　　　　　　　　　　D. 不确定能否建立电压

33. 关于蒸发器温度传感器，以下描述正确的是（　　）。

A. 该传感器信号用于控制压缩机的起动

B. 该传感器信号用于控制冷却风扇的转速

C. 该传感器的测量范围为 −10～80 ℃

D. 该传感器是正温度系数传感器

34. 关于空调控制系统的空气质量监控，以下描述正确的是（　　）。

A. 它是气候控制系统的标配系统

B. 能够检测车内污染物的状态

C. 当车外空气质量变差时，该系统能够自动切换到内循环模式

D. 该系统主要由活性炭滤清器组成

35. 关于 MOST（光纤）网络的特点，以下描述正确的是（　　）。

A. 使用两条光纤铰接在一起　　　　　B. 单向传输

C. 多主结构　　　　　　　　　　　　D. 传输速率介于 LIN 与 CAN 之间

36. CAN 网络中通过 OBD 检测高速网络的电阻正常值为（　　）。

A. 120Ω　　　　B. 60Ω　　　　C. 30Ω　　　　D. 0Ω

37. 测量 LIN 网络主节点与从节点之间的总线电阻值为 0Ω，则说明（　　）。

A.总线对地短路　　　　　　　B.总线对电源短路

C.总线断路　　　　　　　　　D.总线正常

38.关于PT（Power Tailgate，电动尾门）的说法正确的是（　　　）。

A.电动尾门也具有防夹保护功能

B.尾门打开期间，若车速超过1km/h，那么尾门开启会中断，并返回关闭状态

C.配备电动尾门的车辆无法进行手动开启尾门

D.该配置为XC60的标准配置

39.漏电传感器判断动力蓄电池包的漏电程度，是检测与动力蓄电池输出相连接的负极母线与车身底盘之间的（　　　）。

A.绝缘电阻　　　B.绝缘电压　　　C.绝缘电流　　　D.放电量

40.纯电动汽车采用的驱动电机类型通常是（　　　）。

A.永磁同步电机　　B.直流电机　　　C.笼型电机　　　D.交流异步电机

得　分	
评分人	

二、多项选择题（第41题～第50题。选择两个以上正确的答案，将相应的字母填入题内的括号中，漏选或多选不得分。每题1分，满分10分）

41.与传统燃油喷射相比，关于发动机的直喷技术，以下描述哪个是正确的？（　　　）。

A.会使混合气在燃烧室内保持较高温度

B.会提高发动机压缩比

C.会降低发动机抗爆燃性

D.会降低点火温度

42.更换发动机喷射系统中以下何种零件，需要与发动机计算机进行自适应初始化？（　　　）

A.水温传感器　　　B.加速踏板　　　C.电动节气门体　　D.喷嘴

43.关于电子制动力分配（EBD）系统的功能，下列说法不正确的是（　　　）。

A.EBD控制调节后轮制动管路中的液压，以便制动期间后轮滑转略微低于前轮

B.EBD能够降低发动机动力输出

C.EBD可以在不需要驾驶人操作的情况下自动对车辆进行制动

D.EBD可以控制四个车轮的制动

44.下列哪些部件属于制动与防滑控制系统？（　　　）。

A.车轮传感器　　　　　　　　B.踏板压力传感器

C.车外温度传感器　　　　　　D.液压单元

45. 下面关于胎压监控系统的功能，说法正确的是（　　　）。

A. 保证车辆的轮胎压力处在正常水平　B. 可以保证车辆的燃油经济性

C. 可以获得最佳的舒适性　　　　　　D. 可以有效地防止轮胎爆胎

46. 下面关于冻结值的解释正确的是（　　　）。

A. 冻结值是故障发生时相关系统的数据信息

B. 冻结值在每次车辆工作周期都会存储

C. 根据冻结值数据，可以判断故障发生的频率

D. 根据冻结值数据，可以判断故障发生时的状态

47. 关于网关模块的描述，正确的是（　　　）。

A. 它直接控制全车所有模块　　　　　B. 它是网络上的一个节点

C. 它连接不同协议的网络　　　　　　D. 它能识别与其连接的所有网络

48. 下面关于电路中开路、短路的描述正确的是（　　　）。

A. 开路电线两端之间连接一个欧姆表，如果电线没有开路的话，欧姆表的读数应大约是无穷大

B. 对地短路症状：经常由功能丧失或电流通过电线的熔丝烧断显示出来

C. 测制动灯的电压降应拔掉灯泡测量

D. 通常测量接触不良应采用电压降的方法测量

49. 主节点访问总线后，从节点如何响应？（　　　）

A. 所有节点均需要回应　　　　　　　B. 最多只有一个节点能回应

C. 所有节点不允许回应　　　　　　　D. 可以没有节点回应

50. 下列测量方法用于测量 SOC 的是（　　　）。

A. 安时计量法　　B. 开路电压法　　C. 内阻法　　　　D. 循环放电法

得　分	
评分人	

三、判断题（第 51 题～第 60 题。将判断结果填入括号中。正确的填"√"，错误的填"×"。每题 1 分，满分 10 分）

51.（　　　）过充电是指电池的充电时间太长。

52.（　　　）电机温度保护方式是当控制器监测到驱动电机温度传感器信号异常时，立即停机。

53.（　　　）按行业规定，汽车大修（总成大修）质量保证期一般为 15 个月或 2500km。

54.（　　　）当发动机转速一定时，随着负荷的增大，机械效率提高。

55.（　　　）气缸磨损量的测量以气缸中磨损量最大的气缸为准，一般出现在前、

中两缸。

56.（　　）发动机大修的主要标志就是要进行气缸的镗磨，以恢复其技术性能。

57.（　　）发动机大修时，活塞应全部更换。

58.（　　）为提高维修质量，维修业户应加强总检验员和维修工人的技术培训，取得相应的技术等级资格和岗位证书，方可上岗。

59.（　　）二类汽车维修企业主要从事汽车大修和总成修理，亦可从事汽车一级、二级维护和汽车小修作业。

60.（　　）在汽车维修质量管理中，控制图被用来反映汽车在使用维修过程中的动态。

得　分	
评分人	

四、简答题（第 61 题～第 64 题。每题 5 分，满分 20 分）

61. 汽车修竣出厂的规定有哪些？

62. 简答发动机无负荷测功原理。

63. 简述汽车自诊断系统的功能。

64. 解释汽车维修质量管理。

得　分	
评分人	

五、论述题（第 65 题、第 66 题。每题 10 分，满分 20 分）

65. 发动机曲轴主轴承异响有什么特点？如何利用示波器进行诊断？

66. 培训师对员工开展培训的过程中，合理的课程总结可以起到知识巩固、承前启后、能力培养、画龙点睛的作用，请您结合自身经历和感受对课程总结的作用进行论述。

汽车维修工（技师）理论知识模拟试卷答案

一、单项选择题

1. D	2. C	3. B	4. D	5. A	6. B	7. C	8. A
9. B	10. D	11. C	12. D	13. A	14. C	15. B	16. B
17. C	18. A	19. D	20. D	21. C	22. B	23. A	24. B
25. D	26. C	27. D	28. B	29. D	30. C	31. C	32. A
33. A	34. C	35. B	36. B	37. D	38. A	39. A	40. A

二、多项选择题

41. BC	42. BCD	43. BCD	44. ABD	45. ABCD
46. AD	47. BCD	48. BCD	49. CD	50. ABC

三、判断题

51. ×	52. ×	53. ×	54. ×	55. √	56. √	57. √	58. √
59. ×	60. √						

四、简答题

61. **答：**（1）送修汽车和总成修竣检验合格后，承修单位应签发出厂合格证，并将技术档案、维修技术资料和合格证移交托修方。

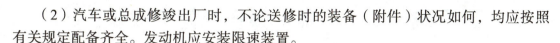

（2）汽车或总成修竣出厂时，不论送修时的装备（附件）状况如何，均应按照有关规定配备齐全。发动机应安装限速装置。

（3）接车人员应根据合同规定，就汽车或总成技术状况和装备情况等进行验收，如发现有不符合竣工要求的情况，承修单位应立即查明，及时处理。

（4）送修单位必须严格执行车辆走合期的规定，在保证期内因维修质量发生故障或提前损坏时，承修单位应及时排除，免费维修。

62.答：发动机无负荷测功的基本原理是：发动机在怠速或某一空载低速下，突然加到较高速度，发动机产生的动力，除克服各种阻力矩外，其有效扭矩全部用来加速运转本身的运动机件。如果被测发动机的有效功率越大，其瞬时角加速度越大，而加速时间越短。角加速度、加速时间二者均可测，都可以测得有效功率。

63.答：汽车自诊断系统所具备的功能是发现故障、故障分类、故障报警、故障存储、故障处理等五个功能。

64.答：汽车维修质量管理是为保证和提高汽车维修质量所进行的调查、计划、组织、协调、控制、检验、处理及信息反馈等各项活动的总称。

五、论述题

65.答：（1）异响的特点：异响发生在发动机气缸体下部曲轴箱处，异响为粗重较闷的"嗒嗒"声；突然提高发动机转速时，响声更加明显；而单缸断火时无明显变化；相邻两缸同时断火时，响声会明显减弱或消失；响声与温度无关。

（2）诊断方法：把振动加速度传感器置于油底壳侧面。用抖动节气门的方法使发动机在 1200～1600r/min 或更高的转速范围内运转。观察示波器荧光屏，若在第 2 缸波形后部有明显的正弦波形出现，并在发动机熄火后异响波形消除，即可判断异响发生在第 2 缸相邻两道主轴承。

66.答：课程结束时，培训师需要进行课程内容总结。课程总结是指内训师完成了一个内容的讲解的最后环节，它是培训师对教学内容的归纳和检验，是一堂课的点睛之笔。

合理的课程总结可以起到知识巩固、承前启后、能力培养、画龙点睛的作用，内容详见下表。

知识巩固	✧ 对当前所学的内容进行总结，巩固学员对知识和技能的理解 ✧ 通过总结，内训师可以检验学员对本部分内容的掌握程度，检验教学效果
承前启后	✧ 通过总结恰当地联系上、下部分的内容 ✧ 让学员回顾学过的知识或预习新的知识
能力培养	✧ 课堂教学不可能面面俱到地把所有的知识点都深入细致地剖析给学员 ✧ 通过总结可以提醒学员课后去收集有关的知识，自主地去学习并全面提升
画龙点睛	✧ 提高学员的思想认识，使课堂的主题得以升华 ✧ 起到画龙点睛的作用，振奋学员的精神，感召他们的热情

汽车维修工（技师）操作技能考核试卷

题1：发动机运转不平稳故障诊断与排除

（1）本题分值：50分

（2）考核时间：40min

（3）考核形式：实操

（4）考核要求：

1）确认故障现象，分析故障原因

2）正确识读电路图分析故障点

3）规范使用专用工具排除发动机控制系统故障

4）安全文明操作

题2：液压转向助力器故障诊断与排除

（1）本题分值：30分

（2）考核时间：30min

（3）考核形式：实操

（4）考核要求：

1）正确使用资料

2）正确规范使用量具，并计算检测结果

3）规范使用专用工具完成液压转向助力器的分解、检测和组装的检修

4）安全文明操作

题3：编制电动车窗组合开关的测量工艺

（1）本题分值：20分

（2）考核时间：30min

（3）考核形式：实操

（4）考核要求：

1）工艺步骤合理

2）工艺内容完整

3）工艺标准正确

4）安全文明操作

汽车维修工（技师）操作技能考核评分记录表

考生姓名：_____　　准考证号：_____

题号	1	2	3	合　计
成绩				

题 1：发动机运转不平稳故障诊断与排除

考试时间：　　时　　分至　　时　　分

序号	考核内容	考核要点	评价标准	分值	得分
1	正确使用工具、仪表	能够正确使用工具、仪表	1. 使用错误 1 次扣 2 分 2. 扣完本项分数为止	5 分	
2	1. 根据故障现象分析故障原因 2. 分析电路图找出故障点	1. 能够确认故障现象 2. 正确分析故障原因 3. 分析电路图找出故障点	1. 未确认故障现象扣 5 分 2. 原因分析错误扣 5 分 3. 分析电路图错误扣 5 分 4. 不能描述故障点扣 5 分 5. 扣完本项分数为止	15 分	
3	明确故障部位（口述）	能够正确描述故障部位的名称和检查方法	1. 不能明确的扣 4 分 2. 扣完本项分数为止	5 分	
4	排除发动机怠速不稳故障	1. 正确检查电控系统 2. 正确排除点火系统故障 3. 正确排除燃油系统故障 4. 正确排除进排气系统故障	1. 检查方法错误 1 次扣 2 分 2. 排除不彻底酌情扣 5 分 3. 不能排除故障扣 10 分 4. 扣完本项分数为止	15 分	
5	验证排除效果	正确验证排除效果	不验证的扣 6 分	6 分	
6	遵守安全操作规程，正确使用工量具，操作现场整洁	1. 遵守安全操作规程 2. 正确使用工量具 3. 操作现场整洁	每项扣 1 分，扣完为止	4 分	
	安全用电，防火，无事故	—	因违规操作发生重大人身或设备事故，此题按 0 分计		
7	合计			50 分	

评分人：　　　年　月　日　　　核分人：　　　年　月　日

题2：液压转向助力器故障诊断与排除

考试时间：　　时　　分至　　时　　分

序号	考核内容	考核要点	评价标准	分值	得分
1	正确使用工具、仪表	能够正确使用工具、仪表	1. 使用错误1次扣0.5分 2. 个别使用不当酌情扣分 3. 扣完本项分数为止	2分	
2	描述转向助力器的组成和检查方法	1. 能描述转向助力器的组成 2. 能描述转向助力器的检查方法	1. 组成描述错误扣2分 2. 检查方法描述错误扣2分 3. 扣完本项分数为止	4分	
3	分解转向助力器总成	正确分解转向助力器总成	1. 错1次扣1分 2. 扣完本项分数为止	5分	
4	检查转向齿条杆的弯曲度	会使用工具检查转向齿条杆的弯曲度	1. 检测方法错1次扣1分 2. 计算方法错误扣2分 3. 扣完本项分数为止	5分	
5	组装转向助力器	1. 正确组装齿轮传动机构 2. 是否涂抹齿轮油 3. 正确组装转向控制阀	1. 错1项扣2分 2. 扣完本项分数为止	10分	
6	验证排除效果	正确验证排除效果	不验证的扣2分	2分	
7	遵守安全操作规程，正确使用工量具，操作现场整洁	1. 遵守安全操作规程 2. 正确使用工量具 3. 操作现场整洁	每项扣1分，扣完为止	2分	
	安全用电，防火，无事故	—	因违规操作发生重大人身或设备事故，此题按0分计		
8	合计			30分	

评分人：　　年　　月　　日　　核分人：　　年　　月　　日

题3：编制电动车窗组合开关的测量工艺

考试时间：　　时　　分至　　时　　分

序号	考核内容	考核要点	评价标准	分值	得分
1	5S管理	操作符合安全文明生产规范	1. 未完成场地、工具、零件清理、清扫扣1分 2. 服装不整洁、有首饰项链等扣1分 3. 扣完本项分数为止	2分	
2	工艺步骤	工艺步骤是否合理	1. 工艺步骤不合理，错1处扣2分 2. 扣完本项分数为止	6分	
3	工艺内容	工艺内容是否完整	1. 工艺内容不完整，错1处扣2分 2. 扣完本项分数为止	8分	
4	工艺标准	工艺标准是否掌握	1. 工艺标准错1处扣2分 2. 参阅车型维修手册或相关材料错误扣2分 3. 扣完本项分数为止	2分	
5	文字图表规范	工艺文字、图表是否规范	1. 文字不规范，视情况扣1~2分 2. 图表不规范，视情况扣1~2分 3. 扣完本项分数为止	2分	
6	安全用电，防火，无事故	—	因违规操作发生重大人身或设备事故，此题按0分计		
7	合计			20分	

评分人：　　年　　月　　日　　核分人：　　年　　月　　日

汽车维修工（高级技师）理论知识模拟试卷

注意事项

1. 考试时间：90min。

2. 请首先按要求在试卷的标封处填写您的姓名、准考证号和所在单位的名称。

3. 请仔细阅读各种题目的回答要求，在规定的位置填写您的答案。

4. 不要在试卷上乱写乱画，不要在标封区填写无关的内容。

题 号	一	二	三	四	五	总 分
得 分						

得 分	
评分人	

一、单项选择题（第 1 题 ~ 第 40 题。选择一个正确的答案，将相应的字母填入题内的括号中。每题 1 分，满分 40 分）

1. 职业道德是人们在从事职业的过程中形成的一种内在的（　　　）的约束机制。

A. 强制性　　　　B. 非强制性　　　　C. 自觉　　　　D. 不自觉

2. 根据阿克曼定理，车辆转向时，内侧车轮与外侧车轮哪个转角大？（　　　）

A. 大小不绝对　　　　　　　B. 内侧转角大

C. 外侧转角大　　　　　　　D. 两侧转角一样大

3. 对无钥匙一键起动的车辆，以下哪些操作不能解除警报？（　　　）

A. 按下起动按钮

B. 使用钥匙片（机械钥匙）连续两次旋转左前门锁

C. 按下遥控器上的开锁按钮

D. 将遥控钥匙插入起动单元

4. 车辆的转向角传动比越小，转向力需求就越_____，操作转向盘的角度就越_____。（　　　）

A. 大，小　　　　B. 大，大　　　　C. 小，大　　　　D. 小，小

5. 某车辆快速转向时沉重，慢打方向时正常，可能的原因是（　　　）。

A. 轮胎压力过低　　　　　　B. 转向助力泵传动带过松

C. 转向压力油管受阻　　　　D. 转向助力泵传动带打滑损坏

6. 对于电源侧开关传感器检测的说法正确是（　　　）。

A. 测量开关闭合时开关的两端电压，如果电压值为 0，说明有短路情况

B. 测量开关断开时开关的两端电压，电压值应是 0

C. 测量开关闭合时开关的两端电阻，如果电阻值为 0，说明开关正常

D. 测量开关闭合时开关的两端电压，如果电压为参考电压，说明电路正常

7. 在导线束的拆离安装中需要特别注意的是（　　　）。

A. 断开蓄电池负极　　　　　　　B. 插头的拆装

C. 记录插头位置　　　　　　　　D. 螺栓拧紧力矩

8.（　　　）是企业诚实守信的内在要求。

A. 维护企业信誉　　　　　　　　B. 增加职工福利

C. 注重环境效益　　　　　　　　D. 开展员工培训

9. 如图 1 所示，$R1=1\Omega$，$R2=2\Omega$，$R3=4\Omega$，$R4=10\Omega$，$R5=20\Omega$，电阻 $R2$ 对 A、D 两点电流的影响（A 点高电压）为（　　　）。

A. 电流向右　　　　　　　　　　B. 电流向左

C. 没有电流　　　　　　　　　　D. 不能确定

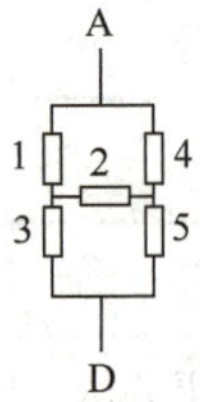

图 1　第 9 题

10. 关于多点喷射的电控燃油喷射系统控制喷油量的描述正确的是（　　　）。

A. 通过控制喷油压力　　　　　　B. 通过控制喷油时间

C. 改变喷孔大小　　　　　　　　D. 改变针阀行程

11. 在装备有两个氧传感器的车辆上，第二个传感器用来（　　　）。

A. 测量气体排放量　　　　　　　B. 测量有毒气体的排放量

C. 监控三元催化器的运行情况　　D. 不确定

12. 更换变速器内部线束时，下列哪一项是特别需要注意的？（　　　）

A. 断开蓄电池　　　　　　　　　B. 点火开关位置

C. 牢记线束的走向　　　　　　　D. 注意拧紧力矩

13. 二级维护质量保证期一般为（　　　）天或行驶 1500km。

A. 3　　　　　　B. 5　　　　　　C. 10　　　　　　D. 30

14. 汽车维修质量纠纷调解，应坚持（　　　）的原则。

A. 公开、公正　　　　　　　　　B. 自愿、公平

C. 强制、公平　　　　　　　　　D. 调解部门说了算

15. 起动机起动发动机时，每次起动时间限制为 5s 左右，是因为（　　　）。

A. 蓄电池的端电压下降过快

B. 防止电流过大，使起动电路的线束过热起火

C. 防止电流过大，使点火开关烧坏

D. 防止起动机过热

16. 自动变速器主油路油压，在下列哪种情况下应有所降低？（　　　）

A. 海拔高度下降时　　　　　B. 节气门开度增大时

C. 油温过低时　　　　　　　D. 换档瞬间

17. 失速试验是自动变速器的一项重要试验，下列属于其规范要求的是（　　　）。

　A. 加速踏板要踩到底

　B. 试验运行时间应保持在 10s 以上

　C. 加速踏板踩下程度稳定在 2/3 位置

　D. 标准转速在 3000r/min 以上

18. 在进行（　　　）操作时，应使用塞尺。

　A. 测量气缸磨损度

　B. 测量零件之前的配合间隙

　C. 测量进气温度

　D. 测量发动机转速

19. 关于发动机气缸压力的测量，以下操作正确的是（　　　）。

　A. 测量前应先断开蓄电池负极，并等待 3min

　B. 测量时只需要拆下被测气缸的火花塞

　C. 测量前要切断发动机燃油供应

　D. 禁止打开点火开关，测量时手动转动发动机曲轴

20. 关于自动变速器油压力的测量，以下说法正确的是（　　　）。

　A. 测量前要切断发动机燃油供应

　B. 自动变速器油测量时要先删除车辆故障码

　C. 自动变速器油测量时应始终保持档位处于 P 位

　D. 测量前应先暖机，使变速器达到正常工作温度，并确保变速器油油位正确

21. 在使用蓄电池充电器给车辆充电时，以下操作正确的是（　　　）。

　A. 为保证充电安全，充电时应保持场地隐蔽并尽量减小空气流通

　B. 使用蓄电池充电时，充电时间必须保证不低于 24h

　C. 在充电时，可以起动发动机

　D. 车上充电时将蓄电池充电器的正极与蓄电池的正极正确连接，负极需要连接到车身搭铁

22. 关于密封垫的作用，以下说法正确的是（　　　）。

　A. 使部件连接更加坚固

　B. 方便部件的拆卸和安装

　C. 使部件更加美观

　D. 用来确保某些结合面的可靠密封

23. 当前氧传感器（a）和后氧传感器（b）的信号如图 2 所示时，表示出现（　　　）故障。

A. 前氧传感器失效   B. 后氧传感器失效

C. 三元催化器失效   D. 无法进入闭环控制

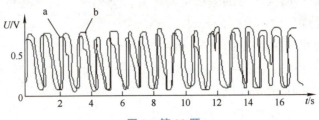

图 2　第 23 题

24. 以下英文解释不正确的是（　　）。

A. Time for Regular Service：定期保养时间到

B. Blind-spot System Service Required：盲点系统需要维修

C. Average Fuel Consumption：瞬时油耗

D. Service Urgent：急需维护

25. 关于电动液压尾门系统的防夹传感器，以下描述正确的是（　　）。

A. 防夹传感器只配置在某些车型的电动液压尾门系统中

B. 防夹传感器装在尾门把手上，其内部有触电开关

C. 在尾门关闭过程中，即使防夹保护功能起动，也不会影响尾门的运行过程

D. 防夹传感器的信号线与中央电子模块相连

26. 关于风窗清洗系统的雨水传感器模块，以下描述正确的是（　　）。

A. 光电二极管只能接受可见光，不能接受红外线

B. 雨水传感器模块根据压电原理进行工作

C. 如果风窗玻璃表面有水滴，那么会导致光线向其他方向散射，反射回来的光线减少

D. 如果风窗玻璃表面有水滴，那么会导致光线向其他方向散射，反射回来的光线增多

27. 下列关于电阻测量正确的是（　　）。

A. 可以带电测量

B. 必须在回路中测量

C. 可以使用导通档来代替电阻档

D. 需要在断电的状态下测量

28. 两个技师讨论电阻档和二极管档的区别，技师甲说："二极管的好坏也可以通过电阻来进行测量。"技师乙说："二极管档也可以代替电阻档来进行测量。"哪个技师说得正确？（　　）

A. 技师甲   B. 技师乙

C.两个都正确   D.两个都错误

29.下列哪些是可以通过万用表来测量电流的？（   ）

A.起动电流   B.发电机充电电流

C.风扇工作电流   D.示宽灯电流

30.当免维护蓄电池的液体比重计显示绿色时，则表示该蓄电池（   ）。

A.已充足电   B.应报废

C.不能安装使用   D.可以进行检测

31.以下属于纯电动汽车空调系统特点的有（   ）。

A.系统内没有制冷剂   B.不再采用高低压开关控制

C.压缩机靠电动机来驱动   D.系统不需要冷冻油润滑

32.真空助力器在制动处于平衡状态时，真空阀和空气阀的开闭情况是（   ）。

A.空气阀开启，真空阀关闭   B.真空阀和空气阀均关闭

C.空气阀关闭，真空阀开启   D.真空阀和空气阀均开启

33.在制冷循环系统中，被吸入压缩机的制冷剂呈（   ）状态。

A.低压液体   B.高压液体

C.低压气体   D.高压气体

34.当混合气处于比理论空燃比稀的范围内时，随着空燃比的增加，HC 增加，NO_x 减少，CO 的浓度将怎么变化？（   ）

A.变化不大   B.增大   C.减少   D.快速下降

35.二极管测量时出现正反向电阻相等，均为几十欧，说明该二极管已（   ）损坏。

A.击穿   B.截止   C.烧毁   D.正常

36.《新时代公民道德建设实施纲要》规定，社会主义道德建设要坚持以为人民服务为（   ）。

A.原则   B.核心   C.基本要求   D.以上都是

37.如图 3 所示为示波器的两个信号的纪录。信号 B 的控制率为（接地控制）（   ）。

A.75%   B.50%

C.25%   D.不能确定

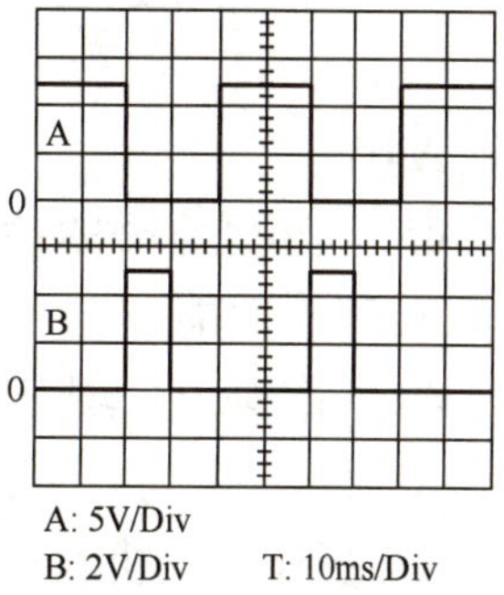

38.以下信号实例中，哪种属于数字信号？（   ）

A.驻车制动开关传给 CEM 的信号

B.轮速传感器传给 BCM 的信号

C.曲轴位置传感器传给 ECM 的信号

D.CEM 传给 DIM 的 MS-CAN 的信号

A: 5V/Div

B: 2V/Div   T: 10ms/Div

图 3   第 37 题

39.关于车载网络的术语描述，正确的是（   ）。

A. 通信协议是所有连接的节点必须遵循的通信规则

B. 曲轴位置传感器属于网络中的一个节点

C. 网关模块连接全车所有的模块

D. 作为总线，单线比双绞线的网速要高

40. 关于图 4 所示多路传输示意图的解读，正确的是（　　　）。

A. ECM 与 CEM 之间，只能传输一种信号

B. ECM 与 CEM 之间，肯定只通过一根线进行通信

C. ECM 与 CEM 之间，可以互相传输信号

D. 此类通信称为并行数据传输

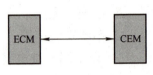

图 4　第 40 题

得　分	
评分人	

二、多项选择题（第 41 题～第 50 题。选择两个以上正确的答案，将相应的字母填入题内的括号中，漏选或多选不得分。每题 1 分，满分 10 分）

41. 在 ESP BOSCH 9.0 电子稳定程序中，属于 ABS 功能管理的有（　　　）。

A. 弯道制动控制（CBC）系统

B. 坡道起步辅助（HLA）系统

C. 卡钳式电子驻车制动器（FSE）

D. 驱动防滑转系统（ASR），包含 EASR 和 BASR

42. 电池管理系统的主要功能是监测哪些参数？（　　　）

A. 电压　　　　　　　　　　　　B. 电流

C. 温度　　　　　　　　　　　　D. 计算 SOC 和最大功率

43. 全面质量管理的基本特点是"三全"的管理思想，"三全"指的是（　　　）。

A. 全面质量　　B. 全过程　　C. 全员参加　　D. 全部顾客

44. LIN 网络工作时，用万用表直流电压档测量总线的电压，不可能的结果是（　　　）。

A. 0V　　　　　　B. 2.5V　　　　　　C. 10V　　　　　　D. 12V

45. 汽车经常做的性能实验包括（　　　）。

A. 驾驶性能　　B. 操纵稳定性　　C. 平顺性　　　　D. 实车耐久性

46. 晶体管可以处于何种工作状态？（　　　）

A. 放大　　　　　　B. 截止　　　　　　C. 饱和　　　　　　D. 缩小

47. 更换发动机喷射系统中以下何种零件，需要与发动机计算机进行自适应初始化？（　　　）

A. 冷却液温度传感器　　　　　　B. 加速踏板

C. 电动节气门体   D. 喷嘴

48. 以下哪种情况可能造成发动机产生点火失败？（   ）

A. 喷油器脏堵   B. 火花塞点火能量不足

C. 气缸压力过低   D. 以上均不能

49. 在车载网络中，哪种网络的信号传递具有双向性？（   ）

A. 高速 CAN   B. 低速 CAN

C. LIN   D. MOST

50. 针对鼓风机转速的修正控制，下列描述正确的是（   ）。

A. 除霜器开关开启时会增大鼓风机转速

B. 日照量变化时会减小鼓风机转速

C. 发动机温度上升时会增大鼓风机转速

D. 在经济模式时会增大鼓风机转速

得　分	
评分人	

三、判断题（第 51 题～第 60 题。将判断结果填入括号中。正确的填 "√"，错误的填 "×"。每题 1 分，满分 10 分）

51.（   ）汽车维修职业尊严是属于汽车维修职业道德范畴的内容。

52.（   ）为提高维修质量，维修业户应加强总检验员和维修工人的技术培训，取得相应的技术等级资格和岗位证书，方可上岗。

53.（   ）诚实守信是市场经济法则，是企业的无形资本。

54.（   ）在汽车的驱动力—行驶阻力平衡图上，其最高档行驶阻力功率与发动机功率相交点是对应最高车速的点。

55.（   ）转阀式动力转向系统，其扭杆的扭转程度决定了助力的大小。

56.（   ）当发动机转速一定时，随着负荷的增大，机械效率提高。

57.（   ）当金属片进入磁隙时，霍尔式传感器的输出电压从高电位变成低电位。

58.（   ）所谓液力变矩器的失速转速是指涡轮刚丢失动力变成自由状态时的转速。

59.（   ）高级技师培训讲义应包括职业道德、基础知识、专业知识和技能要求等。

60.（   ）最常用的 CAN 总线物理介质是双绞线，分为 CAN-H 和 CAN-L 两种，属于双向传输线。

得　分	
评分人	

四、简答题（第 61 题～第 64 题。每题 5 分，满分 20 分）

61. 简述质量管理。

62. 简述电控发动机对喷油量的控制原理。

63. 简答发动机计算机控制点火系统的工作过程。

64. 简答发动机无负荷测功原理。

得　分	
评分人	

五、论述题（第 65 题、第 66 题。每题 10 分，满分 20 分）

65. 试述电控燃油喷射系统的维修要点。

66. 试述汽车的动力性能试验。

汽车维修工（高级技师）理论知识模拟试卷答案

一、单项选择题

1. B	2. B	3. B	4. A	5. D	6. C	7. C	8. C
9. A	10. B	11. C	12. A	13. C	14. B	15. A	16. D
17. A	18. B	19. C	20. D	21. D	22. D	23. C	24. C
25. B	26. C	27. D	28. A	29. C	30. A	31. C	32. B
33. C	34. A	35. A	36. B	37. A	38. D	39. A	40. C

二、多项选择题

41. AB	42. ABCD	43. ABC	44. ABD	45. ABCD
46. ABC	47. BCD	48. ABC	49. ABC	50. AD

三、判断题

51. √	52. √	53. √	54. ×	55. √	56. ×	57. ×	58. ×
59. √	60. √						

四、简答题

61. 答：质量管理是指企业为了保证和提高产品质量（服务）或工作质量所进行的调查、计划、组织、协调、控制、检查、处理及信息反馈等各项活动的总称。

62. 答：喷射方式有同步喷射和异步喷射两种。

（1）同步喷射：喷油量＝基本喷油量＋修正喷油量。

1）起动工况：基本喷油量由冷却液温度信号决定；修正喷油量由进气温度和蓄电池电压决定。

2）起动后工况：基本喷油量由转速和进气量信号决定；修正喷油量按不同工况由冷却液温度、转速、节气门开度、氧传感器等信号决定。

（2）异步喷射：在起动和加速工况，在同步喷射的基础上，增加额外的喷油量。

63. 答：在发动机工作时，各传感器不间断地检测发动机转速、增压值、冷却液温度和进气温度等信号，并将检测的结果经整形、信号处理、模数转换及相应的接口电路输入控制单元。控制单元按程序中规定的计算方法进行计算，并将计算结果转变为使点火线圈一次电路导通与断开时刻的控制信号，控制单元输出指令，使点火线圈的一次电路切断，二次电路接通产生高压电，经配电器输送给火花塞，点燃可燃混合气。控制单元还不断地检测爆燃传感器输入的信号，进行闭环控制。

64. 答：发动机在怠速或某一空载低速下，突然升到较高速度，发动机产生的动力，除克服各种阻力矩外，其有效转矩全部用来加速运转本身的运动机件。如果被测发动机的有效功率越大，其瞬时角加速度越大，而加速时间越短。角加速度、加速时间二者均可测，都可以测得有效功率。

五、论述题

65. 答：

1）出现故障，应立即检测维修。

2）检测各种电子元件和传感器时，应先关掉点火开关，特别是电感型的负载，以防自感电动势损坏 ECU。

3）有密码的车，在消码或更换蓄电池时，不能中断电源（拆蓄电池线），应拔下 EFI 熔丝或相关熔丝消码。

4）检测气缸压力时，应拔下中央高压线或电动油泵熔丝，停止点火和喷油，以确保安全。

5）检测各种电子元件和传感器时，以不拔下插头测电压为主，尽量利用检码器进行定量检测、动作检测和消除代码。

6）蓄电池极性不能接反，电压不低于 11V，也不能用过载电压起动。

7）维修车身烤漆时，应拆下 ECU 或控制加热温度。

8）禁止使用大功率无线电通信设备（10W 以上）。

9）定期定点检测、定期定点维护。

66. 答：动力性能试验主要包括加速性能试验、最高车速试验、爬坡性能试验、行驶阻力试验、底盘测功等。

（1）加速性能试验通常是在平坦铺装路上进行，主要是测试加速后的时间、速度和距离等参数，包括一般加速试验和实际加速试验。

1）一般加速试验包括起步加速和定速加速两项试验内容。

起步加速是在汽车怠速停止状态，踩加速踏板，提高发动机转速后，急剧接合离合器，使汽车起步，节气门全开加速，计测达到 10km/h、20km/h、30km/h……车速时，和 50m、100m、200m、400m……距离时的时间。

定速加速试验通常是以 3 档和 4 档进行，初速度分别为 20km/h 和 30km/h。试验时，节气门全开加速，计测项目与起步加速试验相同。

加速试验的最简便方法是在试验路段上预先设置定距离标杆，用秒表测定汽车通过的时间。

2）实际加速试验是在各种条件和状况下，测定超越车辆的加速性能，根据加速试验曲线求出超越车辆所需要的距离和时间。

（2）最高车速试验一般是测定能够连续稳定行驶的最高车速。

汽车维修工（高级技师）操作技能考核试卷

题1：编制电动车窗组合开关的测量工艺

考核要求：

（1）工艺步骤合理

（2）工艺内容完整

（3）工艺标准正确

（4）考核注意事项

1）满分20分，考试时间30min

2）安全文明操作

题2：电控发动机怠速不稳故障诊断与排除

考核要求：

（1）根据电控发动机怠速不稳故障现象，找出故障原因

（2）根据故障原因，运用正确的方法排除故障

（3）考核注意事项

1）满分55分，考试时间50min

2）安全文明操作

3）损坏设备或出现事故不得分

题3：汽车遥控车窗工作异常故障诊断与排除

考核要求：

（1）正确读取故障码及相关数据流

（2）正确拆检车窗系统各元件及数据线

（3）正确记录检测数据

（4）考核注意事项

1）满分25分，考试时间40min

2）正确使用工具和仪表

3）安全文明操作

汽车维修工（高级技师）操作技能考核评分记录表

考生姓名：_____ 准考证号：_____

题号	1	2	3	合　计
成绩				

题1：编制电动车窗组合开关的测量工艺

考试时间：　　时　　分至　　时　　分

序号	项目	考核内容	分值	评价标准	评分记录	扣分	得分
1	编制电动车窗组合开关的测量工艺	5S管理	2分	1. 未完成场地、工具、零件清理、清扫，扣1分			
				2. 工具、仪器等摆放位置不规范，扣0.5分			
				3. 服装不整洁、佩戴首饰项链等，扣0.5分			
		工艺步骤	5分	1. 工艺步骤没有遵循先简后繁、由外及内的逻辑，视情况扣1~2分			
				2. 工艺步骤表述不具象，不清晰易懂，扣1分			
				3. 没有查阅相关线路图，视情况扣1分			
				4. 没有与线路图对应的记录表格，扣1分			
		工艺标准	3分	1. 工艺参数无依据，视情况扣1分			
				2. 表格设计不合理，不清晰易懂，扣1分			
				3. 未参阅车型维修手册或相关材料，扣1分			
		工艺内容	7分	1. 工艺内容不准确清晰，视情况扣1~2分			
				2. 记录表格不含有针脚定义及参数标准值，扣1分			
				3. 电路图与车型和元件不匹配，扣1分			
				4. 工艺文字、图表不美观规范，扣1分			
				5. 工艺内容不包含主要元件操作（自动、手动、上升、下降等）的测量内容，视情况扣1~2分			
		测量工具使用	2分	1. 操作不规范，没有进行安全操作，视情况扣1分			
				2. 测试前未校准，扣1分			
2	安全文明生产	遵守安全操作规程	1分	每项扣0.5分，扣完为止			
		安全用电，防火，无事故	—	因违规操作发生重大人身或设备事故，此题按0分计			
3	合计		20分				

评分人：　　　年　月　日　　　核分人：　　　年　月　日

题2：电控发动机怠速不稳故障诊断与排除

考试时间：　　时　　分至　　时　　分

序号	项目	考核内容	分值	评价标准	评分记录	扣分	得分
1	电控发动机怠速不稳故障诊断与排除	5S 管理	5分	1. 未完成场地、工具、零件清理、清扫，扣2分			
				2. 工具、仪器等摆放位置不规范，扣2分			
				3. 服装不整洁、佩戴首饰项链等，扣1分			
		故障现象确认及原因分析（叙述）	10分	1. 不能正确地确认故障现象，扣1~4分			
				2. 能正确列举3个以上可能导致发动机怠速不稳故障的原因，每个原因2分			
		故障原因1（曲轴位置传感器）	10分	1. 不能正确选择测量工具和设备进行故障检测，扣3分			
				2. 不能正确检测和判断故障部位，测量结果失准，扣3分			
				3. 不能准确判断和修复故障部位，扣4分			
		故障原因2（漏气）	10分	1. 不能正确选择测量工具和设备进行故障检测，扣3分			
				2. 不能正确检测和判断故障部位，测量结果失准，扣3分			
				3. 不能准确判断和修复故障部位，扣4分			
		故障原因3（点火线圈）	10分	1. 不能正确选择测量工具和设备进行故障检测，扣3分			
				2. 不能正确检测和判断故障部位，测量结果失准，扣3分			
				3. 不能准确判断和修复故障部位，扣4分			
		诊断仪的使用	5分	1. 诊断仪安装、使用不正确，扣2分			
				2. 数据流读取不正确，扣1~3分			
2	安全文明生产	遵守安全操作规程，正确使用工量具	5分	每项扣1分，扣完为止			
		安全用电，防火，无事故	—	因违规操作发生重大人身或设备事故，此题按0分计			
3	合计		55分				

评分人：　　　年　　月　　日　　　核分人：　　　年　　月　　日

题 3：汽车遥控车窗工作异常故障诊断与排除

考试时间：　时　　分至　　时　　分

序号	项目	考核内容	分值	评价标准	评分记录	扣分	得分
1	汽车遥控车窗工作异常故障诊断与排除	5S 管理	3 分	1. 未完成场地、工具、零件清理、清扫，扣 1 分			
				2. 工具、仪器等摆放位置不规范，扣 1 分			
				3. 服装不整洁、佩戴首饰项链等，扣 1 分			
		故障现象确认及原因分析	4 分	1. 故障现象确认不全面，没有进行关联故障验证，扣 1 分			
				2. 故障现象确认结果不准确，扣 1 分			
				3. 可能的故障原因中没有考虑到网络控制原因，扣 1 分			
				4. 没有用诊断仪检测故障车窗动态数据或检测结果不正确，扣 1 分			
		车窗控制系统结构原理（网络图）	4 分	1. 不能全面体现车窗控制系统元件及模块与开关之间的逻辑关系，扣 1~2 分			
				2. 控制系统电子元件有遗漏，扣 1 分			
				3. 没有 LIN、CAN、FlexRay 线的区分和功能描述，扣 1 分			
		车窗控制系统 LIN 线故障检测	10 分	1. 没有绘制检测部位线路简图，扣 1~2 分			
				2. 不能正确绘制 LIN 线波形图，扣 1~2 分			
				3. 与故障点相关线路信号参数测量不准确，扣 1~2 分			
				4. 故障点判断及描述不准确，扣 1~2 分			
				5. 测量方法及测量步骤不合理，扣 1 分			
				6. 相关测量部件的拆装不规范，扣 1 分			
				7. 未进行修复结果验证，扣 1 分			
		诊断仪的使用	2 分	1. 诊断仪安装、使用不正确，扣 1 分			
				2. 数据流读取不正确，扣 1 分			
2	安全文明生产	遵守安全操作规程，正确使用工量具	2 分	每项扣 1 分，扣完为止			
		安全用电，防火，无事故	—	因违规操作发生重大人身或设备事故，此题按 0 分计			
3	合计		25 分				

评分人：　　　年　　月　　日　　　核分人：　　　年　　月　　日

附录 A 技师专业论文封面格式

技师（高级技师）专业论文

（上方空一行，二号宋体，加粗，居中）

工种：汽车维修工

（小三号宋体，加粗，居中）

题目：×××××××××××××

（上方空一行，二号黑体，居中）

（中间空五行）

姓　　名：×××（前方空七字，小三号仿宋）

身份证号：×××××××××××××××××

（前方空七字，小三号仿宋）

等　　级：技师（二级）/高级技师（一级）

（前方空七字，小三号仿宋）

准考证号：××××××××××

（前方空七字，小三号仿宋）

培训单位：×××××××

（前方空七字，小三号仿宋）

认定单位：×××××××

（前方空七字，小三号仿宋）

日　　期：××××年××月××日

（前方空七字，小三号仿宋）

附录 B 汽车维修工（技师、高级技师）论文评分标准

序号	考核内容			配分	评分标准	得分
1	论文或技术总结水平	选题	选题科学、先进，具有推广和应用价值及实际意义	20分	选题不科学、不先进，不具有推广和应用价值及实际意义，酌情扣 5～8 分	
		结构	整体结构合理，层次清楚，有逻辑性		整体结构逻辑性差，层次不清，酌情扣 3～6 分	
		文字	文字表述准确、通顺		文字表述不规范，语句不通顺，酌情扣 2～6 分	
		内容	内容具有科学性、先进性	40分	无创新或不具有科学性和领先水平，酌情扣 10～15 分	
			内容具有推广应用价值		不具备推广应用价值，酌情扣 5～10 分	
		技术水平	内容充实，论点正确，论据充分有效		内容不充实，论据不充分，酌情扣 5～15 分	
2	答辩	答辩表现	思路清晰	40分	思路不清晰，酌情扣 1～15 分	
			表达准确		表达不准确，酌情扣 1～15 分	
			语言流畅		语言不流畅，酌情扣 1～10 分	
3	否定项	具有下面情况之一者，视为论文（技术总结）不及格： 1）不能反映技师水平 2）观点不正确 3）关键问题答辩错误 4）引用（借鉴）超过 1/3 5）字数不符合要求				
	得分					

附录 C　书面答辩试卷样例

申报人：			年　　月　　日	
职业工种	汽车电器维修工	申报等级	一级	
论文题目				

试卷内容题目：

题目名称 1：自述论文结构及逻辑性（30 分）

题目名称 2：自述论文的完成情况及尚待改进之处（30 分）

题目名称 3：论文的创新及推广价值有哪些（40 分）

专家的评语：

专家签字：

注：1. 书面答辩试卷中的问题由评审专家根据论文拟定。

　　2. 此表应由每位专家独立填写。

　　3. 专家依据申报人的论文、试卷问题回答情况，参照评价标准，在相应的格内给出评价分数，成绩取整数。

　　4. 书面答辩题目拟定准则如下：

　　第一题拟定准则：针对该专业论文涉及的宏观重要内容；第二题拟定准则：针对该专业论文涉及的微观重要内容；第三题拟定准则：针对该专业当前具有实际意义的热点问题或典型问题。

附录 D　综合评审评分表

申报人姓名		身份证号	
准考证号		单位名称	
论文题目			

	答辩委员	论文内容部分	书面答辩部分	现场答辩部分	总成绩
答辩委员评定成绩					
	平均分				

论文答辩总成绩：（百分制）

论文认定总成绩

论文答辩委员会组长签字：

　　　　　　　　　　　　　　　年　　月　　日

参 考 文 献

[1] 关文达，张凯良 . 汽车修理工：技师、高级技师 [M]. 2 版 . 北京：机械工业出版社，2012.

[2] 郭建英，顾惠烽，等 . 奥迪汽车故障维修要点难点解析 [M]. 北京：化学工业出版社，2021.

[3] 李建兴，张德友 . 汽车网络系统检修 [M]. 西安：西安交通大学出版社，2021.

[4] 刘总路 . 技师专业论文撰写指南 [M]. 2 版 . 北京：中国劳动社会保障出版社，2017.

[5] 徐利强，李平，张瑞民 . 纯电动汽车故障诊断与排除 [M]. 北京：机械工业出版社，2021.